대한법률연구회가 만드는 생활법률 기본지식

일반인을 위한
지적재산 생활법률의
기본지식

변호사 **이상도** 변리사 **조의제** 공저

가림 M&B

대한법률연구회가 만드는 생활법률 기본지식

일반인을 위한
지적재산 생활법률의
기본지식

변호사 **이상도** 변리사 **조의제** 공저

가림 M&B

책 머 리 에

최근의 IMF 파동기를 거치면서 우리 경제의 새로운 활로를 개척하기 위해 지적재산에 대한 관심이 고조되고 있다. 지적재산에 관한 기사가 경제신문에 실리지 않는 날이 거의 없다는 사실은 일상 경제활동에 있어서의 지적재산의 중요성을 보여주는 것이라고 할 수 있다.

기업을 운영함에 있어서 근소한 기술의 차이가 기업경쟁의 승패를 좌우한다. 즉 지적재산을 무기로 하여 기술의 힘을 최대한 끌어내어야 하는 것이다. 지적재산으로 무장하지 아니하는 기업은 살아 남지 못하는 시대가 되었다. 최근의 벤처 붐을 보더라도 지적재산의 중요성을 실감할 수 있다.

이 책은 지적재산에 대한 관심에 부응하여 지적재산에 관한 전반적인 이해를 쉽게 하고 실무에 널리 이용될 수 있도록 집필한 것이다. 제1편에는 지적재산법에 관한 총론적인 체계를 구성하여 실무상 중요하다고 판단되는 사항을 중점적으로 설명하였다. 제2편에는 각론적 성격으로 자주 문의를 받고 있는 상담사례를 소개하였다. 제3편에는 각종 지적재산에 관한 실제 분쟁사례를 대법원판례를 통해 접할 수 있게 하였다.

아무쪼록 이 책이 국민 대중이 지적재산을 이해하고 기업인에게는 기업 경영을 해 나가는 데에 도움이 될 수 있다면 저자들로서는 더할 나위 없는 기쁨이 될 것이다.

끝으로 이 책을 집필함에 있어 많은 도움이 되어 준 탑국제특허법률사무소의 김선애 변리사, 이영주 변리사, 우종원 부장, 유봉근 군, 이강민 군의 노고에 감사드린다. 나아가 이 책의 출간을 맡아 주신 가림 M&B 강선희 사장님과 장연수 국장님을 비롯한 직원 여러분들의 노고에 사의를 표한다.

2000년 8월

이상도, 조의제

일러두기

● 법령 표시

법령의 표시에 있어서 지적재산권에 관한 법률은 머리글자를 딴 약어로 표시하였다.

예) 특 → 특허법; 실 → 실용신안법; 의 → 의장법; 상 → 상표법;

부 → 부정경쟁방지및영업비밀보호에관한법률; 저 → 저작권법;

컴 → 컴퓨터프로그램보호법; 반 → 반도체집적회로의배치설계에관한법률;

종 → 종자산업법; 특령 → 특허법시행령; 특규칙 → 특허법시행규칙;

특등령 → 특허등록령

법령조항의 표시에 있어서 조는 §, 항은 ①②⋯, 호는 ⅰⅱ⋯ 등으로 표시하였다.

예) 상§2①ⅰ → 상표법 제2조 제1항 제1호

● 판례표시

대법원 판례 표시는 선고일자는 생략하고 사건번호만을 표기하였다.

사건명 뒤의 숫자는 판례공보의 연도와 수록면을 나타낸 것이다.

예) 96후795 → 대법원 1997.3.11.선고 96후795 판결

1993공171 → 1993년도 판례공보 171면

● 법률 명칭 또는 용어의 약칭

본문의 내용에서 경우에 따라 법률 명칭 또는 용어의 약칭을 사용하였다.

예) 부정경쟁방지법 → 부정경쟁방지및영업비밀보호에관한법률

배치설계법 → 반도체집적회로의배치설계에관한법률

프로그램 → 컴퓨터프로그램저작물

제5장 지적재산권은 어떤 효력이 있는가

제6장 지적재산권자는 어떤 권리와 의무가 있는가

제8장 지적재산권의 침해에 대한 구제방법은 무엇인가

제9장 지적재산권 침해주장에 대한 대응방법은 무엇인가

제2편 지적재산 상담사례

제1장 특 허

제1편
지적재산의 기본지식

제1장 지적재산이란 무엇인가

1. 지적재산이란

인간의 지적 창작물

매스컴의 보도에 '지적재산' 또는 '지적재산권'이라는 단어가 자주 등장한다. 이러한 단어는 무엇을 뜻하는가.

간단히 말해 지적재산(知的財産; Intellectual Property)이란 인간의 지적활동의 성과로 창출된 정신적, 무형적 재화라 할 수 있다. '지적재산권'이란 이러한 지적재산을 통해 얻어지는 이익을 보호하는 권리를 말하며 무체재산권이라고도 부른다.

'지적'이란 말은 '인간의 지혜, 인간의 지적인 활동에 의해 생기는' 것을 의미한다. '재산'이란 말은 토지나 건물, 귀금속, 자동차, 주식, 채권 등 사람에게 경제적 가치가 있는 물건, 즉 재화를 말한다.

지적재산은 정신적, 무형적 재산이라는 점에서 일반재산과는 다르지만 소유권이 인정되고 법으로 보호받는 점에서는 일반재산과 마찬가지이다. 지적재산은 정도의 차이는 있으나 어떤 형태로든지 법에 의하여 보호되며 국제적으로도 보호가 강화되고 있다.

세계지적재산권기구(WIPO) 설립조약은 지적재산권에 대하여 "ⅰ) 문학, 예술 및 과학적 저작물, ⅱ) 실연가의 실연, 레코드 및 방송, ⅲ) 인간 활동과 관련된 모든 분야에 있어서의 발명, iv) 과학적 발견, ⅴ) 의장, vi) 상표, 서비스표 및 상호 및 기타 영업상의 표시, vii) 부정경쟁으로부터의 보호 등에 관련된 권리, viii) 그 밖에 산업, 과학, 문학, 또는 예술분야의 지적활동에서 생기는 모든 권리를 포함한다"라고 규정하고 있다(§2⑧).

이에 따르면 저작물, 저작인접물, 특허발명, 과학적 발견, 의장, 상표, 상호, 서비스표. 부정경쟁방지법에 의해 보호되는 원산지 표시나 영업비밀 등 종래의 산업재산과 저작물 등이 모두 지적재산에 포함된다. 위 조약에 관한 것은 본서 제12장을 참조하기 바란다.

지적재산의 중요성

지적재산이라는 말이 우리의 관심을 끌게 된 것은 우리나라가 급속한 산업발전으로 인해 기술이 고도화 및 국제화된 1980년대 중반 이후부터 지적재산의 보호를 강력히 요구하는 미국 등 선진국의 통상압력이 증대되면서부터이다. 또한 최근의 IMF 파동기를 거치면서 우리 경제의 새로운 활로를 개척하기 위해 지적재산에 대한 관심이 높아지고 있다. 오늘날 경제신문에 지적재산에 관한 기사가 실리지 않는 날이 하루도 없다는 사실은 일상 경제활동에 있어서의 지적재산의 중요성을 보여주는 것이라고 할 수 있다.

경제의 혼미기에는 근소한 기술의 차이가 기업경쟁의 승패를 좌우한다. 이러한 경우 지적재산을 무기로 하여 기술의 힘을 최대한 끌어내어야 하는 것이다. 이제는 지적재산으로 무장하지 않는 기업은 살아 남지 못하는 시대가 되었다. 최근의 벤처 붐을 보더라도 지적재산의 중요성을 실감할 수 있다.

지적재산이 기업 경쟁력을 높이는 무기로서 공격수단인 한편, 지적재산권은 자신의 기업활동을 모방하거나 지적재산을 무단으로 사용하는 자로부터 자신의 권리를 지키는 방어수단이기도 하다. 기술의 진보에 의하여 각 분야에서는 새로운 기술이 잇따라 생겨나고 있어, 그것을 지키려고 각국의 기업

사이에서 지적재산권에 대한 의식이 고조되고 있다. 이와 같은 국제적인 풍조의 계기가 된 것은 미국이 기술적인 국제경쟁력을 회복시키기 위해 지적재산권의 보호를 강화하는 정책을 취함에서 연유되었다.

참고로 1999년 미국에서 등록한 우리나라 기업의 특허건수는 3,679건으로 미국을 제외한 국가별 순위로 보면 일본, 독일, 대만, 프랑스, 영국 다음이다. 지적재산권이 오늘날 우리의 경제활동과 관련하여 얼마나 중요한 역할을 하고 있는지를 여실히 알 수 있다.

2. 지적재산권 제도

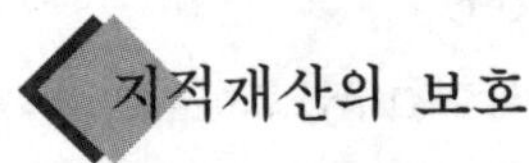 지적재산의 보호

지적재산의 중요성이 강조될수록 이에 대한 모방 등의 침해행위도 많아진다. 따라서 이를 보호하기 위한 법이 만들어지고 지적재산을 가진 자에 대한 법률적 보호도 강화되어 간다. 모처럼 공을 들여 완성한 새로운 지적재산이 곧바로 타인에 의해 모방이나 도용된다면 새로운 기술이나 아이디어를 창작하려는 의욕이 감퇴되어 사회의 진보가 방해되므로 지적생산물을 다른 재산과 마찬가지로 보호하여 지적 생산활동을 장려하기 위하여 지적재산권을 보호하는 제도가 만들어진 것이다.

지적재산권이란 개념이 정립된 이래 그 해당 범위도 국가에 따라 차이는 있으나 계속하여 확대되어 왔다. 미국에서는 특허의 대상이 될 수 있는 수식계산은 물론 단지 머릿속에서만 생각하고 있는 아이디어까지도 권리로서 보호하려는 경향이 있는 것을 보면 어느 정도까지 인간 사상의 창작을 지적재산권으로 보호할 것인가는 정확하게 구별짓기 어렵고 보호범위도 점점 더 넓어지는 추세이다.

최근에는 우리 나라에서도 붐이 일어나고 있는 영업모델(Businesss Model)의 특허출원과 관련하여 그 권리를 어느 범위까지 인정할 것인가가 중요한 문제로 등장하고 있다.

산업사회가 고도로 발달한 서구와는 달리 아직까지도 많은 개발도상국가에서는 지적재산권의 개념조차 정립되지 못하고 있고 이를 보호하는 법률도 마련되지도 않아서 지적재산이 권리화되지 못하고 있는 실정이다.

현재의 추세는 지적재산권에 관한 제도가 발달한 국가들이 중심이 되어 이를 권리로서 주장하고 권리화된 지적재산을 타인에게 사용하게 하고 일정한 대가를 지급받거나 자기만이 독점, 배타적으로 사용하여 타인은 사용하지

못하도록 하는 것을 제도화시키려고 하는 노력이 활발히 진행되고 있다.

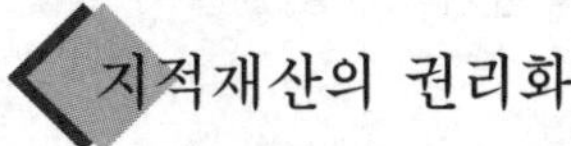

지적재산의 권리화

1) 일반재산과의 비교

일반적으로 '재산'이라 하면 부동산이나 귀금속 등 유형의 것을 생각하기 쉽다. 그러나 인간의 머리를 써서 만들어진 무형의 지적재산도 그것이 일단 권리화하여 지적재산권으로 되면 우리가 통상적으로 알고 있는 다른 권리, 예컨대, 부동산이나 동산 등의 소유권 등과 같은 권리를 가진다.

따라서 부동산의 소유자가 소유부동산을 타인에게 임차하고 임차료를 받을 수 있듯이 지적재산권의 소유자도 자기가 갖고 있는 지적재산을 타인에게 사용하게 하고 사용에 따른 대가를 요구할 수 있다. 또한 부동산, 동산, 금융자산 등이 침해를 받으면 당연히 형사 고소를 한다든지 민사상 손해배상청구를 통해 자기의 피해를 보상받을 수 있듯이, 지적재산의 권리자도 자기의 지적재산을 침해하는 타인의 행위를 중지시키거나 침해로 인해 발생한 손해를 배상받을 수 있다.

다시 말하자면 마치 토지의 소유권자가 그 토지를 사용, 수익, 처분할 수 있는 권리를 갖는 것과 같이, 어떤 기술에 대한 특허권, 영화작품의 방영권 또는 어느 책의 저작권을 가진 자도 이들 지적재산을 사용, 수익, 처분할 수 있는 권리를 가진다는 것이다.

2) 지적재산의 권리화

지적재산의 권리화는 지적재산과 관련된 각각의 법률에 따른다. 이 중에는 법률의 규정에 따라 등록을 해야만 권리화되는 것과 등록 여부에 관계 없이 법률에 정하는 요건에 의해 권리화되는 것이 있다.

먼저 지적재산권 중 산업재산권이라고 불리는 특허권, 실용신안권, 의장권, 상표권은 특허법, 실용신안법, 의장법, 상표법의 규정에 따라 권리화할 수 있으며 이들은 각각의 법률이 규정하는 소정의 등록요건을 갖추어야 한다.

지적재산 중에도 등록 방법에 따라서 권리의 내용이 달라질 수 있다. 예컨대, 표장이나 디자인을 상표법에 따라 상표로 등록하면 상표권을 가지고, 서비스표로 등록하면 서비스표권을 가지며, 의장법에 따라 의장으로 등록하면 의장권으로 보호받을 수 있다.

다음으로 특허권 등으로 등록되지 않은 노하우(Know - How), 경영기법, 영업비밀 등도 지적재산권에 포함된다. 이들은 등록된 권리가 없더라도 일정한 조건하에 이에 대한 모방 등 부정행위를 금지하는 법에 의해 보호된다. 이러한 법은 민법, 상법, 부정경쟁방지및영업비밀보호에관한법률, 독점규제및공정거래에관한법률 등인데 산업재산권에 비해 그 보호 내용이 불명확하고 그 정도가 강력하지 못하여 실효성이 다소 떨어지는 문제가 있으나 그 권리성이 부정되는 것은 아니다.

나아가 음악, 소설, 컴퓨터 소프트웨어 등의 저작권은 등록 유무에 관계 없이 맨 처음 저작자에게 권리가 주어지며 이 경우 저작물이 저작권으로 보호할 만한 가치가 있느냐의 여부는 저작권법의 규정에 의해서 판단되고 결정된다. 컴퓨터프로그램보호법은 컴퓨터 소프트웨어에 대한 등록 절차 및 그 보호에 대해 자세히 규정하고 있다.

그 밖에 특허로는 보호되기 어려운 반도체의 집적회로배치설계에 대하여는 반도체집적회로의배치에관한법률, 식물의 신품종(개량기술)을 보호하는 종자산업법 등에 의해서도 지적재산이 보호되고 있다.

지적재산의 종류와 보호법률에 대해 표로 나타내면 다음과 같다.

지적재산의 종류와 보호법률

재산

├─ 유체재산 … 건물, 가구, 보석 등

└─ 무체재산
　├─ 정신문화에 기여 (저작권법) 문화관광부
　│　├─ 저작자의 권리
　│　│　├─ 저작재산권
　│　│　│　├─ 복제권 – 출판권
　│　│　│　├─ 공연권
　│　│　│　├─ 방송권
　│　│　│　├─ 전송권
　│　│　│　├─ 전시권
　│　│　│　├─ 배포권 – 출판권
　│　│　│　└─ 2차적 저작물 등의 작성권
　│　│　└─ 저작인격권
　│　│　　├─ 공표권
　│　│　　├─ 성명표시권
　│　│　　└─ 동일성유지권
　│　└─ 저작인접권 ──── 연주, 방송, 레코드제작, 영화
　└─ 물질문화에 기여 (산업재산권법) 특허청
　　├─ 새로 발명, 고안, 의장하는 것 (창작물에 관한 권리)
　　│　├─ 특허법 – 발명 ┐ 산업상 유용한
　　│　├─ 실용신안법 – 고안 ┘ 기술적 창작
　　│　├─ 의장법 – 의장 – 상업상 유용한 미적 창작
　　│　├─ 컴퓨터프로그램보호법 – 프로그램 (정보통신부)
　　│　├─ 반도체집적회로의배치설계에 관한법률 – 배치설계(특허청)
　　│　└─ 종자산업법 – 식물신품종에 관한 권리 (농림부)
　　└─ 영업을 식별하는 것(유통질서 확립)
　　　├─ 상표법 – 상표권, 서비스 마크권 등
　　　├─ 상　법 – 상호권
　　　└─ 부정경쟁방지법 – 주지상표(미등록상표 포함), 원산지표시, 영업비밀

무보호
├─ 타이프페이스(글자체)
└─ 바이오테크놀러지 등

3) 지적재산의 등록

지적재산 중 저작물 등은 창작 사실 그 자체로 권리보호를 받을 수 있는 반면 산업재산 등은 법률에 정해진 절차에 따라 구비서류를 갖추어 등록관청에 설정등록 신청서를 제출하여야만 권리로 보호받을 수 있다.

저작물과 컴퓨터프로그램 등은 등록의 유무에 관계 없이 권리가 인정되기는 하지만 등록을 함으로써 권리자로서 추정받을 수 있는 유리한 점이 있다. 또한 이러한 권리를 타인에게 이용시키거나 처분하는 경우 이를 등록하지 아니하면 제3자에게 이러한 사실로 대항할 수 없다. 저작권은 문화관광부, 컴퓨터프로그램은 정보통신부에 각각 등록할 수 있다.

산업재산, 즉 발명, 고안, 의장, 상표 및 배치설계는 특허청에, 식물의 신품종은 농림부에 등록신청을 해야 한다. 선등록주의를 취하고 있는 우리 나라의 법제하에서는 등록요건을 갖추고 있다고 하여 자동적으로 권리가 주어지지는 않고 설정등록을 받아야만 권리로 인정받을 수 있다. 즉 설정등록은 산업재산권의 효력발생요건이다. 나아가 일단 발생한 산업재산권을 타인에게 이용시키거나 처분하는 경우에도 이러한 취지의 등록을 하여야만 이를 제3자에게 대항할 수 있다.

산업재산의 등록출원서가 특허청 등에 접수되면 심사기준에 따라 심사관이 심사를 하게 되고 심사에 통과하면 등록원부에 기재된다. 이로써 등록절차가 끝난다.

산업재산권은 국내에서 뿐만 아니라 다른 나라에도 출원하여 등록을 받으면 그 국가의 법률에 따라 권리를 가질 수 있다. 특히 특허의 국제출원의 경우에는 PCT 출원이란 편리한 제도가 마련되어 있다.

3. 지적재산법의 통일적 이해

각각의 지적재산은 이들이 개별적으로 기업활동에 쓰이기도 하나 대부분의 경우 서로 밀접한 관련을 가지고 결합되어 쓰이는 경우가 많다.

예컨대, 노트북 PC(Personal Computer)에 대해 보자.

노트북 PC의 구성품으로 MPU나 액정 디스플레이 등의 발명에 대하여는 특허권을 받아 그것을 모방당하지 않는 권리, 즉 특허권을 가질 수 있다.

이러한 구성품보다 발명의 정도가 보다 낮은 단계로서 노트북 PC를 개폐하기 쉽도록 그 구조의 특성에 대해 고안을 하여 어떤 아이디어를 창안한 경우에는 이 아이디어를 모방당하지 않는 권리로서 실용신안권을 부여받을 수 있다.

또한 노트북 PC의 직선이나 곡선을 조합한 외관상의 디자인을 모방당하지 않는 권리로는 의장권이 부여될 수 있으며 위 제품에 부착되어 있는 브랜드 마크 등에 관한 권리로는 상표권이 있다.

나아가 PC내부에 탑재되어 있는 소프트웨어 등을 무단복제당하지 않는 권리로서 저작권이 있다.

이처럼 지적재산권은 서로 밀접한 관련을 가지고 결합되어 있으므로 이 책에서는 각 지적재산권을 떼어서 설명하지 않고 이들을 종합하여 하나의 체계에서 통일적으로 서술하고자 한다. 그렇게 하는 이유는 지적재산의 논리 구조를 전체적인 관점에서 서술함으로써 이를 체계적으로 이해할 수 있고 불필요한 설명의 중복을 피할 수 있는 등의 장점이 있기 때문이다.

제2장 지적재산에는 어떤 것들이 있나

1. 지적재산을 보호하는 법제도

지적재산을 보호하는 법제도는 다음의 세 가지로 분류할 수 있다.

먼저 산업상의 창작보호에 관한 법제는 산업재산법 중에서 상표법을 뺀 나머지 특허법, 실용신안법, 의장법이 이에 해당한다.

다음으로 시장의 질서유지에 관한 법제로서 이에는 부정경쟁방지및영업비밀보호에관한법률(이하 '부정경쟁방지법'이라고 약칭함) 및 상표법이 해당한다.

끝으로 학술문화적인 창작보호에 관한 법제로는 저작권법이 이에 해당한다.

그 밖에 최근에 제정된 각 단행법률 예컨대, 컴퓨터프로그램보호법, 반도체집적회로의배치설계에관한법률, 종자산업법은 산업상 또는 학술문화적인 창작보호에 관한 법제의 특별법으로 제정된 것이다.

이하에서는 위 각 법제에 해당하는 각 지적재산을 간단히 소개하기로 한다.

2. 산업상의 창작보호에 관한 것들

 발 명

1) 특허제도란

특허를 받은 발명은 특허발명이라 하여 특허권으로 보호된다(특§2i).

미국의 에디슨이 축음기, 백열전구, 활동사진 등을 발명한 이야기나 벨이 전화를 발명한 이야기는 우리 모두가 아는 이야기이다. 그들이 이러한 발명을 하기 이전에는 백열전구나 전화가 존재하지 않았다는 것을 생각한다면 이러한 발명에 의해 우리들의 생활이 얼마나 윤택하게 되었는가를 쉽게 알 수 있다.

특허제도는 이러한 뛰어난 발명에 대해 특허청에 출원하여 심사를 통해 특허를 받으면 독점권을 가질 수 있는 제도이다. 특허법은 "발명을 보호, 장려하고 그 이용을 도모함으로써 기술의 발전을 촉진하여 산업발전에 이바지함"(특§1)을 목적으로 하고 있다. 특허를 받은 자는 일정기간 그 발명을 업으로써 독점적으로 실시할 권리, 즉 특허권이 주어진다. 특허제도로 인해 발명자는 보다 우수한 발명을 하려는 의욕이 생기고 좋은 발명이 이루어질 수 있는 토양이 형성되어 특허법의 목적인 산업발전에 이바지하는 것이다.

발명은 특허청에 출원하여 실질적인 심사를 거친 후 특허로 등록되며 존속기간은 원칙적으로 출원일부터 20년이다(특§88).

2) 특허법상의 발명

발명이란 일반적으로 새로운 아이디어 전반을 말하는 것이나 특허법에 의한 발명은 '자연법칙을 이용한 기술적 사상의 창작으로서 고도한 것'을 말한다(특§2i).

● 자연법칙의 이용

특허법상의 발명은 자연법칙을 이용한 것이라야 한다. 예컨대, 물레방아가 없던 시절에 "물은 높은 곳에서 낮은 곳으로 흐르고, 흐르는 물은 일정한 힘을 갖고 있다"는 것을 이용하여 물레방아를 만든 경우 그것은 발명이 된다.

그러나 자연법칙 그 자체나 자연법칙을 이용하지 않는 단순한 정신활동은 발명이 될 수 없다. 영구운동기관과 같이 자연법칙에 위배되는 발명이나 자연법칙에 관한 잘못된 인식을 전제로 하는 발명은 자연법칙을 이용한 발명이라 할 수 없다. 그러나 설령 잘못된 인식하에 성립된 발명이라도 일정한 효과가 있으면 발명은 성립한다. 결과적으로 보아 자연법칙을 이용한 것이라면 그 자연법칙의 원리에 대한 인식을 필요로 하는 것은 아니다.

● 기술적 사상의 창작

특허법상의 발명은 자연법칙을 이용한 기술적 사상이나 일정한 목적을 달성하기 위한 합리적, 구체적 수단 그 자체로서의 기술이어야 할 필요는 없다. 장차 기술로서 성립할 가능성이 있으면 충분하며 추상적이고 개념적 사상으로서의 수단도 족하다. 이 점에서 기술적 사상이나 심미적 창조성이 유형의 물품을 통해 표현될 것을 요구하는 실용신안이나 의장과 구별된다.

창작이란 처음으로 만들어 낸 것이나 생각해 낸 것을 말하지만, 그저 막연한 생각, 즉 비행기를 만들어 낼 때 그저 하늘을 날고 싶다는 감정만으로는 창작된 사상이라고 할 수 없고, 그것이 어떠한 형태로든 구체화되어 어떻게 날 것인가 하는 데까지 적극적인 결론에 도달하여야 한다. 발명은 기술적 사상의 창작이라는 점에서 단순한 발견과는 다르다. 다만, 방법의 발명에 있어서 특허법상의 발명과 발견의 한계가 문제될 수 있다.

● 고도성

특허법상의 발명은 고도한 것이어야 한다. 즉 당해 발명이 속하는 기술분야의 통상의 지식을 가진 자에 대하여 자명하지 아니한 것으로 창작의 수준이 높아야 한다. 이에 비해 실용신안법상의 고안은 고도성을 요구하고 있지 않는 점에서 서로 구별된다. 고안을 소발명이라고 부르기도 한다.

　발명자는 자신의 발명이 갖는 고도성에 대한 판단에 따라 발명 또는 실용신안의 하나로 선택하여 출원하기도 하며 고도성에 대한 판단에도 불구하고 출원의 용이를 이유로 실용신안법상의 보호를 받기도 한다. 따라서 고도성은 특허법과 실용신안법의 적용범위를 구분하는 의미가 있다.

3) 발명의 종류

● 물건의 발명과 방법의 발명

　특허법상의 발명은 크게 '물건의 발명'과 '방법의 발명'으로 나눌 수 있다(특§2ⅲ). 물건의 발명이란 화학물질이나 기계, 기구, 장치, 시설과 같은 유체물에 관한 발명이며 방법의 발명은 물건을 생산하는 방법의 발명과 분석방법, 측정방법(온도검사법)과 같이 직접적으로 물건의 생산이 수반되지 않는 방법의 발명을 포함한다.

　특허법은 물건을 생산하는 방법의 발명인 경우, 그 방법을 사용하는 행위 외에 그 방법에 의하여 생산한 물건을 사용, 양도, 대여 또는 수입하거나 그 물건의 양도 또는 대여의 청약을 하는 행위를 실시행위로 보며(특§2ⅲ), 그것이 특허가 된 경우에 그 물건이 특허출원 전에 국내에서 공지된 물건이 아닌 때에는 그 물건과 동일한 물건은 그 특허된 방법에 의하여 생산된 것으로 추정한다(특§129)는 규정을 두고 있다.

● 기본발명과 개량발명

　기본발명은 그 발명이 속하는 분야에서 기술문제를 최초로 해결한 발명인 반면 개량발명은 기본발명에 기술적으로 더욱 보완한 발명을 말한다. 특히 개량발명은 기본발명에 대해 새로 부가한 개량적 작용효과가 나타나는 구성에 대해서만 발명이 성립하며 개량발명에 특허를 얻었다 할지라도 기본발명에 대한 선원특허권자의 동의를 얻지 못하면 당해 발명을 실시할 수 없다(특 §98).

● 그 밖의 분류

이외에도 독립발명과 종속발명, 직무발명과 업무발명, 미완성발명, 결합발명과 비결합발명, 용도발명과 물질발명, 식물발명, 특정발명과 관련발명, 단독발명과 공동발명, 동물특허, 미생물발명, 컴퓨터프로그램발명 등의 구분이 있다.

고안

1) 실용신안제도

실용신안등록을 받은 고안은 실용신안권으로 보호된다(실§2ⅱ).

실용신안법은 "실용적인 고안을 보호, 장려하고 그 이용을 도모함으로써 기술의 발전을 촉진하여 산업발전에 이바지함"(실§1)을 목적으로 하고 있다. 실용신안권은 특허로 보호하기에는 부족한 가벼운 정도의 기술, 즉 소발명에 부여되는 권리이다.

실용신안은 특허와는 달리 실질적 심사를 거치지 않고 등록하게 되며 그 존속기간은 출원일부터 10년이다(실§36).

실용신안제도를 채택하는 나라는 한국, 일본, 독일, 프랑스 등 소수의 국가뿐이며 다른 나라에서는 고안을 특허나 의장으로 보호하고 있다.

2) 실용신안법상의 고안

실용신안법상의 '고안이란 자연법칙을 이용한 기술적 사상의 창작'을 말한다(실§2i). 실용실안이 특허와 다른 점은, 특허는 원칙적으로 발명의 대상에 제한을 두고 있지 않으나, 실용신안권은 물품의 형상, 구조 또는 조합에 관한 고안(발명)으로 한정되어 있는 점(실§5), 고도의 발명이 아니어도 된다는 점이다.

여기에서 말하는 '물품'이란 동산은 물론 부동산도 되고 물건의 일부라도 된다. 단지 화학물질이나 시멘트 등의 조합물(몇 개의 요소 성분이 혼합되거나 조합된 것)은 물품이라고 하는 개념 안에는 들어가지 않는다.

실용신안권은 물품의 형상, 구조 또는 조합에 관한 것이므로 동일하게 물품의 형상, 구조 또는 조합 등에 관계되는 의장권과 중복되는 부분이 있으나 전자는 이를 사용하면 편리하다는 효용이 중심이 되는 것에 대해서 후자는 아름답다고 느껴지게 하는 심미감을 일으키게 하는 데 중점이 주어진다.

이상을 요약하면 실용신안은 발명보다 낮은 단계에서 보호되는 고안으로

① 추상적인 사상의 창작으로서 자연법칙을 이용한 기술적인 고안이다.

② 물품에 관한 고안으로서 물품과 불가분의 관계가 있으므로, 물품과 분리하여서는 실용신안은 존재할 수 없다.

③ 물품의 형상, 구조 또는 조합에 관한 고안이다. 실용신안은 심미성 있는 의장고안과는 달리 물품에 관한 실용적인 고안을 그 대상으로 한다.

의 장

1) 의장제도

의장등록을 받은 의장은 등록의장이라 하여 의장권으로 보호된다(의§2 ii).

상품의 판매는 그 기능, 품질뿐 아니라 상품의 디자인, 즉 의장의 좋고 나쁜 것에도 많이 좌우된다. 의장은 소비자의 구매의욕을 증진시키는 기능을 가지고 있기 때문이다. 의장은 또한 자사 상품과 타사 상품을 구별시켜 유통

시장의 경쟁질서를 유지하는 기능도 가지고 있다. 따라서 이러한 기능을 가지는 의장이 재산으로서의 가치를 가지고 있음은 물론이다.

의장제도는 이러한 기능을 가지는 의장에 대해 특허청에 출원하여 심사를 통해 등록이 되면 독점권을 가질 수 있는 제도이다. 의장법은 "의장의 보호 및 이용을 도모함으로써 의장의 창작을 장려하여 산업발전에 이바지함"(의§1)을 목적으로 하고 있다. 즉 창작된 의장을 타인의 모방으로부터 보호하는 창작자의 권리보호와 의장의 이용과 창작의 장려를 통하여 산업발전에 이바지하려는 것이다.

의장은 특허청의 심사를 거쳐 등록됨을 원칙으로 하되 유행성이 강한 일부 품목의 의장은 방식요건과 공서양속위배 등 일부사항만의 심사를 거쳐 등록된다. 의장권의 존속기간은 설정등록이 있는 날부터 15년이다(의§40).

2) 의장법상의 의장

일반적으로 의장은 디자인이라고도 부르나 의장법은 의장을 '물건의 형상, 모양, 색채 또는 이들을 결합한 것으로 시각을 통하여 미감을 일으키게 하는 것'으로 규정함에 따라(의§2i) 양자가 반드시 일치하는 것은 아니다.

의장은 물건의 외관을 통하여 구현되며 인간의 시각을 통하여 심미성을 감지할 수 있는 외관에 관한 고안으로 기술적 효과는 필요로 하지 않는다. 이 점에서 기술적 사상의 창작인 특허나 실용신안과 구별된다.

의장에는 분류기준에 따라 여러 가지 종류가 있는데 독립의장(기본의장), 유사의장, 비밀의장 및 한 벌 물품의 의장의 구별이 중요하다.

● 물품성

의장은 물건의 외관을 통하여 구현되므로 물품과 일체불가분의 관계에 있다. 의장은 물품을 떠나서는 존재하지 않는다. 즉 의장은 물품 자체를 구성하는 요소이므로 특정한 지정 물품을 매체로 하지 않고는 구현될 수 없다.

물품은 유체성, 정형성을 가진 동산(고체)이어야 한다. 불꽃의 색채와 같은 유동적인 것은 형상을 나타낼 수 없으므로 물품이라고 할 수 없다. 또한 이러한 물품은 독립하여 거래의 대상이 되며 양산성이 있어야 한다.

● 형태성

의장은 물품의 형상, 모양, 색채 또는 이들의 결합한 형태를 말한다.

① 형 상

'물품의 형상' 이란 물체가 공간을 점하고 있는 윤곽을 말하며, 입체적 형상 외에 평면적 형상도 포함한다. 예컨대, 피복지, 모양지, 수건, 비닐지, 포장지, 벽지 등이다. 그러나 물품의 2차적인 형상은 포함하지 않는다. 예를 들면, 꽃 모양으로 접은 손수건은 물품자체의 형태로 볼 수 없다.

② 모 양

'물품의 모양' 이란 물품의 외관에 나타나는 선도, 색구분, 바림(선염) 등을 말한다. 무채색(백색, 회색, 흑색)에 의한 모양의 의장은 형상 및 모양의 결합의장, 유채색에 의한 색채모양의 의장은 형상, 모양 및 색채의 결합의장이 된다. 예컨대, 쟁반이나 접시에 표현된 장미꽃 도형, 테이블보의 꽃무늬, 손수건의 꽃도형이 그것이다. 모양 중에서 문자는 원칙적으로 제외되나 장식문자와 물품의 기능상 필요불가결한 것은 예외적으로 인정한다.

③ 색 채

'물품의 색채' 란 시각을 통하여 식별할 수 있도록 물품에 채색된 빛깔을 말한다. 색채는 크게 무채색과 유채색으로 나눌 수 있다.

④ 형상, 모양, 색채의 결합

의장법은 형상만으로 된 물품뿐 아니라, 형상과 모양이 결합한 물품도 인정한다. 또 형상과 색채가 결합한 물품과 위 형상과 모양과 색채가 결합한 물품도 인정하고 있다.

그 밖에 의장에 관한 물품의 형상, 모양 등이 그 물품이 가진 기능에 의하여 변화하는 동적 의장도 인정된다(의규칙 §5①ii②).

● 시각성과 심미성

의장은 '시각을 통하여 미감을 일으키게 하는 것'이다(의§2i).

① 시각성

'시각을 통하여' 란 시각성을 가리키며 육안으로 보아 식별할 수 있는 것을 말하며 외부로부터 관찰할 수 있는 것을 말한다. 따라서 육안으로 그 형태를 판별하기 어렵거나 시각 이외의 감각(청각, 미각, 후각, 촉각)은 제외된다.

② 심미성

'미감을 일으키게 하는 것' 이란 심미성을 가리키며 미적 처리가 되어 있는 것, 즉 그 물품으로부터 아름다움을 느낄 수 있도록 처리되어 있는 것을 말한다. '미감' 이란 아름다움에 대한 감각을 말한다. 미감은 의장 자체로부터 직접 느낄 수 있는 것이어야 한다. 미에는 물품의 외관을 장식하는 장식미와 물품의 기능으로부터 배어 나오는 기능미가 있다. 미감은 장식미와 기능미를 포함한다.

3. 시장의 질서유지에 관한 것들

1) 상표제도

상표등록을 받은 상표는 등록상표라 하여 상표권으로 보호된다(상§2v).

상표는 상품에 관한 마크(표지)이다. 상표는 상품의 얼굴로서 상품의 신용, 평판, 명성 등을 나타낸다. 상표를 사용하는 목적은 자기의 상품과 다른 사람의 상품을 구별시키기 위한 것이다.

상표는 일반 소비자에게 동일한 상품은 모두 동일한 출처에서 나온 것이라는 인식을 주며 동일한 상표가 붙어 있는 상품은 일정한 수준의 품질을 갖고 있다고 믿게 한다.

상표는 일반소비자의 의식에 빠르게 침투하여 상표 그 자체로도 광고, 선전적인 효과를 거둘 수 있게 하여 상품의 매상고를 올려 준다. 따라서 이러한 기능을 가지는 상표가 재산으로서의 큰 가치를 가지고 있음은 물론이다. 상표 외에도 서비스표, 단체표장, 업무표장도 상표와 유사한 기능을 하고 있다.

상표제도는 이러한 상표 등의 표장에 대해 특허청에 출원하여 심사를 통해 등록이 되면 독점권을 가질 수 있는 제도이다. 상표법은 "상표를 보호함으로써 업무상의 신용유지를 도모하여 산업발전에 이바지함과 아울러 수요자의 이익을 보호함"(§1)을 목적으로 하고 있다. 즉 상표제도의 목적은 상표와 상품과의 관계를 유지케 함으로써 부정경쟁을 방지하고 상표권자의 영업상의 신용을 보전함과 아울러 거래자 및 수요자를 보호함에 있다.

상표는 특허청의 심사를 거쳐 등록되면 상표권이 주어지며 그 존속기간은 설정등록이 있는 날부터 10년이나 갱신등록출원을 통해 10년간씩 이를 갱신할 수 있다(상§42).

2) 상표 · 서비스표 · 단체표장 · 업무표장

상표법은 상표 · 서비스표 · 단체표장 및 업무표장의 네 가지 표장(마크)을 보호대상으로서 규정하고 있다(상§2①i~iv). 상표법은 연혁적, 현실적으로 가장 비중이 높은 상표에 대해 주로 규정하고 그 나머지 표장에 대해서는 그 규정을 적용하게 하는 형식을 취하고 있다(상§2②). 따라서 상표법에 나타나는 상표라는 용어는 상표 외에 서비스표, 단체표장, 업무표장도 가리킨다. 다만, 이들 표장이 조항의 성질상 상표에만 적용될 수 있는 경우나 상표법 자체에서 특별한 규정을 두고 있는 경우에는 그러하지 아니하다.

상표는 "상품을 생산, 가공, 증명 또는 판매하는 것을 업으로 하는 자가 자기의 업무에 관련된 상품을 타인의 상품과 식별하기 위하여 사용하는 표장"(상§2①i)이다.

서비스표는 "서비스업을 하는 자가 자기의 서비스업을 다른 사람의 서비스업과 식별하기 위하여 사용하는 표장"(상§2①ii)이다.

단체표장은 "동종업자 또는 동종업자 및 이와 밀접한 관계에 있는 업자가 설립한 법인이 그 감독하에 있는 단체원의 영업에 관한 상품 또는 서비스업에 사용하기 위한 표장"(상§2①iii)을 말한다.

업무표장은 "영리를 목적으로 하지 아니하는 업무를 영위하는 자가 그 업무를 표상하기 위하여 사용하는 표장"(상§2①iv)을 말한다.

서비스표와 상표와의 차이는 상표가 눈에 보이는 상품에 부착하여 사용되는 데에 반하여 서비스표는 눈에 보이지 않는 서비스에 사용되는 것이다. 서비스도 하나의 상품으로 본다면 상품의 식별을 위하여 사용하는 상표와 그 본질은 같다고 할 수 있다.

3) 상표법상의 표장

● 식별성

상표는 '자기의 업무에 관련된 상품'을, 서비스표는 '자신의 서비스업'을, 단체표장은 '단체원의 영업에 관한 상품 또는 서비스업'을, 업무표장은 '그 업무'를 타인의 상품, 서비스업, 업무와 식별하기 위하여 사용하는 표장이다(상§2①). 즉 이들은 주관적으로는 영업자가 자기의 상품 등을 다른 업자의 그것과 식별시키기 위하여 사용하는 표장이어야 하고, 객관적으로는 거래사회에서 자타상품 등을 구별하는 힘, 즉 식별력을 가져야 한다. 자타상품이나 서비스업의 식별의 주관적 의사는 이들 표장의 성립요건이다.

상표는 그 사용목적이 자타상품의 구별에 있으므로 상품식별의 주관적 의사가 없는 표장은 상표가 될 수 없다. 따라서 단순한 산지명, 수량등급의 표시, 취급주의라는 문자 등은 상품에 사용되더라도 상표라 할 수 없다. 인적 표지인 상호, 영업표지인 사표(社標), 상품의 심미성에 본질이 있는 의장도 상표가 아니다. 그러나 이들 표지가 상품특별표지로 사용되어 상표로서의 기능을 획득하는 경우에는 상표가 될 수 있다.

서비스표의 경우 서비스업, 업무표장의 경우 업무, 단체표장의 경우 단체원의 영업에 관한 상품 또는 서비스업을 각각 타인의 그것과 식별되도록 하려는 주관적 의사가 없는 경우에는 상표법상의 표장이 될 수 없음은 마찬가지 이치이다. 각 표장의 객관적인 식별성은 상품, 서비스업, 업무에 따라 거래자 및 소비자의 실상, 사용의 정도 등에 따라 정하여지는 상대적 개념이다.

● 표 장

표장은 "기호·문자·도형·입체적 형상 또는 이들을 결합한 것 또는 이들 각각에 색채를 결합한 것"(상§2①)으로 상표법에 의해 보호되는 것을 말한다.

기호란 문자나 도형 등을 간략히 한 것으로 문장(紋章), 옥호 등에 널리 사용되어 왔으며 상품에 사용되는 경우 사표(社標)로서 문자 등과 결합되어 쓰여지는 것이 보통이다.

문자란 한글, 한자, 로마자, 외국어, 숫자 등으로 구성된 것을 가리킨다. 산이나 강, 바다, 동식물, 광물, 건조물 등의 명칭을 말하는 바 이들이 상표 등에 채용되는 경우도 있고, 지리적 명칭, 인명, 상호 또는 특정의 형용사, 슬로건이 상표 등으로 사용되는 경우도 있다.

도형은 동식물, 천체, 기물 등 사실적 도형을 도안화한 것 또는 기하학적 도형 등을 말한다.

입체적 형상은 평면적 형상 이외의 것, 즉 입체적인 표지로 이루어진 표장을 말한다. 술이나 청량음료의 병(예컨대, 코카콜라병), 향수병, 포장용기, 기타 상품의 형태 등이 있다.

결합표장은 이상의 것의 결합된 형태를 말한다. 이에는 사표인 기호나 도형과 상품표시로서의 문자가 결합되어 하나의 표장을 구성하는 예가 많다. 문자, 도형, 기호, 입체적 형상 또는 이들을 결합한 것의 각각에 색채를 결합한 것도 있다. 일반적으로 색채는 그 자체로는 표장이 될 수 없지만 기호, 문자, 도형 등에 착색이 되면 표장의 구성요소가 될 수 있다.

상 호

1) 상호란

상호란 상인이 영업에 관하여 자기를 표시하는 명칭, 즉 상인의 명칭이다. 따라서 상인이 아닌 자는 상호를 사용할 수 없다. 회사나 기업인 경우는 그 기업의 명칭이 상호이고 개인상인인 경우는 옥호나 점포명이 상호이다.

상호는 먼저 사용한 자가 권리를 취득한다. 따라서 등기상호권자는 미등기

상호 사용자에 대해 권리의 선후관계를 따져 보아 미등기상호의 사용자가 우선하는 것으로 판단되면 자신의 상호의 배타적, 독점적 사용을 단념하여야 한다. 이 경우 미등기상호 사용자는 항변을 통해 등기상호권자에게 대항할 수 있고, 적극적으로 부정목적 등 다른 요건을 입증하여 등기상호의 등기말소 등의 청구도 할 수 있다. 이 점에서 비록 무효인 상표라도 무효심판에 의하여 등록이 말소될 때까지는 유효한 상표권자로 행사할 수 있는 상표와 다르다.

2) 상호의 보호

● 미등기 상호

미등기상호권자는 자기가 먼저 사용한 정당한 상호권자인 점, 상대방이 자기의 영업과 오인할 수 있는 상호를 사용한다는 점, 상대방이 부정한 목적으로 그것을 사용한다는 점, 그로 인하여 자기의 영업에 손해를 받을 염려가 있다는 점을 입증하면 상대방에 대한 상호의 폐지와 손해배상의 청구가 가능하다. 그러나 현실적으로 이러한 요건을 입증하기는 어려우므로 상호권자에 대한 구제제도로서는 미흡하다.

● 등기된 상호

상호를 안전하게 보호받는 방법은 상호등기를 해두는 것이다. 등기상호인 경우는 타회사가 자기의 상호와 동일 또는 유사한 상호를 동일한 특별시, 광역시, 시, 군에서 동종의 영업에 사용할 경우 자기가 등기한 상호를 사용하는 자에 대하여 그가 부정한 목적으로 사용했는지를 입증할 필요 없이 그 사용의 폐지 또는 손해배상청구를 할 수 있다(상법§22). 이에 따라 상호권자는 간이, 신속하게 보호받게 된다.

다만, 등기상호라 하더라도 그 효력은 동일한 특별시, 광역시, 시, 군에만 미친다. 타인의 선등기 상호와 동일 또는 유사한 상호의 등기 또는 부정한 사용을 금지시키는 것은 동종의 영업분야에서만 등기할 수 없고 사용도 할 수 없다는 규정에 의한 것이므로 만약 타업종의 회사라면 동일한 상호로 등기할 수 있다.

● 저명한 상호

일반 소비자 사이에 널리 알려진 저명상호는 등기의 유무에 관계 없이 전국적으로 보호가 된다. 저명상호는 상법과 부정경쟁방지법에 의해서 보호받을 수 있다. 부정한 목적으로 타인의 영업으로 오인할 수 있는 상호를 사용하지 못한다(상법§23). 국내에 널리 인식된 타인의 성명, 상호 기타 타인의 상품임을 표시한 표지와 동일 또는 유사한 것을 사용하거나 이러한 것을 사용한 상품을 판매, 반포 또는 수입, 수출하여 타인의 상품과 혼동을 일으키게 하는 행위를 부정경쟁행위로 규정하고 있다(부§2).

예컨대, 현대건설주식회사라는 상호는 국내에서는 모르는 사람이 없을 정도로 유명한 상호이기 때문에, 이러한 상호를 사용한다는 것 자체가 부정한 목적이 있거나 부정경쟁행위를 행하려고 하고 있다고 추정된다. 그러므로 서울특별시에서 등록되어 있는 현대건설주식회사의 상호를 경기도에서 등기하려고 해도 받아들여지지 않으며, 가령 경기도에서 그 상호의 등기가 인정되었다 하더라도 현대건설의 영업행위로 오인시킬 수 있으므로 그 상호를 사용해서 영업행위를 할 수 없게 된다.

부정경쟁방지및영업비밀보호에관한법률의 보호대상

1) 부정경쟁방지및영업비밀보호에관한법률

우리의 경제질서는 기본적으로 자유경쟁을 전제로 운영되고 있다. 그러나 자유경쟁이라 해서 어떠한 방법을 사용해도 된다는 것은 아니며 영업상 지커야 할 경쟁윤리에 따라 공정한 방법으로 경쟁하여야 하므로 일정한 제한을 받는 것이다. 부정경쟁방지및영업비밀보호에관한법률(이하 '부정경쟁방지법'이라고 약칭함)은 이러한 취지하에 "국내에 널리 알려진 타인의 상표, 상호 등을 부정하게 사용하는 부정경쟁행위를 방지하고 타인의 영업비밀을 침해하는 행위를 방지하여 건전한 거래질서를 유지함을 목적"(부§1)으로 한다.

부정경쟁방지법은 특허법, 실용신안법, 의장법, 상표법, 상법상 상호의 규정 등과 함께 지적재산법의 한 부분이다. 예컨대, 부정경쟁방지법의 혼동야기행위의 규제는 상표법과 함께 영업상의 신용에 화체(化體)된 재산을 보호하는 것이며, 영업비밀의 보호는 특허법과 함께 사람의 창작활동을 보호하는 것이다. 다만, 특허법, 상표법 등은 객체에 권리를 부여하여 지적재산을 보호함에 반해 부정경쟁방지법은 부정경쟁행위의 규제를 통하여 이를 보호하는 점에 차이가 있다.

2) 성명, 상호, 상표, 용기, 포장, 표지

◉ 부정경쟁행위란

부정경쟁행위란 자기의 영업상의 지위를 유리하게 하기 위하여 다른 회사의 상호나 영업표시 등을 사용하여 다른 회사가 힘들여 쌓아 올린 영업상의 신용을 부정한 방법으로 이용하는 것으로 다른 회사의 영업상의 이익에 막대한 손해를 끼칠 수 있는 행위를 말한다. 부정경쟁방지법은 이러한 행위를 유형별로 정의하고 이에 대한 피해자의 구제책으로 부정행위금지 또는 손해배상의 청구를 인정하고 있다.

◉ 보호되는 성명, 상호, 상표, 용기, 포장, 표지

다음과 같은 행위는 부정경쟁행위로 금지된다(부§2i, §4) 따라서 부정행위의 수단으로 이용되는 타인의 성명, 상호, 상표, 상품의 용기, 포장 기타 표지 및 표시가 된다.

① 상품주체의 혼동야기 행위(부§2i가)

타인의 성명, 상호, 상표, 상품의 용기, 표장 기타 타인의 상품임을 표시한 상표와 동일 또는 유사한 것을 사용하거나 타인의 상품과 혼동을 일으키게 하는 행위

② 영업품주체의 혼동야기 행위(부§2i나)

국내에 널리 인식된 타인의 성명, 상호, 표장 기타 타인의 영업임을 표시하는 표지와 동일 또는 유사한 것을 사용하여 타인의 영업상의 시설 또는 활동과 혼동을 일으키게 하는 행위

③ 원산지 허위표시 행위(부§2i다)

상품이나 그 광고에 의하여 또는 공중이 알 수 있는 방법으로 거래상의 서류 또는 통신에 허위의 원산지의 표시를 하거나 이러한 표시를 한 상품을 판매, 반포 또는 수입, 수출하여 원산지의 오인을 일으키게 하는 행위

④ 상품출처의 혼동야기 행위(부§2i라)

상품이나 그 광고에 의하여 또는 공중이 알 수 있는 방법으로 거래상의 서류 또는 통신에 그 상품이 생산, 제조 또는 가공된 지점 이외의 곳에서 생산 또는 가공된 듯이 오인을 일으키게 하는 표시를 하거나 이러한 표시를 한 상품을 판매, 반포 또는 수입, 수출하는 행위

⑤ 상품의 품질, 내용, 수량의 오인야기 행위(부§2i마)

타인의 상품을 사칭하거나 상품 또는 그 광고에 상품의 품질, 내용, 제조방법, 용도 또는 수량의 오인을 일으키게 하는 선전 또는 표시를 하거나 이러한 방법이나 표시로써 상품을 판매, 반포 또는 수입, 수출하는 행위

3) 영업비밀

● 영업비밀보호의 이유

상당한 자금과 시간을 투자하여 신제품을 개발하였음에도 불구하고 경쟁

자가 이러한 신기술을 부당한 방법으로 입수하여 유사품을 생산하는 행위 등의 무임승차행위를 한다면 이는 기술혁신에의 투자의욕을 저하시켜 국가 생산발전을 저해하게 되며 건전한 자유경쟁질서를 파괴하는 사회적 손실을 초래한다.

특허법 등은 개발자의 기술에 대해 권리를 인정함으로써 전체적으로 산업발전을 꾀하고 있다. 오늘날에는 특허출원을 하지 않고도 생산활동에 불가결한 기술상의 노하우가 점차 그 중요한 역할을 수행하게 되었으며 고객명부 등의 경영정보도 그 중요성이 부각되었다. 한편 노동력의 이전이 원활해지면서 이러한 재산적 정보의 유출과 관련한 분쟁이 증가되고 있다. 부정경쟁방지법은 영업비밀의 보호라는 법 제도의 구비를 통해 재산적 정보의 보호 및 정보유통의 원활화를 확보하고자 하고 있다.

● 보호되는 영업비밀

부정경쟁방지법은 영업비밀에 관해 "공연히 알려져 있지 아니하고 독립된 경제적 가치를 가지는 것으로서, 상당한 노력에 의하여 비밀로 유지된 생산방법, 판매방법, 기타 영업활동에 유용한 기술상 또는 경영상의 정보를 말한다"(부§2ii)고 정의하고 있다. 즉 영업비밀은 신규성(비공지성), 경제성, 비밀유지성의 요건을 갖추어야 한다.

영업비밀의 유형을 구체적으로 보면 다음과 같다.

① 노하우(Know – How)

노하우는 일반적으로 기술정보라고 하는데 특허권 등에 관계되는 부속기술이거나 부속기술을 보완하는 기술인 경우로 생산방법에 관한 정보에 해당한다. 특허출원을 않고서 다른 기업에 그 아이디어의 힌트마저도 주고 싶지 않은 제조기술이나 실험데이터도 보호의 중심이 된다.

② 기업비밀

기업비밀은 앞에서 말한 기술정보 이외에 판매방법 기타 영업활동에 관한 정보로서 경영적인 결정사항이나 기업에서 외부로는 비밀로 해두고 싶은 기밀 등을 말한다. 경영시스템이나 인사제도, 사원의 가족관계와 같은 것이 그 예이다. 판매부문에 있어서 주요 고객, 거래선명부, 판매루트 등에 관한 정보도 중요하다. 은폐하고 싶은 이사의 스캔들 또는 노동조합에 대한 대책 등도 포함된다.

③ 아이디어

기업의 경영자가 가장 마음을 쓰는 것은 그 기업을 어떠한 방법으로 어떻게 활동시켜 갈 것인가 하는 일이다. 자본이 전혀 없는 상태에서 사업을 시작하는 사람에게 있어서 어떠한 분야에서 어떻게 영업해 나가야 좋을까라는 것은 가장 중요한 사항이다. 이러한 것의 중심적인 것이 아이디어이며 이러한 경영전략에 관한 아이디어는 회사가 지켜야 할 중요한 정보 중의 하나이다. 아이디어는 컴퓨터 소프트웨어의 세계에서도 중요시된다.

4. 학술문화적인 창작보호에 관한 것들

◀ 저작권제도

저작권법은 "저작자의 권리와 이에 인접하는 권리를 보호하고 저작물의 공정한 이용을 도모함으로써 문화의 향상 발전에 이바지함"(저§1)을 목적으로 한다. 저작권법은 저작물을 "문학, 학술 또는 예술의 범위에 속하는 창작물"(저§2i)이라고 정의하여 창작성 또는 독창성을 인정할 수 있는 저작물만을 보호의 대상으로 하고 있다.

독창성이란 기존의 저작물과 전혀 다를 것을 요하는 것은 아니며 독창적인 창작의 요소가 있는 것으로 충분하다. 저작권법에서는 문학, 학술, 예술의 범주에 속하는 저작물을 보호하고 있으므로 예술의 범주가 아닌 자연법칙을 이용한 기술적 사상의 창작물은 저작권법이 아니라 산업재산권법으로 보호된다.

저작권은 등록이 요건이 아니나 양도 등 처분을 위해 문화관광부장관에게 등록할 수 있다. 저작권의 보호기간은 일반적으로 저작자의 생존기간과 저작자 사망 후 50년이며 저작자가 사망한 이후에 일반인에게 공표된 저작물도 동일하게 사후 50년간 보호받는다. 그러나 저작자가 사망한 후 40년이 경과하고 50년이 되기 전에 공표된 저작물의 저작재산권은 공표된 때부터 10년간 존속한다(저§36).

◀ 저작권법상의 저작물

저작권법에서 예시하고 있는 저작물에는 다음과 같은 것들이 있다.

1) 원저작물

① 어문저작물(저§4①i): 소설, 시, 논문, 강연, 연술, 각본, 그 밖의 어문저작물을 말한다. 서적 등 문자화된 저작물뿐만 아니라 연술 등과 같은 구술적인 저작물도 포함한다.

② 음악저작물(저§4①ii): 가요, 팝송, 오페라, 뮤지컬 등 음악에 속하는 모든 저작물을 말한다.

③ 연극저작물(저§4①iii): 연극, 무용, 무언극 등 인간의 사상 또는 감정을 신체의 동작으로 표현한 모든 것을 말한다.

④ 미술저작물(저§4①iv): 회화(그림), 서예, 도안, 조각, 공예, 응용미술작품 등 형상 또는 색채에 따라 미적으로 표현된 미술작품을 말한다.

⑤ 건축저작물(저§4①v): 건축물, 건축을 위한 모형 및 설계도서가 포함된다. 통상적인 형태의 건물 등이 아니라 미적인 가치가 인정될 만한 독창성이 있는 것을 말한다.

⑥ 사진저작물(저§4①vi): 사진 및 이와 유사한 제작방법으로 작성된 것을 포함한다. 단순히 기계적인 방법을 통하여 찍은 사진은 사진저작물이라 할 수 없고 사진작가의 사상, 감정을 창작적으로 표현한 사진으로 창작적이면서도 미적인 요소를 갖춘 것이어야 한다.

⑦ 영상저작물(저§4①vii): 통상적으로 영화, TV필름, 비디오 테이프 등을 말하는 것으로, 연속적인 영상이 수록된 창작물로서 기계 또는 전자장치에 의하여 보거나 재생할 수 있는 것이다.

⑧ 도형저작물(저§4①viii): 지도, 도표, 설계도, 약도, 모형 등을 말하는 것으로 사진저작물과 유사하나 도형저작물은 학술적 내용의 표현이라는 점에서 차이가 있다.

⑨ 컴퓨터프로그램저작물(저§4①iv): 본장 제5절을 참조.

2) 2차적 저작물

2차적 저작물이란 이미 존재하는 원저작물을 편곡, 각색, 변형, 영상제작 등의 방법으로 작성한 것을 말한다. 예컨대, 어떤 외국소설을 우리말로 번역한다든가 영화화한다든가 하는 것이다. 즉 기존의 저작물을 토대로 하여 그것에 새로운 창작성이 가하여져 새로운 형태의 저작물이 작성된 경우를 말한다. 이를 2차적 저작물이라고 하여 원저작물과 별도로 보호를 받는다(저 §5).

3) 편집저작물과 데이터베이스(Data Base : DB)

편집저작물이란 저작물의 각 구성부분의 창작성과는 관계 없이 소재의 선택이나 배열 등에 창작성을 인정할 수 있는 저작물이다. 예컨대, 시집, 백과사전, 문학전집, 법령집, 신문, 잡지, 영어단어집, 전화번호부, 사전 등과 같이 소재의 저작물성을 묻지 않고 그 곳에 수록될 것을 독창적으로 선택하고 배열함에 의해 이루어지는 편집물을 말한다.

"편집물[논문, 수직, 도형 기타 자료의 집합물로서 이를 정보처리장치를 이용하여 검색할 수 있도록 체계적으로 구성한 것(데이터베이스)을 포함한다]로서 그 소재의 선택 또는 배열이 창작성이 있는 것(이하 '편집저작물' 이라 한다)은 독창적인 저작물"로 보호된다(저§6①). 즉 편집저작물은 원저작물들과 별도로 독립한 저작물로 보호된다.

데이터베이스의 유형은 호스트 프로그램에 접속하여 그 데이터를 수신받는 형태와 CD-ROM, 디스켓을 이용한 독립 프로그램 방식으로 나뉘며, 이경우 적용법규의 차이로 공표시기가 각각 다르게 나타난다. 즉 호스트컴퓨터방식은 그 검색에 제공된 때이며, 독립프로그램방식은 프로그램을 배포한때가 된다.

5. 그 밖의 것들

컴퓨터프로그램저작물

컴퓨터프로그램보호법은 "컴퓨터프로그램저작물(이하 '프로그램'이라 한
다)의 저작자의 권리를 보호하고 프로그램의 공정한 이용을 도모하여 프로
그램 관련산업과 기술을 진흥함으로써 국민경제의 발전에 이바지함"(컴§1)
을 목적으로 한다.

프로그램이란 "특정한 결과를 얻기 위하여 컴퓨터 등 정보처리능력을 가
진 장치 내에서 직접 또는 간접으로 사용되는 일련의 지시·명령으로 표현
된 것"(컴§2i, 저§2xi)을 말한다. 한편 소프트웨어란 컴퓨터의 사용방법 내지
는 계산방법으로서 그 중심은 프로그램이나 프로그램만이 소프트웨어는 아
니며 시스템설계서, 흐름도, 사용자매뉴얼 등 보조자료가 포함된다(소프트
웨어산업진흥법 §2i 참조). 프로그램과 구별되는 시스템설계서, 흐름도나 프
로그램을 사용, 작성하기 위하여 사용하고 있는 프로그램 언어, 규약 및 해
법은 프로그램보호의 대상에서 제외된다(컴§4).

프로그램저작권은 등록이 요건이 아니나 양도 등 처분을 위해 정보통신부
장관에게 등록할 수 있다. 프로그램저작권은 그 프로그램이 공포된 다음 연
도부터 50년간 존속한다. 다만, 창작 후 50년 이내에 공포되지 아니한 경우
에는 창작된 다음 연도부터 50년간 존속한다(저§8).

반도체집적회로의 배치설계

반도체집적회로의배치설계에관한법률은 "반도체집적회로의 배치설계에
관한 창작자의 권리를 보호하고 배치설계의 공정한 이용을 도모하여 반도체

관련 산업과 기술을 진흥함으로써 국민경제의 발전에 이바지함"(반§1)을 목적으로 한다.

반도체집적회로란 "반도체재료 또는 절연재료의 표면이나 반도체재료 내부에 한 개 이상의 능동인자를 포함한 회로소자들과 그들을 연결하는 도선이 분리할 수 없는 상태로 동시에 형성되어 전자회로의 기능을 가지도록 제조된 중간 및 최종단계의 제품"(반§2ii)을 말한다. 배치설계란 "반도체집적회로를 제조하기 위하여 각종 회로소자 및 그들을 연결하는 도선을 평면적 또는 입체적으로 배치한 설계"(반§2ii)를 말한다.

배치설계는 특허청에 등록함으로써 배치설계권이 주어지며 그 존속기간은 설정등록이 있는 날부터 원칙적으로 20년이다(종§55, 56). 다만, 무성적배치설계권은 배치설계를 설정등록함으로써 발생한다. 배치설계권의 존속기간은 원칙적으로 설정등록일부터 10년이다(반§7).

종자

종자산업법은 "식물의 신품종에 대한 육성자의 권리보호, 주요작물의 품종성능의 관리, 종자의 생산, 보증 및 유통 등에 관한 사항을 규정함으로써 종자산업의 발전을 도모하고 농업, 입업 및 수산업생산의 안정에 이바지함"(종§1)을 목적으로 한다. 종자란 "증식용 또는 재배용으로 쓰이는 씨앗, 버섯종균 또는 영양체"(종§2 iii)을 말한다.

종자는 농림부의 심사를 거쳐 등록되면 품종보호권이 주어지며 그 존속기간은 설정등록이 있는 날부터 원칙적으로 20년이다(종§55, 56). 다만, 무성적으로 반복생식할 수 있는 변종식품을 발명한 자는 특허청에 출원하여 특허를 받을 수 있으므로 이에서 제외된다(특§318).

제3장 지적재산으로서 갖추어야 할 요건은 무엇인가

I. 지적재산의 요건

지적재산은 지적창작의 산물이다. 모방품은 지적재산이 될 수 없다. 따라서 창작성은 지적재산이 갖추어야 할 공통적인 요건이다.

특허법이나 실용신안법은 발명이나 고안을 '자연법칙을 이용한 기술적 사상의 창작'이라고 정의한다(특§2i, 실§2i). 의장법은 '의장의 창작을 장려하여 산업발전에 이바지함'을 목적으로 함을 규정하고 있다(§1). 저작권법은 저작물을 '문학, 학술 또는 예술의 범위에 속하는 창작물'이라고 정의하고(§2i), 컴퓨터프로그램보호법은 컴퓨터프로그램저작물을 일종의 '창작물'로 정의하고 있으며(§2i), 반도체집적회로의배치설계에관한법률은 반도체집적회로의 배치설계에 관한 창작자의 권리를 보호함을 목적으로 하고 있다(§1).

창작성을 구체적으로 판단하는 기준은 입법정책의 문제이며 각 법률은 이에 대해 별도의 기준을 두고 있다.

특허법, 실용신안법, 의장법은 다음의 2단계의 요건을 규정하고 있다.

첫째는 신규성의 요건이다. 즉 창출된 발명 또는 고안이 종래에 알려지지 않은 것, 즉 기존의 지적재산과의 비동일성을 요구한다. 의장의 경우에는 비유사성도 요구한다.

둘째는 진보성 또는 창작비용이성의 요건이다. 창출된 발명, 고안, 의장이 신규성이 있다고 하더라도 종래에 알려진 지식으로부터 용이하게 생각해 낼 수 없는 정도로 진보된 것이라야 보호된다.

이처럼 2단계 요건을 구별하는 실익은 신규성이 없는 발명은 법원에서 무효심결 없이도 그 권리범위를 부정할 수 있으나 신규성이 있으나 진보성이 문제로 된 경우에는 당연히 권리범위를 부정할 수는 없고 무효심결의 확정에 의해서만 할 수 있는 점에 있다(91마540).

상표법은 상표 등 표장의 자타 상품, 서비스업, 업무와의 '식별성(특별현저성)'을 요건으로 하고 있어 다른 지적재산과 대조를 보이고 있다(§2i). 이는 상표법이 창작물의 보호보다는 시장의 질서유지를 주목적으로 함에 따른 것이다. 다만, 이러한 식별성도 상표 또는 상품의 비동일ㆍ비유사성을 전제로 하는 점에서 위 창작성의 2단계 요건과 맥락이 같으므로 함께 서술하기로 한다.

부정경쟁방지및영업비밀보호에관한법률은 '국내에 널리 알려진 타인의 상표, 상호 등을 부정하게 사용하는 등의 부정경쟁행위와 타인의 영업비밀을 침해하는 행위를 방지하여 건전한 거래질서를 유지함을 목적'으로 하고 있다(§1). 동법의 보호대상이 되는 상표, 상호는 식별성을, 영업비밀은 창작성을 갖출 것이 요구된다.

이 밖에도 지적재산은 공익성 등의 요건이 요구되며 특히 산업재산에 대하여는 산업상 이용가능성 및 선출원의 요건이 추가된다.

2. 신규성, 비동일 · 비유사성

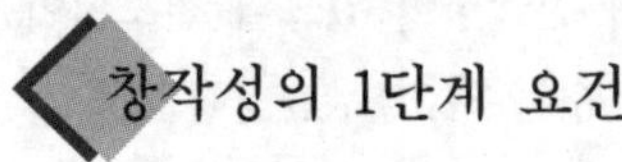

창작성의 1단계 요건

창작성이란 창작자가 기존의 지적재산으로부터 베끼지 아니하고 독자적으로 만들었다는 뜻이다. 따라서 타인의 지적재산을 복제한 것으로 그대로 베끼지 아니하였더라도 동일성이 인정되는 한 창작이 아니다.

창작성의 1단계 요건은 신규성이다. 신규성이란 창출된 지적재산이 종래에 알려지지 않은 것, 즉 사회일반에 공지, 공용되지 않은 것을 말한다. 사회일반인에게 공지, 공용되어 누구나 알고 있는 상태에 있는 것을 특정인에게 독점적, 배타적 권리를 부여하는 것은 창작자를 보호하는 지적재산제도의 본래 취지에 위배되기 때문이다.

신규성의 요건은 산업상의 창작보호법인 특허법, 실용신안법, 의장법에는 구체적으로 규정되어 있으나 그러한 규정이 없는 다른 지적재산에서도 마찬가지로 요구된다고 할 것이다.

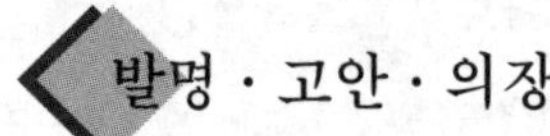

발명 · 고안 · 의장

1) 신규성의 상실

발명 · 고안 · 의장이 다음의 하나에 해당할 경우에는 신규성이 상실되어 특허, 실용신안등록, 의장등록을 받을 수 없다. 괄호 안의 내용은 의장에만 해당되는 사항이다(특§29①, 실§29①, 의§5①).

① 출원 전에 국내(또는 국외)에서 공지되었거나 공연히 실시된 것

② 출원 전에 국내 또는 국외에서 반포된 간행물에 기재된 것

③ (제1호 또는 제2호에 해당하는 의장에 유사한 의장)

발명·고안에 대하여는 위 공지, 공용의 것 또는 간행물에 기재된 것과 비동일성을 요구하는데 비해 의장에 대하여는 비동일성은 물론 비유사성까지 요구하고 있어 대조를 이룬다.

● 신규성 판단의 기준

신규성 판단의 시간적 기준은 출원시를 기준으로 한다.

신규성의 판단의 지역적 기준과 관련하여 특허, 실용신안의 공지, 공용성은 국내에서 생긴 것만을 대상으로 하나 의장의 공지, 공용성은 국내외에 생긴 것 모두를 대상으로 하고 있음이 다르다. 간행물 기재에 관련해서는 특허, 실용신안, 의장 모두 국내외에서 반포된 것을 포함한다.

● 신규성의 상실 사유

① 공 지

특허나 실용신안은 국내에서, 의장은 국내외에서 각각 출원 전에 비밀 상태에서 벗어나 널리 알려진 것을 '공지' 라고 한다. 나아가 '공지' 는 비밀 유지 의무자 이외의 자에게 지적재산의 내용이 현실적으로 인식된 것(주관적 신규성)뿐만 아니라 객관적으로 알 수 있는 상태에서 놓여 있는 경우(객관적 신규성)를 포함한다.

② 공 용

특허나 실용신안은 국내에서, 의장은 국내외에서 각각 출원 전에 공연히 실시된 것을 '공용' 이라고 한다. '공연한 실시' 란 관련업자가 그 지적재산 내용을 용이하게 할 수 있는 것과 같은 상태에서 실시되는 것을 의미한다.

예컨대, 방법의 발명에 대해서는 용이하게 그 방법을 알 수 있는 경우가 아닌 한 단순히 판매 또는 양도되었다는 사실만으로는 공연한 실시로 인정되지 않는다.

발명의 '실시' 에 관하여는 특허법에 자세한 규정이 있다(특§2③).

③ 반포된 간행물 기재

출원 전에 국내 또는 국외에서 반포된 간행물에 기재된 특허, 실용신안, 의장은 등록을 받을 수 없다. 간행물이란 인쇄, 기타의 기계적, 화학적 방법에 의하여 복제된 공개적인 문서나 도면 등의 정보전달매체를 말하며, '반포'란 당해 간행물이 일반 대중에 의하여 열람 가능한 상태에 놓여진 것을 뜻한다.

2) 신규성 상실의 예외

비록 발명이나 고안의 신규성이 상실되었다 하더라도 다음과 같은 경우에는 신규성이 상실된 후 6개월 이내에 출원을 하면 신규성이 있는 것으로 보아 등록을 받을 수 있게 하고 있다(특§30①, 실§5①). 다만, 의장의 경우 공개방법이 무엇이든 묻지 않고 공개일로부터 6개월 이내에 출원을 하면 신규성이 있는 것으로 의제한다(의§8①). 이는 발명과 의장의 성질상 차이를 인정한 것으로 의장의 경우 시장테스트를 할 수 있는 기간을 주고자 함에 있다.

● 특허·실용신안의 의제사유

① 특허를 받을 수 있는 권리를 가진 자가 그 발명을 시험하거나 간행물에 발표하거나 학술단체가 개최하는 연구집회에서 서면으로 발표함으로써 신규성 상실사유에 해당한 경우

발명의 시험은 완성된 발명에 대한 것을 말한다. 시험은 기술적 효과에 대한 것으로 판매, 선전을 위한 것은 포함되지 않는다.

② 특허를 받을 수 있는 권리를 가진 자의 의사에 반하여 그 발명이 위 신규성 상실사유에 해당한 경우

출원 전에는 발명의 내용을 비밀 유지하려 하였으나 타인으로부터의 협박, 기망 등으로 인하여 본인의 의사에 반하여 이루어진 경우에는 신규성의 의제를 인정한다. 그러나 실수로 잘못 공지한 경우나 대리인에 의해 이미 출원된 줄 믿고 공표하였는데 아직 출원절차를 밟지 않은 경우 등이라면 자기 의

사에 반한 것이라고 할 수 없다.

③ 특허를 받을 수 있는 권리를 가진 자가 그 발명을 다음의 박람회에 출품함으로써 위 신규성 상실사유에 해당한 경우

　　정부 또는 지방자치단체가 개최하는 박람회

　　정부 또는 지방자치단체의 승인을 얻은 자가 개최하는 박람회

　　정부의 승인을 얻어 국외에서 개최하는 박람회

　　조약의 당사국 영역 안에서 그 정부나 그 정부로부터 승인을 얻은 자가 개최하는 박람회

이상에서 본 것은 실용신안의 의제사유에 그대로 적용된다.

● 신규성 의제의 요건

신규성의 의제를 받기 위하여 특허를 받을 수 있는 권리를 가진 자는 위 신규성의제 사유가 발생한 날로부터 6개월 이내에 특허출원을 하여야 하며 그 특허출원은 공개된 발명과 동일한 것이어야 한다. 특히 발명자는 의사에 반하여 신규성을 상실한 경우 이외의 경우에는 특허출원과 동시에 그 취지를 기재한 서류를 특허청장에게 제출하고 이를 증명할 수 있는 서류를 출원일로부터 30일 이내에 제출하지 않으면 아니 된다(특§30②, 실§5②, 의§8②).

● 신규성 의제의 효과

신규성 의제사유에 해당하는 일이 발생한 날에 신규성이 소급하여 의제된다. 그러나 신규성을 의제받은 특허출원은 그 출원일 자체가 소급되는 것은 아니다. 따라서 신규성을 의제받은 특허출원의 출원일보다 먼저 타인이 동일한 발명에 대하여 출원한 경우에는 비록 신규성의 소급일자가 타인의 출원일보다 앞서게 되는 경우라도 의제받은 특허출원은 선원주의에 의하여 특허를 받을 수 없다. 다만, 무권리자가 특허출원을 한 후 무권리를 이유로 특허를 받지 못하게 된 경우에는 정당한 권리자가 특허출원을 한 경우에는 정

당한 권리자의 특허출원은 무권리자가 특허출원을 한 때에 특허출원한 것으로 본다(특§34).

 상 표

1) 신규성이 없는 상표

상표법은 다음에 기재한 것에 대하여는 등록을 허용하지 않는다. 이들은 모두 신규성이 결여된 것이다. 다른 산업재산이 국내외의 공지, 공용, 간행물의 기재 등의 경우에도 신규성이 상실되도록 함에 비해 상표의 경우에는 신규성을 요구하는 대상이 이보다 제한되는 점이 특징이다. 이들은 공익 또는 사익보호의 이유로 등록을 불허하고 있으나 형식적으로 볼 때에는 신규성 상실이 그 근거가 된다고 할 수 있다.

① 국기 등과 동일·유사한 상표(상§7①i)
대한민국의 국기·국장·군기·훈장·포장·기장, 외국의 국기·국장, 산업재산권 보호를 위한 파리협약 동맹국의 훈장·포장·기장, 적십자·올림픽 또는 저명한 국제기관 등의 명칭이나 표장과 동일 또는 유사한 상표, 대한민국·산업재산권 보호를 위한 파리협약 동맹국·그 국가의 공공기관이 사용하는 감독용이나 증명용 인장 또는 기호와 동일 또는 유사한 상표
② 저명한 업무표장과 동일·유사한 상표(상§7①iii)
국가·공공단체 또는 이들의 기관과 공익법인의 영리를 목적으로 하지 아니하는 업무 또는 영리를 목적으로 하지 아니하는 공익사업을 표시하는 표장으로서 저명한 것과 동일 또는 유사한 상표
③ 박람회의 상패 등과 동일·유사한 상표(상§7①v)
정부가 개최하거나 정부의 승인을 얻어 개최하는 박람회 또는 외국정부가

개최하거나 외국정부의 승인을 받아 개설하는 박람회의 상패·상장 또는 포장과 동일 또는 유사한 표장이 있는 상표. 다만, 그 상패·상장 또는 포장을 받은 자가 그 상표의 일부로서 표장을 사용할 때에는 예외로 한다.

④ 등록상표와 동일·유사한 상표(상§7①ⅶ)

선출원에 의한 타인의 등록상표와 동일 또는 유사한 상표로서 그 등록상표의 지정상품과 동일 또는 유사한 상품에 사용하는 상표

⑤ 상표권 소멸 후 1년을 경과하지 아니한 타인의 상표와 동일·유사한 상표(상§7①ⅷ)

상표권이 소멸한 경우에도 어느 정도는 그 상품이 시장에 유통될 수 있고 그 상표에 화체된 영업상의 신용이 일반소비자의 머릿속에 남겨져 있을 수 있기 때문에 출처의 혼동을 위하여 권리소멸 후 1년 동안은 타인의 등록을 허용하지 아니한다.

⑥ 주지상표와 동일·유사한 상표(상§7①ⅸ)

타인의 상품을 표시하는 것이라고 수요자간에 현저하게 인식되어 있는 상표와 동일 또는 유사한 상표로서 그 타인의 상품과 동일 또는 유사한 상품에 사용하는 상표

⑦ 저명상표와 동일·유사한 상표(상§7①ⅻ)

국내 또는 외국의 수요자간에 특정인의 상품을 표시하는 것이라고 현저하게 인식되어 있는 상표와 동일 또는 유사한 상표로서 부당한 이익을 얻으려 하거나 그 특정인에게 손해를 가하려고 하는 등 부정한 목적을 가지고 사용하는 상표

2) 신규성 판단의 기준

● 상표의 비동일·비유사성

상표의 신규성 판단에는 다른 상표와의 비동일·비유사성을 요구한다.

상표의 동일성 판단에는 다음의 두 가지 기준이 있다.

물리적 동일성은 상표 그 자체, 즉 상표의 구성요소인 문자, 도형, 기호, 색채, 입체적 형상 또는 이들의 결합 자체의 동일을 의미한다고 보는 견해이다. 이에 따르면 등록상표 자체를 확대 또는 축소한 것은 동일상표이나 서체가 다른 문자상표나 원산지, 상호 등이 부기된 상표는 동일상표가 아닌 것으로 본다. 사회통념상의 동일성이란 단순한 물리적 동일에만 구애되지 않고 일반사회통념상 '동일성'이 있는 상표는 동일하다고 보는 입장이다.

상표의 유사란 대비된 2개의 상표가 동일한 것은 아니지만 외관, 칭호, 관념의 어느 면에서 서로 비슷한 것을 가리키는 형식적, 기술적 개념이다. 상표의 유사 여부를 판단함에는 상표의 외관, 칭호, 관념의 3요소의 대비가 가장 중요하다.

대비된 2개의 상표가 이들 3요소 중 어느 하나라도 근사할 때에는 원칙적으로 유사상표라 할 수 있고, 그 어느 것도 근사하지 아니하면 비유사상표라 할 수 있다. 특히 칭호, 관념에 있어서 공통성을 비교함에 있어서는 상표 그 자체로부터 객관적으로 발생하는 칭호, 관념이 아니라 수요자 일반에게 거래상 발생하는 칭호, 관념임에 유의하여야 한다.

판례에 의하면 '大旺'과 '大旺工業社'(70후58), '東亞스테인리스스틸공업사'와 '東亞'(65후20)는 비요부인 상호부분을 제외하고 요부를 관찰하면 유사한 상표라고 한다. 한편 상표 'LAS – PLUS' 중 'PLUS'는 식별력이 없어 요부가 될 수 없으므로 인용상표 'PLUS'와 유사한 상표가 아니고(96후511), 상표 'MICROSHIELD' 중 'MICRO' 부분은 식별력이 없어 '마이크로'와 유사한 상표가 아니라(95후1494)고 판시하였다.

● 상품의 비동일 · 비유사성

상표의 경우, 전혀 종류가 다른 상품 사이에는 비록 동일한 상표를 사용하더라도 특별한 경우를 제외하고는 혼동이 생길 리가 없으므로 상품이 비동일 · 비유사한 것이면 신규성이 인정된다. 상품의 비동일성의 판단은 상품 자체의 속성에 따라 판단한다.

상표동일유사 여부의 판단의 전제가 되는 상품의 유사성 여부에 관하여는 견해가 구구하다. 등록단계에 있어서 상품의 유사성은 사법적 판단에 있어서와는 달리 상품 자체의 속성에 따라 판단하면 충분하고 실제로는 특허청이 마련하고 있는 '유사상품심사기준'에 따라 처리되고 있다.

통상적으로 유사한 상품이란 거래사회에서 오인, 혼동을 일으킬 정도로 상품의 품질·용도·형상 등이 일치하거나 원료·생산자 등이 일치하는 경우를 이른다.

판례에 의하면 단화 등과 구두중창이 완제품과 그 원재료인 부품의 관계에 있다고 하더라도 일반거래에서 그 수요자가 다르고 양자가 같은 점포에서 판매되기 힘든 경우는 유사한 상품이 아니라고 한다(82후8). 가스레인지와 전자레인지(81후41), 침구인 이불·요·베개 등과 가구인 의자·침대·농·진열장(84후84)도 유사한 상품이 아니라고 판시한다.

저작물

저작물의 창작성이란 저작자가 기존의 저작물로부터 베끼지 아니하고 독자적으로 만들었다는 뜻이다. 따라서 기존의 타인의 지적재산을 복제한 것으로 동일성이 인정되는 한 창작이 아니다. 그러나 우연한 일치로 독자적으로 기존의 저작물과 완전히 일치한 저작물을 만들었다면 이는 창작이다.

이러한 우연의 일치에 대해 저작자에게 과실이 있더라도 관계가 없다. 즉 창작성이란 상대적, 주관적 신규성으로 족하고 특허, 의장 등과 같은 절대적, 객관적 신규성을 요하지 아니한다.

3. 진보성 · 창작비용이성 · 특별현저성

창작성의 2단계 요건

창출된 지적재산이 신규성이 있다고 하더라도 종래에 알려진 지식으로부터 용이하게 생각해 낼 수 없는 정도로 진보된 것이라야 보호된다. 창작성의 정도를 고려하지 않고 기존의 것으로부터 용이하게 만들어 낼 수 있는 것까지 보호한다는 것은 제3자의 이용의 자유를 부당하게 억압하여 산업발달 등에 기여하고자 하는 지적재산권제도의 목적에 반하기 때문이다.

창작성의 정도에 대해 법률은 진보성, 창작비용이성 등의 표현을 쓰고 있으나 거의 같은 말이다. 참고로 미국특허법은 non-obvious(非自明性)라는 표현을 쓰고 있다.

진보성 · 창작비용이성의 요건은 산업상의 창작보호법인 특허법, 실용신안법, 의장법에는 구체적으로 규정되어 있으나 그러한 규정이 없는 다른 지적재산에서도 마찬가지로 요구된다고 할 것이다. 다만, 상표법의 특별현저성(식별성)은 특허법의 진보성과 같은 맥락에 있다고 할 것이다.

발명 · 고안

특허법이나 실용신안법은 발명 또는 고안의 비용이성을 진보성이라고 하여 신규성과는 별개의 요건으로 규정하고 있다. 선행기술에 비추어 자명한 또는 추고(推考)용이한 발명이나 고안은 창조성이 극히 미미하므로 등록에서 제외하고 있다.

1) 발명의 진보성

● 진보성의 판단 기준

진보성의 인정은 신규성을 전제로 한다. 특허법 제29조(특허요건) 제1항은 특허출원 전에 그 발명이 속하는 기술분야에서 통상의 지식을 가진 자가 제1항 각호에 규정된 발명(즉 국내에 공지, 공연 실시된 발명 및 국내외 간행물에 기재된 발명)에 의하여 용이하게 발명할 수 있는 것일 때에는 그 발명은 제1항의 규정에 불구하고 특허를 받을 수 없다(특§29②i).

'그 발명이 속한 기술분야'의 판단은 출원인이 명세서에 기재한 '발명의 명칭'으로서 직접 표시된 기술분야에 구애되지 아니하며, 발명의 목적, 구성 또는 효과의 측면에서 보아 그 중 어느 하나가 예측되지 않는 경우에는 진보성이 있다고 판단된다.

'통상의 지식을 가진 자'는 당해 발명이 속한 기술분야에서 평균수준의 기술적 지식을 가진 평균적 전문가로서 통상의 창작능력을 발휘할 수 있는 자이다. 일반적으로 특허청 심사관이 판단하지만 그 판단이 곤란한 것은 전문가의 판단을 요하기도 한다.

진보성의 판단의 시간적 기준도 신규성과 마찬가지로 출원시로 한다.

● 진보성 판단의 방법

특허청구범위에는 발명의 구성에 필요한 사항만을 기재하여야 한다(특§42④iii). 즉 특허청구범위에는 그 발명의 기술적 사상을 구현하기 위해 필요한 기술적 사항이 기재되어야 한다. 또한 발명의 상세한 설명에 그 발명의 목적, 구성 및 효과를 기재해야 한다(특§42③).

발명은 그 목적, 구성 및 효과의 3요소에 의해 표현된다는 점을 나타내고 있다. 따라서 발명의 진보성 판단은 그 출원의 특허청구범위에 기재된 발명을 공지발명 또는 공지기술과 비교함으로써 이루어지며 보다 구체적인 판단 방법으로는 발명의 목적, 구성 및 효과를 공지의 그것과 비교해 종합적으로 판단하는 것이 보통이다.

2) 고안의 진보성

실용신안등록출원 전에 그 고안이 당해 출원이 속하는 기술분야에서 통상의 지식을 가진 자가 제1항 각호의 1에 해당하는 고안(즉 국내에 공지, 공연 실시된 고안 및 국내외 간행물에 기재된 고안)에 의하여 '극히' 용이하게 고안을 할 수 있는 것일 때에는 그 고안은 제1항의 규정에도 불구하고 실용신안등록을 받을 수 없다(실§5②).

실용신안법도 특허법과 같이 창작성이 낮은 출원을 배제하기 위해 진보성에 대하여 명문화함으로써 심사기준을 구체화하고 있다. 다만, 그 진보성의 정도는 특허법과 달리 '극히' 용이하게 고안할 수 있는가 여부에 따라 구별하도록 되어 있으나 심사실무상 그 구별은 매우 어렵다.

종래에 알려진 고안을 독창성 있게 개량한 것은 실용신안의 대상이 된다. 다만, 단순한 설계변경이나 재질의 변경 또는 대체 예컨대, 종래의 주물이었던 재질을 단순히 내화벽돌로 바꾼 것만으로는 등록의 대상이 되지 아니한다. 그러나 재질의 변경이나 대체에 기술적인 곤란성이 있고 그 곤란성을 극복하는 데 고도의 독창성이 요구될 때 이러한 곤란성을 극복하는 기술적인 창안이 등록의 대상이 됨은 물론이다. 진보성 판단의 전제조건, 판단방법 등은 특허법의 경우와 같다.

의 장

의장은 창작의 비용이성(쉽지 않음)을 요건으로 한다.

창작비용이성이란 의장등록출원 전에 국내에 있어서 널리 알려진 형태, 모양, 색채 또는 이들의 종합에 의하여 쉽게 창작할 수 없는 정도의 곤란성을 말한다(의5②). 다만, 주지의 형상, 모양 등을 거의 그대로 이용 또는 전용하거나 단순히 모방한 것이 아니고 이들을 취사선택하여 결합한 것으로서 그 의장을 전체적으로 관찰할 때 새로운 미감을 일으키는 경우에는 창작성이 있는 것으로 본다.

용이창작의 판단기준으로서의 '주지의 형상, 모양 등'이란 일반인이 이를 알 수 있을 정도로 간행물이나 TV 등을 통하여 국내에서 널리 알려져 있는 형상, 모양 등을 말하고, '그 의장이 속하는 분야에서 통상의 지식을 가진 자'라 함은 같은 업계에서 그 의장에 관한 보편적 지식을 가진 자를 말한다. '용이하게 창작할 수 있는 정도'란 주지의 형상, 모양 등을 거의 그대로 모방하거나 그 가하여진 변화가 단순한 상업적 변화에 지나지 않는 것을 말한다.

상 표

1) 특별현저성(식별성)

상표의 특별현저성 또는 식별성이란 상표의 외관구성의 자체의 명료성을 말한다. 상표는 다른 업자의 상품과 식별하기 위하여 자기 상품의 출처에 오인·혼동을 가져오거나 기만할 염려가 없을 정도로 특별현저성이 구비된 것이라야 한다.

상표의 식별력은 특별현저성 외에도 상표의 사용기간, 방법과 사용정도, 광고선전비의 다소, 상품품질의 우수성, 상표권자의 명성·신용 등에 따라 상대적으로 결정된다. 그러나 등록단계에서는 통상 이러한 의미에서의 식별력은 있을 수 없으므로 이를 필요로 하지 않는다. 즉 거래통용에 의한 구체적인 식별력의 획득은 필요조건이 아니라 충분조건이다.

2) 특별현저성이 없는 상표

상표법은 보통명칭, 실용표장, 기술적 상표, 지리적 명칭, 흔한 명칭, 간단한 도형, 기타 특별현저성이 없는 상표(상표법 §6①i~vii)를 부등록사유로 규정하고 있다.

① 상품의 보통명칭을 보통으로 사용하는 방법으로 표시한 표장만으로 된 상표(상§6① i)

보통명칭이란 거래계에서 그 상품의 일반적인 명칭으로 인식되는 명칭을 말한다. 예컨대, 비누, 치약, 담배와 같은 보통명사와 나일론, 셀로판, 아스피린과 같이 당초에는 상표이었던 것이 너무나 유명하게 되고 상품소유자가 상표의 관리를 허술히 하여 보통명사화한 것을 말한다.

② 그 상품에 대하여 관용하는 상표(상§6① ii)

관용표장이란 특정종류에 속하는 상품에 관하여 동업자들 사이에 관용적으로 쓰여지는 표장을 말한다. 예컨대, 청주에 관하여 정종, 유산균 음료에 관하여 요구르트, 브랜디에 관하여 나폴레옹 등이 그것이다. 보통명칭화된 상표는 관용표장의 하위개념에 속한다.

③ 기능적 상표(상§6①iii)

상표가 상품의 산지, 품질, 원재료, 효능, 용도, 수량, 형상(포장의 형상을 포함한다), 가격, 생산방법, 가공방법, 사용방법 또는 시기를 보통으로 사용하는 방법으로 표시한 표장만으로 된 상표를 말한다.

국가명(한국·일본 등), 저명한 지명(서울·뉴욕 등), 유명한 번화가(명동·샹제리제·긴자) 등은 일반적으로 산지, 판매지의 표시가 된다. 상품의 특성, 즉 품질(새로운, New, Gold, Best 등), 원재료(Wool, Steel 등), 효능(Absolute, 만능 등), 용도(프로용, For Youngmen 등), 수량(100gr, 10타스 등), 형상(소형, Great 등), 가격(500원, $100 등), 생산방법(진공 Pump, 현지녹음 등), 가공방법(IC사용, 비닐가공 등), 사용방법 또는 시기(Christmas Cake 등) 등을 '보통으로 사용하는 방법'으로 표시하는 표장이라 할 수 있다.

④ 뚜렷한 지리적 명칭, 그 약어 또는 지도만으로 된 상표(상§6①iv)

국가명, 저명한 지명, 유명한 관광지 번화가, 행정구역(예: District of Columbia) 등 일반인에게 널리 알려진 내외의 저명한 지명 및 지리적인 장소를 나타내는 보통 형태의 지도가 포함된다.

⑤ 흔히 있는 성 또는 명칭을 보통 사용하는 방법으로 표시한 표장만으로 된 상표(상§6①v)

⑥ 간단하고 흔히 있는 표장만으로 된 상표(상§6①vi)

⑦ 그 밖에 수요자가 누구의 업무에 관련된 상품을 표시하는 것인가를 식별할 수 없는 상표(상§6①vii)

이 규정은 상표법 제6조 제1항 제1호 내지 제6호의 보충적 규정이다.

상표 외 서비스표 등 다른 표장도 특별현저성을 갖추어야 함은 물론이다.

3) 사용에 의한 특별현저성의 취득

식별력이 없거나 약한 상표라 하더라도 특정인이 오랜 기간에 걸쳐 자기의 상품표지로서 사용하고 이로 인하여 거래자, 수요자에게 상품의 명칭으로 현저하게 인식되어 거래상의 식별력을 획득하면 상표로서의 기능을 수행할 수 있게 된다.

이러한 표장은 상표로서의 실질적인 보호요건을 사후적으로 획득한 것으로 사용에 의한 특별현저성의 취득에 따라 예외적으로 등록이 허용된다. 즉 "상표등록출원 전에 상표를 사용한 결과 수요자에게 그 상표가 누구의 상표인가가 현저하게 인식되어 있는 것은 그 상표를 사용한 상품을 지정상품으로 하여 상표등록을 받을 수 있다."(상§6②).

 저작물

창작성이 인정되기 위해서는 독자적으로 만들었다는 것만으로는 부족하고 독자적으로 만드는 데 있어서 저작자의 개성이 그 저작물에 나타나야 한다. 창작성이 인정되는 개성이 표현되었다고 보는 기준은 결국 창작성의 최저기준을 어디에 둘 것인가의 문제이고 이는 문화의 향상발전을 도모함을 목적으로 하는 저작권법의 정신에 비추어 개개 저작물의 특성에 따른 합목적적 판단에 의하여 결정되어져야 할 것이다. 일반적으로는 가장 높은 창작성의 정도가 인정되는 순수예술분야로부터 가장 창작성의 정도가 낮은 실용적 저작물에 이르기까지 그 정도는 상당한 차이가 있다.

그 밖의 것들

프로그램도 일반 저작물과 마찬가지로 창작성을 요건으로 하고 창작한 때로부터 저작권이 발생한다(저§2, 컴§8②). 프로그램을 창작한 자가 저작자가 되며(컴§2ⅱ) 창작성을 더하지 않고 다시 제작하는 것은 복제이다(컴§ⅲ).

본래 프로그램을 이용하여 새로운 프로그램을 창작하는 것을 개작이라 하며(컴§ⅳ) 개작에 의해 만들어진 프로그램을 2차적 프로그램이라고 한다(컴§ⅴ).

배치설계의 경우 "창작이라 함은 배치설계제작자의 지적 노력의 결과로서 통상적이 아닌 배치설계를 제작하는 행위를 말한다. 이 경우 통상적인 요소의 조합으로 구성된 때에도 전체적으로 보아 독창성이 있는 배치설계를 제작하는 행위는 이를 창작으로 본다"(반§2ⅲ)라고 하여 통상적이 아닌 경우에만 독창성을 인정한다.

종자의 경우에는 품종이 신규성, 구별성, 균일성, 안정성의 요건을 갖춘 경우에만 종자산업법에 의한 품종보호를 받을 수 있다(종§12).

4. 공익성

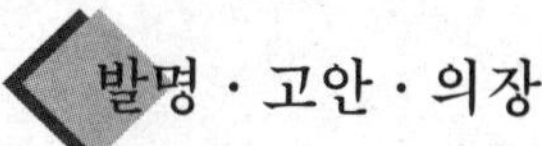

발명 · 고안 · 의장

발명 · 고안 · 의장은 공익상 또는 국가의 산업정책상 이유로서 개인의 독점권이 배제되는 경우가 있다. 이를 공익성의 요건이라고 한다.

1) 발 명

① 공서양속에 반한 발명(특§32)

공공의 질서 또는 선량한 풍속(공서양속)을 문란하게 하거나 공중의 위생을 해할 염려가 있는 발명은 특허를 받을 수 없다. 이를 공서양속에 반한 발명이라고 한다.

그 예로는 화폐변조기, 아편(마약) 흡입도구, 도둑질하는 데 필요한 만능열쇠, 인체에 유해한 완구, 피임기구 등을 들 수 있다. 또한 근거 단속법규로는 약사법, 마약단속법 등이 있다.

② 국방상 필요한 발명(특§41②)

정부는 특허출원한 발명이 국방상 필요한 것일 때에는 특허를 허여하지 아니할 수 있으며, 전시, 사변 또는 이에 준하는 비상시에 있어서 국방상 필요한 경우는 특허를 받을 수 있는 권리를 수용할 수 있다.

③ 유성변종식물(특§31)

변종식물발생과 관련하여 특허법은 암수결합에 의해 반복생식할 수 있는 소위 유성변종식물은 특허대상에서 제외하고 단지 암수결합에 의하지 않는 무성변종식물만을 특허대상으로 삼고 있다.

2) 고 안

다음과 같은 고안은 등록을 받을 수 없다.
① 국기 또는 훈장과 동일하거나 유사한 고안(실§7i)
② 공서양속에 반한 고안(실§7ii; 특허의 경우와 같음)

3) 의 장

다음과 같은 의장은 등록을 받을 수 없다(의§6).
① 국기 등과 동일·유사한 의장
국가의 국기·국장·군기·훈장·포장·기장 기타 공공기관 등의 표장과
외국의 국기·국장 또는 국제기관 등의 문자나 표지와 동일 또는 유사한 의장
② 공공의 질서나 선량한 풍속을 문란하게 할 염려가 있는 의장
③ 타인의 업무에 관계되는 물품과 혼동을 가져올 염려가 있는 의장

상 표

상표가 식별성을 갖추고 있다고 하더라도 다음과 같은 상표는 등록받을 수
없다. 이는 공익상, 사익상 등의 이유로 법에 의해 금지되는 것이다. 앞에서
본 신규성이 없는 상표 또한 공익상, 사익상의 이유로 금지되는 것이다.
① 국가 등과의 관계를 허위로 표시하거나 모욕하는 등의 상표(상§7①ii)
국가·인종·민족·공익단체·종교 또는 저명한 고인과의 관계를 허위로
표시하거나 이를 비방 또는 모욕하거나 이들에 대하여 나쁜 비판을 받게 할
염려가 있는 상표는 일반적으로 공서양속에 반하고 국제적 신의에 어긋나므
로 등록될 수 없다.
② 공서양속에 반하는 상표(상§7①iv)
'공공의 질서 또는 선량한 풍속(공서양속)을 문란하게 할 염려가 있는 상

표'란 외설적인 도형이나 과격한 슬로건 등으로 구성된 상표, 특정의 국가나 그 국민을 모욕하는 것과 같은 국제신의에 반하는 상표 기타 사회공공의 이익이나 일반의 도덕관념에 반하는 변화에 따라 상대적으로 결정되어야 하고 상표법의 입장에서 독자적으로 판단되어야 한다.

③ 저명한 타인의 명칭 등을 포함하는 상표(상§7①vi)

저명한 타인의 성명·명칭 또는 상호·초상·서명·인장·아호·예명·필명 또는 이들의 약칭을 포함하는 상표는 등록되지 아니한다. 다만, 그 타인의 승낙을 얻은 경우에는 예외로 등록이 허용된다.

④ 저명상품, 저명영업과 혼동을 일으킬 염려가 있는 상표(상§7①xi)

수요자간에 현저하게 인식되어 있는 타인의 상품이나 영업과 혼동을 일으키게 할 염려가 있는 상표는 등록이 불허된다. 저명상표가 붙어 있는 상품이나 신용 있고 명성이 높은 저명회사의 제품은 일반 소비자 대중에게 절대적인 신뢰와 양질의 이미지를 획득하고 있다.

특히 저명상표(Known Trade Mark)는 그 상품의 우수성 때문에 대중의 심리에 양질감 내지 저명감정을 획득하고 있어 그 자체가 영업주체를 표시하는 힘까지 갖는 경우가 많다.

저명상표는 거래관계자들뿐만 아니라 일반 소비자 대중에게 널리 알려지고, 또한 양질감으로 인한 유일적 지위를 가지는 점에서 단순히 거래관계자들 사이에서 널리 알려진 주지상표와는 질적으로 다르다. 저명상표 또는 저명영업명 등을 사용하여 생산·판매되는 상품은 그것이 비슷하지 않은 상품이더라도 저명상표주 또는 그 계열기업에서 나온 우수한 품질의 제품으로 오인·혼동될 가능성이 많다. 그러므로 상표법은 저명상표 또는 저명영업과 혼동이 생길 염려가 있는 상표는 형식적인 유사상품개념에서 벗어나 널리 등록하지 아니할 것으로 규정한다.

⑤ 상품의 품질오인 또는 수요자 기만의 염려가 있는 상표(상§7①xi).

'상품의 품질을 오인케하거나 수요자를 기만할 염려가 있는 상표'란 그 전단이 상품 품질의 오인 또는 기만을 포함함은 물론이나 그 후단은 상품의 품질과 관계 없이 상품의 오인을 초래함으로써 수요자를 기만할 염려가 있는 경우를 포함한다(89후353).

상표가 상품의 성질, 내용, 효능, 용도 등을 오인케 할 염려가 있는 경우나 원산지를 허위로 표시하거나 출처지 또는 질량을 오인케 할 염려가 있는 상표 등이 포함된다.

⑥ 상표등록을 받고자 하는 상품 또는 그 상품의 포장 기능을 확보하는데 불가결한 입체적 형상만으로 된 상표(상§7①xiii).

상품 또는 포장의 기술적 효과를 확보함에 불가결한 입체적 형상에 대한 영구적 독점을 허용하여서는 아니되기 때문이다.

⑦ 포도주 및 증류주의 지리적 표시를 포함하는 상표(상§7①xiv).

세계무역기구 가맹국 내의 포도주 및 증류주의 산지에 관한 지리적 표시를 포함하거나 같은 표시로 구성된 상표를 포도주, 증류주 또는 이와 비슷한 상품에 대하여 사용하고자 하는 경우에는 등록될 수 없다.

저작물

다음의 저작물은 공익상의 이유로 보호의 대상에서 제외된다.

① 국민에게 널리 알려져야 할 저작물(저§7i~iv, vi)

국민에게 널리 알려져야 할 성질을 갖는 관공문서 등은 누구라도 자유로이 이용할 수 없으면 목적을 달성할 수 없으므로 보호가 미치지 아니한다.

헌법, 법률, 조약, 명령, 조례 및 규칙

국가 또는 지방자치단체의 고시, 공고, 훈령 그 밖에 이와 비슷한 것

법원의 결정, 명령 및 심판이나 행정심판절차 그 밖에 이와 비슷한 절차에 의한 의결, 결정 등

국가 또는 지방자치단체가 작성한 것으로 위에 규정된 것의 편집물 또는

번역물

　공개한 법정, 국회 또는 지방의회에서의 연술

②사실의 전달에 불과한 시사보도(저§7v)

　인사왕래, 사망기사, 화재, 교통사고 등 단순한 사실의 전달에 불과한 잡보나 시사의 보도는 사상, 감정의 창작적 표현이 아니므로 이들은 어문저작물로서 보호를 받지 못한다.

5. 산업재산에 특유한 요건

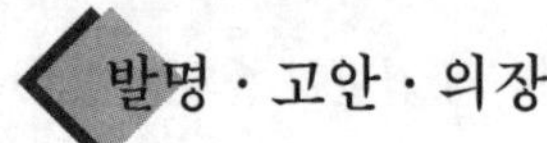

발명 · 고안 · 의장

1) 산업상 · 공업상 이용가능성

산업상 이용할 수 있는 발명(특§29①), 산업상 이용할 수 있는 물품의 형상, 구조 또는 조합에 관한 고안(실§5①), 공업상 이용할 수 있는 의장(의§5①)이라야 등록을 받을 수 있다. 이는 산업재산을 보호, 장려하고 이용을 도모함으로써 산업 발전에 이바지하려는 산업재산권제도의 목적에 당연한 요건이다(특§1, 실§1, 의§1).

● 산업 · 공업

여기서 '산업'은 넓은 개념으로 공업 외에도 광업, 농수산업, 목축업 등을 포함하며, 비록 생산이 뒤따르지 않으나 운송업이나 교통업과 같은 보조산업을 포함한다. 그러나 보험업, 금융업 등과 같이 단순한 서비스업은 포함되지 않으며 인체의 구성을 필수요건으로 하는 의료업에 대하여도 의료업 자체가 사물을 대상으로 하는 산업의 범위에 포함될 수 없기 때문에 인체를 발명 구성의 요건으로 하는 순의료적 발명은 산업에서 제외된다.

● 산업상 · 공업상의 이용

'산업상의 이용'은 당장의 산업적 실시를 의미하는 것이 아니라 장래에 실시할 가능성이 있으면 족하다. 산업상의 이용가능성이 경제성을 의미하지는 않는다. 즉 산업상의 이용가능성의 판단은 기술적 가치 평가의 문제로 비록 경제적 불이익을 초래하는 발명, 고안이라 할지라도 무방하다.

'공업상의 이용'은 공업적 방법에 의해 양산할 수 있는 것을 의미한다. 발명 · 고안의 '산업상의 이용'과는 달리 의장이 '공업상의 이용'을 요건으로 하는 이유는 의장제도의 목적이 고안자의 보호와 함께 물품에 대한 수요증대 및 국가산업발전에 기여함에 있으므로 물품의 양산가능성이 없는 것은 산업발전에 이바지할 수 없기 때문이다.

2) 선출원

동일한 발명·고안이나 비슷한 의장에 대하여 다른 날에 2 이상의 출원이 있는 때에는 먼저 출원된 자만이 특허 또는 등록을 받을 수 있다(특§36, 실§8, 의§16). 등록주의와 선출원주의를 취하고 있는 우리 법제하에서는 특허청에 특허출원을 하여 등록을 받아야만 권리화될 수 있기 때문에 비록 늦게 발명 또는 창작하였더라도 이전에 발명 또는 창작한 자보다 먼저 출원하면 그 자가 권리를 갖게 된다.

상 표

1) 사용사실 또는 사용의사

국내에서 상표를 사용하는 자 또는 사용하고자 하는 자만이 상표를 등록할 수 있다(상§3). 즉 등록 전에 실제로 사용할 필요는 없지만 적어도 사용할 의사는 있어야 한다. 또한 등록 후에 정당한 이유 없이 등록상표를 지정상품에 대하여 취소심판청구일 전 계속하여 3년 이상 국내에서 사용하지 아니한 경우는 상표등록의 취소심판을 청구당하는 수가 있으므로 유의하여야 한다(상§73①iii). 즉 사용사실은 등록요건은 아니라 존속요건이다.

이러한 상표는 지정 상품에 관한 영업과 불가분의 관계에서 출원인, 즉 자기의 상표이어야 하고 자기가 사용할 목적으로 사용하거나 사용할 의사가 있어야 한다(상§2①vi, ②). 따라서 타인의 등록상표를 저지시킬 목적만을 가진 방호표장에 해당하여서는 안 되며 최소한 장래에라도 사용하기 위한 저장상표에는 해당되어야 한다.

2) 선출원

　동일 또는 유사한 상품에 동일 또는 유사한 상표에 관하여 다른 날에 2 이상의 출원이 있는 때에는 먼저 출원된 자만이 등록을 받을 수 있다(상§8).

제4장 지적재산권은 어떻게 취득하는가

1. 지적재산권을 취득할 수 있는 자

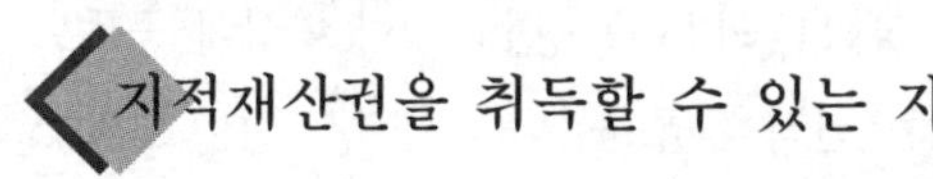

지적재산권을 취득할 수 있는 자

지적재산권은 원칙적으로 그 창작자가 취득하는 것이나 권리의 양수 또는 상속에 의하여 정당한 권리를 가지게 된 자는 자기가 직접 창작한 것이 아니더라도 그 지적재산에 대한 권리를 취득할 수 있다. 여기서 창작자란 원칙적으로 자연인을 말하나 법인도 이를 양도받아 취득할 수 있다. 법인은 사실상 창작을 할 수 없기 때문이다. 외국인도 지적재산권은 취득할 수 있다.

저작권 및 컴퓨터프로그램저작권은 저작된 때로 발생하며 어떠한 절차나 형식의 이행을 필요로 하지 아니한다(저§10②, 컴§8②). 다만, 이들 권리를 처분하는 경우에는 그 대항요건으로 등록이 필요한 경우가 있다.

부정경쟁방지법, 상법 등의 법률에 의해 보호되는 지적재산은 그 법률에 정해진 소정의 요건에 부합되면 보호 대상이 되고 달리 어떠한 절차나 형식이 필요 없다. 비록 등기상호가 미등기상호에 비해 권리구제절차상 유리한 점은 있으나 등기가 요건은 아니다.

지적재산권 중에서 산업재산권, 즉 특허권, 실용신안권, 의장권, 상표권과 반도체집적회로의 배치설계권, 종자산업법상 품종보호권은 설정등록에 의하여 발생한다(특§87①, 실§35①, 의§39①, 상§41①, 반§6, 종§55①). 설정등록을 받으려면 권리자가 법률 소정의 등록출원, 등록신청을 해야 한다.

산업재산권의 설정등록을 받을 수 있는 자

특허의 발명자, 실용신안의 고안자, 의장의 창작자 또는 이들의 승계인은 특허 또는 설정등록을 받을 수 있는 권리를 가진다. 국내에서 상표를 사용하는 자 또는 사용하려고 하는 자는 자기의 이름으로 상표등록을 받을 수 있다. 다만, 특허청 직원은 상속, 유증의 경우를 제외하고는 재직중 등록을 받을 수 있는 권리가 없다(특§33①, 실§11, 의§3①, 상§3). 2명 이상이 공동으로 창작한 때에는 등록받을 수 있는 권리를 공유한다(특§33②, 실§11, 의§3②).

법인이 특허·실용신안을 출원하는 경우는 자연인이 발명·고안한 것을 양도받아서 한다. 인격이 없는 사단은 출원주체가 되지 못하지만, 고용원의 발명·고안을 기업주가 출원할 수 있는 경우도 있다. 이것을 직무발명이라 한다(특§39, 실§11).

외국인도 출원할 수 있다. 외국인이 외국에 거주하고 있는 경우에는 국내에 거주하는 대리인을 통해서만 출원할 수 있게 하였다(특§5, 실§11, 의§4, 상§5). 이것은 특허청이 외국에 거주하는 자를 상대로 절차를 수행하는 번거로움을 피하기 위해서이다. 외국인뿐만 아니라 대한민국 국민이 국내에 주소나 영업소를 갖고 있지 않은 경우도 마찬가지이다.

이 밖에 특허청에 등록되는 배치설계권이나, 농림부에 등록되는 품종보호권에 대해서도 위에서 본 바와 마찬가지이다.

2. 산업재산의 등록출원절차

발명 · 고안

특허 또는 실용신안의 등록출원절차는 거의 같다. 다만, 도면제출에 있어서 특허의 경우는 임의적이나 실용신안의 경우는 필수적이며 이중출원에 있어서 양자는 각각의 특칙을 두고 있을 따름이다.

1) 출원서류의 제출

등록을 받고자 하는 자는 출원서 등 일정한 서류를 구비하여 특허청장에게 제출하여야 한다(특§42, 실§9). 서류는 종이문서는 물론 전산망이나 인터넷을 통한 전자문서로 출원하는 것도 가능하다.

출원인이 행위무능력자인 경우에는 법정대리인이 할 수 있으며 또 변리사에게 의뢰하여 특허출원을 대행하여도 된다. 제출된 서류는 심사관에 의하여 방식심사를 거쳐 접수되며 미비사항이 있으면 반송된다.

● 출원서

출원서에는 ⅰ) 출원인의 성명 및 주소(법인인 경우에는 그 명칭, 영업소 및 대표자의 성명), ⅱ) 출원인의 대리인이 있는 경우에는 그 대리인의 성명 및 주소나 영업소, ⅲ) 제출연월일, ⅳ) 발명 · 고안의 명칭, ⅴ) 발명자 · 고안자의 성명 및 주소, ⅵ) 조약에 의한 우선권, 국내출원 등에 의한 우선권 주장이 수반인 경우에는 그 우선권 주장 사실을 기재하여야 한다(특§42①, 실§9).

[서식 4-1] 특허출원서

<table>
<tr><td rowspan="2">특허출원서</td><td rowspan="2">방식심사란</td><td>담 당</td><td>심사관</td></tr>
<tr><td></td><td></td></tr>
</table>

【서류명】 특허출원서

【수신처】 특허청장 귀하

【제출일자】 1998. 08. 24

【발명의 국문명칭】 TV 수상기의 방송방식별 색포화도조정방법

【발명의 영문명칭】 method for color saturation control according to TV system in TV receiver

【출원인】

　　【국문명칭】 삼성전자 주식회사

　　【영문명칭】 SAMSUNG ELECTRONICS CO., LTD

　　【대표자】 윤종용

　　【출원인코드】 14001979

　　【출원인구분】 국내 상법상 법인

　　【우편번호】 442 – 370

　　【주 소】 경기도 수원시 팔달구 매탄동 416번지

　　【국 적】 KR

【대리인】

　　【성 명】 조의제

　　【대리인코드】 K170

　　【전화번호】 02 – 568 – 5568

　　【우편번호】 135 – 080

　　【주 소】 서울특별시 강남구 역삼동 648 – 23

【발명자】

　　【국문성명】 윤석호

　　【영문성명】 YUN, Seok Ho

　　【주민등록번호】 681113 - 1446818

　　【우편번호】 449 - 910

　　【주 소】 경기도 용인시 구성면 마북리 251 - 4 시온2차 나동 202호

　　【국 적】 KR

【취 지】 특허법 제42조의 규정에 의하여 위와 같이 출원합니다.

　　대리인　　　　　　　　　　　　　　조 의 제　(인)

【수수료】

　　【기본출원료】　　　　12면　　　　29,000원

　　【가산출원료】　　　　0면　　　　　0원

　　【우선권주장료】　　　0건　　　　　0원

　　【심사청구료】　　　　0항　　　　　0원

　　【합 계】　　　　　　　　　　　　29,000원

【첨부서류】

　　1. 요약서, 명세서(및 도면) 각 1통

　　2. 출원서 부본, 요약서, 명세서(및 도면)을 포함하는 FD부본 1통

　　3. 위임장(및 동 번역문)

● 명세서 등 첨부서류

출원서에는 다음 사항을 기재한 명세서와 필요한 도면 및 요약서를 첨부하여야 한다(특§42②, 실§9②). 출원서 작성에는 형식요건을 갖추면 되는 것이지만 그에 첨부되는 명세서의 작성에는 어느 정도의 기술이 필요하므로 특허사무소에 의뢰하는 것이 보통이다.

① 발명·고안의 명칭

발명·고안을 추상화하여 얻은 자연과학에 관한 저작물의 제호처럼 발명·고안의 내용을 간단히 표시한다.

② 도면의 간단한 설명

첨부된 도면에는 각 도면의 설명, 즉 제1도는 평면도, 제2도는 단면도 등으로 간략하게 설명한다.

특허에 있어서 도면은 필요한 경우에만 첨부하지만 실용신안에 있어서는 도면이 필수적이다. 실용신안은 물품에 관한 고안으로 물품을 떠나서는 존재할 수 없으므로 물품의 형상이나 구조를 직접 도면으로 표시해서 출원서에 첨부해야 하는 것이다(실§8②).

③ 상세한 설명

발명·고안에 관한 기술분야에서 통상의 기술지식을 가진 사람이면 그 발명을 정확하게 이해하고 쉽게 실시할 수 있을 정도가 되어야 한다. 발명·고안의 목적, 구성, 작용효과 및 실시방법, 실시 예 등을 기재하여야 하며, 청구범위의 기재사항의 의의를 명확히 설명하여야 한다.

위의 요건을 충족하지 못할 때에는 거절이유 또는 무효원인이 된다. 그러나 특허청구의 범위를 변경하거나 확장하지 않는 범위 내에서는 사후에 명료하지 못하거나 불완전한 점은 보정할 수 있다.

④ 청구의 범위

발명·고안의 기술적 범위를 결정하는 것으로서 보호를 받고자 하는 사항을 기재하여야 하며 발명의 구성에 없어서는 안 되는 필요한 사항만을 하나 이상의 항으로 기재하여야 한다.

특허출원은 1발명을 1특허출원으로 하며, 다만, 하나의 총괄적 발명의 개념을 형성하는 1군의 발명에 대하여는 1특허출원으로 할 수 있다(특§45①). 동일한 발명·고안에 대하여 2 이상의 출원이 경합하였을 경우에는 제일 먼저 출원을 신청한 출원자가 우선한다. 다만, 같은 날에 경합된 출원은 협의하여 결정한다(특§36, 실§8).

2) 출원절차상의 특칙

● 출원의 보정

출원인은 출원서에 최초로 첨부된 명세서, 도면의 요지를 변경하지 아니하는 범위 안에서 소정의 기간 내에 이를 보정할 수 있다(특§46, 실§13). 이들 서류는 출원 당시부터 명확히 기재할 것이 요구되나 출원을 서두르다 보면 기재내용에 착오가 있거나 불명확한 경우가 있다.

이 경우 출원서 제출 후에 출원인 스스로에게 부적법한 절차나 서면을 바로잡고 불명료한 대상을 명확하게 하기 위하여 절차나 서류 등을 보충, 정정할 길을 열어 놓은 것이다.

● 출원의 분할

2 이상의 발명을 하나의 출원으로 한 경우에는 보정을 할 수 있는 기간 내에 그 일부를 하나 이상의 출원으로 분할할 수 있다(특§52①).

분할출원은 최초에 출원한 때에 출원한 것으로 본다. 다만, 분할출원이 §29③(신규성 요건)에 규정하는 타특허출원 또는 실용신안법 §5③(신규성 요건)에서 규정하는 특허출원에 해당하여 각 조항의 규정을 적용하는 경우와 §30②(신규성 의제), §54조③(조약에 의한 우선권 주장), §55②(특허출원 등에 의한 우선권 주장)을 각각 적용하는 경우에는 당해 분할출원시에 출원한 것으로 본다(특§52②).

분할출원은 1발명 1출원제도에 반하는 사태에 대처하기 위해 채용되고 있다. 특허는 관련 발명에 해당되는 경우를 제외하고는 각 단일 발명마다 하여야 하는데, 그 발명의 단일 여부는 판단이 쉽지 않은 경우가 있으며 또 출원인 각자의 주관도 다를 수 있으므로 여러 개의 발명이 한 개의 출원으로 될 가능성이 있으므로 이 경우 맨 처음에 한 출원을 그 발명에 상응한 수로 분리하여 각각 다른 출원으로 고치는 것이다. 실용신안의 경우에도 특허와 마찬가지의 규정을 두고 있다(실§16).

● 이중출원

실용신안의 등록을 한 자는 실용신안권의 설정등록일로부터 1년이 될 때까지 최초로 첨부된 명세서의 실용신안등록청구범위에 기재된 사항의 범위 안에서 특허출원을 할 수 있다(특§53①).

이러한 이중출원이 있는 경우에 그 특허출원은 실용신안등록출원을 한 때에 출원된 것으로 본다. 다만, 위 분할출원과 마찬가지로 이중출원시에 출원한 것으로 보는 경우가 있다(특§53③).

특허출원을 한 자는 특허사정등본을 송달받기 전까지 그 특허출원의 출원서에 첨부된 명세서의 특허청구범위에 기재된 사항의 범위 안에서 실용신안출원을 할 수 있다. 다만, 그 특허출원에 대하여 최초의 거절사정등본을 송달받은 때에는 그로부터 30일(또는 거절사정에 대한 심판청구기간의 연장기간) 내에 실용신안등록출원을 해야 한다(실§17①).

이러한 이중출원이 있는 경우에는 그 실용신안등록출원은 특허출원을 한 때에 출원된 것으로 본다. 다만, 위 특허의 이중출원과 마찬가지로 이중출원시에 출원한 것으로 보는 경우가 있다(실§17③).

이처럼 특허와 실용신안등록의 이중출원을 인정하는 것은 출원방법의 차이로 인한 출원인의 피해를 구제하기 위한 제도로서 이중등록은 허용되지 않는다.

● 우선권의 주장

① 조약에 의한 우선권

조약에 의하여 대한민국 국민에게 특허출원에 대한 우선권을 인정하는 당사국 국민에게 특허출원에 대한 우선권을 인정하는 당사국 국민이 그 당사국 또는 다른 당사국에 특허출원을 한 후 동일발명을 대한민국에 특허출원하여 우선권을 주장하는 때에는 제29조(신규성) 및 제36조(선원)의 규정을 적용함에 있어서 그 당사국에 출원한 날을 대한민국에 특허출원한 날로 본다. 대한민국 국민이 위와 같은 외국에 특허출원을 한 경우에도 같다(특§54①).

이는 발명의 국제적 보호를 위해 동맹국에 한 최초의 출원에 근거하여 그것과 동일발명을 일정한 기간 내에 다른 동맹국에 출원한 경우에는 최초의 동맹국에서 출원한 날에 출원한 것과 같이 보는 파리조약에 근거한 것이다.

② 국내우선권

특허를 받고자 하는 자는 그 특허출원한 발명에 관하여 그 자가 특허나 실용신안등록을 받을 수 있는 권리를 가진 특허출원 또는 실용신안등록출원으로 먼저 한 출원서에 최초로 먼저 한 출원의 명세서에 최초로 첨부된 명세 또는 도면에 기재된 발명을 기초로 하여 우선권을 주장할 수 있다(특§55①).

이 제도는 기본발명을 출원한 출원인이 그 후 기본발명에 대한 내용을 개량, 보충, 추가한 경우 선출원의 발명에 포함시켜 하나의 특허를 취득할 수 있도록 함으로써 발명자 및 그 승계인의 권익을 보호하는 제도이다.

즉 이 제도는 '요지변경'으로 거절되는 것을 보완하는 제도이다. 국내우선권을 기초로 하여 출원한 것(즉 후출원)은 우선권주장의 기초가 된 선출원의 출원시에 출원한 것으로 소급인정하여야 한다(특§55③). 실용신안등록에 관해서도 같은 취지의 규정이 있다(실§8).

3) 출원시 주의할 점

● 종래의 기술을 충분히 조사할 것

해당되는 기술분야에서 자기가 출원하고자 하는 기술이 이미 존재하고 있는지를 충분히 조사해야 한다. 특허청에서 발행된 공보를 참조하거나 변리사에게 조사를 의뢰하는 것도 하나의 방법이다. 종래의 기술을 조사한 결과 유사한 기술이 발견되면 기존의 기술과 출원하고자 하는 발명·고안과의 차이점, 즉 그 목적, 대상, 구성효과 등을 면밀히 검토하여 종래의 것과 다른 기술이라고 판단될 때만 출원해야 한다

● 출원 전에 공개하지 않을 것

특허출원 전에 발명·고안된 기술을 사용하여 상품화하거나 기술을 타인에게 견학시키거나 업자에게 실험을 의뢰하여서는 안 되며 실험은 비밀리에 하여야 한다. 학술회의 등에서의 발표, 정부 등이 개최하는 박람회 등에의 출품으로 또는 발명자의 의사에 반하여 공개된 경우에는 그 날로부터 6개월 이내에 출원을 해야 한다.

● 권리형태를 결정할 것

출원을 특허등록출원으로 할 것인가 실용신안등록출원으로 할 것인가를 결정하여야 한다. 어떤 발명이 특허로는 등록받을 수 없더라도 실용신안으로는 등록받을 수 있는 경우가 있으므로 일단 하나로만 등록한 다음 추이에 따라 이중출원을 하는 것도 하나의 방법이다.

물건의 발명인가, 방법의 발명·물질의 발명인가를 명확히 하는 것이 좋다. 하나의 발명처럼 보이더라도 두 개 이상의 기술이 결합된 경우에는 이를 분리하여 출원하거나 한꺼번에 출원할 것인가를 결정해야 한다.

● 출원인의 명의를 명확히 할 것

발명자·고안자가 누구인가를 출원서에 명확히 기재하여야 한다. 실제 발

명자는 다른 사람인데 명의만 사장 명의로 하면 출원자체가 무효로 될 수 있다.

● 출원서류, 날인인감 등을 보존할 것

출원서를 제출하고 난 후 보정을 명하거나 하는 일이 있으므로 출원한 서류와 동일한 서류 및 출원서에 날인한 인감은 보관할 필요가 있다. 왜냐하면 출원 후에 출원과 관련하여 제출하는 서류에는 언제나 같은 인감을 사용해야만 하기 때문이다.

4) PCT 출원

PCT 출원이란 소정의 절차에 따라 하나의 출원서를 작성하여 국제출원으로 수리 관청에 제출하면 특허협력조약(Patent Cooperation Treaty)에 가입한 국가들 중 특허권을 얻고자 하는 대상국가를 지정하는 것을 말하는 것으로, 비교적 저렴한 비용과 제도를 달리하는 여러 나라 사이에 국제적으로 통일된 방식으로 특허출원을 할 수 있는 유리한 점이 있다. PCT에 의한 국제출원절차에 관해서는 특허법 제10장 '국제협력조약에 의한 특허출원'(§192 ~ §214)에서 상세히 규정하고 있다.

의 장

1) 출원서류의 제출

출원서에는 i) 출원인의 성명 및 주소(법인인 경우에는 그 명칭, 영업소 및 대표자의 성명), ii) 출원인의 대리인이 있는 경우에는 그 대리인의 성명 및 주소나 영업소, iii) 제출연월일, iv) 의장의 대상이 되는 물품, v) 의장을 창작한 자의 성명 및 주소, vi) 기본의장의 의장등록번호 또는 의장등록출원번호

(유사의장 등록의 경우에 한한다), vii) 조약에 의한 우선권, 국내출원 등에 의한 우선권 주장이 수반인 경우에는 그 우선권 주장 사실을 기재하여야 한다(의§9①).

또한 출원서에는 i) 의장의 대상이 되는 물품, ii) 의장의 설명 및 창작내용의 요점, iii) 의장의 도면번호(다의장등록출원의 경우에 한한다)를 기재한 도면을 첨부하여야 한다(의§9②). 실용신안과 마찬가지로 필수적으로 도면을 첨부하여야 한다.

의장도면은 정투상도법에 의한 6면도를 도시하여야 하며, 필요에 따라 참고도 및 단면도를 첨부해야 될 경우가 있다. 도면에 갈음하여 의장의 사진, 모형, 견본을 제출할 수도 있다. 소정의 물품에 대하여는 무심사등록출원을 할 수 있는데(의§9⑥), 이 경우에는 다의장등록출원 여부 및 의장의 수를 기재하여야 한다(의§④). 기타 의장의 종류, 즉 독립의장·유사의장·한 벌 물품의 의장 및 비밀의장의 출원 등에서는 그 절차와 내용이 조금씩 다르다(의§11의 2, §12, §13).

2) 출원의 변경 등

의장의 경우에도 실용신안과 마찬가지로 분할하여 출원할 수 있다(의§19). 또한 출원인은 유사의장등록출원과 단독의 의장등록출원간(의§20), 의장무심사등록출원과 의장심사등록출원간(의§20의 2)에 각각 상호 변경할 수 있다.

출원변경의 요건은 i) 적법한 선행출원이 존재하여 그것이 유효하게 계속 중일 것, ii) 등록대상인 목적물의 동일성이 있을 것, iii) 출원인이 당초의 출원인 또는 그 승계인일 것, iv) 원출원에 대한 최초의 거절사정등본을 받은 날부터 30일 이내에 적법한 출원변경절차를 밟을 것 등이다.

출원변경이 있을 때에는 맨 처음에 출원하였을 때 출원한 것으로 간주되어 선원의 효과가 있으며 맨 처음의 출원은 취하한 것으로 되어 소멸된다.

우선권의 주장 등 그 밖의 사항은 특허 또는 실용신안의 경우와 같다.

상 표

1) 출원서류의 제출

● 최초의 상표등록출원의 경우

① 출원서의 제출

상표등록을 받고자 하는 자는 상표등록출원서를 특허청장에게 제출하여야 한다(§상9①). 출원서에는 i) 출원인의 성명 및 주소(법인인 경우에는 그 명칭, 영업소 및 대표자의 성명), ii) 출원인의 대리인이 있는 경우에는 그 대리인의 성명 및 주소나 영업소, iii) 상표, iv) 지정상품 및 그 종류구분, v) 우선권주장을 하고자 하는 경우에는 그 취지, 최초로 출원한 국명 및 출원의 연월일, 이 밖에 상표가 입체적 형상(기호, 문자, 도형 또는 색채와 결합된 것을 포함)으로 된 상표인 경우에는 그 취지를 기재하여야 한다(§9②).

② 출원서의 첨부물

출원서에는 출원서 부본 1통, 상표를 표시하는 견본 10통을 붙인 서면 1통과 상표인판 등을 첨부하여야 한다(상규칙§4①, 5). 상표견본은 출원의 계속 중 요지를 변경하지 않는 범위 내에서 정정할 수도 있다. 상표법 제6조 제2항에 해당하는 경우에는 사용에 의하여 특별현저성을 취득했다는 사실 및 이를 증명하는 서면 및 증거물을 제출하여야 하며(상규칙§4①v), 타인의 성명이나 명칭 등을 포함하는 상표인 경우에는 그 타인의 승낙을 받은 증명을, 대리출원의 경우에는 대리권을 증명하는 서면을 각각 제출하여야 한다.

● 기타 출원의 경우

① 단체상표 및 업무표장등록출원

단체표장등록출원인 경우에는 앞의 상표등록출원서 기재사항 이외에 상표법시행령 제1조가 정하는 단체표장의 사용에 관한 사항을 정한 정관을 첨부한 단체표장등록출원서를 제출하여야 하고(상§9③ 참조), 업무표장등록인 경우에는 앞의 상표등록출원서 기재사항 이외에 그 업무의 경영사실을 입증하는 서면을 첨부한 업무표장등록출원서를 제출하여야 한다(상§9④ 참조).

② 상표권의 존속기간 갱신등록출원

상표권의 존속기간 만료 전 1년 내에 일정한 사항을 기재한 상표권의 존속기간 갱신등록출원서를 특허청장에게 제출하고(상§43① 참조), 첨부서면 등을 제출하여야 한다(상규칙§16 참조).

2) 상품의 지정

출원인은 출원시에 상표를 사용할 상품을 유별마다 지정하여야 하며, 동일한 표장에 대하여는 여러 개의 류를 지정하여 하나의 출원으로 출원할 수 있다.

● 상품지정의 구체적 방법

① 동일류구분 내에서의 지정이어야 한다. 상표법 시행규칙에서 구분하여 예시한 것은 편의상 상품의 범위를 정한 것으로 상품의 유사범위를 정한 것은 아니다.

② 지정상품은 구체적 명칭을 각각 기재하여야 한다.

③ 상품류구분표에 기재되어 있지 않은 상품은 니스 협정 제1조에서 규정하는 국제분류의 일반방식에 따라 분류한다.

● 지정상품수

상표법의 어떤 규정(상§12, §18, §54, §59, §71, §73)을 적용하기 위하여 그 기준이 필요한데, 상표법 시행규칙에 의한 세분류상표를 1개로 하여 헤아리기로 한다. 포괄개념으로 지정한 경우 거래계에서 인정하는 상품도 포함하

며 출원인의 의사를 고려하는 것이 타당하다.

● 지정상품 추가등록출원

이는 상표권자 또는 상표등록출원인이 등록상표 또는 상표등록출원의 지정상품과 동일상품구분 내의 상품을 추가로 지정하여 출원하는 것이다(상§47①). 지정상품이 추가등록되면 원상표권에 합체되어 존속기간이 함께 진행될 뿐만 아니라 원상표권과 함께 갱신등록 대상이 되며, 원상표권이 소멸되면 함께 소멸되는 등 부종성을 가진다. 다만, 지정상품 추가등록도 무효심판에 의해 독자적으로 소멸될 수도 있다.

3) 상표등록처분의 불수리처분

불수리처분이란 행정청이 출원, 신청 등의 행위에 대하여 절차상, 형식상의 하자로 인하여 그 수리를 거부하는 처분을 말한다(상규칙§2).

특허청장은 등록출원이 ⅰ) 어떤 종류의 것인지 불명확한 등록출원을 한 경우, ⅱ) 등록출원인의 성명(법인의 경우에는 그 명칭) 또는 주소가 기재되지 아니한 경우, ⅲ) 국어로 기재되지 아니한 경우, ⅳ) 등록출원서에 상표를 표시하는 견본을 붙이지 아니한 경우(다만, 등록번호를 표시한 상표권의 존속기간 갱신등록출원서 또는 등록번호를 표시하거나 출원번호를 표시한 지정상품의 추가등록출원서의 경우는 제외한다), ⅴ) 등록출원서(상표권의 존속기간 갱신등록출원서는 제외한다)에 지정상품을 기재하지 아니한 경우, ⅵ) 재외자가 상표관리인에 의하지 않고 상표등록출원을 한 경우, ⅶ) 상표법 제14조 및 제15조의 규정에 의한 기간을 경과하여 보정을 한 경우, ⅷ) 상표법 제18조 제1항의 규정에 의한 기간을 경과하여 분할출원을 한 경우, ⅸ) 상표법 제19조 제3항의 규정에 의한 기간을 경과하여 변경출원을 한 경우에는 법령에 특별한 규정이 있는 경우를 제외하고는 그 출원에 대한 서류, 견본 또는 기타의 물건을 수리하지 아니한다(상규칙§2① 참조). 불수리의 경우에는 그 이유를 명시하여 서류 등을 그 제출인에게 반려하여야 한다(상규칙§2② 참조).

불수리처분은 행정법상의 소극적 행정처분이므로 이에 대한 행정심판을 거쳐 행정소송으로 취소를 구할 수 있다.

4) 출원절차상의 원칙 및 제도

● 1상표 1출원의 원칙

상표등록출원은 통상산업부령으로 정하는 상품류 구분 내에서 상표를 사용할 1 또는 2 이상의 상품을 지정하여 상표마다 출원하여야 한다(상§10①). 하나의 출원으로 동시에 2 이상의 상표를 출원하는 것은 허용되지 아니한다.

문제는 어느 범위까지를 1상표로 볼 것인가이다. 단순히 상표의 구성요소가 서로 떨어져 있다는 것만으로는 이것을 여러 개의 상표로 볼 수는 없을 것이다. 또 상표의 수를 오로지 사용자의 주관에 의해 결정하는 것도 타당치 않다.

결국 상품에 부착되어 유통상태에 있을 때 수요자가 이를 어떻게 인식하는가에 따라 1상표냐 아니냐를 결정하여야 할 것이다. 1상표 1출원의 원칙에 위반한 상표등록출원은 거절된다(상§23①). 그러나 이를 간과하고 잘못 등록되었다하더라도 무효로 되는 것은 아니다(상§71).

● 선원주의

① 선원주의란

같은 내용의 상표등록출원이 2 이상 경합하는 경우 어느 출원에 대해서 상표등록을 할 것인가에 대해서는 두 가지 주의가 있다.

선원주의는 출원인의 선후를, 선사용주의는 상표사용의 선후를 가지고 이를 해결하고자 한다. 상표법은 같거나 비슷한 상품에 사용할 같거나 비슷한 상표에 관하여 다른 날에 2 이상의 출원이 있는 때에는 먼저 출원한 자만이

그 상표에 관하여 상표등록을 받을 수 있다(상§8①)고 규정하여 선원주의 입장을 취하고 있다.

② 동일출원의 취급

같거나 비슷한 상품에 사용할 같거나 비슷한 상표로서 같은 날에 2 이상의 등록출원이 있을 때에는 출원자의 협의에 의하여 정하여진 1인만이 상표등록을 받을 수 있으며, 협의가 성립되지 아니하거나 협의를 할 수 없을 때 및 특허청장이 지정한 기간 내에 협의의 결과에 대한 신고가 없을 때에는 특허청장이 행하는 추첨에 의하여 결정된 하나의 출원인만이 상표등록을 받을 수 있다(상§8②, ④ 참조).

추첨에 의한 결정방법은 다른 산업재산법에는 없는 특유의 방법이다. 추첨방법에 의해서라도 경합상표 중 하나를 등록시키지 않으면 상표법상 출원의 포기, 취하, 무효, 거절사정된 때에는 선원의 지위가 남아 있지 않으므로(상§8③ 참조), 이들 경합상표보다 후에 출원한 제3의 같은 상표가 등록되어 불합리하기 때문이다.

③ 선원의 지위

선원의 지위는 같거나 비슷한 상품에 사용할 같거나 비슷한 상표에 대해 제일 먼저 출원을 하고 적법하게 수리됨으로써 발생한다. 출원이 포기, 취하 또는 무효가 되었을 때, 거절사정이나 심결이 확정되었을 때에는 선후원의 판단에 있어서는 처음부터 없었던 것으로 본다(상§8③ 참조).

④ 선원주의 위반의 효과

후출원은 거절사정되어야 하나 잘못 출원공고가 된 경우에는 이의신청을 할 수 있고, 심사관은 공고 후 직권으로 거절사정을 할 수 있으나(상§23①), 잘못되어 후출원이 등록되었을 경우에는 무효심판의 사유가 된다(상§71①).

⑤ 선원주의의 예외

형식적으로는 후원에 해당하는 출원이라 하더라도 선원의 출원일에 우선하여 취급하는 예외적인 경우가 있다. 즉 ⅰ) 우선권 주장(상§20), ⅱ) 박람회에 출품한 상품에 사용한 상표의 출원(상§21), ⅲ) 출원갱신(상§19), ⅳ)

출원분할(상§18)의 각 경우이다.

⑥ 사용주의와의 절충

선출원상표라 하더라도 선사용의 미등록 주지상표와 같거나 비슷한 경우에는 등록을 받을 수 없다(상§7ix).

● 보정제도

① 보정제도란

출원인이 출원을 서두르거나, 상표법 지식의 부족으로 출원서의 기재나 제출서류의 미비 등 절차에 잘못이 있을 경우에 출원인을 구제하기 위하여 일정한 제한 아래 출원절차의 보정이 인정된다.

② 절차보정

특허청장 또는 심판장은 다음 각호의 1에 해당하는 경우 기간을 정하여 보정을 명할 수 있다(상§13).

ⅰ) 행위능력이나 법정대리권이 없거나 또는 절차를 밟음에 필요한 수권이 흠결된 자가 출원절차를 밟은 경우 또는 절차를 밟음에 있어서 특별한 수권 없이 위임대리인이 절차를 밟은 경우(상§5, 특§3, §6)

ⅱ) 상표법 또는 동 시행령에서 정한 방식에 위반하였을 때 예컨대, '상표를 표시하는 서면'이나 '상표인판'의 작성방법 또는 기타 상표등록출원서에 첨부해야 할 각종 증명서면 등의 흠결이 있는 경우

ⅲ) 소정의 수수료를 납부하지 않았을 경우

③ 실체적 보정

• 출원공고결정 전의 보정

상표등록출원인은 최초의 출원의 요지를 변경하지 아니하는 범위 내에서 출원서에 기재된 지정상품 및 출원서에 첨부한 상표를 ⅰ) 사정의 통지서가 송달되기 전까지 혹은 ⅱ) 거절사정에 대한 항고심판을 청구한 경우에는 그 청구일부터 30일 이내에 보정할 수 있다(상§14).

• 출원공고결정 후의 보정

상표등록출원인은 출원공고결정 등본의 송달 후에라도 ⅰ) 거절이유의 통지를 받거나, ⅱ) 상표등록이의신청이 있는 때, ⅲ) 거절사정에 대한 항고심판을 청구한 때에는 거절이유나 이의신청이유 또는 사정의 이유에 나타난 사항에 관하여 지정상품 및 상표를 보정할 수 있다. 다만, 최초의 출원의 요지를 변경하는 것이 아니어야 하며, 다음의 기간 내이어야 한다(상§15). ⅰ) 거절이유의 통지를 받았을 때에는 의견서 제출기간 내(상§23②, 상§48②), ⅱ) 상표등록이의신청이 있었을 때에는 답변서 제출기간 내(상§27①), ⅲ) 거절사정에 대한 항고심판을 청구한 때에는 항고심판의 청구일부터 30일 내

④ 보정의 각하

• 출원공고결정 전의 보정의 각하

보정이 출원의 요지를 변경한 것인 때에는 심사관은 결정으로 그 보정을 각하하여야 한다. 각하결정은 서면으로 하여야 하며 그 이유를 붙여야 한다. 각하결정이 있는 때에는 당해 결정등본의 송달이 있는 날부터 30일이 경과할 때까지는 당해 상표등록출원의 사정을 하여서는 아니되며, 출원공고결정 전의 보정각하의 결정이 있는 때에는 출원공고결정도 하여서는 아니된다. 각하결정에 대해서 독립하여 불복신청을 할 수 있다(상§80①). 불복신청이 있는 때에는 그 심판의 심결이 확정될 때까지 심사를 중지하여야 한다.

• 출원공고결정 후의 보정의 각하

보정이 출원의 요지를 변경한 것인 때에는 심사관은 결정으로 그 보정을 각하하여야 한다(상§17④). 각하결정은 서면으로 하여야 하고 이유를 붙여야 함은 공고결정 전의 보정각하의 경우와 같다. 출원공고결정 후의 보정각하에 대해서는 독립하여 불복을 신청할 수 없으나 거절사정불복항고심판의 때에 아울러서 다툴 수 있다(상§17④ 참조).

문제는 '최초의 출원의 요지를 변경하지 아니하는 범위'의 해석이다. 본조 소정의 요지라 함은 출원서 및 상표를 표시한 서면(소위 상표견본)에 표시된 상표의 본질이며, 지정상품·상품구분의 기재 및 표장에 의해서 구성된다. 따라서 출원 당초의 출원서 또는 상표를 표시한 서면에 기재되지 아니한 사항을 새로 첨가하거나 기재되어 있는 사항의 범위 내라 하더라도 당초의 지정상품 및 상품의 구분을 변경하거나 그 상표를 구성하는 표장을 변경하는 것들은 출원의 요지를 변경하는 것이 된다. i) 지정상품의 범위의 감축, ii) 오기의 정정, iii) 불명료한 기재의 석명, iv) 상표의 부기적인 부분의 삭제의 경우에는 출원요지를 변경하는 것이 아니다(상§16).

◉ 출원의 분할

① 출원의 분할

2 이상의 상품류 구분 내의 상품을 지정상품으로 하여 상표등록출원이 되었을 경우에는 그 지정상품이 속하는 상품류 구분별로 상표등록출원을 분할할 수 있다(상§18). 출원의 분할은 지정상품의 분할을 뜻하는 것이며 상표의 경우 결합상표라도 분할은 인정되지 않는다.

② 출원분할의 요건

i) 2 이상의 다른 상품류 구분 내의 상품을 지정상품으로 하였을 것.

ii) 원출원의 범위 내에서의 분할인 것. 새로운 지정상품을 추가하는 분할은 인정될 수 없다.

iii) 원출원인과 분할 후의 출원인의 동일성이 요구된다. 원출원인과 동일인이거나 상표등록출원에 의하여 발생한 권리를 승계한 자에 한한다.

iv) 절차보정기간(상§14, 15 참조) 내에 분할하는 것일 것.

v) 지정상품이 속하는 상품류 구분별로 상표등록출원을 분할하는 것일 것.

③ 출원분할의 효과

분할된 출원은 원상표등록출원시에 출원한 것으로 본다(상§18②). 다만, 우선권주장(상§20③, ④), 박람회출품의 출원시기의 특칙(상§21②)의 규정을 적용함에 있어서는 그러하지 아니하다(상§18②단서).

④ 상표권 존속기간 갱신등록출원의 분할

상표권의 존속기간 갱신등록출원을 할 등록상표의 지정상품이 2 이상의 상품류 구분 내의 상품으로 되어 있을 경우에는 그 지정상품이 속하는 상품류 구분별로 분할하여 출원할 수 있다(상§44①)

● 출원의 변경

① 출원의 변경이란

상표와 서비스간에 등록출원을 변경하는 것을 말한다(상§19). 대상을 잘못 정하여 출원하는 경우 이를 변경하여 출원일의 소급을 인정받고 재차 출원하는 데 필요한 절차를 간소화하고 비용절감을 위해 둔 제도이다.

② 출원변경의 요건

ⅰ) 당초의 출원이 존재할 것.

ⅱ) 출원의 목적물이 동일성을 가질 것. 왜냐하면 출원의 변경은 내용의 변경이 아닌 종류의 변경이기 때문이다.

ⅲ) 원출원의 출원인과 변경출원의 출원인간에 동일성이 있을 것.

ⅳ) 상표등록출원에 대한 사정 또는 심결의 확정 전일 것(상§19③ 참조).

출원변경은 최초에 한 출원의 사정 또는 심결이 확정된 후에는 할 수 없다.

③ 출원변경의 효과

출원변경이 있을 때에는 그 변경출원은 최초 출원시에 출원한 것으로 보며(상§19②), 최초에 한 출원은 취하한 것으로 본다(상§19④).

● 출원의 이전

출원중 상표의 이전을 말한다(상§12). 기본적 내용은 등록상표권의 이전과 거의 동일하다. 상속, 기타 일반승계의 경우를 제외하고는 출원인 명의변경신고를 그 효력발생요건으로 하였다. 출원승계 제한규정(상표권 이전의 경우와 동일)을 위반한 때에는 등록거절이유가 되며(상§23① ⅰ), 위반등록된 때에는 제소기간의 적용을 받지 않는 등록무효사유가 된다(상§71① ⅰ).

3. 산업재산의 등록심사절차

1) 심사 방식과 절차

출원된 발명은 특허청의 심사를 받아 특허 여부가 결정되는 바 일단 서류가 접수되면 출원서류가 방식에 적합한가, 즉 모든 요식을 갖추었는가가 방식심사관에 의하여 심사되며 방식심사에 통과되어야 비로소 출원서류가 수리된다. 수리된 출원은 분류심사관에게 넘겨져 출원사건을 담당할 각 전문분야별 심사관을 지정하게 된다(형식적 심사).

출원내용은 종국적으로 그 발명이 속하는 전문기술분야의 담당심사관에 의해 실질적으로 심사 처리된다(실질적 심사).

심사절차에는 직권심리주의가 채용되고 있어서 심사관의 직권으로 출원사건에 대한 자료를 조사, 수집하여 사정의 기초로 삼도록 하고 있다. 심리방식은 출원인이 제출한 서류나 증거 등에 의한 서면심리주의에 의한다.

2) 심사청구와 우선심사

● 심사청구

① 특허출원심사의 청구

출원된 것을 모두 일률적으로 심사하지 않고, 출원과 별도로 일정한 기간 내에 심사청구절차를 밟는 것만을 심사하고 그러하지 아니한 출원은 특허출원을 취하한 것으로 보는 제도를 심사청구제도라고 한다(특§59①). 심사청구는 '누구든지' 할 수 있으며 출원일로부터 5년 안에 해야 한다(특§59②). 그 기간이 지난 후에 출원분할이 있는 경우에는 그 분할일부터 30일 이내에

심사청구할 수 있다(특§59③)

　② 출원심사의 청구절차

[서식 4-2] 출원심사청구서

<table>
<tr><td rowspan="2">방식심사란</td><td>담 당</td><td>심사관</td></tr>
<tr><td></td><td></td></tr>
</table>

【서류명】 출원심사청구서

【수신처】 특허청장

【제출일자】 2000. 07. 25

【제출인】

　　【명 칭】 삼성전자 주식회사

　　【출원인코드】 1 - 1998 - 104271 - 3

　　【사건과의 관계】 출원인

【대리인】

　　【성 명】 조의제

　　【대리인코드】 9 - 1998 - 000509 - 2

【사건의 표시】

　　【출원번호】 10 - 1998 - 0034286

　　【출원일자】 1998. 08. 24

　　【발명의 명칭】 TV 수상기의 방송방식별 색포화도조정방법

【청구항수】 2

【심사청구료】 173,000원

【취 지】 특허법 제60조의 규정에 의하여 위와 같이 출원심사를 청구
　　　　합니다.

대리인　　　　　　　　　　　　　　　　　　　조 의 제 　(인)

심사청구를 하고자 하는 자는 i) 청구인의 성명 및 주소, ii) 제출연월일, iii) 출원심사의 청구대상이 되는 특허출원의 표시를 기재한 출원심사청구서를 특허청장에게 제출하고(특§60①), 소정의 심사청구료를 납부하여야 한다(특§83). 심사청구는 일단 청구한 후에는 취하할 수 없다(특§69④). 심사청구기간 내에 출원의 심사청구가 없을 때에는 그 출원은 취하한 것으로 본다(특§59⑤).

③ 심사청구의 효과

청구의 공고

특허청장은 출원공개 전에 출원의 심사청구가 있는 때에는 출원공개시에, 출원공개 후에 심사청구가 있는 때에는 지체 없이 그 취지를 특허공보에 게재하여야 한다(특§60②). 특허출원인이 아닌 자로부터 출원의 심사청구가 있는 때에는 그 취지를 특허출원인에게 통지하여야 한다(특§60③).

심사의 착수

심사청구가 있으면 심사관에 의하여 그 실제적 요건이 심사되며, 이 출원심사는 우선심사(특§61)의 경우를 제외하고는 청구된 순서에 따라 심사를 받게 된다(특규칙§38).

명세서 등의 보정

출원인은 보정기간(1년 3월)이 경과된 후 심사청구와 동시에 명세서 및 도면을 보정할 수 있다(특§47②ii, §47②). 제3자가 심사청구한 경우에는 특허청장이 이를 출원인에게 통지하여야 하며, 그 통지를 받은 날부터 3개월 안에 보정할 수 있다(특§47② ii, §60③).

● 우선심사

특허출원의 심사는 특허심사청구순에 따라 하는 것이 원칙이나, 특허청장은 출원공개 후 특허출원인이 아닌 자가 업으로서 특허출원된 발명을 실시하고 있다고 인정되거나 기타 긴급처리가 필요하다고 인정되는 특허출원에 관해서는, 심사관으로 하여금 다른 출원에 우선하여 심사하게 할 수 있다(특

§61).

출원인은 출원공개 후 보상금청구권을 취득하나 그 권리행사는 특허권 설정등록 후가 아니면 행사할 수 없기 때문에 그 사이에 제3자의 실시로 인해 특허권자가 예상 외의 손해를 입을 수 있다. 그 출원이 특허요건을 갖추지 못한 경우 경고를 받은 제3자 또한 피해를 입을 수 있다.

우선심사는 이러한 출원인이나 제3자의 이익을 보호할 필요가 있다는 점을 고려한 제도이다.

3) 출원공개

● 출원공개란

특허출원이 된 후 일정한 기간이 지난 때에는 출원인의 의사와 심사절차의 진행현황과 관계 없이 일반 공중에게 그 특허출원의 내용을 알리는 제도이다.

조기공개제도란 출원공개 기간 내이더라도 신청에 의하여 공개하는 제도이다.

출원공개는 특허청장이 특허출원일부터 1년 6개월이 경과하면(조기공개의 경우에는 경과 전) 공개공보에 발명의 명칭, 출원연월일, 출원번호, 공개연월일, 출원자의 주소 및 성명, 발명자의 주소 및 성명, 특허청구범위, 도면, 요약서를 게재하여야 한다(특§64). [서식 4-3] 등록특허공보 참조

예외로서 공서양속 또는 공중의 위생을 해할 염려가 있는 사항(특령§19③), 국방상 비밀을 요하는 출원(특§64③, §87④), 등록공고를 한 특허(특§64①단) 등의 경우에는 공개를 하지 아니한다.

● 출원공개의 효과

① 적극적 효과

출원공개 후 출원인에게는 무단으로 자신의 발명을 실시하고 있는 자에게

서면으로 경고한 후 특허권실시에 상당하는 보상금의 지급을 청구할 수 있는 권리가 발생한다(특§65②). 다만, 그 청구권은 특허권 설정등록일로부터 3년 안에 행사하여야 한다(특§65②, ⑤, 민법§766①). 이러한 침해가 있는 경우 출원인은 다른 출원에 우선하여 심사해 달라는 청구를 할 수 있다(특§61).

[서식 4-3] 등록특허공보

(19) 대한민국특허청(KR)
(12) 등록특허공보(B1)

(51) Int. ^{6}Cl.		(11) 등록번호 10-0192012
H03H 17/00		(24) 등록일자 1999년 01월 27일
(21) 출원번호	10-1996-0037890	(65) 공개번호 특1998-0019683
(22) 출원일자	1996년 09월 02일	(43) 공개일자 1998년 06월 25일
(73) 특허권자	삼성중공업주식회사　　　　김징완	
	서울특별시 강남구 대치동 890-25	
(72) 발명자	도영칠	
	경상남도 창원시 명서1동 45-4	
(74) 대리인	조의제	

심사관 : 김재문

(54) 노이즈 제거장치

요 약

개시된 발명은 노이즈 제거장치에 관한 것이다. 본 발명은 기준클럭의 1주기보다 펄스폭이 좁은 노이즈를 제거하며, 이를 구현하기 위한 구성요소로 입력신호를 인가받는 D플립플롭들, 인버터, 앤드게이트 및 RS플립플롭을 구비한다. 클럭발생기로부터 발생되는 소정 클럭에 맞추어 입력신호는 일차적으로 D플립플롭들에 인가된다. 이어서, 인버터에 의해 발생된 역위상클럭과 D플립플롭의 출력신호를 논리연산하여 제어펄스를 형성하며, 최종단의 RS플립플롭은 이 제어펄스에 근거하여 노이즈가 제거된 신호를 출력하게 된다. 따라서 본 발명

의 노이즈 제거장치를 이용하면 잡음 또는 외부적 요인 등에 의해 발생되는 미소크기의 노이즈를 완전하게 제거하므로 신호처리의 신뢰도를 향상시킬 수 있다.

대표도
도 1

명세서

[발명의 명칭]
노이즈 제거장치

[도면의 간단한 설명]
도 1은 본 발명에 따른 노이즈 제거장치의 구성도
도 2는 제1도의 각부의 파형을 나타내는 타이밍도
＊도면의 주요 부분에 대한 부호의 설명＊
11, 12 : D플립플롭
13 : 인버터
14, 15 : 앤드게이트
16 : RS플립플롭

[발명의 목적]
본 고안의 목적은 입력신호에 유입되는 미소크기의 노이즈를 제거하기 위한 노이즈 제거장치를 제공함에 있다.

[발명이 속하는 기술분야 및 그 분야의 종래 기술]
통상 신호처리과정에서 잡음에 의해 노이즈가 발생하게 되거나 소자간에 신호처리과정 등에 의해 노이즈가 발생하게 된다. 디지털회로에서는 유효한 신호에 노이즈의 유입에 의해 발생되는 에러신호를 방지하기 위해 클립핑회로 또는 리미터 등을 사용하고 있다. 이러한 클립핑회로와 리미터는 신호의 크기레벨을 기준으로 노이즈성분을 제거하므로 미소크기의 노이즈를 제거하는 데에는 미흡한 점이 있었다.

[발명이 이루고자 하는 기술적 과제]
미소크기의 노이즈는 원하지 않는 에러신호를 유발하므로 이를 미연에 방지하기 위한 해결방안이 요구된다. 본 발명은 간단한 논리게이트를 이용하여 입력신호에 포함된 미소크기의 노이즈를 제거하며, 비교적 저가의 소자들로 구성하여 제작단가를 절감하고자 한다.

[발명의 구성 및 작용]
중략

[발명의 효과]
따라서 본 발명은 클럭신호에 비해 작은 미소크기의 노이즈성분을 제거할 수 있어서 신호처리의 신뢰도를 향상시킬 수 있으며, 간단한 논리게이트로 구성가능하여 제작단가가 저렴한 이점이 있다.

(57) 청구의 범위

청구항 1.   입력신호에 포함된 노이즈를 제거하기 위한 장치에 있어서, 소정주기의 클럭신호에 따라 입력신호를 입력받고, 상기 클럭신호의 상승에지에서 입력신호에 따라 트리거하여 출력하는 제1D플립플롭 … 〈중략〉 … 포함하는 것을 특징으로 하는 노이즈 제거장치.

청구항 2.   제1항에 있어서, 상기 인버터는 제1플립플롭과 제2플립플롭의 응답시간의 차이로 인한 오류를 방지하기 위한 역위상의 클럭신호를 출력하는 것을 특징으로 하는 노이즈 제거장치.

청구항 3.   제1항에 있어서, 상기 RS플립플롭은 클럭신호의 1주기보다 좁은 노이즈성분은 제거하고, 상기 클럭신호의 1주기보다 넓은 신호성분은 보존하여 출력하는 것을 특징으로 하는 노이즈 제거장치.

도 면

도면 1

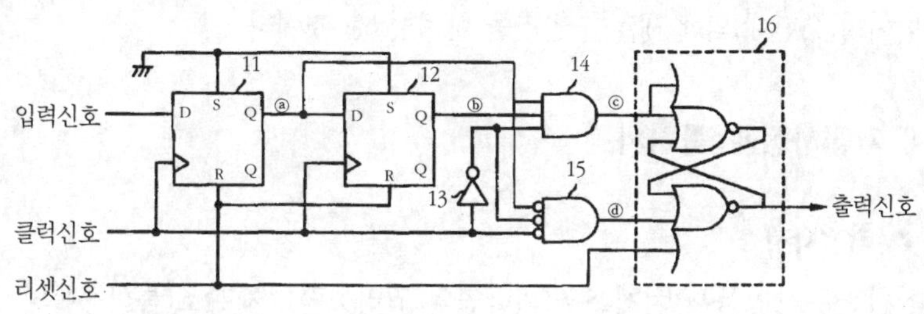

11
12
14
15
16
13
입력신호
클럭신호
리셋신호
ⓐ
ⓑ
ⓒ
ⓓ
D S Q
R Q
D S Q
R Q
출력신호

클럭신호
리셋신호
입력신호
ⓐ
ⓑ
ⓒ
ⓓ
출력신호
A
B
C
A

도면 2

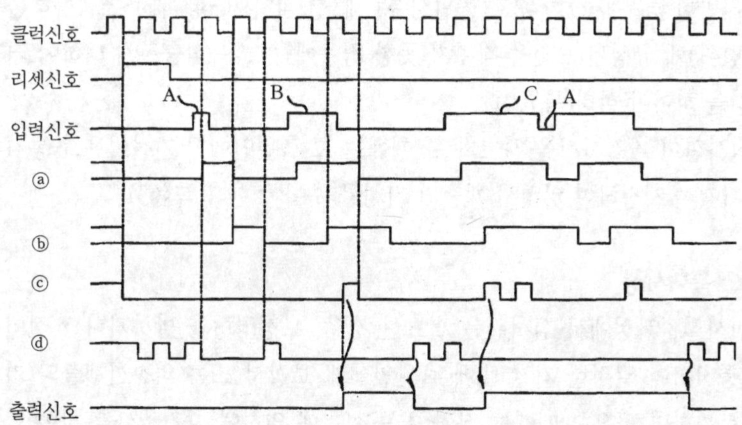

② 소극적 효과

공개공보는 기술정보로서의 가치를 가지고 있으므로 제3자는 출원공개된 발명의 기술내용을 알게 되면 같은 기술을 중복 연구할 필요가 없으며, 공개된 발명을 기초로 하여 연구하여 그 기술(발명)을 개량할 수도 있고 별도의 방법이나 수단에 의해 새로운 발명을 할 수 있는 것이다.

4) 거절사정과 특허사정

● 거절사정

심사관은 ⅰ) 특허법 제25조(외국인의 권리능력), 제29조(특허등록의 요건), 제31조(식물발명특허), 제32조(공서양속 위반 발명), 제33조(특허적격자), 제36조(선원) 제1항 내지 제3항 또는 제44조(공동출원)의 규정에 의하여 특허할 수 없는 경우, ⅱ) 무권리자에 의해 출원된 경우, ⅲ) 조약의 규정에 위반한 경우, ⅳ) 제42조(출원서류) 제3항 내지 제5항, 제45조(1특허출원의 범위)에 규정된 요건을 갖추지 못한 경우에는 그 특허출원에 대하여 거절사정을 하여야 한다(특§62).

심사관이 거절사정을 하고자 할 때에는 그 출원인에게 거절이유를 통지하고 기간을 지정하여 의견서 제출의 기회를 주어야 한다(특§63).

● 특허사정

심사절차과정에서 심사관은 필요한 경우, 보정명령을 발하거나 거절이유를 통지하여 일정한 기간 내에 출원인에게 보정서 또는 의견서제출의 기회를 부여하며 필요한 때에는 직권 또는 신청에 의하여 증거조사를 하여 출원의 특정화를 위한 모든 절차를 밟도록 되어 있다. 특허출원에 대하여 거절이유를 발견할 수 없는 때에는 특허사정을 한다(특§66).

심사관이 특허사정을 하였을 때 특허청장은 그 내용을 특허공보에 게재하여야 한다(특§87③). 이는 일반공중에게 알려서 중복연구, 중복투자 등을 하

지 않도록 함과 동시에 특허분쟁을 미연에 방지하자는 것이다.

5) 등록공고에 대한 이의신청

● 이의신청의 방법

이의신청이란 특허의 등록공고에 대해 법정기간 내에 특허가 법률소정의 한 사유에 해당한다는 것을 이유로 그 특허를 취소하여 달라고 요구하는 것이다. 특허의 등록공고가 있은 때에는 누구든지 특허청장에게 특허이의신청을 할 수 있다. 이의신청은 우리나라 국민이나 우리나라와 특허에 관한 조약이 체결된 국가의 자연인, 법인 등이 할 수 있다.

이의신청은 등록공고일부터 3개월 이내에 서면으로 신청해야 하고, 특허이의신청서에는 이의신청인 및 대리인의 성명과 주소, 이의신청의 대상인 특허, 신청이유 및 증거를 표시하고 증거를 첨부하여 제출하여야 한다. 이의신청의 사유는 거절이유와 같다(특§69).

● 이의신청에 대한 결정

심사관합의체는 이의신청이 이유 있다고 인정되는 때에는 그 특허를 취소한다는 취지의 결정을, 이의신청이 이유 없다고 인정되는 때에는 그 특허를 유지한다는 취지의 결정을, 특허이의신청인이 특허이의신청의 이유 및 증거를 제출하지 아니한 경우에는 이를 각하하는 결정을 한다(특§74).

특허이의신청에 대한 각하결정 또는 유지결정에 대하여는 독립하여 불복할 수 없고, 특허이의신청에 대한 취소결정에 대하여 불복이 있는 자는 불복심판을 제기할 수 있다(특§74, §167).

 고 안

실용신안은 특허와는 달리 절차적 요건과 기초적 요건만을 심사한 후 등록을 인정한다.

① 절차적 요건

i) 행위무능력자(특§3①), 무권대리인(특§6)의 출원인 경우(실§4)

ii) 이 법 또는 이 법에 의한 명령이 정하는 방식에 위반된 경우

iii) 최초 1년분의 등록료를 납부하지 아니한 경우(실§29②)

iv) 수수료를 납부하지 아니한 경우(실§30)

② 기초적 요건

i) 출원고안이 물품의 형상, 구조 또는 조합에 관한 고안이 아닌 경우

ii) 출원고안이 공익성요건(실§7)을 위반한 경우

iii) 출원의 기재방법(실§9⑤) 또는 출원요건(실§10)을 미비한 경우

iv) 출원서에 첨부된 명세서 또는 도면에 필요한 사항이 기재되어 있지 않거나 그 기재가 현저하게 불명료한 경우

이러한 요건이 갖추어지지 않은 경우는 일정한 기간을 정하여 보정을 명할 수 있고 보정명령을 받은 자가 지정된 기간 내에 보정을 하지 아니하는 경우는 그 실용신안등록에 관한 절차를 무효로 할 수 있다(실§3).

한편 등록된 권리자가 실제로 권리를 행사하기 위해서는 기술평가의 청구를 하여 유지결정을 받아야 한다(실§44, §25②).

 의 장

의장등록출원의 심사절차는 특허법의 규정과 동일하다. 다만, 의장은 상품의 회전수명이 짧을 뿐만 아니라 타인의 모방, 침해가 용이하므로 심사청구제도는 채택하지 않고 있다. 다만, 신청에 의한 출원공개제도는 채택하고 있

[서식 4-4] 등록의장공보

(19) 대한민국특허청(KR)
(12) 등록의장공보(S)

(52) 분류 E1-6310   (11) 등록번호 30-0255576

(24) 등록일자 2000년 02월 07일

(21) 출원번호	30-1999-0007485
(22) 출원일자	1999년 04월 13일
(73) 등록권자	김영만
	부산광역시 사하구 괴정동 740번지 자유아파트 101동 1021호
(72) 창작자	김영만
	부산광역시 사하구 괴정동 740번지 자유아파트 101동 1021호
(74) 대리인	조의제
담당심사관	윤명후

(54) 자동차 완구

의장 창작 내용의 요점
"자동차 완구"의 형상 및 모양의 결합을 의장 창작 내용의 요점으로 함.

의장의 설명
1. 재질은 합성수지재임.

도 면

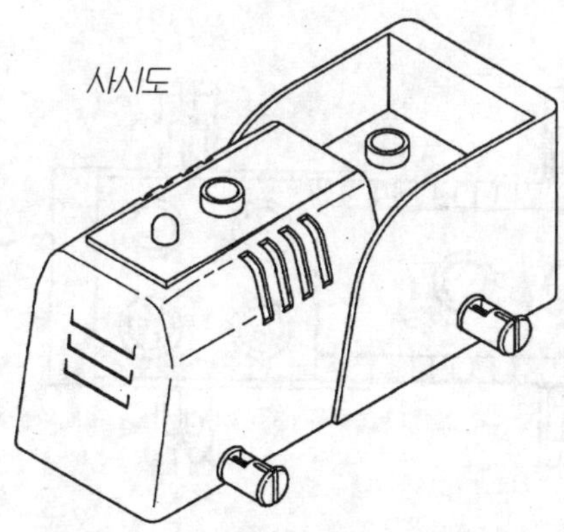

정면도 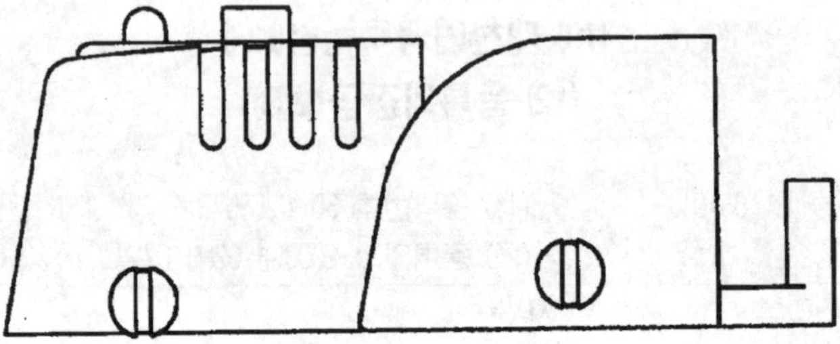
배면도(정면도와 대칭)
좌측면도   A
A
우측면도 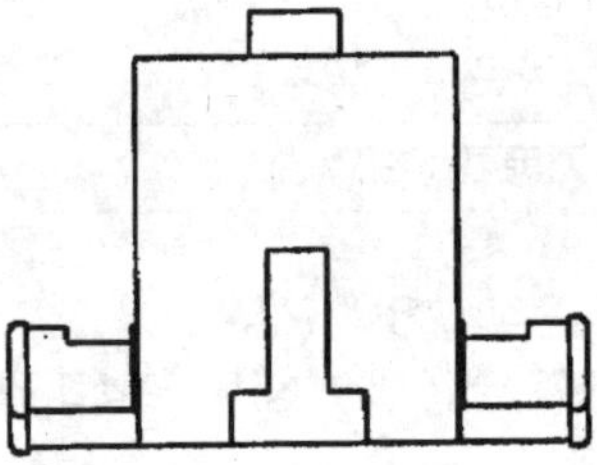
평면도

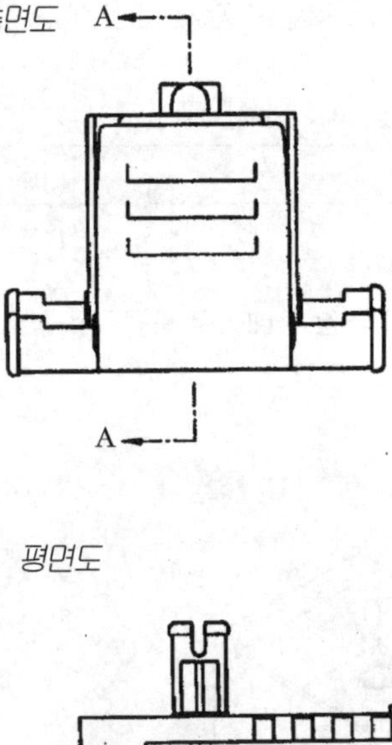

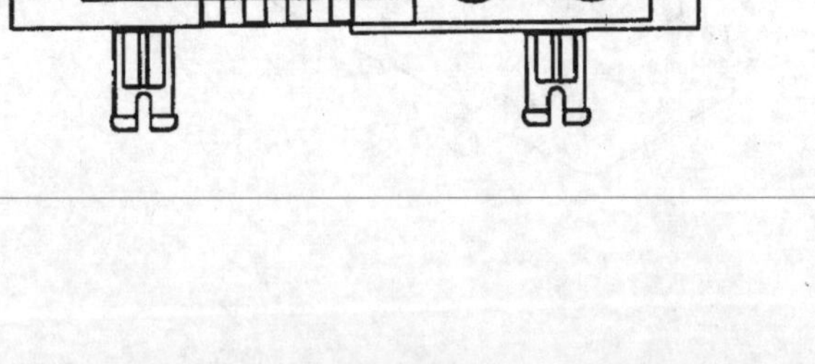

저면도

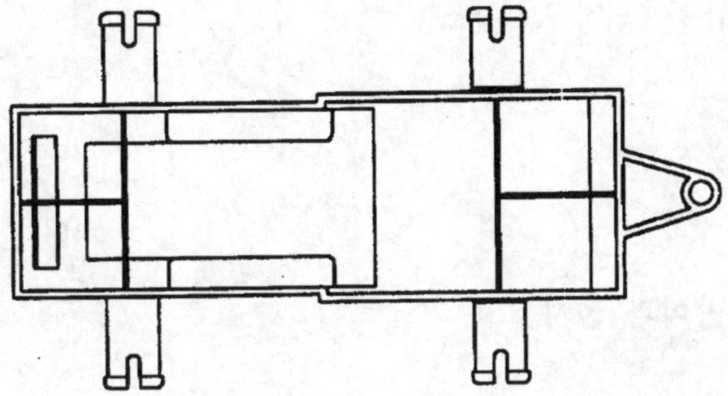

참고도 1

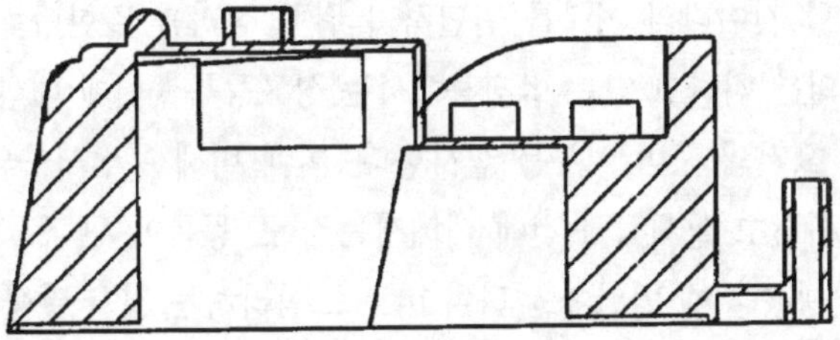

참고도 2

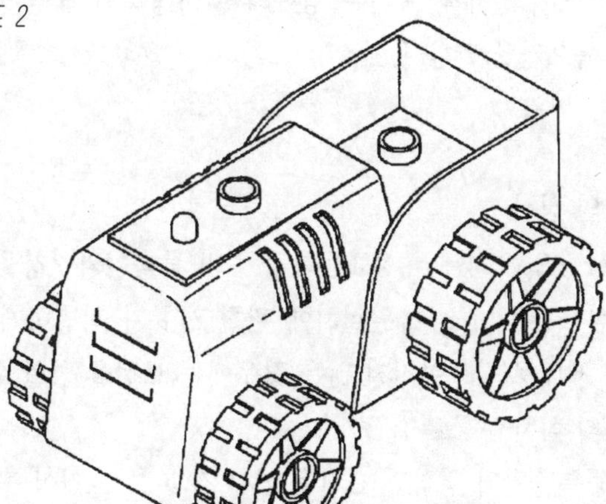

다. 의장무심사품목은 의장법시행규칙에 나타나 있다(의규칙 §9③).
　[서식 4-4] 등록의장공보 참조

1) 심사 방식과 절차

● 심사 방식

　상표등록출원의 심사라 함은 심사관이 특정의 상표등록출원에 대하여 상표권을 부여할 것이냐의 여부를 판단하기 위한 심리를 말한다. 우리나라와 같이 심사주의를 취하고 있는 법제하에서는 상표등록출원에 대한 형식적 요건과 실체적 요건의 구비 여부를 심사한다. 이에 비해 무심사주의는 형식적 요건만을 심사하고 실체적 요건에 대해서는 상표 등록이 된 후 상표권에 대하여 다툼이 생겼을 때 법원에 의하여 비로소 심리하는 것을 말한다.

　형식적 요건은 출원서의 기재사항의 적법 여부, 첨부물의 누락 여부 등 방식이나 형식을 말하고, 실체적 요건은 상표의 자타상품의 식별력의 유무를 중심으로 하는 등록요건을 말한다.

● 심사 절차

① 형식적 요건의 심사

　특허청장은 심사관으로 하여금 상표등록출원 및 등록이의신청을 심사하게 한다(상§22①). 심사관은 우선 출원절차에 관한 서류가 적법하게 작성되었는지를 심사한 후 제대로 갖추어지지 않은 경우에는 보정을 명할 수 있다.

② 실질적 요건의 심사

　심사관은 상표등록출원의 형식적 요건을 심사 결과 그 요건이 구비된 때에는 그 실질적 요건에 대하여 심사한다. 그 심사 결과 상표등록출원이 다음과 같은 거절이유 중 어느 것이든 그 하나에 해당하는 때에는 거절사정을 하여 야 하고(상§23① 본문), 거절이유를 발견할 수 없을 때에는 출원공고를 할 것을 결정하여야 한다(상§24①).

③ 심사절차상 특허법 규정 등의 준용

상표법 제33조는 상표등록출원에 대한 심사에 관하여 특허법 제148조(심판관의 제척) 제1호 내지 제5호, 제7호 및 동법 제157조(증거조사 및 증거보전), 민사소송법 제133조(통역), 제271조(소명의 방법) 및 동법 제339조(당사자 신문의 보충성)의 규정을 준용하고 있다(상§33).

2) 거절사정과 등록사정

● 거절사정

거절사정이란 심사관이 심사한 결과 상표권의 설정을 거절한다는 뜻의 의사표시를 말한다. 심사관은 상표등록출원에 대하여 거절이유를 발견하여 거절사정을 하고자 할 때에는 출원인에게 거절이유를 통지하며, 기간을 정하여 의견서 제출의 기회를 주어야 한다(상§23②). 의견서의 제출이 없거나 제출된 의견서에 의하여 재심사한 결과 그 의견이 이유 없다고 인정되는 경우에는 거절사정을 하여야 한다.

① 거절이유

ⅰ) 상표법 제3조 단서(특허청직원이 상속 및 유증의 경우를 제외하고 상표를 등록받은 경우), 제6조(상표등록의 요건), 제7조(등록을 받을 수 없는 상표), 제8조(선원), 제10조(1상표 1출원), 제12조(출원의 승계 및 분할이전) 제2항 후단, 제3항, 제5항, 제7항 내지 제9항 또는 제5조의 규정에 의하여 준용하는 특허법 제25조(외국인의 권리능력)에 의하여 상표등록을 할 수 없는 경우(상§23① ⅰ)

ⅱ) 조약의 규정에 위반한 경우(상§23① ⅱ)

ⅲ) 상표등록출원이 조약당사국에 등록된 상표 또는 이와 유사한 상표로

서 그 상표에 관한 권리를 가진 자의 대리인이나 대표자 또는 상표등록출원일 전 1년 이내에 대리인이나 대표자이었던 자가 상표에 관한 권리를 가진 자의 동의를 받지 아니하는 등 정당한 이유 없이 그 상표의 지정상품과 동일 또는 유사한 상품을 지정상품으로 하여 상표등록출원을 한 경우(상§23① iii 단서).

② 거절이유의 통지

심사관은 상표등록출원에 대하여 앞에서 열거한 이유로 거절사정을 하고자 할 때에는 그 거절사정에 앞서 출원인에게 거절이유를 통지하고 기간을 지정하여 의견서 제출의 기회를 주어야 한다(상§23②). 심사관이 거절이유를 발견하는 즉시 거절사정을 한다는 것은 출원인에 대하여 가혹할 뿐만 아니라, 심사관도 그 심사에 전혀 과오가 없다고 보증할 수는 없기 때문에 거절사정을 할 것이라는 예고로서의 거절이유를 통지하여 줌으로써 출원인에게는 의견, 즉 변명의 기회를 주어 그 불이익을 스스로 구제할 수 있도록 하고, 한편 심사관에게도 혹시 있을 수 있는 과오에 대한 재심사의 기회를 주자는 것이 거절이유 통지의 취지이다.

한편 거절이유를 발견할 수 없어 출원공고결정을 한 경우라도 이유 있는 이의신청에 의해 혹은 출원공고 후에 심사관이 거절이유를 발견하였을 때에는 직권으로 거절사정을 할 수 있다(상§28①). 거절사정을 한 때에는 거절사정서의 등본을 출원인(상§31) 및 이의신청인에게 송달하여야 한다(상§28③, §29③ 참조).

● 등록사정

등록사정이란 심사관이 심사한 결과 부적법한 사유가 없을 때 상표권을 설정한다는 뜻의 의사표시를 말한다. 심사관은 상표등록출원에 대하여 거절이유를 발견할 수 없을 때에는 등록사정을 하여야 한다(상§30). 등록사정은 서면으로 하여야 하며 그 이유를 붙여야 한다(상§31①). 등록사정을 한 때에는 등록사정의 등본을 출원인에게 송달하여야 한다(상§31②).

3) 출원공고

심사관은 상표등록출원에 대하여 거절이유를 발견할 수 없을 때에는 출원 공고결정을 하여야 한다(상§24①). 특허청장은 출원공고결정이 있을 때에는 그 결정서의 등본을 상표등록출원인에게 송달한 후 상표공보에 게재하여 출원공고를 하여야 한다(상§24②). 특허청장은 출원공고가 있는 날부터 30일 간 출원서류 및 그 부속서류를 특허청에서 공중의 열람에 제공하여야 한다 (상§24③). 이는 출원내용을 일반에게 공개하고 일반공중에게 그에 대한 이의신청의 기회를 주자는 것이다.

4) 등록출원에 대한 이의신청

● 이의신청 방법

출원공고가 있는 때에는 누구든지 출원공고일부터 30일 이내에 그 이유를 기재한 상표등록이의신청서와 필요한 증거를 첨부하여 특허청장에게 상표등록이의신청을 할 수 있다(상§25).

● 이의신청 이유 등의 보정 및 출원인의 방호

이의신청인은 상표등록이의신청기간의 경과 후 30일 이내에 상표등록이의신청서에 기재한 이유 및 증거를 보정할 수 있다(상§26).

상표등록이의신청이 있는 때에는 심사관은 상표등록이의신청서 부본을 출원인에게 송달하고 기간을 정하여 답변서를 제출할 수 있는 기회를 주어야 한다(상§27①).

● 이의신청에 대한 결정

심사관은 이의신청인의 이의신청이유 등의 보정기간 및 출원인의 답변서 제출기간 경과 후에 상표등록이의신청에 관하여 결정을 하여야 한다(상§27 ②). 다만, 이의신청이 있더라도 상표등록출원공고 후의 직권에 의한 거절사정을 하는 경우에는 이의신청에 대해서 결정하지 아니한다(상§28②).

2 이상의 상표등록이의신청이 있는 경우에는 이를 병합하거나 분리하여 심사 또는 결정할 수 있으며(상§29①), 그 중 어느 하나의 이의신청이 이유 있다고 인정한 경우에는 다른 이의신청에 대하여는 결정을 하지 아니할 수 있다(상§29②). 이들의 경우에는 후에 거절사정등본을 송부하면 된다(상§28③, §29③). 이는 절차상의 번잡을 피하기 위한 것이다.

이의신청에 관한 결정은 서면으로 하여야 하며 그 이유를 붙여야 한다(상§27④). 특허청장은 이러한 결정의 등본을 출원인 및 이의신청인에게 송달하여야 한다(상§27⑤).

한편 이의신청인이 이의신청만 하고 이의신청이유 등의 보정기간이 경과할 때까지 그 이유 및 증거를 제출하지 아니한 경우에는 결정으로 상표등록이의신청을 각하할 수 있다(상§27③).

이의신청에 대한 결정에 대하여는 독립하여 불복할 수 없다(상§27⑥).

4. 지적재산권의 등록

지적재산권의 등록이란 지적재산권의 설정, 이전 등 소정의 사항을 지적재산권등록부에 기재하는 것 또는 그 기재를 말한다. 산업재산권의 경우 그 권리의 발생 요건으로 설정등록을 필요로 하나 저작권 등 그 밖의 지적재산권의 경우에는 그 권리의 발생 요건이 아니다.

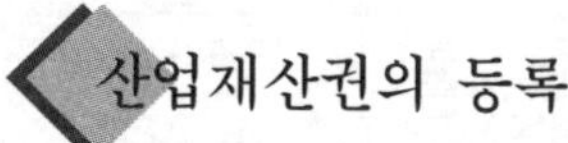

산업재산권의 등록

1) 산업재산권의 등록이란

산업재산권의 등록이란 산업재산권의 발생 · 이전 · 변경 · 소멸, 기타 산업재산권에 관한 권리의 일정사항을 특허청의 등록원부에 기재하는 것을 말한다. 예컨대, 산업재산권의 설정등록, 이전등록, 실시권, 사용권의 등록, 질권 등 담보권의 등록 등이 그 예이다. 산업재산권의 등록은 이를 일반에 공시함으로써 거래의 안전을 도모하기 위한 것이다. 이러한 등록제도는 부동산에 대하여 부동산등기제도가 존재하는 것과 같은 취지이다. 특허청의 등록원부에의 등록은 효력발생요건임과 아울러 제3자에 대한 대항요건이다.

2) 설정등록

유효한 등록사정이 끝나면 소정의 등록료를 납부하고 특허청에 비치하는 산업재산권의 각 등록원부에 소정사항을 기재하는 절차를 통틀어 설정등록이라 한다. 설정등록은 특허청장이 직권으로 하여야 한다. 설정등록은 등록사정이 유효할 것과 등록료 납부를 요건으로 한다.

설정등록을 할 때에는 등록번호, 상표등록출원의 번호 및 연월일, 출원공고의 번호 및 연월일, 사정 또는 심결의 연월일, 지정상품 및 상품의 구분을 기재한 다음 권리자의 주소, 성명 및 주민등록번호를 기재하여야 한다.

[서식 4-5] 상표등록원부

상표등록원부

(앞면)

상 표 등 록 번 호		제 0463505 호		
권 리 란				
표시번호	**사 항**			
1번	출원연월일	1999년 02월 08일	출원번호	1999-0003908
	공고연월일	1999년 10월 15일	출원공고번호	1999-0027290
	사정(심결)연월일	1999년 11월 29일	상품류구분수	1
	지정상품 또는 지정 서비스업	제03류:세탁용 유연제, 비의료용 방향제, 인체용 방취제, 목욕비누, 미용비누, 가정용 정전기방지제, 샴푸, 가루비누, 가정용 석유계 합성세제, 의류용 린스		
	존속기간(예정)만료일	2010년 01월 21일		
				2000년 01월 21일 등록
상 표 권 자 란				
순위번호	**사 항**			
1번	(등록권리자) 　　주식회사 피죤(120111-0004482) 　　인천광역시 부평구 청천동 384			
				2000년 01월 21일 등록

등 록 원 부 등 본 입 니 다.

(제 094895 호)

2000년 07년 26일

특 허 청 

*상표 첨부란은 별지

(뒷면)

상 표 첨 부 란

등록번호 40-0463505-00-00

밤에 피는 향기

3) 등록증

특허청장은 등록료의 납부가 있을 때에는 등록원부에 설정등록을 하고 그 등록증을 발급하여야 한다. 등록증이 상표원부와 부합되지 아니할 때 특허청장은 권리자 등의 신청에 의하여 또는 직권으로서 그 등록증을 회수하여 정정교부하거나 정정된 새로운 등록증을 교부하여야 한다.

저작권의 등록

저작권의 등록이란 저작재산권의 이전 등 저작권법상의 소정사항을 저작권등록소에 기재하는 것 또는 그 기재를 말한다. 저작권법은 이러한 저작권 등록 외에도 출판권이나 저작인접권에 대해서도 등록제도를 두고 있다(저 §60, §73 참조). 저작권법은 무방식주의를 채택하고 있으므로 저작권의 등록은 권리발생의 요건이 아님은 물론 저작재산권의 이전 등에 있어서도 효력발생요건이 아니라 대항요건으로 되어 있다.

이 밖에도 저작자 이익보호를 위한 특별한 등록제도가 있다. i) 실명등록, ii) 저작물 제호 등의 등록, iii) 최초발행, iv) 공표일의 등록, ⅴ) 저작재산권의 변동 등에 관한 등록이 그것이다.

예컨대, 실명이 등록되어 있는 자는 그 저작물의 저작자로, 발행 또는 공표일이 등록된 저작물에 있어서는 등록된 연월일에 맨 처음 발행 또는 공표된 것으로 추정하는 이익이 있다(저§51④).

제5장 지적재산권은 어떤 효력이 있는가

1. 지적재산권의 효력

지적재산권 중 산업재산권인 특허권, 실용신안권, 의장권, 상표권은 설정등록에 의해 발생하며 특허를 받거나 등록된 산업재산을 독점배타적으로 지배할 수 있다.

민법상의 소유권과 마찬가지로 법률의 범위 내에서 사용, 수익, 처분할 것을 내용으로 하는 권리로서 직접지배성, 독점배타성, 포괄성 및 탄력성, 유한성, 제한성을 가진다.

산업재산권은 사권인 동시에 재산권이며 그 중에서도 무체재산권이지만 산업에 직, 간접으로 밀접한 관계에 있는 산업적 무체재산권이라고 일컫기도 한다.

특허권자와 실용신안권자는 적극적으로는 그 특허발명이나 등록고안을 사용하거나 타인에게 사용을 허락할 수 있고, 소극적으로는 권원 없는 제3자가 이를 사용하는 것을 금지할 수 있는 권리가 있다.

의장권자는 등록의장 또는 이와 유사한 의장을 독점배타적으로 실시할 수 있는 권리를 말한다. 이는 다시 의장권자가 업으로서 의장(등록의장 또는 유사한 의장)을 직접 실시하고 이용할 수 있는 권리와 타인이 실시하는 것을 금지할 수 있는 권리로 나뉘어진다. 전자를 적극적 권리, 후자를 소극적 권리라고도 한다.

상표권자는 적극적으로는 지정상품에 대하여 그 등록상표를 독점적으로 사용할 수 있고, 소극적으로는 제3자가 동일·유사상표를 지정상품과 동일·유사상품에 사용하는 것을 금지할 수 있는 권리가 있다. 적극적 사용권은 지정상품에 동일상표를 사용함에 그치지만 금지권은 유사범위에까지 미친다. 상표권자는 선등록상표에 저촉하는 상표나 혼동의 염려가 있는 상표와 같이 상표등록요건을 갖추지 못한 상표가 잘못 등록되었다 하더라도 그 등록상표가 일정한 심판절차에 따라 무효로 될 때까지는 사용권자로서의 지위를 계속 누릴 수 있다.

저작권은 저작물에 대한 저작자의 권리로서 저작한 때로부터 발생하며 어떠한 절차나 형식의 이행을 필요로 하지 않는다. 저작권은 저작인격권과 저작재산권으로 나뉘어진다. 저작권 외에도 저작인접권도 보호된다.

이상의 지적재산권은 민법상 소유권에 유사한 권리이다. 이러한 지적재산권에서 파생된 권리, 예컨대, 실시권, 사용권은 성질에 따라 물권적 권리 또는 채권적 권리가 된다.

2. 지적재산권의 적극적 효력(이용권)

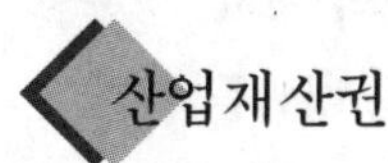

1) 특허권

● 특허발명의 독점실시권

특허권자는 업으로서 그 특허발명을 실시할 권리를 독점한다(특§94). 특허권자는 그 발명 및 기술을 독점적으로 사용하거나 다른 사람에게 사용을 허락할 수 있다. 특허권에는 물건의 특허권과 방법의 특허권이 있다.

● 실 시

실시는 특허법 제2조 제1항 제3호에 정의된 '실시'를 의미한다.

① 물건발명의 실시

물건발명의 실시는 물건을 생산, 사용, 양도, 대여 또는 수입하거나 그 물건의 양도 또는 대여의 청약(양도 또는 대여를 위한 전시를 포함한다)하는 행위를 말한다(특§2①iii가).

'생산'은 특허발명을 유형화하여 발명의 결과인 물건을 만들어내는 일체의 행위로 반드시 완성행위일 것을 요하지 않으며, 건조, 구축, 착수 등의 행위를 포함한다.

'사용'은 발명의 기술적 효과를 실현시키는 일체의 행위로서 예컨대, 제조기계와 같은 물건의 특허발명에 있어서 그 기계를 사용하여 일정한 제품을 만드는 행위를 말한다.

'양도'는 생산된 발명품의 소유권을 타인에게 이전하는 것으로 유무상을 가리지 않는다.

'대여'는 발명품을 일정한 시기에 반환할 것을 조건으로 타인에게 빌려주는 것으로 양도와 같이 유무상을 가리지 않는다.

'물건의 양도 또는 대여의 청약'이란 제품을 국내에서 직접 판매하지 않는 경우에도 카탈로그에 의한 권유, 팜플렛의 배포, 상품판매의 광고, 상품의 진열 등에 의해서 특허 및 실용신안 제품의 판매를 유도하는 행위를 말한다. '대여의 청약'이란 리스의 청약과 같이 대여를 목적으로 하는 청약행위를 말한다.

'전시'는 발명을 양도하거나 대여할 목적으로 불특정다수인이 인식할 수 있는 상태로 두는 것을 말한다.

'수입'은 외국에서 생산된 특허품을 국내시장에 반입하는 행위를 말한다.

② 방법발명의 실시

방법의 발명에서 '실시'란 그 방법을 사용하는 행위를 말한다. 예컨대, 기계, 설비, 장비 등의 사용방법과 측정방법 등의 사용행위가 이에 해당한다(특§2①ⅲ나). 물건을 생산하는 발명에서 '실시'란 방법의 발명 외에 그 방법에 의하여 생산한 물건을 사용, 양도, 대여 또는 수입하거나 그 물건의 양도 또는 대여의 청약을 하는 행위를 말한다(특§2①ⅲ다).

● 업으로서의 실시

'업으로서의 실시'는 단순히 영업을 목적으로 하는 경우에 한하는 것은 아니며, 광의의 경제활동의 하나로서 실시하는 것을 말한다. 그러나 경제활동과 관계 없는 개인 또는 가정 내에서의 실시는 업으로의 실시가 아니다. 예컨대, 특허발명품인 전기세탁기를 세탁업자가 사용하는 것은 업으로의 실시이지만 주부가 사용하는 것은 업으로의 실시가 아니다.

● 독 점

특허권자는 특허발명을 독점적으로 실시할 수 있으며, 다른 사람은 정당한 이유 없이 이를 실시할 수 없다. 다른 사람이 정당한 이유 없이 특허발명을 실시하는 경우에는 특허권을 침해하는 것이 된다.

2) 실용신안권 · 의장권

실용신안권이나 의장권도 권리의 적극적 효력면에서는 특허권과 기본적으로는 동일하다(실§37, §39, §42 등)

3) 상표권

● 등록상표의 지정상품에 대한 독점사용권

상표권자는 지정상품에 관하여 그 등록상표를 사용할 권리를 독점한다(상§50). 이를 전용권이라고 한다. 전용권은 등록상표 및 상품의 동일성 범위 내에 한하고 유사범위에 대해서까지 미치지 않는다. 왜냐하면 상표는 의장에 있어서처럼 유사범위에까지 적극적인 사용권을 인정할 합리적 이유가 없기 때문이다. 상표의 전용권은 유사범위에의 사용에는 미치지 아니하므로 예컨대, 상표권자가 등록상표와 유사한 상표만 사용하는 것은 상표의 사용이라고 볼 수 없게 되어 불사용취소사유가 된다(상§73①iii). 뿐만 아니라 유사범위에의 사용으로 혼동의 염려가 생기게 되면 상표의 취소사유가 된다(상§73①ii).

상표권은 등록상표를 지정상품에 사용하는 권리이므로 '등록상표', '지정상품' 및 '사용'의 세 가지 개념이 상표의 전용권의 범위를 결정하는 기본개념이 된다.

'등록상표'란 상표의 등록을 받아 상표등록원부에 등재된 상표를 말한다. 그 범위는 상표등록출원서에 첨부한 상표에 의하여 정한다(상§52①).

'지정상품'이란 상표권자가 출원서에 상표법시행령이 정하는 상품구분 내의 범위에 속하는 상품 중 자기가 사용할 상품으로 지정한 상품(상§10①)을 말한다. 그 범위 역시 상표등록출원서의 기재에 의하여 정한다(상§52②).

'사용'이란 일반적으로는 상표를 상품에 붙여서 그것을 상업적 거래에 유통케 하는 것을 말한다. 상표법은 그에 관하여 특별히 규정을 하고 있다(상

§2①vi). 상표보호의 한계는 사용에 의하여 정하여진다. 상표를 상표로서 사용하지 아니하고 상호, 영업표, 서비스표, 업무표장 등으로 사용하는 것은 상표적 사용이 아니므로 상표침해를 구성하지 않으나 일정한 요건하에 부정경쟁방지법에 의한 보호가 주어지는 경우가 있다. 무권리자의 상표사용이 상표권의 침해로 되기 위해서는 상표법상 '사용' 개념에 해당하는 경우에 한한다.

● 상표의 사용 형태

① 상품 등에 표시하는 행위

'상품 등에 표시하는 행위' 란 인쇄, 각인, 날염, 기타 방법에 의하여 표장을 상품 자체 또는 상품의 포장, 용기, 라벨 등에 표시하는 행위를 말한다. 포장, 용기, 라벨 등은 현재 상품과 결합되어 있음을 요한다. 그렇지 아니한 경우에는 간접침해가 되는 수가 있으나(상§66ⅱ,ⅲ) 상표로서의 사용은 아니다.

② 상표품을 유통케 하는 행위

상표의 사용은 상품 또는 상품의 포장에 상표를 표시한 것을 양도 또는 인도하거나 그 목적으로 전시, 수출, 수입하는 행위(상§2①vi다)를 포함한다. 상표를 표시한 상품, 즉 상표품을 시장에서 판매하는 것이 전형적인 경우에 속하나 이 밖에 전시 등으로 유통과정에 내놓는 모든 행위를 포함한다.

상표품이 권리자에 의하여 일단 적법하게 유통된 후에는 그 후의 전전유통 행위는 상표침해를 구성할 여지가 없음은 특허품에 있어서와 마찬가지이다. 수입에 관하여는 특히 진정상품의 병행수입이 문제되고 있다.

③ 광고적 사용

상표의 사용은 상품에 관한 광고, 정가표, 거래서류, 간판 또는 표찰에 상표를 표시하고 전시 또는 반포하는 행위(상§2①vi다)를 포함한다. 상표사용의 본래적 모습은 상표를 상품에 표시하여 그것을 거래과정에 유통케 하는 것을 가리킨다. 그러나 간판, 네온사인, 텔레비전, 캘린더 등 광고·선전에

있어서의 상표사용도 공중의 심리에 상품과의 관련을 상기케 하므로 여기까지 사용개념을 확장할 필요가 있다.

● 독 점

상표권은 등록상표를 지정상품에 독점배타적으로 사용할 수 있는 권리인 점에서 다른 산업재산권과 마찬가지로 물권에 준하는 절대권이다. 따라서 제3자가 정당한 이유 없이 등록상표와 동일상표를 지정상품과 동일상품에 사용하는 것은 상표권의 침해를 구성한다.

저작권

1) 저작인격권

저작인격권이란 저작자의 인격과 관련된 것으로 다음의 것들이 있다. 일신전속성을 가지며 저작재산권의 소멸(저작자의 생존기간과 그 사후 50년) 후에도 계속 존속한다.

① 공표권

저작자가 그 저작물을 공표하거나 공표하지 아니할 것을 결정할 권리를 가진다(저§11①). 즉 저작자가 일반공중에게 저작물을 공개, 발행하거나 하지 않을 수 있다. 저작자가 공표를 원하지 않음에도 불구하고 다른 사람이 그 저작물을 공표하는 것은 저작인격권의 침해가 된다. 다만, 법률상 저작물의 공표로 보는 경우에는 그러하지 아니하다(저§11② ~ ④).

② 성명표시권

저작자는 저작물의 원작품이나 그 복제물 또는 저작물의 공표에 있어서 그의 실명 또는 이명, 즉 자신이 저작자임을 표시할 수 있다(저§12①). 이러한 성명표시권에는 성명을 표시하지 않을 권리도 당연히 포함된다. 저작물을 이용하는 자는 저작자가 표시한 대로 이를 표시하여야 하나 저작물의 성질, 그 이용목적, 형태 등에 비추어 부득이한 경우에는 그러하지 아니하다(저§12②)

③ 동일성유지권

저작자는 자신의 저작물의 내용, 형식, 제호의 동일성을 원래의 상태대로 유지시킬 수 있는 권리를 가진다(저§13①). 타인이 저작자의 동의 없이 원저작물의 내용을 변경하는 것은 저작자의 동일성유지권을 침해하는 것이 된다. 그러나 부득이한 경우, 즉 학교교육의 목적상, 건축물의 증·개축, 변형, 그 밖에 부득이한 경우에는 변경할 수 있으나 그 본질적인 내용의 변경은 할 수 없다(저§13②).

2) 저작재산권

저작재산권은 경제적인 권리로서 소유권과 같이 배타적인 권리이며 어느 누구도 저작자의 승낙 없이 그 저작물을 이용할 수 없도록 하는 효력을 지닌 권리를 말한다. 부동산처럼 상속, 매매, 대여할 수 있고 다른 사람에게 저작권을 양도하여 경제적인 대가를 받을 수 있다.

저작재산권에는 먼저 원저작물에 대한 권리가 있다.
① 복제권 : 저작물을 인쇄, 녹음, 녹화 등을 할 권리(저§16)
② 공연권 : 저작물을 일반공중이 직접 보게 하거나 듣게 할 권리(저§17)
③ 방송권 : 저작물을 방송에 이용하도록 승낙할 권리(저§18)
④ 전송권 : 저작물을 전송할 권리(저§18의 2)
⑤ 전시권 : 미술저작물 등을 전시할 권리(저§19)
⑥ 배포권 : 저작물의 원작품이나 그 복제물을 배포할 권리(저§20)

다음으로 저작재산권에는 2차적 저작물에 대한 권리가 있다.

저작자는 그 저작물을 원저작물로 하는 2차적 저작물 또는 그 저작물을 구성부분으로 하는 편집저작물을 작성하여 이용할 권리를 가진다(저§21). 예컨대, 저작물을 외국문자로 번역하거나 편곡, 각색, 영화화할 수 있는 번역, 번안권이나 기존의 저작물을 원작으로 하여 창작된 것, 즉 2차적 저작물에 대하여 저작자가 갖는 2차적 권리 등이 있다.

3) 저작인접권

저작권 보호 외에 저작물의 창작자가 아니지만 저작물의 배포 및 전파 등 전달에 기여한 사람들의 권리를 보호해 주기 위한 권리로서 저작인접권이 있다. 예컨대, 가수는 저작물(음악)을 가창함으로써 새로운 저작물을 창작하는 것은 아니지만 노래하는 방법에 따라 듣는 사람이 바뀔 수 있으므로 가창도 저작물의 창작에 준하는 창작행위라고 말할 수 있다. 이처럼 저작물의 전달에 기여한 실연자, 음반제작자, 방송사업자, 유선방송사업자는 저작인접권자로 보호를 받는다. 저작인접권의 성립에도 저작권과 같이 특별한 절차가 필요 없다.

● 실연자의 권리

실연자의 권리란 배우, 가수, 연주자 등의 실연을 하는 자 및 실연을 지휘, 연출 또는 감독하는 자를 말한다(저§2ⅴ).

실연이란 저작물을 연기, 무도, 연주, 가창, 연출, 그 밖의 예능적 방법으로 표현하는 것을 말하며, 저작물이 아닌 것을 이와 유사한 방법으로 표현하는 것을 포함한다(저§2§ⅳ).

실연자의 권리는 원칙적으로 실연 최초의 이용에 해당하는 경우에 한하여 독점배타적인 권리가 인정되며, 그 이후의 실연에 관한 이익은 계약으로 확보해야 한다.

① 복제권

실연자는 그의 실연을 복제할 권리를 가진다(저§63). 따라서 실연을 맨 처음 녹음, 녹화, 촬영하는 경우는 물론 실연이 수록된 녹음, 촬영, 녹화된 것을 무단으로 증제, 판매하는 행위는 복제권의 침해가 된다.

② 실연방송권

실연자는 그의 실연을 방송할 권리를 가진다. 다만, 실연자의 허락을 받아 녹음된 실연에 대하여는 그러하지 아니하다(저§64).

③ 방송사업자의 실연자에 대한 보상

방송사업자가 실연이 녹음된 판매용 음반을 사용하여 방송하는 경우에는 그 실연자에게 상당한 보상을 하여야 한다. 보상권의 행사방법에 대하여는 특별한 규정을 두고 있으며 이 규정은 이하의 저작인접권에도 준용된다(저§65).

④ 대여권

실연자는 그의 실연이 녹음된 판매용 음반의 영리를 목적으로 하는 대여를 허락할 권리를 가진다(저§65의 2).

● 음반저작자의 권리

음반저작자란 음을 음반에 맨 처음 고정한 자를 말한다(저§2vii).

음반이란 음이 유형물에 한정된 것(음이 영상과 함께 고정된 것은 제외한다)을 말한다(저§2vi).

음반저작자의 권리는 다음과 같다.

① 복제, 배포권

음반제작자는 그 음반을 복제, 배포할 권리를 가진다(저§67).

② 음반의 거래제공 및 대여허락

저작물의 배포권자와 마찬가지로 음반제작자도 배포권 및 영리목적 대여권을 함께 가진다(저§67의 2, §43).

③ 방송사업자의 음반제작자에 대한 보상

방송사업자가 판매용 음반을 사용하여 방송하는 경우에는 그 음반제작자에게 상당한 보상을 하여야 한다(저§68).

● 방송사업자의 권리

방송사업자란 방송을 업으로 하는 자를 말한다(저§2ix).

방송이란 일반공중으로 하여금 수신하게 할 목적으로 무선 또는 유선 통신의 방법에 관하여 음성, 음향 또는 영상 등을 송신하는 것(차단되지 아니한 동일구역 안에서 단순히 음을 증폭 송신하는 것은 제외)을 말한다(저§2viii).

방송사업자는 그의 방송을 녹음, 녹화, 사진, 그 밖의 이와 유사한 방법으로 복제하거나 동시중계할 권리를 가진다(저§69).

3. 지적재산권의 소극적 효력(금지권)

산업재산권

1) 특허권 · 실용신안권

특허발명은 특허권자만이 독점적으로 실시할 수 있으므로 원칙적으로 타인이 특허권자의 허락 없이 특허발명을 실시하지 못하게 하는 소극적 효력도 가진다. 허락 없이 실시하는 것은 특허권의 침해가 된다. 문제는 특허권자가 가지고 있는 보호범위는 어디까지인가이다.

특허법은 이에 대하여 "특허발명의 보호범위는 특허청구범위에 기재된 사항에 의하여 정하여진다"(§97)라고 규정하고 있다. 이는 특허권의 보호범위를 청구범위에 한정하여 일반공중에게 그 권리의 한계를 명확하게 함과 아울러 청구범위에 없는 것은 비록 명세서 중 상세한 설명의 항에 기재되어 있는 새로운 기술일지라도 보호되지 아니한다는 것을 뜻한다. 이러한 특허청구범위의 기재에 의해 특허권자의 배타적 권리범위와 일반인이 자유로이 이용할 수 있는 기술범위와의 한계가 명백해진다.

2) 의장권

등록의장이 독점배타적인 권리로서 보호받는 범위는 의장등록출원서의 기재사항 및 그 출원서에 첨부된 도면과 도면의 기재사항, 사진, 모형 또는 견본에 표현된 의장에 의하여 정하여진다(의§43).

3) 상표권

상표권은 상표권자 자신이 지정한 상품에 대하여 등록상표를 독점적으로

사용할 권리를 가짐과 아울러 정당한 권리자가 아닌 자가 등록상표를 사용하는 것을 금지할 수 있는 권리도 함께 가진다. 이를 소극적 권리 또는 금지권이라고 한다.

상표법은 상표권의 금지적 효력이 유사상표 및 유사상품에까지 미치는 것으로 규정하고 있으며 침해자에 대한 여러 가지 구제방법을 규정하고 있다(상§65, 66).

부정경쟁행위방지권 등

부정경쟁방지및영업비밀보호에관한법률은 부정경쟁행위의 방지 및 영업비밀의 보호에 관한 권리는 그 성질상 소극적 효력만을 규정하고 있을 뿐 적극적 효력에 관해서는 따로 정하고 있지 않다.

자세한 것은 제7장을 참조하기 바란다.

저작권

저작권도 소극적 효력이 있음은 물론이다. 다만, 산업재산권이나 부정경쟁행위방지권 등과는 달리 소극적 범위의 판단에 대한 일반적 규정이 없으므로 각 저작물의 성질에 따라 판단하여야 한다. 저작인격권은 저작재산권에 비해 소극적 효력이 더욱 중시되고 있다.

4. 지적재산권의 효력의 제한

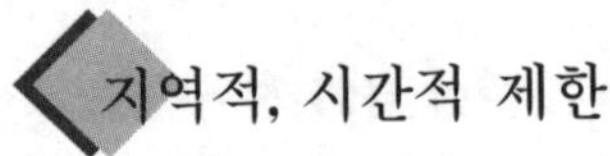 지역적, 시간적 제한

1) 지역적 제한

산업재산권은 속지주의원칙에 따라 등록된 국가 안에서만 권리로서 인정된다. 즉 한국에서 등록되었으면 한국 내에서만 인정되고, 미국에서 등록되었으면 미국 내에서만 권리가 인정된다. 예컨대, 다른 나라에서 동일상표에 관한 보호를 받기 위해서는 그 나라의 법률이 정하는 바에 따라 권리를 취득하여야 하고 각 나라에서의 상표권의 성립, 소멸도 그 나라의 법률에 따른다. 따라서 자국의 상표권은 다른 나라에서의 상표모용에 의하여 침해되지 아니하며, 반대로 국내에서의 행위만으로는 다른 나라의 상표권을 침해하는 것이 아니다. 외국에서 제조, 판매되는 상표품을 정당한 이유 없이 국내에 수입하는 경우에는 국내 상표권의 침해를 구성한다

저작권도 속지주의원칙에 따라 국내에서만 효력을 가진다. 조약에 의해 상호 저작권을 보호하기로 한 경우에는 이에 따라 제정된 법률에 따라 보호를 받게 된다(저§21①). 다만, 외국에서 한국 국민의 저작물을 보호하지 아니하는 경우에는 그에 상응하게 그 외국인의 저작물의 보호를 제한할 수 있다(저§21③).

2) 시간적 제한

① 특허권의 존속기간은 특허등록이 있는 날부터 출원일 후 20년이 되는 날까지이다(특§88①). 다만, 예외적으로 존속기간을 연장할 수 있는 경우가 있다(특§89). 존속기간 후에는 특허권이 소멸한다.

② 실용신안권의 존속기간은 특허권의 존속기간보다 단기이다. 즉 '실용

신안권의 존속기간은 실용신안의 설정등록이 있는 날부터 실용신안등록출원일 후 10년이 되는 날까지'이다(실§36①). 또한 특허법에서 인정하고 있는 소위 존속기간연장제도(특허§89)를 채택하고 있지 않다.

③ 의장권의 존속기간은 설정등록이 있는 날부터 출원일 후 15년이 되는 날까지이다(의§40①).

④ 상표권은 등록일부터 10년간 존속하나 갱신등록에 영구적인 독점이 가능한 점에서 다른 산업재산권과 다르다(상§42).

⑤ 저작재산권은 저작물의 창작시를 시기로 하여(저§10②) 원칙적으로 저작자 사후 50년간 존속한다. 다만, 저작자가 사망 후 40년이 경과하고 50년이 되기 전에 공표된 저작물의 저작재산권은 공표된 때로부터 10년간 존속한다. 그 밖에 무명 또는 이명 저작물(저§37), 단체명의 저작물(저§38), 계속적 간행물 등(저§39), 영상제작물(저§77)에 관하여는 기산점 등에 대해 특칙이 있다.

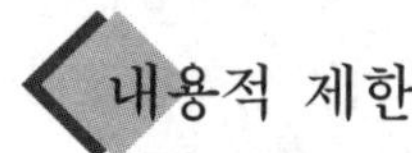 내용적 제한

1) 특허권

특허권은 사유재산권이지만 특허제도는 발명을 장려 보호, 육성함으로써 기술의 진보, 발전을 도모하고 국가산업의 발달에 기여하게 함을 목적으로 하기 때문에 특허권자의 이익보호와 일반사회의 기술향상 및 국가산업의 발달이라는 거시적인 입장에서 이들의 요구를 다같이 충족시킨다는 공익적인 입장에서 여러 가지로 특허권의 행사를 제한하고 있다.

● 공공의 이익을 위한 제한

① 특허권은 다음의 경우에는 효력이 미치지 아니한다(특§96①).

ⅰ) 연구 또는 시험을 하기 위한 특허발명의 실시

ⅱ) 국내를 통과하는 데 불과한 운수용 기계, 기구 또는 그 장치

ⅲ) 특허출원 당시부터 국내에 있었던 물건

② 조제행위(특§96②)

2 이상의 의약을 혼합함으로써 제조되는 의약의 발명 또는 2 이상의 의약을 혼합하여 의약을 제조하는 방법의 발명에 관한 특허권의 효력은 약사법에 의한 조제행위와 그 조제에 의한 의약에는 미치지 아니한다.

③ 재심에 의하여 회복한 특허권의 효력의 제한(특§181)

재심청구등록 전에 선의로 수입 또는 국내에서 제작, 취득한 물건 등에는 특허권의 효력이 미치지 않는다. 선의의 자를 보호하기 위한 취지이다.

● 이용 또는 저촉관계에 의한 제한

특허발명이 그 출원한 날 이전에 출원되어 등록된 타인의 특허, 실용신안, 의장 등의 권리와 이용 또는 저촉관계에 있는 경우 특허권자는 이러한 권리자 등의 실시허락 없이는 그 특허발명을 실시할 수 없으므로 이에 의하여 특허권의 행사는 제한받게 된다(특§98).

● 법정실시권에 의한 제한

국민경제상 필요하거나 특허권자와 제3자의 이익조정이 필요한 경우 법률에 의해 제3자에게 통상실시권을 인정하는 경우가 있다.

① 종업원 등의 발명(직무발명)에 있어서 사용자 등의 실시권(특§39①)

② 특허출원 당시에 선의로 국내에서 그 발명실시사업을 하거나 사업설비를 가진 자가 갖는 선사용자의 실시권(특§103)

③ 특허무효심판청구 등록 전의 권리자의 실시권(특§104)

④ 의장권의 존속기간 만료 후의 실시권(특§105)

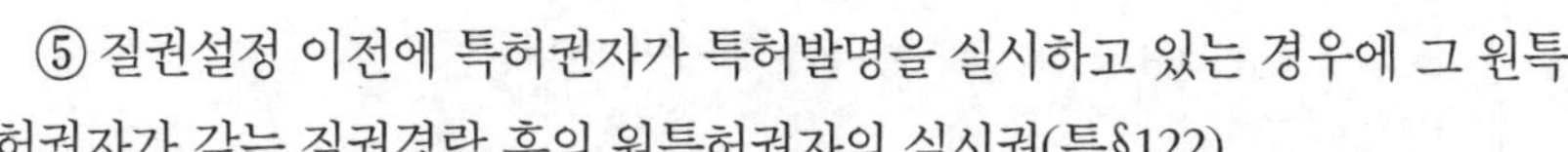

⑤ 질권설정 이전에 특허권자가 특허발명을 실시하고 있는 경우에 그 원특허권자가 갖는 질권경락 후의 원특허권자의 실시권(특§122)

⑥ 재심청구 등록 전의 선의실시자의 실시권(특§182, 183)

● 강제실시권에 의한 제한

특허발명을 실시할 공익적 필요가 있는 경우 특허권자의 의사와 관계 없이 재정 또는 심판에 의해 통상실시권을 허여하는 것을 말한다.

① 불실시의 경우에 이해관계인에게 허용되는 강제실시권(특§107)

② 국방상 또는 공익상 필요한 경우 정부 또는 정부 이외의 자로 하여금 실시케 하는 실시권(특§106)

③ 특허권 남용으로 인하여 이해관계인에게 허용되는 실시권

④ 특허권자가 타인의 발명특허 또는 등록실용신안이나 등록의장을 실시하지 아니하고는 자기의 특허발명을 실시할 수 없는 경우에 그 타인이 정당한 이유 없이 실시허용을 하지 아니하거나 실시허용을 받을 수 없는 때에 심판을 청구하여 얻은 실시권

● 그 밖의 사유에 의한 제한

당사자의 계약에 의한 약정실시권에는 특허권의 효력이 미치지 않는다. 특허권에 각종 실시권이 설정되었거나 질권자 등이 있는 경우에 특허권자는 이들의 승낙 없이 특허권을 포기하거나 정정허가나 분할허가심판을 청구하지 못한다. 정부에서 제한을 가하여 특허를 한 경우나 특허권을 정부에서 제한한 경우나 특허권이 공유인 경우 다른 공유자의 동의 없이 특허권을 양도하거나 실시권을 허용할 수는 없으므로 이 경우에도 특허권의 행사에 있어서는 제한을 받게 된다.

2) 실용신안권

실용신안권의 효력제한도 특허권과 기본적으로는 같다. 다만, 권리행사를

위해서는 기술평가라는 별도의 절차를 거쳐야 한다.

3) 의장권

의장권의 효력제한도 특허권과 기본적으로 같다. 의장권도 공익상 또는 산업정책상의 이유로 그 효력이 제한되는 경우가 있다.

● 공익과 산업발전을 위한 제한
의장권을 인정하는 것보다 제한하는 것이 오히려 공익과 산업발전에 기여된다고 하여 제한하는 경우이다.

① 연구 또는 시험을 하기 위한 등록의장의 실시(의§44ⅰ)

② 국내를 통과하는 데 불과한 선박, 항공기, 차량 또는 이에 사용되는 기계, 기구, 장치, 기타의 물건(의§44ⅱ)

③ 의장등록출원시부터 국내에 있는 물건(의§44ⅲ)

④ 재심청구 등록 전에 선의로 수입 또는 국내에서 생산하거나 취득한 물품(의§74①)

● 이용, 저촉관계에 의한 제한
등록의장 또는 이와 비슷한 의장이 타인의 선원권리와 이용, 저촉관계에 있을 때에 의장권의 효력은 제한을 받는다(의§45).

● 실시권의 존재에 의한 효력제한
의장권자와의 계약에 의한 실시권(전용실시권, 통상실시권)이 허여된 경우에는 시간적, 장소적인 제한을 받을 수 있다. 그 외에도 법정실시권과 강제실시권에 의해서도 제한을 받을 수 있다.

● 의장권의 공용징수에 의한 효력제한
정부는 등록의장이 국방상 필요한 때에 의장권을 수용하거나 등록의장을 실시하거나 정부 외의 자로 하여금 실시하게 할 수 있다(의§61, 특§106①).

4) 상표권

● 공익상 이유에 의한 제한

상표법 제51조는 상표권의 효력이 미치지 않는 범위를 규정하고 있다. 여기서 말하는 상표권의 효력이란 상표권자의 제3자에 대한 금지권을 가리키는 것이므로 상표권자 자신의 사용권은 제한되지 않는다.

상표법 제51조 제1호는 법 제7조 제1항 제6호에, 제2호 및 제3호는 법 제6조 제1호 내지 제4호의 부등록사유에 해당하나 상표등록이 잘못 허용된 경우라도 이러한 표시를 사용하는 자는 당해 등록상표 또는 유사표장에 대한 무효심판을 청구할 것도 없이 그 금지권을 배제할 수 있는 점에 실익이 있다.

i) 자기의 성명 · 명칭 또는 상호 · 초상 · 서명 · 인장 또는 저명한 아호 · 예명 · 필명과 이들의 저명한 약칭을 보통으로 사용하는 방법으로 표시하는 상표(상§51 i). 다만, 상표권의 설정등록이 있은 후에 부정경쟁의 목적으로 이들의 상표를 사용하는 경우에는 그러하지 아니하다(상§51 i 단서).

ii) 등록상표의 지정상품과 동일 · 유사한 상품의 보통명칭 · 산지 · 판매지 · 품질 · 원자재 · 효능 · 용도 · 수량 · 형상 · 가격 또는 생산방법 · 가공방법 · 사용방법 및 시기를 보통으로 사용하는 방법으로 표시하는 상표(상§51 ii).

iii) 등록상표의 지정상품과 동일 · 유사한 상품에 관용하는 상표와 현저한 지리적 명칭 및 그 약어 또는 지도로 된 상표(상§51iii)

iv) 상표등록을 받고자 하는 상품 또는 그 상품의 포장 기능을 확보하는데 불가결한 입체적 형상만으로 된 상표(상§51iv)

● 타인의 의장권, 저작권과의 관계에서 오는 제한

상표의 구성요소는 의장이나 저작물의 것과 공통될 수 있으므로 상표권자 또는 사용권자는 그 등록상표를 사용할 경우에 그 사용상태에 따라 그 상표등록출원일 전에 출원된 타인의 의장권 또는 그 상표등록 출원일 전에 발생된 타인의 저작권과 저촉되는 경우에는 지정상품 중 저촉되는 지정상품에 대한 상표 사용의 의장권자 또는 저작권자의 동의를 얻지 않으면 그 등록상표를 사용할 수 없다(상§53).

상표권과 의장권이나 저작권은 서로 선후원의 관계가 성립되지 않고 있으므로 각자의 등록 또는 권리발생단계에서는 서로 영향을 미칠 수 없을 것이어서, 내용적으로 서로 저촉하는 권리가 중복되어 설정될 수 있음에 따라 이러한 조정규정이 필요하다.

저촉관계가 발생되는 것은 등록상표를 지정상품에 실제로 사용하는 경우이다. 상표등록출원일과 의장등록출원일 또는 저작권 발생일이 같은 경우에는 각자 자유로이 사용할 수 있다. 이러한 저촉관계에 의해 제한되는 것은 전용권에 한하며, 타인의 사용을 금지케 할 수 있는 효력까지 제한당하는 것은 아니다. 따라서 제3자가 이를 무단으로 사용하면 상표권을 비롯하여 그와 저촉관계에 있는 의장권이나 저작권까지도 침해하게 되는 것이다.

● 사용허락에 의한 제한

상표권자가 타인에게 사용권을 설정함에 따른 계약상의 제한을 말한다(상§55, §57). 다만, 이는 자기 상표권의 이용형태에 지나지 아니하므로 엄밀한 의미에서 제한은 아니라 할 것이다.

● 선사용자에 대한 효력의 제한

주지상표가 타인에 의해 등록되었다고 하더라도 주지사용자에게는 권리를 주장하지 못한다. 또한 미등록의 상표가 상품에 부착되어 유통된 후 타인이 후에 등록하였다고 하더라도 이미 거래된 상품에는 효력이 미치지 않는다.

● 기 타

상표는 영업과 이전하지 않아도 되나 동일·유사한 지정상품과는 함께 이전하여야 한다(상§53①). 단체표장은 이전할 수 없다(상§53⑨). 재심에 의하여 회복한 상표권의 효력이 제한되는 경우가 있다(상§85).

5) 저작권

저작권법은 공익상의 이유 등으로 일정한 경우에 저작권을 제한하여 저작권자에게 허락을 받지 않고 이용할 수 있는 경우를 정하고 있다. 다만, 이 경우에도 저작권자의 이익을 부당하게 침해하지 않도록 또 저작권의 이용이 방해받지 않도록 그 요건이 엄밀하게 정해져 있다. 저작권이 제한되는 경우라도 저작인격권은 제한되지 않는다(저§35). 이러한 규정에 의거하여 복제된 것을 목적 외에 사용하는 것은 금지되고 있다. 또 이용에 있어서는 원칙으로 출처의 명시를 할 필요가 있다(저§34).

● 저작자권리의 제한 유형

① 재판절차 등에서의 복제(저§22)

재판절차를 위하여 필요한 경우이거나 입법, 행정의 목적을 위한 내부수요로서 필요한 경우에는 그 한도 안에서 저작물을 복제할 수 있다. 다만, 그 저작물의 종류와 복제 부수 및 형태 등에 비추어 저작재산권자의 이익을 부당하게 침해하는 경우에는 그러하지 아니하다.

② 학교교육목적 등에의 이용(저§23)

고등학교 및 이에 준하는 학교 이하의 학교교육목적상 필요한 교과용 도서에는 공표된 저작물을 게재할 수 있다(저§23①). 특별법에 의하여 설립되었거나 교육기본법에 의한 교육기관 또는 국가나 지방자치단체가 운영하는 교육기관은 그 교육목적상 필요하다고 인정되는 경우에는 공표된 저작물을 방송하거나 복제할 수 있다(저§23②). 이는 일종의 법정허락제도로 볼 수 있다.

③ 시사보도를 위한 이용(저§24)

방송, 영화, 신문, 그 밖의 방법에 의하여 시사보도를 하는 경우에 있어서 그 과정에서 보이거나 들리는 저작물은 보도를 위한 정당한 범위 안에서 복제, 배포, 공연, 방송 또는 전송할 수 있다.

④ 공표된 저작물의 이용(저§25)

공표된 저작물은 보도, 비평, 교육, 연구 등을 위해서는 정당한 범위 안에서 공정한 관행에 합치되게 이를 인용할 수 있다.

⑤ 비영리의 공연, 방송(저§26②)

이미 공표된 저작물은 i) 영리를 목적으로 하지 않고, ii) 청중이나 관중으로부터 요금을 받지 않고, iii) 출연자에게 출연료 등의 보수를 지불하지 않는 경우에는 공개적으로 연극, 연주, 상영 등을 할 수 있다(저§26①). 예컨대, 학예회에서의 연극이나 군악대의 야외연주회 등이 전형적인 것이다. 또한 청중이나 관중으로부터 당해 공연에 대한 반대급부를 받지 아니하는 경우에는 매출용 음반 또는 매출용 영상저작물을 재생하여 일반공중에게 공연할 수 있다. 다만, 대통령령이 정하는 경우에는 그러하지 아니하다(저§26②).

⑥ 사적 이용을 위한 복제(저§27)

공표된 저작물을 영리를 목적으로 하지 아니하고 개인적으로 이용하거나 가정 및 이에 준하는 한정된 범위 안에서 이용하는 경우에는 그 이용자는 이를 복제할 수 있다.

⑦ 도서관 등에서의 복제(저§28)

도서관및독서진흥법에 의한 도서관 및 도서, 문고, 기록, 그 밖의 자료를 공중의 이용에 제공하는 시설 중 대통령이 정하는 시설(이하 ‘도서관 등’ 이라 한다)에서는 소정의 제한된 범위(각호의 1)에 해당하는 경우에 보관된 자료를 사용하여 저작물을 복제할 수 있다.

⑧ 시험문제로서의 복제(저§29)

학교의 입학시험, 그 밖의 학식 및 기능에 관한 시험이나 검정을 위하여 필

요한 경우에는 그 목적을 위하여 정당한 범위 안에서 공표된 저작물을 복제할 수 있다. 다만, 영리를 목적으로 하는 경우에는 그러하지 아니하다.

⑨ 점자에 의한 복제(저§30)

공표된 저작물은 앞을 보지 못하는 사람을 위한 점자로 복제할 수 있고(저30①), 앞을 못 보는 사람의 복리증진을 목적으로 하는 시설 중 대통령령이 정하는 시설에서는 앞을 못 보는 사람들의 이용에 제공하기 위하여 공표된 저작물을 녹음할 수 있다(저30②).

⑩ 방송사업자의 일시적 녹음, 녹화(저§31)

방송사업자는 저작물을 방송을 위하여 자체수단으로 녹음이나 녹화할 수 있다. 다만, 그 저작물의 방송권자의 의사에 반한 때에는 그러하지 아니하다.

⑪ 미술저작물 등의 전시 또는 복제(저§32)

미술저작물 등의 원작품의 소유자나 그의 동의를 얻은 자는 그 저작물을 원작품에 의하여 전시할 수 있다. 다만, 도로, 공원, 건축물의 외벽, 그 밖의 일반공중에게 개방된 장소에 항시 전시하는 경우에는 그 저작권자의 허락을 받아야 한다(저§32①). 저작권법 제32조 제1항의 규정에 의하여 전시를 하는 자 또는 미술저작물 등의 원작품을 판매하고자 하는 자는 그 저작물의 해설이나 소개를 목적으로 하는 목록형태의 책자에 이를 복제하여 배표할 수 있다(저§32③). 촉탁에 의한 초상화 또는 이와 유사한 사진저작물의 경우에는 촉탁자의 동의가 없는 때에는 이를 전시하거나 복제할 수 없다(저§32④).

● 번역 등에 의한 이용(저§33)

학교교육목적 등에의 이용(저§23), 비영리의 공연, 방송(저§26), 사적 이용을 위한 복제(저§27)에 의하여 저작물을 이용하는 경우에는 그 저작물을 번역, 편곡이나 개작하여 이용할 수 있다(저§33①). 재판절차 등에서의 복제(저§22), 시사보도를 위한 복제(저§24), 공표된 저작물의 인용(저§25), 시험문제로서의 복제(저§29) 또는 점자에 의한 복제(저§30)에 의하여 저작물을 이용하는 경우에는 그 저작물을 번역하여 이용할 수 있다(저§33②).

제6장 지적재산권자는 어떤 권리와 의무가 있는가

1. 지적재산권자의 권리와 의무

지적재산권자는 각 관련 법률에 규정된 지적재산권의 효력에 따라 자신의 지적재산을 직접 이용하거나 타인에게 이용을 허락하거나 처분을 할 수 있는 권리를 가진다. 이는 물건의 "소유자가 법률의 범위 내에서 사용, 수익, 처분할 권리가 있다"라는 민법 규정(§211)에 대응한다. 이런 뜻에서 지적재산권을 지적소유권이라고 부르기도 한다. 즉 소유권은 특정 물건(부동산, 동산)에 대한 직접적, 배타적인 지배를 내용으로 하며 지적재산권은 지적재산에 대한 직접적, 배타적인 지배를 내용으로 하므로 지적재산권을 지적소유권으로 부를 수 있다는 것이다.

소유권과 지적재산권은 유사한 점도 많지만 차이점도 많다. 소유권이 유형의 물건을 대상으로 함에 비해 지적재산권은 무형의 지적재산을 대상으로 하고 있는 점, 창작자 등의 권리와 공공의 이익을 조화하기 위한 지적재산권 제도의 목적 등에서 그러하다. 구체적으로 지적재산권은 효력의 존속기간이 있고 지적재산권 중 산업재산권자에게 의무가 따르는 점에서 그렇지 아니한 소유권과 구별된다. 따라서 산업재산권자의 권리의 처분은 의무와 함께 이전된다. 산업재산권은 지적재산권 중에서 독점적 권리가 매우 강하므로 존속기간도 비교적 짧고 의무도 수반된다. 이에 비해 저작권은 이러한 의무가 없고 존속기간도 매우 길어 소유권에 더 가까운 권리라고 할 수 있다.

2. 지적재산권자의 권리

 지적재산권을 직접 사용 · 수익할 권리

1) 지적재산권자의 사용 · 수익권

지적재산권자는 지적재산을 직접 사용하거나 수익할 수 있다.

용어 사용에 있어서 특허권 · 실용신안권 · 의장권은 실시, 상표권은 사용, 저작권은 이용이라 하여 달리 쓰고 있으나 본질적으로는 같은 말이다. 실시, 사용, 이용의 설명에 대하여는 제5장 지적재산권의 효력을 참조하기 바란다.

수익은 지적재산에 의해 이익을 얻는 것을 말한다. 수익은 지적재산권자 자신이 지적재산을 직접 사용하여 이익을 얻는 경우를 말하기도 하나, 자신이 이를 사용하지 않고 타인에게 빌려주어 대가를 받거나 담보로 제공하는 등의 방법에 의해 이익을 얻는 경우를 가리키는 것이 보통이다.

2) 실용신안권자의 권리행사절차

지적재산권자는 원칙적으로 지적재산권의 성립과 동시에 자신의 권리를 행사할 수 있으나 실용신안권에 대하여는 예외가 있다.

실용신안권은 간이한 절차를 통해 실체적 요건에 대한 심사 없이 등록을 통해 발생한 권리인 바 이러한 선등록제도는 권리의 발생은 조기화할 수 있을지 모르나 부실한 권리가 발생하는 것은 막을 수 없다. 이에 법은 부실한 권리에 의한 독점의 폐를 막기 위하여 일정한 권리행사절차를 규정한다. 즉 등록된 권리자가 실제로 권리를 행사하기 위해서는 기술평가의 청구를 하여 유지결정을 받아 그 등본을 제시하여 경고한 후가 아니면 자기의 실용신안권이나 전용실시권을 행사할 수 없다(실§44, §25②).

 지적재산을 타인에게 사용하게 할 권리

1) 특허발명 등에 관한 실시권의 설정, 허여

특허발명(등록고안, 등록의장 포함)을 업으로서 실시할 수 권리를 독점하는 자는 특허권자(실용신안권자, 의장권자 포함)이지만 법은 특허권자 이외의 자에게도 특허발명을 업으로서 실시할 수 있도록 하고 있다. 타인에게 사용하게 하는 경우에도 그 사용을 독점적이고 배타적으로 사용하게 하는 경우와 특정인만이 아니고 다수인에게도 사용시키는 경우가 있다. 전자를 전용실시권이라 하고 후자를 통상실시권이라 한다(특§100①, §102①; 실§29, 의§47, §49).

실시권은 특허청에 등록함으로써 제3자에게 대항할 수 있다. 통상실시권이 먼저 등록되었다면 통상실시권자는 그 이후에 등록된 전용실시권자에게 자기의 권리를 주장할 수 있다. 통상실시권자와 전용실시권자는 다같이 자기의 실시권에 질권을 설정하거나 특허권자의 동의를 얻은 경우 다른 사람에게 자신의 실시권을 양도할 수도 있다. 따라서 특허권자는 실시권설정계약서에 자유롭게 실시권을 양도할 수 있다는 내용을 포함시키지 않는 것이 유리하다.

● 전용실시권의 설정

전용실시권은 등록을 함으로써 효력이 발생한다(특§101①). 전용실시권자는 특허권자와 동일한 권리를 갖게 된다. 실무상 전용실시권의 내용은 사용 기간, 지역, 내용 등의 실시권(라이센스)을 설정하는 전용실시권설정계약서로 정하게 된다.

기간에 대해서는 ○○년 ○○월 ○○일부터 ○○년 ○○월 ○○일까지 또는 특허권이 존속하는 기간까지 등 구체적으로 계약서에서 정하게 된다. 지역에 대해서는 서울특별시나 대구광역시 전역이라는 식으로 특정하거나 한국

전역이라고 하면 된다.

내용에 대해 방법특허의 경우에는 그 방법특허의 대상을 한정하고, 물품의 발명인 경우에는 그 생산수량을 한정하며, 생산방법일 경우는 그 수단을 한정하거나 할 수도 있다.

만약 이러한 한정 없이 전반적인 전용실시권을 주면 특허권의 중요한 부분을 양도한 것과 같은 효과가 있을 수도 있으므로 계약서 작성시 특히 주의해야 한다.

전용실시권을 설정하면 특허권자는 그 특허를 전용실시권 설정계약서에 나타난 허락범위 내에서는 사용할 수도 없고 또 다른 자에게 특허권의 사용이나 실시권을 설정할 수도 없다. 특허권자가 다른 사람과 통상실시권 계약을 하면 특허권자는 또 다른 사람에게도 특허권을 사용시킬 수도 있고 자기도 사용할 수 있다.

물론 통상실시권계약을 맺는 경우에 있어서도 전용실시권과 동일한 제한(예컨대, 상품의 판매지역을 특정하거나 생산량을 한정하거나 하는 것 등)을 할 수 있다.

[서식 6-1] 전용실시권설정계약서

전용실시권설정계약서

○○주식회사('갑')와 주식회사('을')는 갑의 소유인 특허 제○○호 발명명칭 "○○○○"('특허발명')에 관하여 다음과 같이 계약을 체결한다.

제1조 갑은 을이 한국 전역에서 특허발명을 독점적으로 실시하며 또한 그 제품('제품')을 사용, 생산, 판매할 것을 허락한다.

제2조 을은 제1조의 허락대가로서 아래의 일시금 및 실시료를 갑에게 지급한다.

 (1) 일시금

  (가) 금액: 금 ○○만원

  (나) 지급시기: 본 계약 체결일로부터 30일 이내

 (2) 특허실시료

  (가) 금 액: 을이 판매한 ○○제품의 순매상고에 3%의 실시료율을 곱하여 산출된 액

  (나) 지급기간: 본 계약의 유효기간중

  (다) 지급방법: 매년 6월 및 12월 말일을 마감으로 하여 이로부터 30일 이내에 당해 기간 동안에 생긴 일체의 특허실시료를 지급한다.

  (라) 위(가)호에서 말하는 '순매상고'라 함은 고객에 대한 총매상고에서 하물포장비, 운임, 물품세 및 고객에 대한 할인액을 공제한 액을 말한다.

  (마) 연도 통산에 따른 연간 최저실시료는 금 ○○원의 비율로 하고 (가)의 효율에 따른 실시료가 이 금액에 달하지 않을 경우에는 당해 연도의 최종일로부터 30일 이내에 양자의 차액을 지급한다.

제3조 본 계약의 특허발명이 무효로 확정되었을 경우에도 본 계약에 따라 이미 을로부터 지급된 대가는 반환하지 아니한다.

제4조 을은 제3조의 지급에 즈음하여 별도로 정하는 제조판매보고서에 따라 최종제품(특허실시료의 산정을 기초로 한 최종제품을 말한다)에 관한 자가소비 수량, 생산수량, 판매수량, 재고수량, 매상금액, 기타 사항을 갑에게 보고하여야 한다.

제5조 을은 이 계약 발효일 이후에 제조한 최종제품의 생산, 수급 및 판매에 관하여 상세히 기록한 관계장부를 비치하여야 하며, 갑은 필요에 따라 당해 장부를 검사할 수 있다.

제6조 을은 특허발명의 실시권 일부 또는 전부를 제3자에게 재허락하거나 담보에 제공하여서는 아니된다.

제7조 을은 제3자가 특허발명을 침해하거나 또는 침해할 우려가 있을 경우, 이를 지체없이 갑에게 통보하고 갑과 협력하여 그 배제에 노력하여야 한다.

제8조 을은 갑의 특허발명 또는 당해 특허발명에 부수되는 갑의 특허 또는 특허출원에 대하여 직접 또는 간접으로 다루지 아니한다.

제9조 을의 임원 또는 피용자가 특허발명의 개량 혹은 확장에 관한 신규발명 또는 고안을 하였을 경우에 당해 발명 또는 고안에 관한 특허나 실용신안등록을 받을 권리는 갑과 을이 공유한다.

제10조 을이 이 계약에 규정한 의무를 이행하지 않았을 때에는 갑은 90일의 예고기간을 둔 서면에 의한 사전통고로써 이 계약을 해제하고 손해배상을 청구할 수 있다.

제11조 을이 정당한 이유 없이 이 계약 체결일로부터 3개월 이내에 특허발명을 실시하지 않거나 또는 계속 6개월 이상 특허발명을 실시하지 않을 때에는 갑은 전 조의 규정에 불구하고 즉시 이 계약을 해제할 수 있다.

제12조 이 계약의 유효기간은 ○○년 ○○월 ○○일부터 특허발명의 권리존속기간 만료일까지로 한다.

> **제13조** 이 계약에 정함이 없는 사항 및 이의에 관하여는 갑, 을 상호 협조의 정신으로 협의, 결정한다.
>
> **제14조** 본 계약은 ○○년 ○○월 ○○일부터 효력을 발생한다.
>
> 위 계약의 증거로서 이 계약서 2통을 작성하여 갑, 을이 각 1통씩 보관한다.
>
> ○○년 ○○월 ○○일
>
> (갑) ○○주식회사
> ○○○○구 ○○동 ○○번지
> 대표이사 ○○○ (인)
> (을) ○○주식회사
> ○○○○구 ○○동 ○○번지
> 대표이사 ○○○ (인)

● 통상실시권의 허락

통상실시권은 통상실시권계약을 체결함으로써 성립된다. 되도록 특허청에 통상실시권 설정등록 신청서를 제출하는 것이 바람직하다. 만약 통상실시권 계약을 체결하고도 이러한 절차를 밟지 않았다면 제3자에게 그러한 계약이 있었음을 주장할 수 없는 불이익을 받는다.

계약체결시 특허권자가 자기의 유리한 위치를 이용하여 원재료를 구입시 키거나 제품판매가격을 한정시키는 등의 행위를 실시권자에게 강요하면 그 계약은 독점규제및공정거래에관한법률의 위반이 된다. 다만, 서로간의 특허 권을 교환적으로 사용하는 크로스 라이센스는 문제가 없다.

2) 상표에 관한 사용권의 설정

상표권은 지정상품에 대하여 독점배타적으로 등록상표를 사용하는 사법상의 재산권이므로, 상표법의 규정에 따라 제한을 받는 경우를 제외하고는 상표권의 본질에 위배되지 않는 한 상표권자는 자기의 상표권을 자유롭게 이용할 수 있다. 즉 상표권자는 타인에게 지정상품에 대하여 그 등록상표를 독점적 또는 비독점적으로 정당하게 사용할 수 있는 권리를 설정할 수 있다.

● 전용사용권

① 전용사용권의 설정

상표권자(서비스표권자 포함)는 상표권(서비스표권 포함)에 대해서는 전용사용권을 설정할 수 있다(상§55①). 업무표장권이나 단체표장권에 대해서는 설정을 허용하지 아니한다(상§56②). 전용사용권을 설정할 수 있는 것은 사용권의 범위 내이며, 금지권의 범위에는 미치지 아니한다. 즉 등록된 상표 및 상품에 대해서만 전용사용권을 설정할 수 있고 유사범위에 대해서는 설정할 수 없다.

② 전용사용권의 내용 및 범위

전용사용권의 설정을 받은 전용사용권자는 그 설정행위로 정한 범위 내에서 지정상품에 관하여 등록상표를 사용할 권리를 독점한다(상§55).

전용사용권은 물권적 권리이며 배타성이 있다. 그 범위 내에서는 상표권자도 그 등록상표를 사용할 수 없다. 물론 특약을 하면 상표권자는 여전히 사용을 계속할 수 있다. 전용사용권의 제한대상은 통상 상품, 기간, 지역이다. 그 밖에 수량, 판매 형태, 상표품의 거래처 등을 제한하는 것도 가능하다. 다만, 경우에 따라 그 제한이 독점규제법 위반으로 되는 수가 있다.

전용사용권자는 상품에 자기의 성명이나 명칭을 표시하여야 한다(상§55). 표시의 정도는 출처의 혼동을 방지할 수 있는 정도로 명백하여야 한다. 그렇지 아니하면 상표등록이 취소될 수도 있다(상§73 viii).

전용사용권에 대한 침해도 상표권과 마찬가지로 보호된다.

③ 전용사용권의 이전 등

상속, 기타 일반승계의 경우를 제외하고는 상표권자의 동의를 얻지 아니하면 그 전용사용권을 이전할 수 없다(상§55). 부당사용으로 인한 상표등록취소문제(상§74 viii)도 있으며, 그 상표의 신용을 유지하기 위하여 전용사용권자가 누구인가 하는 것은 상표권자에게 대단히 중요한 문제이기 때문이다. 전용사용권자가 상표권자의 승낙을 얻더라도 재전용사용권을 설정할 수는 없으나 승낙을 얻으면 통상사용권의 설정이나 질권의 설정이 가능하다.

④ 전용사용권의 소멸

전용사용권은 설정기간의 만료, 설정계약의 해제, 권리의 포기 등에 의해서 소멸할 뿐 아니라 그 기초인 상표권 자체의 소멸에 의해서도 소멸한다. 상표권을 포기하려면 전용사용권자의 동의를 얻어야 하다(상§60). 전용사용권의 포기는 자유이며 상표권자의 승낙을 필요로 하지 않으나 질권이나 통상사용권이 설정되어 있는 경우에는 이들의 승낙을 얻지 아니하면 포기할 수 없다(상§60).

⑤ 전용사용권의 등록

전용사용권에 관한 사항의 등록은 효력발생요건이다. 전용사용권 및 전용사용권을 목적으로 하는 질권의 설정, 이전(상속, 기타 일반승계의 경우는 제외), 변경, 포기에 의한 소멸이나 처분의 제한은 이를 등록하지 아니하면 그 효력이 발생하지 아니한다

● 통상사용권

① 통상사용권의 설정

상표권자 또는 전용사용권자는 그 상표권이나 전용사용권에 대하여 타인에게 통상사용권을 설정할 수 있다(상§57, §55). 업무표장권이나 단체표장권에 대해서는 그러하지 아니하다(상§57⑤, §55②).

통상사용권도 상표권자 또는 전용사용권자와 사용권 설정을 받고자 하는 자 사이의 설정계약에 의하여 행해진다. 통상사용권은 전용사용권과 달리 당사자간의 계약에 의해서 발생하는 채권이다. 당사자간에 있어서는 등록의 유무를 묻지 않고 효력이 있으나, 등록되어 있지 아니한 통상사용권자는 상

표권의 양수인이나 전용사용권자에 대해 통상사용권의 존재를 주장할 수 없다.

② 통상사용권의 내용 및 범위

통상사용권의 설정을 받은 통상사용권자는 그 설정행위로 정한 범위 안에서 지정상품에 관하여 등록상표를 사용할 권리를 가진다(§상57②). 통상사용권의 범위, 기간, 조건 등은 설정계약에서 자유로이 정할 수 있다.

통상사용권은 채권적 권리이므로 상표권자나 전용사용권자는 같은 내용의 통상사용권을 다수인에게 설정하는 것도 가능하다. 상표권은 무형의 권리이므로 같은 내용의 사용권이 다수 병존하더라도 채무불이행의 문제는 발생하지 아니하며, 통상사용권 설정 후에도 상표권자 등은 스스로 사용할 수 있다.

다만, 통상사용권 설정 후 상표권자가 전용사용권을 설정한 경우 등록되어 있지 아니한 통상사용권자는 전용사용권자의 범위 내에서는 더 이상 상표를 사용할 수 없고 상표권자에게 계약불이행의 책임만을 물을 수 있다.

통상사용권자도 전용사용권자와 마찬가지로 그 상품에 자기의 성명이나 명칭을 표시하여야 한다(상§57⑤, §55④).

③ 통상사용권의 보호

상표권자 등이 인정하는 통상사용권자 이외의 제3자에 의해 등록상표가 무단히 사용되는 경우 상표권자나 전용사용권자의 경우와 달리 통상사용권자의 구제책에 대해서는 법문에 아무런 규정도 없다. 일반적으로 통상사용권은 상표권자 등의 금지 등에 대한 대인권이므로 제3자가 당해 등록상표를 무단사용하더라도 금지청구권이나 손해배상청구권은 행사할 수 없다.

④ 통상사용권의 이전 등

통상사용권은 상속, 기타 일반승계의 경우를 제외하고는 상표권자의 동의를 얻은 경우에만 이전할 수 있다. 전용사용권에 통상사용권이 설정된 경우에는 상표권자와 전용사용권자의 동의가 있어야 한다(상§57③ 참조). 그 이유는 전용사용권의 경우와 같다. 통상사용권이 공유인 경우에는 다른 공유자의 동의를 얻어야 한다. 통상사용권에 대한 질권설정의 경우에도 상표권자 등의 동의를 얻어야 하며(상§57④ 참조), 공유인 경우 지분에 대한 질권설정은 다른 공유자의 동의를 얻어야 한다(상§57⑤, §53⑤).

통상사용권의 소멸원인도 전용사용권의 경우와 같다.

⑤ 통상사용권의 등록

통상사용권에 관한 사항의 등록은 대항요건이다. 통상사용권 및 통상사용권을 목적으로 하는 질권의 설정, 이전(상속, 기타 일반승계의 경우 제외), 변경, 포기에 의한 소멸 또는 처분의 제한은 이를 등록하지 아니하면 제3자에게 대항할 수 없다(상§58①).

통상사용권을 등록한 때에는 그 등록 후에 상표권이나 전용사용권을 취득한 자에 대해서도 그 효력이 발생한다(상§58②).

[서식 6-2] 상표전용사용권 설정 계약서

상표전용사용권 설정 계약서

대한민국 ○○○○○ 주소를 둔 ○○○○○ 이하("갑"이라 칭한다.)와 대한민국 ○○○○○ 주소를 둔 ○○○○○ (이하 "을"이라 칭한다.) 간에 아래 내용의 계약을 체결한다.

제1조(정 의) 본계약서에서 사용되는 용어는 각각 다음과 같은 의미를 갖는다.
  1. 계약 상품이란 아래 언급된 의미를 갖는다.

  2. 계약 영역이란 대한민국 정부에 속하는 지역을 의미한다.
  3. 계약 상표는 별첨에 명시된 상표를 의미한다.

제2조(계약 상품의 허가)
  "갑"은 "을"에게 계약상표 사용권의 재허가권을 제외하고 "갑"이 제공하는 계약상표를 사용하여 "을"이 계약 영역에서 상품의 제조, 판매, 상표사용을 할 수 있는 독점적 권리를 허가한다.

제3조(등록 상표, 상품명의 사용)

1. 각 계약 상표는 특허청에 합법적으로 등록되고 본계약 자체도 특허청에 합법적으로 등록된 후에 사용해야 한다.
2. 계약 상표는 반드시 등록된 모양과 동일한 상표를 사용해야 한다.
3. 상표 사용은 모든 계약 상품이 본계약서에 의한 디자인과 패턴에 따라 "을"에 의해 제조되었음을 뚜렷하고 알기 쉽게 사용해야 한다. 이 경우 "을"은 제품의 라벨 및 포장이 "을"에 의해 제조되었음을 표시해야 하며 "갑"의 이름을 계약 상품에 사용해서는 안 된다.

제4조(기간 및 종료)

1. 본계약은 본계약의 계약일로부터   년   월   일까지 유효하다. 만기 이후에는 어느 일방의 통보가 없어도 본계약은 종료된다.
2. 본계약 종료 1년 이내에 "갑"과 "을"이 합의해서 조건이 일치되면 재계약이 가능하다.

제5조(상표 사용료)

1. "갑"에 의하여 "을"에 제공된 계약 상품의 대가로 "을"은 본계약 기간중 매년마다 상표 사용료를 "갑"에게 지불하여야 한다.
2. 상표 사용료는 매년   원을 지불해야 하며, "갑"이 지정하는 금융기관으로 송금하거나 현금으로 직접 지불한다. 단, 송금 비용은 을의 부담으로 한다.
3. 상표 사용료는 매년   월말 이내로 지급한다.
4. "갑"에게 지불되는 상표 사용료는 어떠한 종류의 세금, 공과금, 부과금 비용 할인 또는 어떠한 성격의 제한 사항 또는 조건이 없는 금액이어야 하고, 지불 당시의 지방에나 단체의 기금도 포함되어서는 안 된다.

제6조(품질 관리)

1. "을"은 계약 상품을 제조함에 있어 반드시 사용가능 최고의 자재를 사용해야 하며 계약 영역 분야에서 통용되는 최고급 계약 상품을 제조할 수 있는 시설을 활용해야 한다.
2. 계약 상품의 판매는 본 상표의 높은 제품 수준과 품위로 계약 영역 내 주요 도시의 권위 있는 유통점에서 판매하여야 한다.

3. "을"은 "갑"의 요구가 있을 경우 계약 상품의 디자인 및 견본을 "갑"에게 제시해야 한다.

4. "갑"은 계약 영역 내의 계약 상품의 제조 설비의 공장 또는 자재를 검사 시험할 수 있다. 또한 을이 계약 상품을 "갑"의 요구 수준에 이르는 정도로 생산하지 않거나, 못 할 경우에는 "갑"의 단독 판단으로 제조방법의 변경 및 계약 상품 생산에 필요한 자재가 확보될 때까지 생산을 중단시키고 요구수준에 못 미치는 기존 상품의 출고도 중지시킬 수 있다.

제7조(의 무)

1. "갑"은 "을"과 협의 없이 계약 상표를 사용한 상품을 계약 영역 내로 수입하지 못한다.

2. "을"은 계약 상품의 계약 영역 내 제조 및 판매는 반드시 법적인 모든 의무 사항을 준수해야 한다.

3. 계약 상품의 판매는 "을"의 요청에 의해 "갑"이 승인한 판매점에서만 팔 수 있으며 판매점의 증감 및 변동에 대한 현황을 "갑"의 요구가 있을 경우 보고하여야 한다.

4. "을"은 계약기간이 종료되면 즉시 이미 생산되어 있는 본계약 상품을 "갑"의 입회하에 계약 상표를 전부 제거하여야 하나 만일 계약 기간 종료 후의 제조 및 판매 행위로 발생한 "갑"의 재산권의 손해는 "갑"이 "을"에게 그 손해배상을 청구할 수 있다.

5. "을"은 하청업자와의 모든 행위 일체와 그로 인하여 발생되는 "갑"의 손해에 대해 단독 책임이 있으며 하청업자와 공동 또는 별개로 해결 책임을 져야 한다.

제8조(시장조사 및 광고)

1. "을"은 계약 영역 내 계약 상품의 판매 증진과 홍보 및 광고에 최선을 다해야 한다.

2. 계약 영역 내의 본계약 조건에 의해 제조된 계약 상품이 일반적인 홍보, 광고 및 판매 촉진과 연관된 을의 상표 사용은 갑의 사전 승인을 전제로 하는 것이며 갑은 계약 영역 내에서 계약 상표로 판매되는 모든 종류의 상품에 관한 광고 및 홍보에 협조하여 조화를 이루어야 한다.

3. "을"은 계약 상품의 광고 및 홍보를 실시한 자료 및 증빙서류를 "갑"에게 서면으로 보고하여야 한다.

4. "을"은 계약 영역 내 계약 상품 판매에 중요시 되는 시장 여건의 변동과 거래조건 특히 고객의 구체적인 요구사항, 거부사항 및 경쟁업체의 활동 상황을 성실하게 "갑"에게 보고하여야 한다.

제9조(재산권)

1. "을"은 "갑"의 상표 전용 사용권이 "갑"의 재산권임을 인정하고 "을"의 계약 상표 사용권이 "갑"에게 귀속되는 것에 동의한다.

2. "을"은 본계약서의 유효기간 또는 만료 후에 "갑"의 상표나 상표소유권의 효력을 문제시 말아야 하며 상표의 실효는 계약서의 실효나 이미 지급된 로얄티의 환불 또는 "갑"을 상대로 손해배상 등의 사유와 일치하지 않는다. 이 경우 이미 지불된 로얄티는 실효된 상표에 대해서 처음부터 지불키로 했던 금액으로 본다.

제10조(해 약) 다음과 같은 사유가 발생할 때에는 "갑"은 아무런 최고없이 "을"에게 즉시 해약을 통보한다.

1. 정당한 사유없이 상표 사용료를 10일 이상 연체할 때
2. 덤핑 행위로 인하여 상품의 품위를 실추시켰을 때
3. 계약 상품 이외의 상품에 본계약 상표를 사용한 때

상기 계약의 증거로서 이 계약서 2통을 작성하여 갑, 을이 서명날인한 후 각각 1통씩 보관한다.

    (갑)

        주　　　　소 :
        상　　　　호 :
        대　표　자 :
        주민등록번호 :

    (을)

        주　　　　소 :
        상　　　　호 :
        대　표　자 :
        주민등록번호 :

3) 저작물의 이용 허락

● 저작물의 이용 허락

저작재산권자는 다른 사람에게 그 저작물의 이용을 허락할 수 있다(저§42 ①). 허락을 받은 자는 허락받은 이용방법 및 조건의 범위 안에서 그 저작물을 이용할 수 있고(저§42①), 그 허락에 의하여 저작물을 이용할 수 있는 권리는 저작재산권자의 동의 없이 제3자에게 이를 양도할 수 없다(저§42③). 저작물의 원작품이나 그 복제물이 반포권자의 허락을 받아 판매의 방법으로 거래에 제공된 경우에는 이를 계속하여 배포할 수 있다(저§43).

● 출판권의 설정

① 출판권의 설정행위

저작물을 복제, 배포할 권리를 가진 자와 출판권을 설정받은 출판권자는 그 설정행위에서 정하는 바에 따라 그 출판권의 목적인 저작물을 원작 그대로 출판할 권리를 가진다.

출판이란 저작물을 인쇄, 그 밖에 이와 유사한 방법으로 문서 또는 도화로 발행하는 것을 말하며, 출판권은 출판할 권리로서 출판을 독점적으로 할 수 있는 권리를 말한다.

출판권은 저작권자가 행사할 수 있으나 제3자에게 맡길 수도 있다. 즉 저작물을 복제 반포할 권리를 가진 자('복제권자')는 저작물을 인쇄, 그 밖에 이와 유사한 방법으로 문서 또는 도서로 발행하고자 하는 자에 대하여 이를 출판할 권리('출판권')를 설정할 수 있다(저§54①).

출판권의 설정을 받은 자를 출판권자라 하며, 이러한 출판권자는 설정기간 동안에는 저작물을 독점적으로 출판할 수 있는 권리를 가진다. 출판은 설정 계약에서 정한 대로 저작물을 원작 그대로 출판하여야 한다(저§54②).

② 출판권자의 의무

출판권자는 그 설정행위에 특약이 없는 때에는 출판권의 목적인 저작물을 복제하기 위하여 필요한 원고 또는 이에 상당하는 물건을 받은 날부터 9개월 이내에 이를 출판하여야 한다(저§55①). 출판권자는 그 설정행위에 특약이 없는 때에는 관행에 따라 저작물을 계속하여 출판하여야 한다(저§55②).

③ 저작자 등의 권리

출판권자가 출판권의 목적인 저작물을 다시 출판하는 경우에 저작자는 정당한 범위 안에서 그 저작물의 내용을 수정하거나 증감할 수 있다.

복제권자는 출판권자가 원고 또는 이에 상당하는 물건을 받은 날부터 9개월 이내에 출판하지 아니하거나(저§55①) 계속 출판하지 아니한 경우(저§55②)에는 6개월 이상의 기간을 정하여 그 이행을 통고하고 그 기간 내에 이행하지 아니하는 때에는 출판권의 소멸을 통고할 수 있다(저§58②). 이 경우에 복제권자는 출판권자에 대하여 언제든지 원판회복을 청구하거나 출판을 중지함으로 인한 손해의 배상을 청구할 수 있다(저§58④).

④ 출판권의 존속기간

출판권의 존속기간은 그 설정행위에 특약이 없는 때에는 맨 처음 출판한 날부터 3년간 존속한다(저§57①).

그 밖의 권리

1) 담보로 제공할 권리

● 질권의 설정

질권은 지적재산권이나 산업재산의 실시권에도 설정할 수 있다(특§121, 상§62 참조). 지적재산권, 전용실시권에 대한 질권의 설정은 등록하지 아니하면 그 효력이 발생하지 아니한다.

반면 통상실시권에 대한 질권의 설정등록은 대항요건이다. 지적재산권의 일부에 대해서 질권을 설정하는 것은 인정되지 아니한다. 그러나 지적재산권에 대해 여러 개의 질권설정은 가능하다.

특허권 등 지적재산에 대한 질권은 권리질의 일종이다. 그러나 특허권 등을 목적으로 하는 질권이 설정되었다 하더라도 질권자는 당해 특허발명을 사용할 수 없고(특§121, 상§62), 특허권자 등이 당해 특허발명을 계속하여 사용할 수 있다. 즉 특허권 등에 대한 질권은 유치적 효력은 없고 우선변제권만 있다. 이러한 의미에서 민법상의 질권과는 다르며 저당권에 가깝다.

특허권 등에 대한 질권은 특허권 그 자체나 그 사용을 목적으로 하는 권리가 아니라 주로 그 교환가치의 취득을 통해 우선변제를 받는 것이 목적이므로 법은 물상대위를 인정한다. 특허권 등에 대한 질권은 특허권의 사용에 대하여 받을 대가나 물건에 대해서도 이를 행사할 수 있다. 다만, 이들의 지급이나 인도 전에 이를 압류하여야 한다(특§123, 상§63).

저작권을 목적으로 하는 질권은 그 저작재산권의 양도 또는 그 저작물의 이용에 따라 저작재산권자가 받을 금전, 그 밖의 물건(출판권설정의 대가를 포함한다)에 대하여도 행사할 수 있다. 다만, 이들의 지급이나 인도 전에 이를 받을 권리를 압류하여야 한다(저§44).

● 저당권 등의 설정

산업재산권은 단독으로는 저당권 설정이 되지 아니하나 기업의 설비, 기타의 재산을 일괄해서 저당권의 목적으로 하는 제도인 재단저당제도하에서는 공업소유권도 다른 재산권과 더불어 재단의 구성부분으로 되며, 저당권의 목적이 될 수 있다(공장저당법 §15 ⅴ 참조).

2) 처분할 권리

지적재산권자는 지적재산을 자신이 직접 이용하거나 타인에게 이용허락을 하지 않고 지적재산권 자체를 타인에게 양도처분할 수 있다. 양도처분은 지적재산권의 이전의 한 형태이다(자세한 것은 본장 제4절 참조).

3) 침해에 대한 권리

지적재산권자의 침해에 대한 민사적 구제인 금지청구권, 손해배상청구권, 신용·명예회복청구권, 형사적 구제인 침해자에 대한 고소, 행정적 구제인 부정경쟁행위 등에 대한 시정조치, 통관규제의 청구 등을 할 수 있다(자세한 것은 제8장 참조).

3. 산업재산권자의 의무

산업재산권자에게 산업재산을 독점배타적으로 사용할 수 있는 권리를 부여한 대가로 소정의 의무를 부여하고 그 위반에 대해 일정한 제재가 가해진다.

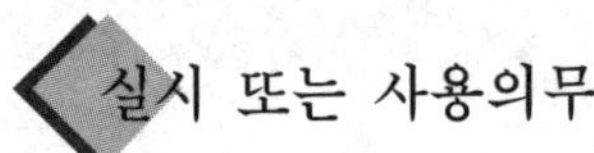

실시 또는 사용의무

1) 특허권자 등

● 실시의무

특허권은 독점배타성을 가진 권리이므로 권리자가 이를 독점만 하고 실시하지 않으면 기술의 진보나 향상으로 국가산업의 발달에 기여하게 한다는 근본 목적에 반하게 되므로 특허권자에게 특허발명을 현실적으로 실시해야 할 의무를 지운다. 실시방법은 특허권자가 직접 실시하거나 실시권을 타인에게 허용하여 제3자로 하여금 실시케 하여도 무방하다. 특허권자가 이 의무에 위반하면 강제실시권의 허용이나 특허취소를 당할 수 있다.

① 제정에 의한 통상실시권

다음과 같은 사유가 있는 경우 특허청장은 특허발명을 실시하고자 하는 자의 재정청구에 따라 통상실시권을 허여할 수 있다. 다만, i), ii)의 경우에는 그 특허권자 또는 전용실시권자와 통상실시권 허락에 의한 협의를 할 수 없거나 합의가 이루어지지 않는 경우에 한한다(특§107).

i) 특허발명이 천재, 지변, 기타 불가항력 사유 또는 대통령령이 정하는 정당한 이유 없이 계속하여 3년 이상 국내에서 실시되고 있지 아니한 경우,

ii) 특허발명이 정당한 이유 없이 계속하여 3년 이상 국내에서 상당한 영업

적 규모로 실시되지 아니하거나 적당한 정도와 조건으로 국내수요를 충족시키지 못한 경우, iii) 공공의 이익을 위하여 비상업적으로 특허발명을 실시할 필요가 있는 경우, iv) 사법적 절차 또는 행정적 절차에 의하여 불공정거래행위로 판정된 사항을 시정하기 위하여 특허발명을 실시할 필요가 있는 경우

② 특허권의 취소

특허청장은 ① i)의 사유로 재정을 한 경우 그 재정이 있은 날로부터 계속하여 2년 이상 그 특허발명이 국내에서 실시되지 아니하는 경우에는 이해관계인의 신청에 의하거나 직권으로 그 특허권을 취소할 수 있다(특§116).

● 정당실시의무

특허권자는 그 특허권을 정당하게 실시할 의무를 진다. ① ii), iv)의 경우는 특허권자의 권리행사가 민법 제2조의 권리남용금지에 해당되거나 독점규제및공정거래에관한법률상의 불공정거래행위에 해당되는 경우를 규정한 것이다.

특허권자가 자신의 우월적 지위를 이용한 불공정한 계약관계를 강요하는 불공정거래행위의 예를 들면 다음과 같다.

i) 특허품의 제조에 필요한 원재료나 부품을 특허권자 또는 그가 지정하는 자로부터 구입할 것을 강제하는 경우

ii) 판매지역을 국내에만 한정하고 다른 나라로의 수출을 금지하는 경우

iii) 특허권의 존속기간만료 후에 실시료지급의무 등 제한을 가하는 경우

iv) 실시권자가 한 개량발명의 특허권을 특허권자에게 귀속하게 하는 경우

v) 실시권자의 재판매가격을 지정하는 경우

vi) 경쟁관계에 있는 사업자의 제품이나 기술의 사용을 금지시키는 경우

이상의 경우는 일반적으로는 실시허락의 부당한 거부는 아니라고 할 수 있으나 적어도 특허법상의 정당한 권리행사는 아니므로 독점규제및공정거래에 관한법률에 의한 제한을 받는 것이다.

● 실용신안권자 및 의장권자

실용신안권자, 의장권자도 특허권자와 같은 의무가 있다(실§47, 의§61).

2) 상표권자

● 사용의무

상표권자는 등록상표를 직접 사용하거나 타인으로 하여금 사용하게 할 의무를 진다. 상표는 거래시장에서 실제로 사용됨으로써 비로소 상표로서의 여러 사회경제적인 기능을 발휘할 수 있고, 현실로 사용되지 아니하는 것은 상표법으로 보호받을 만한 실체를 갖추지 못한 것이다. 이에 상표법은 사용하지 아니하는 상표에도 출원등록을 허여하는 한편 상표권자에게 그 사용의무를 지우고 있다.

상표권자, 전용사용권자 또는 통상사용권자 등 어느 누구도 정당한 이유 없이 등록상표를 그 지정상품에 대하여 취소심판청구일 전 계속하여 3년 이상 국내에서 사용하고 있지 아니하는 경우에는 최소심판사유에 해당한다(상§73①iii). 〈취소심판에 대하여는 제11장 참조〉

● 정당사용의무

① 상표권자

상표권자는 등록상표를 정당하게 사용할 의무를 진다. 상표권자가 고의로 지정상품에 등록상품과 유사한 상표를 사용하거나 지정상품과 유사한 상품에 등록상표 또는 이와 유사한 상표를 사용하여 수여자로 하여금 오인·혼동을 일으키게 한 경우에는 취소사유에 해당한다(상§73①ii).

상표권자는 등록상표를 지정상품에 사용할 권리를 독점하며 제3자가 자기의 상품과 동종상품에 관하여 자기의 등록상표와 동일·유사한 상표를 사용하면 이를 금지할 수 있다. 반면에 상표권자가 널리 알려진 타인의 상표에 편승하거나 모방하기 위하여 또는 저명한 타인의 상품인 것처럼 꾸미기 위하여 자기의 등록상표에 부기·변경을 가하여 사용하는 행위는 등록상표의 정당한 사용이라고 볼 수 없을 뿐만 아니라 일반공중에 대한 일종의 사기적인 부정행위라고 할 수 있다. 상표법은 이러한 경우에 상표등록을 취소할 수 있도록 규정함으로써 등록상표에 의한 독점권의 남용을 규제하고 있다.

② 단체표장권자

단체표장의 설정등록을 한 후 설정등록 당시 제출한 정관을 변경함으로써 수요자로 하여금 상품의 품질오인 또는 출처혼동을 발생케 할 경우에는 단체표장 자체가 취소된다(상§73①vi). 이는 설정등록 후에 정관규정 중의 단체표장을 사용하는 자의 범위, 단체표장의 사용조건, 사용조건 위반자에 대한 제재규정 등을 임의로 변경하게 되면 결국 그로 인한 출처 및 품질의 오인·혼동이 발생되어 궁극적으로는 수요자가 불이익을 입게 되므로 이를 방지하기 위한 것이다. ①의 경우와는 달리 '고의' 및 '유사변경사용'에 관한 요건이 필요 없고 정관의 변경이라는 객관적 사실만이 요구된다.

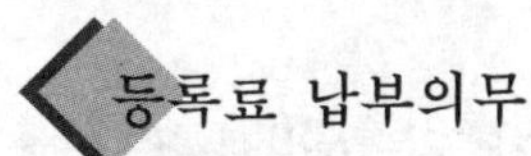

등록료 납부의무

1) 특허권자 등

특허권 설정등록을 받고자 하는 자 또는 특허권자는 법정기간 내에 특허료(등록료)를 납부할 의무를 진다(특§79). 이 의무를 위반하면 특허권이 소멸된다(특§81). 이해관계인은 특허권자에 대신하여 특허료를 납부할 수 있다(특§80). 최초의 1~3년 분의 특허료는 사정통지를 받은 때로부터 3개월 내에 납부하여야 하며 제4차 연도분 이후의 납부는 그 전년도에 하여야 한다. 분납, 감면 등의 제도가 있다. 발명, 고안의 장려라는 요청에 따른 것이다. 실용신안권자 또는 의장권자도 등록료를 납부할 의무를 짐은 특허권자와 마찬가지이다(실§29 이하, 의§31 이하).

2) 상표권자

상표권의 설정등록, 지정상품추가등록, 기간갱신등록을 받고자 하는 자는 등록료를 납부하여야 한다(상§34). 등록료는 사정의 등본을 받은 날부터 30일 이내에 납부하여야 하나 특허청장은 청구에 따라 30일에 한하여 이를 연장할 수 있다. 이해관계인은 이를 대납할 수 있다. 등록료를 납부하지 아니하면 상표출원이나 갱신등록출원은 포기한 것으로 본다(상§36). 따라서 상표권의 발생이나 갱신의 효과가 발생하지 아니한다.

상표권 등록료는 연금제인 특허료 등과 달리 일시불이며 특허권 등에서 인정되는 감면제도는 없다.

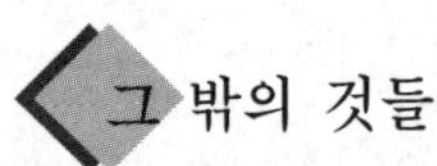

그 밖의 것들

● 특허권자·실용신안권자의 실시보고의무

특허청장은 특허권자·실용신안권자, 전용실시권자 또는 통상실시권자에게 특허발명의 실시 여부 및 규모 등에 관하여 보고하게 할 수 있다(특§125, 실§42). 정당한 이유 없이 이에 응하지 아니한 때에는 과태료에 처한다(특§232①iii, 실§86①iii).

● 상표권자의 감독의무

상표는 자타상품의 식별표식이며 특정품질 내지 일정한 내용의 상품을 제조, 판매하는 출처의 동일성을 나타낸다. 따라서 소비자의 입장에서는 어떤 상품에 관하여 여러 제조업자가 같은 상표를 사용하고, 특히 그 상품의 품질에 우열이 있는 경우에는 당해 상표에 의하여 기대되는 일정한 품질·내용의 상품선택을 기할 수 없게 된다.

이러한 폐단을 방지하기 위해 상표법은 '전용사용권자 또는 통상사용권자가 지정상품이나 이와 유사한 상표를 사용함으로써 수요자로 하여금 상품 품질의 오인 또는 타인의 업무에 관련된 상품과의 혼동을 생기게 한 경우'에는 상표등록을 취소시킴으로써 상표권자의 감독의무를 간접적으로 규정하고 있다(상§73①viii).

● 단체표장권자의 감시의무

단체표장에 있어서 소속 단체원이 정관규정에 위반하여 단체표장을 타인에게 사용하게 한 경우에는 단체표장 자체가 취소사유에 해당된다(상§73①v). 따라서 단체표장권자인 법인 및 소속단체원 상호간에는 여타 소속 단체원이 정관규정에 위반하여 타인에게 단체표장을 사용하지 못하도록 감시할 의무가 있다.

이는 단체표장제도가 법인의 감독하에 있는 단체원의 영업에 관한 상품 또는 서비스업에 사용케 하기 위한 것이므로 법인의 감독, 지배하에 있지 않은 제3자에 의해 단체표장이 불법적으로 사용된다면 단체표장제도의 취지에도 어긋날 뿐만 아니라 출처 및 품질의 오인·혼동이 발생되어 수요자의 이익을 해칠 우려가 크기 때문이다.

4. 지적재산권의 이전

지적재산권자의 이전이란 지적재산권의 주체, 즉 지적재산권의 지위가 변동되는 것을 말한다. 산업재산권의 이전은 산업재산권자의 권리와 아울러 의무도 함께 이전된다.

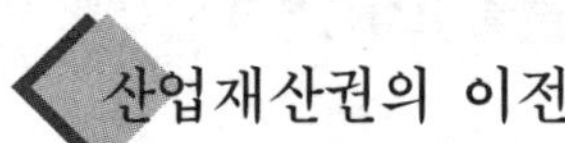

산업재산권의 이전

1) 특허권 등의 이전

● 특허권 등의 이전이란

특허권(실용신안권자, 의장권자 포함)의 이전이란 특허권의 주체가 변경되는 것을 말한다(특§99①). 즉 특허권의 동일성을 유지하면서 새로운 권리자로 주체가 옮겨가는 것을 말한다. 특허권자 자신이 직접 실시하거나 타인에게 실시권을 설정하는 것보다 특허권 자체를 아예 처분하여 대금을 받는 편이 낫다고 생각되는 경우에 한다.

특허권의 이전은 상속, 기타 일반승계의 경우를 제외하고는 등록을 하지 않으면 효력이 발생하지 아니한다(특§101①i).

● 이전의 유형

당사자의 의사에 기한 이전행위인 양도와 법률의 규정에 의한 일반승계가 있다. 양도는 특허권 전부를 양도하는 전부양도가 원칙이나 그 지분을 양도하는 일부양도도 있다. 일반승계에는 상속이나 회사합병, 포괄유증 등이 있다. 이 외에도 질권에 의한 경락, 강제집행에 의한 이전, 판결, 공용수용에 의한 이전이 있다. 특허권이 공유인 경우에는 다른 특허권자(공유자)의 동의를 얻지 않으면 그 지분을 양도할 수 없다(특§99).

2) 상표권의 이전

● 상표권의 이전이란

상표권에도 일반승계와 특별승계가 있다. 상표권은 영업과 함께 하지 아니하고도 자유롭게 양도된다. 지정상품이 2 이상인 경우에는 '그 지정상품마다 분할하여' 이전할 수 있다(상§54①).

● 상표권 이전의 제한

① 유사지정상품간의 분할이전의 금지

분할하여 이전하고자 하는 지정상품이 잔존하는 다른 지정상품과 유사한 경우에는 유사한 지정상품은 함께 이전하여야 한다. 그렇지 않으면 출처의 혼동으로 일반 수요자에게 피해를 줄 수 있기 때문이다(상§66 i 참조).

② 공유에 관한 상표권의 이전제한

독립상표권자가 상표권을 양도하는 경우에는 당사자의 합의만으로 양도할 수 있지만 공유인 상표는 공유자 전원의 승낙이 없으면 그 지분을 양도하거나 그 지분을 목적으로 하는 질권을 설정할 수 없다(상§54⑤).

③ 국가·공공단체 등이 등록한 상표권의 이전제한

국가·공공단체 또는 이들의 기관과 공익법인의 영리를 목적으로 하지 아니하는 업무 또는 영리를 목적으로 하지 아니하는 공익사업을 표시하는 표장으로 저명한 것은 이들 공공단체만이 상표등록을 받을 수 있으며(상§7① iii), 그 상표는 본래의 업무와 함께 일괄하여 양도하는 것만 허용된다(상§54⑧).

④ 단체표장권의 양도제한

단체표장권은 이를 이전할 수 없다. 다만, 법인 합병의 경우에는 특허청장의 허가를 받아 이전할 수 있다(상§54⑨). 법인 합병의 경우에 단체표장이 이전된다 함은 단체표장권을 가진 A법인이 B법인과 합병하여 A법인이 소멸하고 존속되는 B법인이 단체표장권의 주체가 되는 경우를 말한다.

⑤ 업무표장권의 양도금지

업무와 함께 양도하는 경우를 제외하고는 업무표장권 단독으로 양도할 수 없다(상§54⑦).

● 상표권의 이전절차

상표권의 이전은 일반승계의 경우를 제외하고는 등록하여야 효력이 발생한다(상§56①ⅰ).

저작권의 이전

저작권은 원칙상 양도가 되지 않는 일신전속적인 성격을 가지고 있으나 그 중 저작재산권의 경우에는 양도와 이용을 위한 허락이 인정되나 저작인격권의 양도는 허락되지 않는다.

저작재산권은 전부 또는 일부를 양도할 수 있다. 저작재산권의 전부양도란 저작자가 저작물을 만들어 냄으로써 원시적으로 취득하게 된 권리 중 경제적 이익의 보호를 위한 일체의 권리를 말하고, 저작재산권의 일부양도란 분할양도와 제한양도를 합하여 일부양도라고 한다.

분할양도란 저작권자가 저작재산권 중 복제권은 출판사 A에게, 방송권은 B에게, 공연권은 C에게 분리하여 양도하는 것을 말한다. 제한양도란 저작자가 저작권을 양도하는 경우에 시간적, 장소적, 내용적으로 제한을 하여 양도하는 것을 말한다.

저작재산권의 전부를 양도하는 경우에 특약이 없는 때에는 2차적 저작물 등의 작성권(저§21)의 규정에 의한 2차적 저작물이나 편집저작물을 작성할 권리는 포함되지 아니한 것으로 추정한다(저§41).

제7장 어떤 경우에 지적재산권의 침해가 되는가

1. 지적재산권의 침해 유형

권리의 침해란 정당한 권원 없이 권리의 목적물을 이용하여 타인의 권리를 해하는 것이다. 권리자 등의 승낙이나 법률에 의해 이용이 인정되는 경우나 허락으로 간주되는 경우는 권원 있는 이용이다.

지적재산권도 권리의 일종이므로 이러한 권리침해에 관한 설명이 그대로 적용된다. 권리의 목적물이란 각종의 지적재산 예컨대, 특허발명, 상표, 저작물 등을 말한다.

지적재산권의 객체는 무형물이기 때문에 점유가 불가능하므로 침해가 용이하며, 침해가 있다 하더라도 그 사유의 발견이 어렵고, 또 침해의 판단이 곤란하며, 침해라고 인정되었다 하더라도 그 손해산정이 곤란하다. 그리하여 법률은 이러한 침해에 대한 구제를 위해 여러 가지 제도를 두고 있다.

지적재산권의 침해는 직접침해와 간접침해의 유형으로 구분할 수 있으며 이에 따라 침해요건이 다소 달라질 수 있다. 간접침해란 현실로는 침해로 보기 어려우나 침해행위의 전 단계에서 이루어지는 침해로 보여지는 유형의 행위를 말한다.

이하에서는 각종의 지적재산에 관해 그 침해의 유형과 요건을 살펴 본다.

2. 특허권·실용신안권·의장권의 침해 유형과 요건

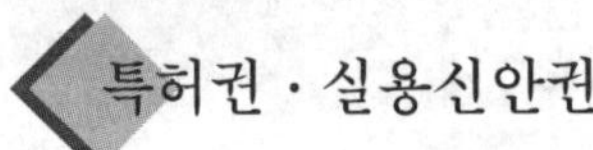 특허권·실용신안권

특허권의 객체는 무형물이기 때문에 점유가 불가능하므로 침해가 용이하며, 침해가 있다 하더라도 그 사유의 발견이 어렵고, 또 침해의 판단이 곤란하다. 그리하여 특허법은 직접침해 외에도 간접침해, 생산방법의 추정에 관한 간주규정을 두어 특허권자를 보호하고 있다.

1) 직접침해

특허권의 직접침해란 특허권자 이외의 자가 정당한 권한 없이 특허발명을 업으로 실시하는 행위를 말한다(특§126 참조). 침해의 요건으로는 i) 특허권이 유효하게 존속하고 있을 것, ii) 그 기술적 범위에 속하고 있는 기술이 실시되고 있을 것, iii) 그 실시를 업으로 하고 있을 것, iv) 실시자가 그 실시에 있어서 정당한 이유 없이 한 것 등을 필요로 한다. 전용실시권의 침해는 특허권 침해의 경우와 동일하다.

직접침해는 특허 구성요건의 특징 전부가 사용된 것으로 동일영역에서의 침해라고도 한다. 동일영역에서의 침해 여부는 결국 특허청구범위의 문언의 해석에 의해 판단될 사항이다. 특허대상의 구조 및 기능에 아무런 영향이 없는 것과 같은 경미한 개변은 동일한 침해로 간주된다.

본질적으로 중요하지 아니한 특징이 탈락되었거나 부가되었다고 하더라도 그 특허와 본질적으로 동일한 작용효과를 달성하는 경우에는 동일영역에서의 침해로 보아야 할 경우가 많다.

어떤 특허발명으로부터 힌트를 받아 본질적으로 새로운 실시형태를 고안해 내는 것은 침해가 아니다.

침해로 되는 실시란 특허법 제2조 제1항 제3호 각목의 것을 말한다. 일련의 행위로서 행하는 것에 의해 실시되는 것만이 아니고, 행위가 각각 독립해서 실시되어도 침해행위가 된다. 다만, 특허권자로부터 매입하는 등 적법하게 매수한 특허품을 자신이 사용, 판매하는 것은 특허권 침해에 해당되지 않는다.

문제는 특허품의 수리이다. 특허품의 요부를 수리 또는 개조하여 회복하는 경우에는 새로운 특허품이 만들어지는 것과 같으므로 생산행위에 해당된다고 할 수 있다.

2) 간접침해

간접침해라 함은 현실적인 침해라고는 보기 어렵지만 침해행위의 전단계에 있어 특허침해로 보여지는 예비적인 행위를 말한다. 이를 의제피해라고도 한다. 즉 그 행위가 직접적으로는 침해가 되지 않지만, 그 행위가 앞으로는 특허권자의 이익을 해할 우려가 있거나 특허권을 침해할 우려가 높은 경우에는 침해로 보는 것이다.

특허법 제127조는 간접침해행위로 다음 두 가지를 열거하고 있다.

첫째, 특허가 물건의 발명인 경우에는 그 물건의 생산에만 사용하는 물건을 업으로 생산, 양도, 대여 또는 수입하거나 그 물건의 양도 또는 대여의 청약을 하는 행위(특§127 i)이다. 예컨대, 텔레비전 수상기의 완성품에 특허가 된 경우 그 수상기의 조립에만 필요한 물건을 양도, 대여하는 경우와 같다.

둘째, 특허가 방법의 발명인 경우에는 그 방법의 실시에만 사용하는 물건을 업으로 생산, 양도, 대여 또는 수입하거나 그 물건의 양도 또는 대여의 청약을 하는 행위(특§127 ii)이다.

예컨대, DDT를 살충제로 사용하는 방법에 특허가 된 경우 DDT를 살충방법으로만 사용하는 어떤 약제를 업으로 생산, 양도, 대여하는 경우를 말한다. DDT를 살충방법이 아닌 다른 용도 예컨대, 염료의 제조 원료로 사용하여 생산, 양도 등을 하는 것은 침해가 아니다.

직접침해에 대한 요건 중 i), iii), iv)는 간접침해에도 준하여 적용된다.

3) 생산방법의 추정

물건을 생산하는 방법의 발명에 관하여 특허가 된 경우에 그 물건이 특허 출원 전에 국내에서 공지된 물건이 아닌 경우에 방법특허에 의하여 얻어진 물건과 동일한 물건의 생산은 특허된 방법에 의하여 생산된 것으로 추정한 다(특§129).

이는 특허된 방법에 의하여 생산된 물건이 신규인 경우에는 그 물건과 동일한 물건은 그 방법에 의하여 생산된 것으로 법률상 추정함에 의해 입증책임을 전환하여 특허권자를 입증책임의 곤란에서 구제하는 것으로서 간접침해의 규정과 같은 취지이다.

4) 실용신안권

실용신안권의 직접침해는 특허권의 경우와 같다(실§46, 특§126).

등록실용신안에 관한 물품의 생산에만 사용하는 물건을 업으로 생산, 양도, 대여 또는 수입하거나 그 물건의 양도 또는 대여의 청약을 하는 행위는 실용신안권 또는 전용실시권을 침해한 것으로 본다(실§43). 이는 실용신안권의 간접침해에 해당하여 특허법 제127조 제1호에 대응하는 조항이다. 침해요건도 특허권의 경우와 비슷하다.

의장권

1) 의장권의 침해 유형

의장권의 침해란 의장권자 이외의 자가 정당한 권한 없이 업으로서 등록의장이나 이와 비슷한 의장을 실시하는 것을 말한다. 의장권의 침해에도 직접침해와 간접침해의 두 가지 유형이 있다.

직접침해란 정당한 권한이 없는 자가 등록의장이나 이와 비슷한 의장을 실시하거나 그 밖의 방법으로 직접적 침해행위를 하는 것을 말한다(의§62). 간접침해란 등록의장에 관한 물품의 생산에만 사용하는 물품을 업으로서 실시하는 행위를 말한다(의§63).

2) 의장권침해의 성립요건

의장권의 침해가 성립하기 위해서는 i) 의장권이 유효하게 존재할 것, ii) 의장권자 및 정당한 권한이 있는 자 이외의 자가 실시할 것, iii) 업으로서 실시할 것, iv) 등록의장 또는 이와 유사한 의장을 실시할 것이다.

3. 상표권의 침해 유형과 요건

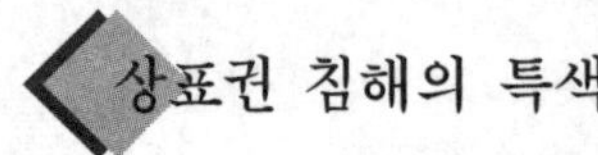 상표권 침해의 특색

상표권은 등록상표를 지정상품에 대하여 독점적으로 사용할 수 있는 전용권으로서의 적극적 효력(상§50)과 제3자로 하여금 그와 저촉되는 상표 사용을 금지할 수 있는 배타권으로서의 소극적 효력(§상65)을 가지고 있다. 상표권자 이외의 자가 법률상 정당한 권원 없이 상표권의 소극적 효력 범위에 속하는 상표사용행위를 한 경우에는 상표권의 침해가 된다.

상표권의 보호법익은 문자, 도형 등으로 구성된 표장 자체를 보호하는 것이 아니라 상품에 사용되는 상표에 화체된 상표권자의 영업상의 신용(Good Will)을 보호하는 것이다. 상표가 모용되는 경우에는 상표권자의 신용뿐 아니라 상품유통질서문란으로 인한 소비자의 이익까지 해치게 된다. 따라서 상표법은 상호, 영업표 등 다른 영업표지와는 달리 등록상표에 대해 강력하고 획일적인 보호를 하고 있다.

상표권은 독점배타적으로 전용할 수 있는 권리라는 점에서 소유권과 동일한 성질을 가지고 있으나, 토지 등 부동산과는 달리 물리적으로 존재하지 아니하는 지적무체재산에 대한 추상적인 권리이므로 소유권에 비해 침해되기 쉬운 권리이다. 따라서 상표법은 상표권자의 권리를 돈독하게 보호하기 위해서는 등록상표와 유사한 상표로 지정상품과 동일·유사한 상품을 사용하는 경우를 상표권의 침해행위로 봄으로써 금지권의 범위를 상표의 유사범위에까지 확대하는 동시에 간접침해행위까지 규정하고 있다(상§66i).

상표의 모용 방지에 관한 법으로는 상표법 외에도 부정경쟁방지및영업비밀보호에관한법률이 있다. 동 법은 주지의 상표를 포함한 영업상 사용되는 상품 표지에 대한 부정사용을 금지하고 있는 바 상표의 모용 방지와 관련하여 상표법과 보완적 관계에 있다.

침해의 유형

상표권의 침해로서 상표법이 인정하는 것은 i) 동일영역침해, ii) 유사영역침해, iii) 침해의 예비적 행위의 세 가지 유형이 있다.

i)을 직접침해, ii), iii)을 간접침해라고도 한다.

1) 동일영역 침해

상표권의 사용권(전용권)의 범위에 속하는 행위를 권한 없이 행하는 경우를 말한다(상§50, §65조 이하 참조). 상표권침해의 전형적인 경우로서 전용권의 침해 또는 직접침해라고도 한다.

그 전형적인 예는 정당한 권원 없이 타인의 등록상표와 동일한 상표를 지정상품과 동일한 상품에 사용하는 행위이다. 나아가 광고로서 사용되고 있는 타인의 상표를 말소하는 행위, 타인의 상표가 붙여진 용기, 포장 등에 당해 상표를 말소하지 않고 그 속에 유사상품을 넣어 판매하는 행위도 동일영역침해라 할 수 있다. 다만, 당해 지정상품이나 지정상품을 포장한 용기에 표시 또는 인쇄된 것을 완전히 지우고 자기의 상표를 표시하여 사용하는 행위는 상표권 침해가 아니다. 색채등록상표에 있어서 등록상표와 색채만 다를 뿐 다른 부분은 동일한 경우에는 동일영역침해라 할 수 있다.

2) 유사영역 침해

권한 없이 "타인의 등록상표와 동일한 상표를 그 지정상품과 유사한 상품에 사용하거나 타인의 등록상표와 유사한 상표를 그 지정상품과 동일 또는 유사한 상품에 사용하는 행위"(상§66i)를 말한다. 상표권의 금지권에 대한 침해라고도 한다. 1)에서 본 동일영역침해는 등록상표의 전용권에 근거를 둔 것인데 비해 여기서의 유사영역침해는 등록상표의 금지권에 근거를 둔 점에서 구별된다. 이해를 돕기 위해 동일영역과 유사영역을 표로 대비하면 다음과 같다.

동일영역과 유사영역의 비교

구 분	등 록 상 표	지 정 상 품
동일영역	동 일	동 일
유사영역	동 일	유 사
	유 사	동 일
	유 사	유 사

　실무상 유사영역침해는 가장 문제되는 분야이며 다른 산업재산권에 있어서와 마찬가지로 '큰 이익에 대하여는 큰 보호, 작은 이익에 대하여는 작은 보호'의 원칙에 따라 저명, 유사상표에는 일반상표의 경우보다 큰 보호가 주어지고 강한 상표는 약한 상표보다 그 보호범위가 넓다. 따라서 상표의 방어구역인 유사 여부를 판단함에 있어서는 상표의 저명주지성, 특별현저성, 거래통용성 등이 고려된다.

3) 침해의 예비적 행위

　등록상표의 사용권을 침해하는 행위 외에 상표법은 등록상표의 기능을 해칠 우려가 있는 침해의 예비적 행위에 대해서도 상표권의 침해로 보아 상표보호의 폭을 넓히고 있다(상§66ii~iv). 특허에 있어서의 간접침해와 마찬가지의 취지로 규정된 것이다.

　① 상표법 제66조 제2호
　"타인의 등록상표와 같거나 비슷한 상표를 그 지정상품과 동일 또는 유사한 상품에 사용할 목적이나 사용하게 할 목적으로 교부 또는 판매하거나 위조, 모조 또는 소지하는 행위"는 상표권의 침해행위로 본다. 침해의 주관적 요건으로 사용할 목적이나 타인에게 사용하게 할 목적이 필요하다.

② 상표법 제66조 제3호

"타인의 등록상표를 위조 또는 모조할 목적이나 위조 또는 모조하게 할 목적으로 그 용구를 제작, 교부, 판매 또는 소지하는 행위"도 침해행위로 본다. 이는 등록상표를 위조·모조하기 위한 용구를 제작, 교부 또는 소지한 경우를 말한다. 예를 들면, 과자상자에 위조·모조된 등록상표를 표시하기 위해 과자상자를 제조하거나 이를 타인에게 교부하거나 소지한 경우 등이다. 이는 예비행위의 예비행위라고 할 수 있다.

주관적인 목적을 요건으로 하는 점에서 특허의 경우와 다르다. 판매목적으로 소지한 경우에는 그 내용품이 진정한 상품인지, 업으로 한 것인지 아닌지를 묻지 않는다. 소지하였다가 판매행위에까지 이르게 된 경우의 소지행위는 판매행위에 흡수된다.

③ 상표법 제66조 제4호

"타인의 등록상표나 이와 비슷한 상표가 표시된 지정상품과 같거나 비슷한 상품을 양도나 인도하기 위하여 소지하는 행위"도 침해행위로 본다.

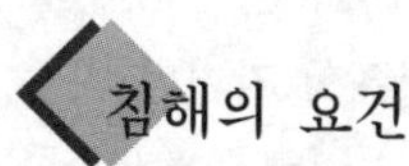

침해의 요건

1) 일반요건

● 유효한 상표권이 존재할 것

침해의 대상이 되는 등록상표권이 유효하게 존속하고 있어야 한다. 상표법상 침해대상은 등록상표일 것을 원칙으로 한다. 실무상 미등록 저명, 주지상표의 침해는 부정경쟁방지법상의 침해문제로서 다루어진다.

상표등록의 무효심결 또는 취소심결의 확정이나, 권리 포기 등으로 상표권이 소멸된 경우에는 자유로이 사용할 수 있으므로 상표권 침해가 되지 아니한다. 다만, 상표법은 출처의 오인·혼동을 피하기 위해 그 소멸 후 타인의 출원을 일정기간(1년) 금지하는 규정을 두고 있다(상§7①viii). 등록무효심 판청구 등은 상표권이 소멸한 뒤에도 제기할 수 있다(상§71①, ②, §72②).

● 위법한 사용행위일 것

상표의 사용이 위법한 행위이어야 한다. 따라서 정당한 권원을 가진 자에 의해 사용하는 행위 및 상표권의 효력이 미치지 아니하는 범위에 해당하는 행위(상§51)는 제외된다. 예컨대, 전용사용권자 또는 통상사용권자의 사용, 재심에 의해 상표권을 회복한 상표권의 효력제한범위 내에서의 사용(§85), 등록상표를 사용한 상품을 상표권자로부터 구입하여 타인에게 판매하는 경우, 이러한 상품을 판매할 목적으로 등록상표를 광고, 간판 등에 사용하는 행위는 침해가 아니다. 상표권에는 특허, 의장과 같은 법정실시권은 인정되지 아니한다.

● 상표권의 보호범위 내의 사용일 것

① 물적 보호범위

등록상표의 보호범위는 등록출원서에 기재된 상표 및 지정상품에 의해 정하여진다(상§52). 따라서 상표권의 침해가 되려면 등록상표와 같거나 비슷한 상표를 이와 같거나 비슷한 지정상품에 사용하는 행위가 있어야 한다. 침해는 직접침해행위뿐만 아니라 간접침해행위도 포함한다(상§66).

② 지역적 보호범위

속지주의원칙상 상표권의 사용 등 침해행위는 국내에서의 그것을 말한다. 수입도 국내에서의 사용에 포함된다. 문제는 진정상품병행수입의 경우인데 원칙적으로 침해를 구성하지 않는다는 것이 세계적인 추세이다. 수출은 엄격한 의미에서 국내에서의 사용으로 보기 어려운 점이 있으나 상품의 수출을 위해 통상 상표의 소유권이나 점유의 이전이 따르므로 수출이전의 단계에서 상표권 침해가 발생하는 것이 통례이므로 국내에서의 사용에 포함된다.

◑ 업으로서의 상표사용일 것

"상표를 업으로 사용한다"라고 함은 반복하여 계속할 의사로 상품에 상표를 표시하거나 상표가 부착된 물품을 유통시키거나 광고하는 행위를 말한다. 1회만 사용하는 경우라 하더라도 영리적인 목적으로 사용하는 경우에는 침해행위가 된다. 다만, 상표적 사용이 아닌 규격표시 등으로 사용하는 경우는 침해행위가 되지 아니한다.

2) 특별요건(고의)

상표침해죄 등 형사벌의 경우에는 고의에 의한 침해이어야 하며 침해자가 과실로 등록상표임을 모르고 사용한 경우에는 처벌되지 아니한다.

따라서 상표가 타인의 등록상표임을 알고 있거나 최소한 통상인이 보았을 때 타인의 상표권이라는 사실을 알 수 있을 정도의 상태에 있는 상표, 예컨대, 주지·저명상표 등을 사용하고 있어야 한다.

실무상 상표권자는 내용증명우편으로 경고장을 발송하여 침해하고 있는 상표가 등록상표임을 주지시킬 필요가 있다. 만약, 경고장을 발송하지 아니하고 상표권침해죄로 고소할 경우, 침해자가 등록상표임을 모르고 사용했다고 주장하면 처벌할 수 없다. 반면 등록상표임을 알고 사용한 이상 감정인, 변리사 등 전문가가 침해가 되지 아니한다고 감정한 내용을 믿고 침해한 경우라 하더라도 면책되지 아니한다.

4. 부정경쟁행위와 영업비밀 침해행위의 유형

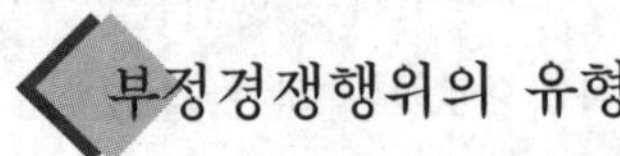 부정경쟁행위의 유형

부정경쟁방지법은 제2조 제1호에서 부정경쟁행위의 유형을 다섯 가지로 한정하여 열거하고 있으며 그 외의 것에 대해서는 민법, 형법, 상법 등 다른 법률에 의해 규제되고 있다.

1) 상품주체혼동행위

상품주체의 혼동행위란 "국내에 널리 인식된 타인의 성명, 상호, 상표, 상품의 용기, 포장, 기타 타인의 상품임을 표시한 표지와 동일 또는 유사한 것을 사용하거나 이러한 것을 사용한 상품을 판매, 반포 또는 수입, 수출하여 타인의 상품과 혼동을 일으키게 하는 행위"(부§2i가)를 말한다. 주지상품표지를 부당하게 이용하여 자신의 영업상 지위를 유리하게 하는 동시에 타인의 고객을 유인함으로써 영업상의 이익을 침해하는 행위를 규제하기 위한 것이다.

● **주지상품표지**

보호대상이 되는 것은 '국내에서 널리 인식된 타인의 상품표지'이다. 이를 주지상품표지라고 한다.

주지성의 인정 여부는 경쟁관계에 있는 영업자와 다른 경쟁자의 영업활동에 미치는 주요지역에서 판단되어야 한다. 기본적으로 상품주체의 영업자와 그 상대 경쟁자의 영업활동에 미치는 주요한 지역이라면 주지의 지역적 범위는 한 지방으로도 충분하고, 양 당사자의 영업활동이 전국적 또는 국제적이라면 전국적 주지성을 검토하면 된다.

주지성인식의 주체는 그 상품과 관련되는 일반수요자이다. 현실적인 소비자로 주지의 주체성이 한정되지 않고 일반거래자 또는 수요자로써 충분하다.

타인은 원칙적으로 상품의 제조, 가공, 판매, 기타 상품의 공급을 사업으로 하는 자로서 그 전형은 상인이며, 상법상의 상인은 물론 기타 경제적 경쟁에 개입하는 모든 사업자가 여기의 타인에 해당된다.

상품임을 표시한 표지는 그 표지를 갖춘 상품이 누구로부터 나온 것인가를 알려 주어 다른 출처로부터 나온 상품과 구별시켜 주는 인식수단으로, 본목에서의 호명, 상호, 상표, 상품의 용기, 포장 등은 예시에 불과하다.

● 혼동행위

본목은 "타인의 상품임을 표시한 표지와 동일 또는 유사한 것을 사용하거나 이러한 것을 사용한 상품을 판매, 반포 또는 수입, 수출하여 타인의 상품과 혼동을 일으키게 하는 행위"를 규제한다.

'혼동'이라 함은 상품과 상품 사이의 혼동이 아니라 상품출처, 즉 상품주체 사이에서의 혼동을 일으키는 것을 의미한다. 따라서 상품주체간의 혼동이 일어나지 않는다면 표지 상호간에 혼동이 일어나는 사실만으로는 문제가 되지 않는다. 혼동은 혼동가능성의 객관적 존재로 충분하다. 따라서 표지의 모용자에게 부정경쟁의 목적이나 의사 또는 거래상 현실적으로 발생하는 혼동에 대한 인식 등의 주관적 요소가 요구되는 것도 아니며, 현실적인 상품주체의 혼동을 필요로 하지도 않는다.

2) 영업주체혼동행위

영업주체혼동행위는 "국내에 널리 인식된 타인의 호명, 상호, 표장, 기타 타인의 영업임을 표시하는 표지와 동일 또는 유사한 것을 사용하여 타인의 영업상의 시설 또는 활동과 혼동을 일으키게 하는 행위"(부§2i나)를 말한다.

● 주지영업표지

부정경쟁방지법은 사실행위적 성격을 가지는 부정경쟁수단을 규율하는 것으로 법률행위를 그 적용대상으로 하는 상법상의 영업개념이 전적으로 인용될 수도 없다. 한편 경쟁의 공정성 담보라는 부정경쟁방지법상의 의의를 보건대, 부정경쟁방지법은 경쟁 또는 경쟁관계가 발생하는 모든 사회분야에 적용되어야 하며 이 모두가 동법상의 '영업' 개념에 포함된다. 따라서 여기서의 영업은 상업, 공업은 물론 광업, 임업, 수산업, 농업 등의 1차 산업, 병원, 약국, 학원 등의 경영, 변호사, 변리사 등의 경제적 경쟁이 수반되는 모든 사업을 포괄한다고 할 것이다.

본목은 영업을 표시하는 표지로 성명, 상호, 표장, 기타 타인의 영업임을 표시하는 표지를 예시하고 있으며, 특히 성명, 상호는 영업표지로서 작용한 것이다. 표장은 일정한 표지를 위하여 사용되는 형상을 말하며, 예컨대, 켄터키치킨가게 앞의 할아버지 입상, 명멸하는 전기장치 등의 방법이 있다.

● 혼동행위

본목의 혼동도 국내에 널리 인식된 타인의 영업표지와 같거나 비슷한 표지를 매개체로 하여 자신의 영업을 그 타인의 영업인 것처럼 거래자 또는 운용자에게 혼동을 일으키는 것으로, 영업의 출처 내지 영업주체에 관한 혼동을 의미한다. 이는 혼동의 가능성을 포함하며, 타인의 영업 자체는 아니라도 이것과 거래상, 경제상 또는 조직상 밀접한 관계가 있는가의 오인을 일으키는 것, 즉 후원관계의 혼동을 포함한다.

3) 원산지허위표시행위

원산지허위표시행위란 "상품이나 그 광고에 의하여 또는 공중이 알 수 있는 방법으로 거래상의 서류 또는 통신에 허위의 원산지의 표지를 허거나 이러한 표지를 한 상품을 판매, 반포 또는 수출, 수입하여 원산지의 오인을 일으키게 하는 행위"(부§2i다)를 말한다. 본목의 행위는 상품이나 광고, 그 밖에 허위의 원산지표시를 허거나 이것을 표시한 상품을 취급하여 원산지의 오인을 일으키게 하는 행위를 규제한다.

본목의 행위는 상품에 관한 허위표시라는 점에서 가목의 상품표시주체의 혼동을 일으키는 행위와 비슷하나, 상품표시는 상품의 영업자와의 관계(상품주체)를 나타내는 것임에 대하여 원산지 허위표시는 상품의 산지만을 나타내는 점에서 구별된다. 또한 본목의 원산지 허위표시행위는 특정된 타인의 이익을 해롭게 하는 행위가 아니고 사칭된 지역의 생산자 등의 전체 영업상의 이익에 관계되는 행위라는 점에서 가목 및 나목의 행위와 구별된다.

4) 출처지오인야기행위

출처지오인야기행위란 "상품이나 그 광고에 의하여 또는 공중이 알 수 있는 방법으로 거래상의 서류 또는 통신에 그 상품이 생산, 제조 또는 가공된 지역 이외의 곳에서 생산 또는 가공된 듯이 오인을 일으키게 하는 표지를 하거나 또는 이러한 표지를 한 상품을 판매, 반포 또는 수입, 수출하는 행위"(부§2i라)를 말한다.

본목의 행위는 상품이나 그 광고 등에 그 상품이 생산, 제조, 가공된 지역 이외의 장소에서 생산, 제조, 가공된 것같이 오인을 일으키게 하는 표지를 하거나 또는 이러한 표지를 한 상품을 취급하는 행위를 말한다. 예컨대, 중국산 농산물을 국산 농산물이라고 하거나, 호주산 쇠고기를 한우로 표시하는 등의 행위가 있다. 본목은 다목의 원산지 허위표시규정을 확장한 것이다.

5) 질량오인야기행위

질량오인야기행위란 "타인의 상품을 사칭하거나 상품 또는 그 광고에 상품의 품질, 내용, 제조방법, 용도 또는 수량의 오인을 일으키게 하는 선전 또는 표지를 하거나 이러한 방법이나 표지로써 상품을 판매, 반포 또는 수입,

수출하는 행위"(부§2i마)를 말한다.

본목의 행위는 허위광고, 과대광고 등의 행위로, 상품 또는 그 광고에 상품의 품질, 내용, 수량 등에 관하여 오인을 일으키는 표지를 하는 행위 및 그러한 표지를 한 판매, 기타의 방법으로 유통상태에 두는 행위의 두 가지 유형이 있다. '타인의 상품을 사칭하는 행위'는 타인의 상품을 자기의 상품이나 다른 타인의 상품으로 사칭하거나 이러한 방법으로 상품을 판매, 반포 또는 수입, 수출하는 행위를 말한다. '질량오인야기행위'는 수요자에 대한 부정수요를 조종함으로써 고객을 부정하게 획득하는 행위이다.

영업비밀 침해행위의 유형

부정경쟁방지법 제2조 제3호는 여섯 가지의 영업비밀침해행위의 유형을 한정적으로 열거하고 있다. 동 법상의 여섯 가지 침해행위 유형은 가목의 도청 등 부정한 수단으로 영업비밀을 취득, 사용, 공개하는 행위(부정취득행위)와 라목의 계약관계 등에 의하여 영업비밀을 비밀로서 유지해야 할 의무가 있는 자가 부정한 이익을 얻거나 보유자에게 피해를 가할 목적으로 영업비밀을 사용, 공개하는 행위(비밀취득의무위반행위)를 두 가지 기본유형으로 하고 이 두 가지 기본유형에 따른 사후적 관여행위 두 가지, 기본유형에 따른 사후적 관여행위 두 가지를 각각 추가하여 규정하고 있다.

1) 제1유형(부정취득, 사용, 공개행위 유형)

"절취, 기망, 협박, 기타 부정한 수단으로 영업비밀을 취득하는 행위 또는 그 취득한 영업비밀을 사용하거나 공개하는 행위"(부§2iii가)를 말한다.

본목은 정당한 수단에 의하여 영업비밀을 입수할 지위에 있지 않은 자가 절취, 기망, 협박, 기타 형벌법규에 위반되는 것과 같은 위법한 수단을 사용하여 취득하는 행위를 기본으로 다시 이와 같이 취득한 정보를 스스로 사용하여 경쟁상의 이득을 얻거나 특정한 타인 또는 불특정다수인에게 그 비밀을 전파, 공개하는 행위를 금지하는 것이다.

'부정한 수단'이란 형벌법규 위반의 행위 및 그와 동등의 위법성을 가졌다고 판단되는 일체의 반사회적 수단을 포함하는 개념으로, 법문상의 절취, 기망, 협박은 전형적인 부정한 수단의 예시에 지나지 않는다.

2) 제2유형(부정취득자로부터 악의취득 유형)

"영업비밀에 관하여 부정취득행위가 개입된 사실을 알거나 중대한 과실로 알지 못하고 그 영업비밀을 취득하는 행위 또는 그 취득한 영업비밀을 사용하거나 공개하는 행위"(부§2iii나)를 말한다.

본목은 가목에서 규정된 부정취득행위를 전제로 당해 영업비밀의 유통과정에서 부정취득이 개재된 사실에 관하여 악의 또는 중과실인 채 이를 전득하는 경우를 금하고 있는 것으로, 가목의 부정취득행위를 본범이라면 본목은 장물범적 위치에 있다. 본목의 영업비밀 침해행위는 취득자가 자기의 직접 전자로부터 영업비밀을 취득하는 수단 그 자체는 정당한 것에 한한다. 따라서 영업비밀의 부정취득자로부터 다시 이를 부정한 수단으로 취득할 경우에는 원래의 보유자에 대한 부정취득행위, 즉 다목에 해당한다. 본목의 주관적 요건 판단의 기준이 되는 시점은 영업비밀 취득 당시이다.

3) 제3유형(사후적 관여형)

"영업비밀을 취득한 후에 그 영업비밀에 대하여 부정취득행위가 개입된 사실을 알거나 중대한 과실로 알지 못하고 그 영업비밀을 사용하거나 공개하는 행위"(부§2iii다)를 말한다.

즉 당해 영업비밀의 취득시에는 선의, 무중과실이었으나 취득 후 악의 또는 중과실이 인정되는 사후적 악의자에 대하여 당해 영업비밀의 사용 등을 영업비밀의 침해행위로 보아 제한하는 것이다.

4) 제4유형(신의칙의 위반 유형)

"계약관계 등에 의하여 영업비밀을 비밀로서 유지하여야 할 의무가 있는 자가 부당한 이익을 얻거나 그 영업비밀의 보유자에게 손해를 가할 목적으로 그 영업비밀을 사용하거나 공개하는 행위"(부§2iii라)를 말한다. 본목은 영업비밀의 정당한 보유자로부터 정당하게 영업비밀을 취득한 자가 비밀유지의무를 부담하고 있음에도 불구하고 부정한 목적을 가지고 위 의무에 위반하여 당해 정보를 사용하거나 공개하는 행위를 금하고 있는 것이다.

● 계약 등에 의하여 영업비밀의 비밀로서 취득하여야 할 의무가 있는 자

본목의 의무에 반하여 비밀을 공개, 사용하는 자는 당해 비밀을 정당하게 보유하는 자로부터 취득한 자이어야 한다. 따라서 영업비밀 원래의 귀속주체가 사용 또는 공개하는 행위는 본목의 부정공개 등에 해당되지 아니하며, 부정하게 이를 취득한 자는 가목의 부정취득행위자가 된다. '계약관계 등'이란 법률상의 관계뿐만 아니라 보호가치가 인정되는 사실상의 신뢰관계를 포함한다.

● 부정한 이득을 얻거나 그 영업비밀의 보유자에게 침해를 가할 목적

본목의 침해행위가 성립하기 위해서는 비밀의 본원적 보유자로부터 넘겨받은 영업비밀에 관하여 비밀을 유지해야 할 의무에 반하여 이를 공개하거나 사용한다는 객관적 요건 이외에도 "부정한 이익을 얻거나 그 영업비밀의 보유자에게 손해를 가할 목적"이라는 주관적 요건의 존재를 요한다.

예컨대, 만취상태에서 과실로 영업비밀을 누설한 종업원의 행위는 부정목적의 존재를 인정할 수 없으므로 침해행위에 해당하지 않는다.

5) 제5유형(부정공개자로부터 취득한 유형)

"계약관계 등에 의하여 영업비밀을 비밀로서 유지하여야 할 의무가 있는 자가 부당한 이익을 얻거나 그 영업비밀의 보유자에게 손해를 가할 목적으로 그 영업비밀을 사용하거나 공개하는 행위"(부§2iii마)를 말한다. 본목은 나목의 부정취득자로부터의 악의적 취득 유형과 취지를 같이 한다. 본목의 영업비밀 침해행위 역시 나목의 영업비밀 침해행위에서와 같이 자기의 직접 전자로부터 영업비밀을 취득하는 수단 그 자체는 정당한 것에 한한다. 따라서 비밀유지의무에 위반하여 부당한 공개행위를 한 자부터의 취득행위가 기망 등의 부정한 수단을 사용하여 행해진 경우에는 가목의 부정취득행위에 해당한다.

6) 제6유형(부정공개행위에 관한 사후적 악의 유형)

"영업비밀이 라목의 규정에 의하여 공개된 사실 또는 그러한 공개행위가 개입된 사실을 알지 못하고 그 영업비밀을 취득하는 행위 또는 그 취득한 영업비밀을 사용하거나 공개하는 행위"(부§2iii바)를 말한다.

본목은 마목과 같은 취지의 규정으로 부정공개된 영업비밀에 사후적으로 관여하는 것을 예방하기 위한 규정이며, 그 성립요건은 다목의 사후 관여행위와 같다.

영업비밀의 선의취득자에 대한 특례

거래에 의하여 영업비밀을 정당하게 취득한 자는 그 거래에 의하여 허용된 범위 내에서 그 영업비밀을 사용하거나 공개할 수 있다(부§13).

이는 영업비밀의 취득시에 그 영업비밀의 부정공개사실 또는 부정취득행위나 부정공개행위가 개입된 사실을 중대한 과실 없이 알지 못하고 거래에 의하여 당해 영업비밀을 취득한 자가 그 거래에 의하여 허용된 범위 안에서 그 영업비밀을 사용하거나 공개하는 행위에 대하여는 부정경쟁방지법 제2조 제3호 다목 또는 바목에 대한 특례를 둔 것이다.

여기서의 '거래' 란 영업비밀을 취득할 때의 거래, 즉 매매, 기타의 양도계약, 라이센스계약, 증여계약, 대물변제, 경락에 의한 경우를 모두 포괄하며, 법률상의 전형적인 거래뿐만 아니라 비전형적인 사실상의 거래도 포함한다. '허용된 범위' 란 위 거래에 있어서 정해진 조건의 범위 내라는 의미이다.

5. 저작권의 침해 유형

저작권이 있는 저작물을 타인이 저작권자의 허가 없이 무단으로 이용하게 되면 저작권침해가 된다. 저작자의 저작물을 타인이 임의로 실명을 붙여 발행하면 저작자인격권의 침해가 된다. 침해의 대상물은 원저작물 외에도 2차적 저작물 등과 실연, 레코드, 방송 등 저작인접권의 대상도 포함된다. 침해되는 권리는 저작자인격권, 저작재산권, 출판권 또는 저작인접권이다. 저작권의 경우에도 직접침해 외에 간접침해의 경우도 규정하고 있다(저§92).

 저작재산권

1) 무단이용

저작재산권의 무단이용에 있어 완전한 의미에 있어서의 복제, 이른바 해적행위 경우는 이론상 문제가 되지 아니한다. 문제는 유사한 형태의 침해에 있다. 작풍이나 스타일의 모방, 아이디어의 이용은 저작권을 침해하는 것은 아니다. 표현형식의 도용(盜用, Plagiarism)만이 침해를 구성한다. 저작권침해를 판단하기 위해서는 두 가지 요소가 고려되어야 한다.

첫째, 독자적으로 창작한 것이 아니라 저작물을 도용하였다고 볼 만한 증거가 있어야 한다. 미국 판례는 이를 Access라고 한다. 이는 정황증거에 의하여 판단되나 피침해자의 저작물이 널리 알려져 있다거나 침해자가 피침해자의 저작물에 접근할 기회가 있었다거나 유사성이 뚜렷하거나 공통의 오류가 있다면 Access가 사실상 추정되며 대비된 두 개의 저작물의 유사성이 크면 클수록 우연의 일치 등의 항변을 위한 증거는 고도의 것이어야 한다고 한다.

둘째, 대비되는 두 작품간에 실질적 유사성이 있어야 한다.

실질적 유사성은 저작물의 창작성이 나타나는 위치와 창작성의 크기의 정도에 따라 달라진다. 실질적 유사성은 창작성 있는 부분에 한정되어야 하므로 창작성이 없는 부분만 유사하다면 저작권침해는 성립될 수 없다.

창작적 표현이 비슷하여야 하며 아이디어를 이용하였다는 것만으로는 저작권 침해가 성립될 수 없다. 소설과 같은 픽션저작물은 사건구성, 전개과정, 등장인물의 성격부여, 문장표현 등에 있어서 구체적으로 특징적인 점을 추출하여 제거해 나가면 어느 시점에 이르러 일반적인 이야기와 비슷한 경향을 띠게 되는데 그 시점을 포착하여 유사성을 찾는다.

역사물과 같은 논픽션 저작물은 사건구성, 전개과정, 등장인물이 같거나 비슷할 수밖에 없으므로 원저작물이 거의 그대로 복제되는 경우 저작권 침해가 될 것이다. 미술저작물, 건축저작물, 사진저작물, 응용미술품은 유사성이 보편적 특성이나 속성 또는 보편적 제작기법에 기인한 경우에는 저작권침해를 구성하지 아니한다.

2) 부정이용

저작물에 대하여 허락된 범위 외의 이용도 역시 무단이용으로 되어 저작권침해를 구성한다. 예컨대, 저작권자가 타인에게 출판권을 허락하였는데 그 출판권자가 임의로 영화제작자와 합의하여 영화화한 경우가 그것이다.

3) 침해의 의제(간접침해)

다음의 것은 저작권 자체의 직접적인 침해는 아니나 저작권침해에 직결되는 행위를 침해로 본다(저§92①).

ⅰ) 수입시에 한국 내에서 만들어졌더라면 저작권, 그 밖의 이 법에 의하여 보호되는 권리의 침해로 될 물건을 대한민국 내에서 배포할 목적으로 수입하는 행위. 예컨대, 국외에서 작성된 해적판의 수입행위 등이다.

ⅱ) 저작권, 그 밖에 이 법에 의하여 보호되는 권리를 침해하는 행위에 의

하여 만들어진 물건(ⅰ)항의 수입물건을 포함)을 그 정을 알면서 배포할 목적으로 소지하는 행위.

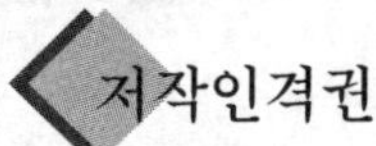
저작인격권

저작인격권의 직접침해의 유형은 그 내용을 구성하는 세부적인 권리의 내용에 따라 ⅰ) 공표권 침해(저§11), ⅱ) 성명표시권 침해(저§12), ⅲ) 동일성유지권 침해(저§13), ⅳ) 저작자 사후의 인격권 침해(저§14)로 분류할 수 있다. 또한 간접침해의 유형으로, 저작자의 명예를 훼손하는 방법으로 그 저작물을 이용하는 행위는 저작인격권의 침해로 본다(저§92②).

출판권

복제권자와의 사이에 출판권설정이 되어 있는 경우에 출판권자 이외의 자가 당해 저작물을 무단 출판하는 것, 즉 불법출판은 출판권의 직접침해로 된다. 다만, 법률에 의해 출판권이 제한되는 경우는 그러하지 아니하다(저§60②). 저작권의 간접침해에 관한 규정은 출판권에도 적용된다(저§92 참조).

저작인접권

법률에 의해 이용이 허용되는 경우를 제외하고 저작인접권자의 허락 없이 실연, 레코드 및 방송을 무단이용하는 경우는 저작인접권 침해로 된다. 허락범위 밖의 이용은 범위 외의 부분은 무단이용이므로 저작인접권침해로 된다. 또 일정한 경우에 침해가 의제됨은 저작권 등과 같다(저§92 참조).

제8장 지적재산권의 침해에 대한 구제방법은 무엇인가

1. 구제방법의 종류

지적재산권의 침해에 대해서는 민사적, 형사적, 행정적 구제 방법이 있다.

민사적 구제는 민법의 불법행위에 관한 규정 등이 기본적인 것이다. 그러나 지적재산권은 무체재산을 대상으로 하는 특이한 권리이므로 민법의 규정만으로는 그 보호가 불충분하므로 지적재산권에 관한 각 법률은 민법에 대한 보충적 규정을 두고 있다.

구체적으로 침해의 금지 또는 예방청구권, 손해배상청구권, 신용회복청구권의 원칙적 규정이 있고 이를 보강하는 규정으로 침해조성물 폐기 등 청구권, 침해간주, 손해액 추정, 고의의 추정, 손해계산을 위한 문서제출 등의 규정이 있다.

형사적 구제로는 침해죄, 허위표시죄 등으로 고소를 통해 형사적 제재를 가함으로써 간접적으로 침해행위를 금지시킬 수 있다.

행정적 구제로는 부정경쟁행위의 시정조치, 불공정한 수출입행위 금지 청구 등이 있다.

2. 민사적 구제

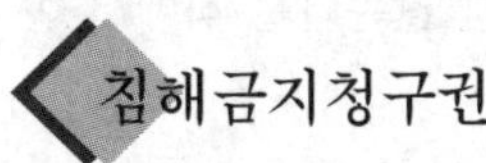 침해금지청구권

1) 침해금지청구권이란

지적재산권자는 자기의 권리를 침해한 자 또는 침해할 우려가 있는 자에 대하여 그 침해의 금지 또는 예방을 청구할 수 있다(특§126①, 실§46①, 의§62①, 상§65①, 저§91①, 컴§31①, 반§35①). 이는 지적재산권의 배타적 권리성에 기인하는 것으로서 지적재산권의 존재를 전제로 하여 성립되는 독립된 준물권적 청구권으로서의 성격을 지닌다.

여기서 지적재산권자란 특허권자, 실용신안권자, 의장권자 또는 그 전용실시권자와 상표권자 또는 전용사용권자, 저작권자 또는 출판권자, 저작인접권자, 프로그램저작자 또는 프로그램 배타적발행권자, 배치설계권자 또는 전용이용권자를 말한다.

부정경쟁행위로 인하여 자신의 영업상의 이익이 침해되거나 침해될 우려가 있다고 인정하는 자는 부정경쟁행위를 하거나 하고자 하는 자에 대하여 법원에 그 행위의 금지 또는 예방을 청구할 수 있다(부§4①).

2) 침해금지청구권의 요건

i) 지적재산권 또는 전용권 등의 침해에 대해 지적재산권자 또는 전용실시권자 등 전용권자의 청구가 있을 것을 요한다. 따라서 통상실시권자 등은 침해금지청구권을 행사할 수 없다.

ii) 지적재산권 또는 전용권이 침해되고 있거나 침해될 우려가 있어야 한다. 여기서 '침해될 우려' 란 주관적인 것이 아닌 객관적인 것으로 어떤 행위가 장차 침해행위로 될 것임이 명확히 예견되는 경우를 가리킨다. 이 점에서 과거의 침해사실에 대한 구제수단으로서의 손해배상청구권과는 차이가 있다.

iii) 침해행위자의 고의, 과실이나 책임능력을 요하지 않는다는 점에서 손해배상청구권과 차이가 있다.

3) 침해금지청구권의 내용

● 부작위청구

침해하고 있는 자에 대하여는 침해금지청구를, 침해할 우려가 있는 자에 대하여는 그 예방을 청구할 수 있다. 침해할 우려가 있는 경우의 금지청구권은 방해예방청구권에 해당하며, '우려'란 객관적으로 존재하여야 하고 침해의 가능성이 극히 큰 경우가 아니면 안 될 것이다.

다만, 지적재산권에 관한 각 법률이 침해의 예비적 행위에 대하여 이를 침해 자체로 보고 있으므로 이러한 행위에 대하여는 침해할 우려가 있는지 여부를 묻지 않고 바로 방해배제 청구를 할 수 있을 것이다. 그러나 금지청구권의 행사가 권리남용에 해당되거나 권리가 실효되었다고 볼 수 있는 경우에는 이는 허용되지 않는다.

● 작위청구

지적재산권자는 본청구인 금지청구권의 부대청구로서 침해행위를 조성한 물건의 폐기나 침해행위에 제공된 설비의 제거, 기타 담보제공 등 침해의 예방에 필요한 행위를 청구할 수 있다(특§126②, 실§46②, 의§62②, 상§65②, 저§91②, 컴§31②, 반§35②). 다만, 그 범위는 침해 예방에 필요한 최소한도로 국한되어야 하고 권리남용에 해당되어서는 안 된다.

특허권의 경우 물건을 생산하는 방법의 발명인 경우에는 침해행위로 생긴 물건을 포함한다. 의장의 경우에는 그 대상을 '물품'이라고 표현하고 있다. 반도체집적회로의 경우에는 '반도체집적회로'가 그 대상이 된다.

특허, 실용신안, 의장의 경우 '필요한 조치'에는 '침해행위에 제공된 설비의 제거'를 포함한다. 컴퓨터프로그램의 경우 '필요한 조치'에 '침해행위에 제공된 도구의 폐기 등'을 포함한다. 저작, 컴퓨터프로그램, 반도체집적회로의 경우에는 '침해행위에 의해 만들어진' 물건 등을 포함한다.

구체적인 예를 들면, 특허권, 실용신안권, 의장권의 경우에는 침해행위로 만들어진 제작품이나 금형, 상표권의 경우에는 위조, 모조된 상표나 이를 만들기 위한 용구, 저작권의 경우에는 무단출판된 인쇄물, 무단작성된 연주레코드, 저작자의 허락 없이 저작물의 내용을 개변한 저작복제물 등이 그 예이다. 이들에 대해 폐기, 제거 청구는 할 수 있지만 인도는 청구할 수 없다.

부정경쟁행위의 금지 또는 예방을 청구할 때에는 부정경쟁행위를 조성한 물건의 폐기, 부정경쟁행위에 제공된 설비의 제거, 기타 부정경쟁행위의 금지 또는 침해의 예방에 필요한 조치를 할 수 있다(부§4②).

4) 침해금지가처분

지적재산권자는 침해금지청구권에 대한 본안소송에 앞서 임시적 지위를 설정하기 위한 침해중지가처분신청을 제기할 수 있다(민사소송법§714②).

지적재산권에 대한 침해가 진행되어 금지청구권을 소송물로 하는 본안소송의 확정판결을 기다려서는 지적재산권의 독점성이 파괴되고 권리자가 본래의 권리내용을 향유할 수 없는 위험에 빠질 경우 본안소송에 앞서 보전처분을 청구할 수 있다. 구체적으로 위 금지청구권을 피보전권리로 하여 본안소송에 앞서 임시적 지위(사용 중지 또는 그 예방)를 설정하기 위하여 지적재산권자는 본안소송의 관할법원에 각 지적재산권 침해중지가처분신청을 제기할 수 있다. 이 때 지적재산권자는 다툼 있는 권리관계 외에 피보전권리인 침해금지청구권의 존재 및 보전의 필요성을 소명하여야 한다.

피보전권리의 존재 유무는 대체로 지적재산권의 효력범위에 관한 판단으로 귀착된다. 보전의 필요성 유무는 본안소송 이전에 가처분이 과연 필요한

가에 관한 문제이다. 조만간 실효되거나 취소될 지적재산권에 기한 가처분 신청이나 국내에서 지적재산권을 실제 사용하여 영업활동을 하지 아니하였고, 조만간 그러할 전망도 없는 지적재산권에 기한 가처분신청의 경우에는 침해될 영업상의 이익 자체가 없으므로 보전의 필요성이 부인된다.

이러한 가처분은 그 자체가 본안소송에서 명하는 것과 같은 내용의 부작위의무를 침해자에게 과하게 된다. 부작위의무란 곧 지적재산 사용행위의 중지 그 자체이므로 가처분채무자에게는 치명적인 타격이 되므로 본안소송에 있어서와 마찬가지로 심리의 신중성이 요구된다. 즉 대부분의 가처분청구에 대해서는 변론을 열어 심리함으로써 일반적으로 보전처분절차가 갖는 밀행성이 배제된다. 재판은 결정이 아닌 판결로 내려지는 것이 통상이다.

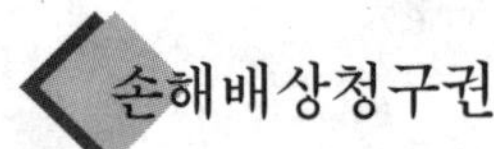

손해배상청구권

1) 손해배상청구권이란

고의 또는 과실로 인한 위법행위로 타인에게 손해를 가한 자는 그 손해를 배상할 책임이 있다(민법§750). 이를 민법상 불법행위라고 한다. 지적재산권의 침해도 불법행위의 일종이므로 지적재산권자는 이를 이유로 한 손해배상청구권을 행사할 수 있다.

이러한 손해배상청구권은 법정채권의 일종으로 피해자나 그 법정대리인이 그 손해 및 가해자를 안 날부터 3년 동안 행사하지 않으면 시효로 소멸하고 불법행위가 있은 날부터 10년이 지나면 제척기간이 경과된다(민법§766).

2) 손해배상청구권의 요건

i) 지적재산권 또는 전용권의 침해에 대해 지적재산권자 또는 전용권자의 청구가 있을 것

ii) 침해자의 고의 또는 과실이 있을 것

이에 대한 입증의 곤란성을 구제하기 위하여 산업재산법은 고의 또는 과실의 추정에 관한 특칙을 두고 있다. 즉 타인의 상표권 또는 전용사용권을 침해한 자는 그 침해행위에 대하여 그 권리가 이미 등록된 사실을 알았던 것으로 추정한다(상§68). 본호의 규정이 적용될 경우, 침해자는 그 상표가 등록된 사실을 알지 못하였음을 입증해야 할 것이다. 특허권 등 산업재산권과 저작권을 침해한 자는 그 침해행위에 대하여 과실이 있는 것으로 추정한다(특§130, 실§46조, 의§65, 저§93④).

iii) 침해행위의 위법성이 있을 것

따라서 위법성이 조각되는 경우에 해당되어서는 안 된다. 예컨대, 지적재산권의 효력이 미치지 않는 범위 내에서의 사용 행위 또는 사용 허락을 받은 경우에는 위법성이 없다.

iv) 상표권 침해와 손해발생과는 상당인과관계가 존재할 것

3) 손해배상의 청구범위

● 손해액의 추정

지적재산권자가 침해자에 대하여 손해배상을 청구하는 경우 침해자가 그 침해행위에 의하여 이익을 받은 때에는 그 이익금액을 권리자가 받은 손해액으로 추정한다(특§128①, 실§46①, 의§64①, 상§67①, 저§93①, 컴§32, §32③, 반§36②). 이는 권리자가 자신에게 발생된 손해를 입증하는 것보다는 침해자가 얻은 이익을 입증하는 것이 보다 쉬울 수 있다는 것을 반영한 것이다. 따라서 지적재산권자는 침해자가 취득한 이익을 입증하는 것만으로 손해액 및 상당인과관계를 입증할 필요 없이 손해배상청구를 할 수 있다.

다만, 이는 추정규정이므로 침해자가 자기의 이익과 침해행위와의 인과관계가 없다는 것, 또는 지적재산권자에게 손해가 없다는 것을 입증하면 그 배상액은 후술하는 바와 같이 사용료 상당액으로 감액될 수 있을 것이다.

● 손해액의 의제

지적재산권자가 침해자에 대하여 손해배상을 청구하는 경우 침해자가 그 침해행위에 의하여 이익을 받은 때에는 그 권리의 행사로 통상 받을 수 있는 금액에 상당하는 액을 그 권리자가 받은 손해액으로 하여 청구할 수 있다(특§128②, 실§46②, 의§64②, 상§67②, 저§93②, 컴§32④, 반§36④). 이는 지적재산권 침해가 있는 경우 비록 손해액의 입증이 전혀 곤란한 때라도 침해자가 배상하여야 할 최소한도의 손해배상액을 규정한 것으로 볼 수 있다.

이 때 '통상 받을 수 있는 금액'이란 대개 통상사용권 설정료에 상당하는 금액을 의미한다고 볼 수 있다. '권리의 행사'란 특허발명·등록고안의 실시, 등록의장의 실시, 등록상표의 사용, 배치설계의 이용 등을 말한다. 다만, 이러한 손해액의 의제규정은 사용을 위한 예비적 행위의 경우에는 적용되기 곤란할 것이다. 나아가 저작권법은 부정복제물의 부수 등을 산정하기 어려운 경우에는 출판물은 5,000부, 음반은 10,000부로 추정하여 손해의 입증곤란에 대한 배려를 하고 있다(저§94).

● 손해배상액의 참작

손해액이 손해액의 의제규정에 따른 통상 받을 수 있는 금액을 초과할 경우에는 그 초과액에 대하여도 손해배상을 청구할 수 있다. 다만, 침해자에게 고의 또는 중대한 과실이 없는 때에는 법원은 손해배상액을 정함에 있어 이를 참작할 수 있다(특§128③, 실§46③, 의§64③, 상§67③, 컴§32⑤, 반§32④). 침해자에게 고의 또는 중대한 과실이 없는 때, 즉 경과실밖에 없는 때에도 이를 모두 배상케 하는 것은 지나치게 가혹하다고 보아 침해자가 적극적으로 고의나 중과실이 없음을 입증한 때에는 사용료를 초과한 액에 대한 손해배상액을 정함에 있어 법원은 이를 참작할 수 있도록 하였다.

● 서류의 제출명령

법원은 당사자의 신청에 의하여 다른 당사자에게 그 침해행위로 인한 손해

의 계산을 하는 데 필요한 서류의 제출을 명할 수 있다(특§132, 실§46, 의
§67, 상§70). 서류제출명령의 신청은 피해자인 권리자뿐만 아니라 침해자도
포함된다고 해석된다. 다만, 그 서류의 소지자가 그 서류의 제출을 거절할
정당한 사유가 있는 때에는 그러하지 아니하다. 정당한 이유에 대해서는 다
소 논란이 있을 수 있으나 단지 영업상의 비밀이라는 이유만으로는 정당한
이유라고 볼 수는 없을 것이다.

문서제출명령 신청서의 구체적 기재내용은 민사소송법 규정에 따라 신청
자가 변론 또는 준비절차에서 서면으로 하되 i) 문서의 특정, ii) 문서의 취
지(즉 문서의 요점이나 개요), iii) 문서소지자, iv) 증명할 사항, v) 문서제
출의무의 원인을 기재하여야 한다(민사소송법§317). 다만, 당사자가 제출명
령에 응하지 않더라도 직접의 제재는 받지 않으나 그 문서에 관한 상대방의
주장이 확실한 것으로 인정되는 불이익을 받게 된다(민사소송법§320)

◤ 신용 · 명예회복청구권

1) 신용 · 명예회복청구권

지적재산권자는 고의 또는 과실로 자기의 권리를 침해함으로써 업무상의
신용을 실추케 한 자에 대하여 손해배상에 갈음하거나 손해배상과 함께 업
무상의 신용회복을 위해 필요한 조치를 명할 것을 법원에 청구할 수 있다(특
§131, 실§46, 의§66, 상§69). 이는 민법 제764조의 명예훼손 경우의 명예회복
조치에 관한 규정과 같은 취지이다. 저작권자의 경우에는 명예회복 등의 청
구라고 표현하고 있다(저§95).

2) 신용 · 명예회복청구권의 요건

i) 상표권자 또는 전용사용권자의 청구가 있을 것, ii) 침해자에게 고의, 과

실이 있을 것, iii) 침해행위가 위법성이 있을 것, iv) 업무상의 신용이 실추되었을 것

업무상의 신용실추란 예를 들면, 대부분 품질이 조악한 상품에 권리자의 등록상표 또는 이와 유사한 상표를 표시하여 판매하는 경우이다. 침해사실이 있다는 것만으로 업무상의 신용이 실추되었다고 볼 수는 없으며 이에 대한 별도의 입증이 필요하다.

3) 신용회복을 위한 필요 조치

종전에는 판결에서 신용회복을 위한 필요 조치로 신문, 잡지 등에 사과 또는 사죄광고 게재를 선고하는 경우가 통상적이었다. 그러나 민법 제764조의 '명예회복에 적당한 처분'에 사죄광고를 포함시키는 것은 양심의 자유를 침해하는 것이어서 이는 헌법에 위반된다는 헌법재판소의 한정합치결정(89헌마160호)이 내려짐에 따라 판결에 의한 종래의 사죄광고 기재는 사실상 불가능하게 되었다고 할 것이다.

◀ 부당이득반환청구권

법률상 원인 없이 타인의 권리 침해로 이익을 얻고, 이로 인해서 권리자에게 손해를 가한 자에게는 그 이익을 반환할 것을 청구할 수 있다(민법 §741). 이를 부당이득청구권이라고 한다. 따라서 타인이 법률상 원인 없이 타인의 지적재산권의 침해로 이익을 얻고, 이로 인해서 지적재산권자에게 손해를 가한 자에게는 그 이익을 반환할 것을 청구할 수 있다. 예를 들면, 고의나 과실 없이 저명상표의 신용력에 부당편승하여 이익을 얻은 경우 등이 그것이다.

3. 형사적 구제

 침해죄

1) 침해죄의 내용

특허권, 실용신안권, 의장권, 상표권을 침해한 자는 5년 이하의 징역 또는 5천만원 이하의 벌금에 처한다(특§225, 실§78, 의§82, 상§93). 이러한 침해행위로 조성한 물건 또는 침해행위로부터 생긴 물건은 이를 몰수하거나 피해자에게 교부할 수 있다(특§231, 실§85, 의§89). 다만, 상표권침해의 경우에는 몰수만 가능하고 피해자에의 교부는 인정되지 않는다(상§97의 2). 이 밖의 지적재산권 침해죄는 위 침해죄보다 형량이 낮다.

침해죄는 지적재산권 침해에 대한 민사상 금지청구나 손해배상 청구 등에 의한 불법행위제재 외에 형사처분을 가능토록 함으로써 보다 완벽한 권리보호장치를 마련하고 있다.

법인의 대표자, 법인 또는 개인의 대리인, 사용자, 기타 종업원이 그 법인 또는 개인의 업무에 관하여 타인의 상표권이나 전용사용권을 침해한 경우에는 그 행위자를 벌하는 외에 그 법인 또는 개인에 대하여도 2천만원 이하의 벌금형을 과하도록 하여 양벌규정을 두고 있다(특§225, 상§97).

상표권 침해는 상품의 출처혼동, 품질오인 등을 일으켜 거래사회의 겸업질서를 문란케 하고, 공중의 이익까지 해치게 되므로 비친고죄로 되어 있다. 상표권 침해죄를 제외한 나머지는 모두 친고죄이다.

산업재산권 침해의 예비적 행위인 간접침해행위도 침해죄에 포함시킬 수 있는가에 대해서는 논란이 있어 왔으나 대법원은 간접침해행위는 특허권의 간접침해자에게도 민사책임을 부과시키는 정책적 규정일 뿐 이를 특허권 침해행위를 처벌하는 형벌법규의 구성요건으로까지 규정한 취지는 아니라고

하여 형사처벌에서 제외시키고 있다(92도3350).

2) 적용 법규 등

지적재산법이 정하는 범죄 및 벌칙은 형법총칙의 규정이 적용된다 할 것이어서, 침해죄가 성립되기 위해서는 고의를 필요로 함은 물론이다. 지적재산법상 과실범에 대한 처벌규정이 없으므로 과실범의 처벌은 불가능하다.

고의란 정당한 권원 없이 타인의 지적재산을 인식하면서 이를 사용하는 의사가 있으면 족하다. 상표권 침해의 경우 그 외에 신용훼손, 출처 및 품질의 오인·혼동 야기, 기만 등의 의사까지 필요로 하지는 않는다. 상표의 유사여부에 대한 오해가 있었다 하더라도 등록상표권의 존재를 알고 있었다면 고의는 성립된다. 그러나 민사상 손해배상청구에 적용되는 고의추정규정(상§68)은 침해죄에는 적용되지 않는다.

허위표시죄

특허권, 실용신안권, 의장권, 상표권에 대한 허위표시행위를 한 자는 3년 이하의 징역 또는 2천만원 이하의 벌금에 처한다(특§225, 실§80, 의§84조, 상§95).

특허권, 실용신안권, 의장권에 대한 허위표시로 되는 행위는 다음과 같다(특§224, 실§76, 의§80조).

i) 특허(실용신안등록·의장등록)된 것이 아닌 물건(물품), 특허(실용신안등록·의장등록)출원중이 아닌 물건, 특허된 것이 아닌 방법이나 특허출원중이 아닌 방법에 의하여 생산한 물건 또는 그 물건(물품)의 용기나 포장에 특허(실용신안등록·의장등록)표시 또는 특허(실용신안등록·의장등록)출

원표시를 하거나 이와 혼동하기 쉬운 표시를 하는 행위(괄호 안은 실용신안권 또는 의장권에 해당)

ⅱ) ⅰ)의 표시를 한 것을 양도, 대여 또는 전시하는 행위

ⅲ) ⅰ)의 물건(물품)을 생산, 사용, 양도 또는 대여하기 위하여 광고, 간판, 표찰에 그 물건(물품)이 특허나 특허(실용신안등록)출원된 것 또는 특허(실용신안등록)된 방법(물품)이나 특허(실용신안등록출원)중인 방법에 의하여 생산한 것으로 표시하거나 이와 혼동하기 쉬운 표시를 하는 행위(괄호 안은 실용신안권에만 해당)

ⅳ) 특허(의장등록)된 것이 아닌 방법(물품)이나 특허(의장등록)출원중이 아닌 방법(물품)을 (생산), 사용, 양도 또는 대여하기 위하여 광고, 간판, 표찰에 그 물건이 특허(의장등록)나 특허(의장등록)출원된 것 또는 특허된 방법이나 특허출원중인 방법에 의하여 생산한 것으로 표시하거나 이와 혼동하기 쉬운 표시를 하는 행위(괄호 안은 의장권에만 해당)

상표권에 대한 허위표시로 되는 행위는 다음과 같다(상§91).

ⅰ) 등록을 하지 아니한 상표 또는 상표등록출원을 하지 아니한 상표를 등록상표 또는 등록출원상표인 것같이 상품에 표시하는 행위

ⅱ) 등록을 하지 아니한 상표 또는 상표등록출원을 하지 아니한 상표를 등록상표 또는 등록출원상표인 것같이 영업용 광고, 간판, 표찰, 상품의 표장 또는 영업용 거래서류 등에 표시하는 행위

ⅲ) 지정상품 외의 상품에 대하여 등록상표를 사용하는 경우에 그 상표에 상표등록표시 또는 이와 혼동하기 쉬운 표시를 하는 행위

4. 행정적 구제

시정권고

● 부정경쟁행위의 조사 및 시정권

특허청장은 부정경쟁행위 등 위반행위의 확인을 위하여 필요하다고 인정하는 때에는 관계공무원으로 하여금 영업시설 또는 제조시설에 출입하여 관계서류나 장부, 제품 등을 조사하게 하거나 조사에 필요한 최소분량의 제품을 수거하여 검사하게 할 수 있다(부§7). 조사 또는 수거를 거부, 방해하거나 기피한 자에 대하여는 2천만원 이하의 과태료에 처한다(부§20). 또한 위반행위를 한 자에 대하여 30일 내의 기간을 정하여 그 행위를 중지하거나 표지를 제거 또는 폐기할 것 등 시정에 필요한 권고를 할 수 있다(부§8).

● 불공정한 수출입행위의 시정 및 과징금 부과

국내 지적재산권 또는 교역상대국의 지적재산권을 침해하는 상품의 수출입행위는 대외무역법 소정의 불공정수출입행위에 해당되어 무역위원회의 사실조사에 따른 산업자원부장관의 시정권과 과징금부과로서 규제할 수 있다.

불공정수출입행위의 유형은 i) 국내의 법령 또는 교역상대국의 법령에 의하여 보호되는 특허권, 실용신안권, 의장권, 저작권, 저작인접권, 프로그램저작권 및 반도체집적회로의 배치설계권을 침해하는 물품을 수출 또는 수입하는 행위, ii) 원산지를 허위로 표시한 물품 또는 원산지 표시를 손상하거나 변경한 물품을 수출 또는 수입하는 행위, iii) 기타 수출입질서를 저해할 우려가 있는 행위로서 대통령령이 정하는 행위 등이다(대외무역법§39①).

산업자원부장관은 위 각호의 규정을 위반한 무역거래업자에 대해 시정조치를 명하거나 3천만원 이하의 과징금을 부과할 수 있다(대외무역법§39⑤).

통관규제

　상표법에 의하여 등록된 상표권을 침해하는 물품은 수출 또는 수입할 수 없다. 관세청장은 상표권을 등록한 자로 하여금 상표권에 관한 사항을 신고하게 할 수 있고 수출입 신고된 물품이 신고된 상표권을 침해하였다고 인정되는 경우에는 상표권 신고자에게 수출입 신고 사실을 통보하여야 한다. 이 경우 통보를 받은 상표권 신고자 또는 상표권을 보호받고자 하는 자는 담보를 제공하고 당해 물품의 통관보류를 요청할 수 있다. 이 경우 관세청장은 당해 물품의 수출입면허를 보류하여야 하며 수출입신고자는 담보를 제공하고 통관을 요청할 수 있다(관세법§146의 2① ~ ⑤).

　즉 세관에서는 우리나라의 상표권자, 전용사용권자로부터 등록상표신고를 받고, 외국으로부터 수입되는 상품에 표시된 상표가 우리나라에서 등록된 상표와 동일·유사한가를 체크하여 동일·유사한 경우에는 통관을 보류하고, 상표권자에게 통지한다. 상표권자는 이를 근거로 하여 침해품을 압류하거나 위반자를 침해죄로 고소할 수 있다.

5. 구제방법의 절차

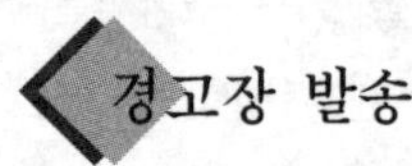

경고장 발송

법적조치를 위한 사전조치로서 먼저 경고장 발송을 생각할 수 있다.

경고장에는 침해회사가 사용하고 있는 지적재산이 자사의 지적재산권에 속한다는 사실과 지금까지의 침해에 대한 책임과 침해가 계속될 경우 법적 책임이 침해회사에 있다는 내용을 포함시켜야 한다.

예컨대, 특허권의 침해자에게 책임을 물으려면 침해자가 사용하고 있는 기술과 등록을 받은 특허권자의 기술이 동일한가 어떤가를 잘 조사해야 한다. 자사가 특허권을 가지고 있는 기술의 범위 내에 타사의 기술이 사용된 경우에는 법적조치를 취하기 전에 상대방에 대하여 경고장을 내용증명 우편으로 발송하는 것이 좋다.

내용증명은 누가 누구에게 언제 어떠한 내용의 문서를 송부하였는가를 우체국이 증명해 주는 제도로, 그 경고장이 정확하게 전달되었음을 증명하는 역할을 하는 것이다.

침해하고 있는 지적재산권의 사용을 즉각 중지하도록 경고하는 경고장에는 ⅰ) 자사의 기술이 등록되어 있다는 사실, ⅱ) 그 결과 지적재산권자가 손해를 입고 있다는 사실, ⅲ) 따라서 그 사용을 중지해야 한다는 내용을 기재하여야 한다.

이러한 내용의 경고장을 3통 작성하여 우체국에 제출하면 1통은 상대방에게 발송하고 1통은 우체국에서 보관하며, 나머지 1통은 발송자 자신이 보관한다.

[서식 8-1] 경고장 예문

경고장

귀사의 발전을 기원합니다.

다름이 아니고 저희 회사는 동봉한 특허공보 기재와 같이 자동경보장치에 대하여 특허등록 제○○○호로 특허권을 소유하고 있습니다.

이에 대하여 귀사는 품명번호 제○○○호인 오토매틱경보장치를 제조판매하고 있는 바 저희 회사에서는 이를 입수하여 자세히 검토해 본 결과 본사의 특허권을 명백히 침해하고 있는 것을 발견했습니다.

그러므로 귀사에 대해서 즉시 상기 제품의 판매 등을 중지하도록 경고함과 동시에 당해 제품의 지금까지의 판매 수량, 판매 금액, 판매 이익, 재고품 수량을 보고해 주실 것과 차후에 있어서의 해결방법에 대해서 ○○년 ○○월 ○○일까지 저희 회사 앞으로 답장을 주시기 바랍니다.

위의 기한 내에 성의 있는 회답이 없는 경우에는 법적 방법으로 대처할 수밖에 없음을 경고하는 바입니다.

○○○○년 ○○월 ○○일

서울 서초구 방배동 1015번지
한국실업주식회사
대표이사 ○○○
서울 서초구 서초동 ○○번지
위 대리인 변호사 ○○○ (인)

서울 동작구 동작동 ○○번지
주식회사 성도기계
대표이사 ○○○ 귀하

고소 및 소송 제기의 절차

먼저 형사책임을 물으려면 우선 침해회사를 조사할 필요가 있다. 그 방법으로 침해회사의 등기부등본을 떼어보고 대표자 등을 조사한다. 이러한 조사는 경찰에 의뢰할 수도 있으나 변리사나 변호사에게 의뢰할 수도 있다.

경고장을 발송해도 특허권 침해회사로부터 답변이나 반응이 없는 경우에는 법적인 대응수단을 사용해야 한다. 통상 소송이 제기되면 오랜 기간이 지난 후에야 확정판결이 나기 때문에 먼저 사용중지 가처분신청을 하는 것이 좋다.

가처분신청을 하려면 특허권이 침해되고 있다는 것, 즉 그 회사가 사용하고 있는 기술에는 특허권이 있고 상대방이 그 기술을 부당하게 사용하고 있다는 사실을 추정할 수 있는 자료를 법원에 제출하여야 한다. 가처분신청과 동시에 또는 가처분신청 후에 본안소송을 제기하고 사용금지청구와 손해배상청구 등을 청구해야 한다.

구제방법의 실효성을 보장하기 위해서는 증거보전절차 등을 통하여 미리 증거를 확보해 두는 것이 긴요하다.

지적재산권 등록 전의 침해에 대한 구제

등록된 지적재산권에 대해서 침해가 있으면 위에서 본 바와 같이 민사상 또는 형사상 구제를 받을 수 있다. 그러나 특허출원은 하였으나 등록을 받지 않은 상태의 기술인 경우 타인이 그 기술을 사용한다면 어떠한 대책을 강구해야 할까?

이 점에 대해서 특허법은 특허등록을 받지 못한 상태에 있는 기술이라도 출원공개 후 그 기술을 타인이 사용한 경우에는 경고장을 발송하고 그 이후의 로얄티 상당액을 보상금으로서 청구할 수 있도록 하고 있다. 그러나 기술

의 사용금지는 요구할 수 없다. 왜냐하면 그 기술이 특허로 등록될 수 있는 것인지 아닌지를 알 수 없기 때문이다. 로얄티 상당액을 보상금으로 받을 수 있는 기간은 출원공개 이후 특허권의 설정등록시까지이므로 출원인으로서는 경고장에 특허권 설정등록 후는 경고를 한 시점으로 소급해서 로얄티 상당액을 보상금으로서 청구한다는 취지의 내용을 써야 한다. 이렇게 함으로써 기술의 도용을 방지하는 효과가 있다.

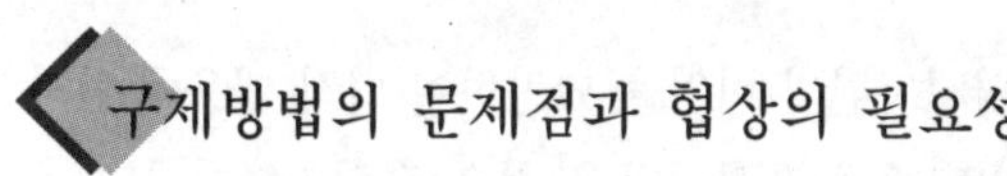

구제방법의 문제점과 협상의 필요성

1) 구제방법의 문제점

● 가처분의 본안소송화

가처분신청제도는 지적재산권 침해로부터 구제받는 가장 효과적인 방법이다. 본안소송을 제기할 경우 심결이 선고될 때까지는 수개월이 걸리고, 이 재판중에 침해자는 침해한 물품을 타인에게 판매 등의 방법으로 양도하게 되면 지적재산권자는 구제받을 길이 없는 문제점이 있다.

따라서 본안소송보다는 차라리 침해금지가처분을 신청하는 것이 지적재산권자를 보호하는 지름길이기는 하나 가처분소송도 심리의 신중화로 본안소송화되어 가고 있고 사전에 일정액의 공탁금을 법원에 공탁해야 하는 경제적인 부담이 있다. 다만, 저작권의 경우 보증금의 공탁 없이 가처분결정을 내릴 수 있다(저§91③).

● 손해액 산정의 어려움

침해소송의 현실에서 가장 문제가 되는 것은 손해액의 산정이다. 법규정이나 이론과 달리 현실적으로 손해액 산정은 가장 어려운 분야이다. 이는 손해액산정에 대한 판례나 연구결과가 드문 것도 그 이유 중의 하나이다.

◉ 형사처벌의 불충분

지적재산권침해죄는 그 형량이 너무 가벼워서 실효를 거두지 못하는 경우가 있다. 또한 현실적으로 징역형을 선고받는 경우는 매우 드물고 벌금이나 집행유예 등으로 가벼운 형벌에 처하는 경우가 일반적이므로 그 실효를 거두지 못하고 있다.

2) 협상의 중요성

이상의 문제점을 감안하고 당사자간의 이익을 교량하여 법적 대응에 앞서 협상에 응하거나 법적 절차 진행중에도 화해나 조정으로 원만하게 분쟁을 해결하려는 유연한 자세도 필요하다.

지적재산권 분쟁의 조정에 관하여는 특칙이 있다. 산업재산권을 보유한 자는 그 침해에 대해 특허청 내의 산업재산권분쟁조정위원회에 조정을 요청할 수 있다(발명진흥법§29). 저작권 등에 관한 분쟁에 관하여는 저작권심의조정위원회에 조정을 신청할 수 있다(저§84).

제9장 지적재산권의 침해주장에 대한 대응방법은 무엇인가

1. 지적재산권 침해주장에 대한 대응방법

지적재산권자는 권리의 존속기간 동안 지적재산을 독점배타적으로 사용할 권리를 가지고 있고 그 지적재산권을 제3자가 사용할 경우에는 민·형사상 제재를 가할 수 있다.

이에 대해 지적재산권을 침해했다는 경고를 받은 자나 경찰 또는 검찰에 고소를 당하거나 법원에 제소당한 자는 여러 가지 대응방법을 강구해야 할 필요가 있다.

여기서는 지적재산권자로부터 경고를 받은 자가 취해야 할 사전조치, 경고가 정당한 경우의 조치, 경고가 부당한 경우의 조치에 대해 설명한다. 후자의 경우에는 특허청에 대한 조치, 법원에 대한 조치, 형사상 대응조치로 나누어 설명한다.

2. 사전조치

지적재산권자로부터 경고 등을 받은 자는 지적재산권자에게 적극적으로 대항하기 전에 사실조사 및 법리 판단을 하여 자신의 입장을 정확하게 파악한 다음 적절한 대응을 해야만 피해를 최소한으로 줄일 수 있다. 따라서 경고를 받은 자는 다음의 자료를 조사하여야 한다.

사실조사

● 증거자료조사

경고를 받은 자가 지적재산권자에게 대항하기 위해서는 상표출원하기 전에 타인이 먼저 등록되었는지의 여부, 지적재산권의 효력이 미치는가의 여부를 철저히 조사하여 대항하기 위한 증거자료를 조사하여야 한다.

● 감정의뢰

지적재산권자로부터 경고를 받은 자는 전문가인 변호사나 변리사에게 침해 여부에 대한 감정을 의뢰하여 그 감정결과에 따라 지적재산권자에게 대항하여야 한다.

법리 검토

경고를 받은 자는 지적재산권존재 여부에 대한 증거조사, 전문가인 변리사의 감정결과 등을 종합하고 변리사나 변호사 등의 조언을 받아 지적재산권자에게 대항하는 방법에 관한 법리 판단을 해야 한다.

1) 침해주장자의 적격 여부

지적재산권의 침해를 주장하는 상대방이 정당한 권리자인지를 판단한다. 예컨대, 등록원부에 특허권의 소유자 또는 전용실시권자로 적법하게 등록된 자인지를 판단한다.

2) 지적재산권의 효력유무

지적재산권, 특히 산업재산권의 경우 그 권리 자체의 성립 및 효력의 하자 유무에 대해 검토하고 이를 무효심판이나 취소심판으로 소멸시킬 수 있는지 여부를 판단한다. 즉 당해 산업재산의 등록요건의 구비 여부, 소멸사유 여부를 판단한다.

예컨대, 상표권의 경우 그 상표가 출원 전 국내에서 선등록상표와 저촉되거나 부등록사유에 해당하는지 여부, 상표권자의 등록상표출원일 전에 권리가 발생한 타인의 저작권 또는 그 등록상표의 등록출원일 전에 출원된 타인의 의장권과 저촉되는지 여부, 상표권자가 취소심판청구일 전 계속하여 3년 이상 국내에서 등록상표를 사용하고 있지 않는지 여부 등을 판단한다.

3) 지적재산권의 효력범위

경고를 받은 자는 현재 자기가 사용하고 있는 것이 침해주장자의 지적재산권의 효력이 미치지 않는 범위에 속하는지의 여부, 그 권리가 공지공용의 것인지 여부, 법률상 지적재산권자의 효력이 제한되는지 여부 등에 대해 이를 항변으로 제출할 수 있는지를 알아 본다.

예컨대, 특허권자로부터 권리침해의 주장을 받은 자는 자신이 그 발명기술을 먼저 사용해 왔다는 사실을 선사용 항변으로 주장할 수 있는지 여부를 판단한다. 즉 다른 회사에 의해 특허출원이 이루어지기 전부터 이미 특허의 기술방법으로써 제품을 생산해온 경우 어떠한 보호를 받을 것인가가 문제이다.

특허법 등은 먼저 출원한 자에게 그 권리를 부여하는 제도, 즉 선원주의를 취하고 있을 뿐 가장 빠른 시기에 발명을 완성한 자에게 부여하는 제도, 즉 선발명주의는 채용하고 있지 않다.

따라서 발명을 해서 그것을 사용하고 있다 하여도 출원을 하지 않은 경우에는 먼저 출원한 제3자가 특허권을 취득하게 되어 특허출원 전부터 사업에 이용하기 위하여 투자한 설비 등의 자본이 소용없게 되는 불합리한 경우도 생길 우려가 있다.

이를 보호하기 위해 특허출원이 완성된 때, 발명을 이용한 사업 또는 그 준비를 하고 있던 발명의 범위에 미치고 또한 사업목적의 범위에 한하여 특허권자의 허락을 얻은 경우와 같이 특허권의 실시를 할 수 있고 특허권자로부터의 침해주장에 대해서 선사용을 내세워 항변할 수 있다(특§103). 이러한 취지는 실용신안권에도 마찬가지이다(실§42).

그 밖의 항변사유에 관해서는 제4절에서 자세히 설명한다.

3. 침해주장이 정당한 경우

당사자간의 합의 방법

경고를 받은 자는 침해주장에 대한 사실조사 및 법리 판단을 통해 지적재산권자의 권리를 침해한 것으로 판단되고 달리 대응방법이 없을 경우에는 지적재산권자와 합의하여 원만한 해결을 보는 것이 바람직하다. 특히 인신구속이나 형사사건화하였을 때에는 더욱 그러하다.

합의는 본인보다도 제3자나 지적재산권자의 친지를 물색하여 그로 하여금 알선하게 하는 것이 좋은 방법이다. 합의방법에는 화해, 조정, 중재가 있다.

화해에는 합의서와 같이 당사자간에 화해계약을 작성하는 경우가 가장 흔하다. 또한 제소 전 화해와 소송상 화해가 있는데, 이는 법원에서 하는 것으로 화해조서가 작성되면 그 조서는 확정판결과 동일한 효력을 갖는다.

조정은 산업재산권에 관한 분쟁은 특허청 내의 산업재산권분쟁조정위원회(발명진흥법§29)에, 저작권 등에 관한 분쟁은 저작권심의조정위원회(저§84)에 신청할 수 있으며 각 위원회에서 양측의 입장을 고려하여 조정을 성립시키게 된다.

중재는 당사자의 합의로 사법상의 분쟁을 법원의 판결에 의하지 아니하고 중재인의 판결에 의하여 신속하게 해결할 수 있는 효과가 있다. 중재는 당사자간의 중재계약에 의해서 이루어지며, 당사자는 중재인을 선정하여야 하고, 이 중재인이 판정한다.

일단 중재인이 판정한 사건에 대해서는 법원의 확정판결과 동일한 효력을 갖는다.

합의에 포함될 내용

● 사용중지

지금까지의 사용행위 등을 중지하고 장래에도 중지하는 것을 말한다.

● 손해배상지급

지적재산권자와의 합의에 따라 적절한 손해배상액을 정하는 것이다.

● 신용회복조치

지적재산권의 침해에 따른 신용을 회복시켜 주는 방법으로 신문에 사과문 게재 등의 방법이 있다.

● 사용권설정

그 지적재산을 계속해서 사용할 필요성이 있다고 판단하면 지적재산권자와 협의하여 사용료를 지급하고 사용할 수 있도록 한다.

● 변경실시

지적재산권을 침해하지 아니하는 범위 내에서 자신의 지적재산의 형태를 변경하는 것이다. 예를 들면, 특허, 실용신안, 의장의 경우 금형을 바꾸거나 상표의 경우 상표권자의 것과 저촉되지 않는 것으로 변경하는 것이다.

4. 침해주장이 부당한 경우

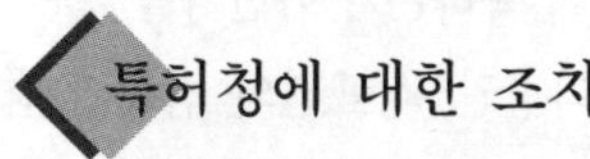 특허청에 대한 조치

1) 특허심판원에 대한 조치

● 등록무효심판청구

특허권, 실용신안권, 의장권, 상표권에 관한 설정등록의 무효심판은 일단 유효하게 설정등록된 이들 권리가 법률 소정의 무효사유에 해당할 경우 심판 절차에 의하여 그 효력을 처음부터 상실시키는 심판이다. 무효심결이 확정되면 침해를 이유로 한 민사상의 청구인용판결, 형사상의 유죄판결에 대한 재심사유가 된다. 권리자가 침해금지청구권을 행사하여 손해를 준 경우에는 그 행사가 고의, 과실에 의한 경우 손해배상책임이 발생한다(자세한 것은 제11장을 참조한다).

● 등록취소심판청구

상표등록의 취소심판은 일단 유효하게 상표등록이 된 후에 일정한 법정 취소사유에 해당됨을 이유로 등록취소의 심판청구가 있는 경우 그 등록의 효력을 장래를 향하여 소멸시키는 상표법만의 특유한 심판이다. 침해주장을 받은 자는 상표권자가 상표를 타인에게 사용하게 하거나 부기변경하여 사용한 경우, 취소심판청구일 전 계속하여 3년 이상 정당한 이유 없이 사용하지 않았을 때 등을 이유로 상표등록의 취소심판을 청구할 수 있다(자세한 것은 제11장을 참조한다).

● 권리범위확인심판청구

권리범위확인심판이란 특허권 등이 미치는 보호범위, 즉 구체적 사실에 대하여 특허권 등의 효력이 미치는지 미치지 않는지를 확인하는 심판이다. 이 심판은 특허권 등의 유효, 무효와는 관계가 없고 다만, 특허권 침해 등을 이유로 분쟁이 발생하면 분쟁대상물이 그 권리범위에 속하는가 아닌가를 확인하는 심판이다. 이 심판은 특허권, 실용신안권, 의장권, 상표권의 침해관계를 판단하는 제도로서 침해소송과 병행하여 또는 그 전 단계에 방어적 수단으로 활용된다(자세한 것은 제11장을 참조한다).

2) 특허청장에 대한 조치

● 특허이의신청

특허무효사유가 있거나 특허요건을 갖추지 않은 경우 특허의 등록공고일부터 3월 이내에 특허청장에게 특허이의신청을 할 수 있다(특§69). 특허이의가 이유 있다고 판단될 경우 특허청에서 특허취소결정을 하게 된다(특§74). 취소결정이 확정되면 특허권은 처음부터 없었던 것으로 본다.

● 실용신안 기술평가의 청구

침해 경고를 받은 자는 실용신안등록에 대하여 기술평가를 청구할 수 있다(실§21). 실용신안등록무효사유, 기타 등록요건 흠결이 있는 경우 실용신안등록이 취소되며(§25) 그 취소결정이 확정되면 그 실용신안권은 처음부터 없었던 것으로 본다.

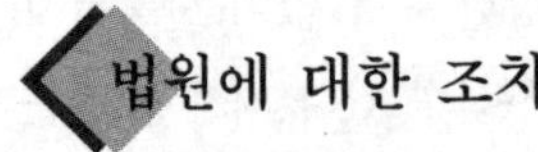

법원에 대한 조치

1) 부인 답변

지적재산권 침해로 제소된 자(피고 또는 채무자)는 자신의 실시행위가 지적재산권 예컨대, 특허권에 저촉하는 경우라도 특허권의 행사를 제한하는 사유나 그 실시행위를 적법하게 하는 사유가 침해가 성립하지 아니한다고 답변할 수 있다.

예컨대, 피고가 자기의 실시형태는 원고의 특허권의 기술적 범위에 속하지 아니한다고 주장하면서 변리사 등 전문가의 감정서 또는 특허청의 권리범위확인심판을 제출할 수 있다. 이러한 주장은 소송법상으로 부인에 해당한다.

부인은 원고의 주장에 대한 피고의 소극적인 방어방법이므로 이에 대한 입증책임은 없으나 원고의 주장에 대한 강력한 방어방법은 되지 못한다.

2) 항변 제출

● 항변이란

원고의 주장에 대한 적극적인 방법으로는 항변이 있다. 이는 원고가 주장하는 권리의 장애사유 또는 멸각사유를 말하며 피고에게 입증책임이 있다. 예컨대, 원고의 특허권의 효력이 제한된다든지, 피고에게 정당한 실시권이 부여되어 있다는 등의 주장과 함께 이에 대한 입증을 하는 것이다.

● 일반적 항변사유

효력의 제한사유로는 ⅰ) 특허권의 효력이 미치지 아니하는 범위(특§96), ⅱ) 상표권의 효력이 미치지 아니하는 범위(상§51), ⅲ) 저작권의 효력의 제한(저§22~33) 등을 들 수 있다.

피고에게 실시권이 존재한다는 항변으로는 먼저 허락(약정)실시권으로는 ⅰ) 전용실시권(특§100), ⅱ) 통상실시권(특§102)이 있고, 법정실시권으로는 ⅰ) 직무발명의 경우(특§39), ⅱ) 선사용권(특§103), ⅲ) 중용권(특§104), ⅳ) 의장권의 존속기간 만료에 의한 통상실시권(특§105), ⅴ) 질권실행으로 인한 특허권자의 통상실시권(특§122) 등이 있다. 강제실시권으로는 ⅰ) 불실시 등의 경우(특§107), ⅱ) 이용발명을 실시하기 위한 경우(특§98, 138), ⅲ) 국방상 필요에 의한 경우(특§106) 등이 있다.

● 권리남용 또는 실효의 항변

① 권리남용의 항변

지적재산권도 사권의 일종인 이상 그 권리의 행사는 신의성실의 원칙에 따라야 하며 권리의 남용은 허용되지 아니한다(민§2). 특히 산업재산법은 국가 산업발전에의 기여를 목적으로 하므로 권리의 공공성, 사회성이 강조되고 특허산업재산권의 권리남용적 행사에 대하여 권리를 취소하거나 타인에게 실시권을 부여할 수 있는 제도도 마련하고 있다(특§107, §116, 실§47, 의§61, 상§73 참조).

그러나 특허침해소송에 있어서 오인특허에 기한 권리행사가 권리남용에 해당하는 경우가 있을 수 있으나 실무상 이 항변이 그대로 받아들여진 경우는 아직 없는 것으로 보인다. 다만, 상표법의 분야에서는 권리남용 항변이 받아들여진 경우가 더러 있다.

대법원은 "상표권은 기본적으로는 사적 재산권의 성질을 가지지만 그 보호범위는 필연적으로는 사회적 제약을 받는데, 상표 등록이 자기의 상품을 다른 업자의 상품과 식별시킬 목적으로 한 것이 아니고 일반 수요자로 하여금 타인의 상품과 혼동을 일으키게 하거나 타인의 영업상의 시설이나 활동과 혼동을 일으키게 하여 이익을 얻을 목적으로 형식상 상표권을 취득하는 경우에는 상표의 등록출원자체가 부정경쟁행위를 목적으로 하는 것이 되고, 비록 권리행사의 외형을 갖추었다 하더라도 이는 상표법을 악용하거나 남용한 것이 되어 상표법에 의한 적법한 권리의 행사라고 인정할 수 없다"고 판시하고 있다(94도3287).

그 밖에 일본판례로는 예컨대, 형식적으로는 존재하지만 등록이 말소될 운명에 있는 상표권에 기한 권리행사에 대하여 그러한 가공권에 터잡은 권리행사를 권리남용이라는 이유로 보호를 부정한 것, 피고가 많은 광고선전비를 들여 널리 인식되게 된 미등록 주지상표의 사용을 금지시키기 위하여 제3자가 등록을 받아 사용하지 않던 상표를 양수받아 그에 기하여 금지청구소송을 제기한 것에 대하여 권리남용금지의 법리에 의하여 보호를 부정한 것이 있다.

② 실효의 항변

권리자가 그의 권리를 오랜 기간 동안 행사하지 않았기 때문에 상대방이 이제는 그 권리를 행사하지 아니할 것으로 믿을 만한 정당한 사유가 있게 된 경우에 새삼스럽게 그 권리를 행사하는 것이 신의성실의 원칙에 어긋난다고 인정되는 때에는 그 권리는 실효되었다고 항변할 수 있다는 것이 이른바 실효의 이론이다.

특허침해소송에 있어서도 권리자가 특허발명의 실시를 오랫동안 묵인하여 상대방도 그 동안의 경우로 보아 권리자가 권리를 행사하지 않으리라고 믿어 사업의 확장을 꾀하여 온 경우 갑자기 침해소송을 제기한 경우에 이 원칙이 적용될 가능성이 있다. 실효의 원칙도 상표법의 분야에서 문제로 될 여지가 많다.

우리나라는 실효이론을 도입한 판례는 아직 없는 것으로 보인다. 실효이론을 도입하고 있는 국가는 독일, 미국, 영국 등이다. 독일의 경우 실효이론이 성립하기 위해서는 ⅰ) 표지의 저촉, ⅱ) 시간의 경과, ⅲ) 피침해자의 부작위, ⅳ) 침해자가 노력과 비용을 투자하여 침해한 상표가 유통되어 보호할 가치 있는 점유상태를 취득하였을 것 등의 요건이 갖추어져 있어야 한다고 한다.

● 특허무효의 항변

현행 특허법하에서는 무효심판절차에 의해서만 특허권을 무효로 할 수 있으므로 무효심판이 확정되지 아니한 상태에서 특허의 무효를 주장하는 것은 주장 자체로서 이유 없는 것이 된다.

그러나 특허요건이 결여된 특허발명에 대하여는 판결이유 중에 당해 특허가 무효임을 판시하지 않고 당해 특허의 권리범위는 침해 형태를 포함하지 아니하고 특허침해를 구성하지 아니한다는 식의 제한적 해석이 가능하다고 할 것이다. 왜냐하면 특허요건을 제대로 갖추어 특허보호를 받을 가치 있는 발명과 그렇지 못한 발명 내지 발명적 기여가 미미한 특허발명은 발명적 기여력의 크기에서 엄연한 차이가 있고, 따라서 '큰 특허는 큰 보호, 작은 특허는 작은 보호'라는 원칙에 따라 서로 다르게 취급할 필요가 있기 때문이다.

대법원은 "등록된 특허발명의 일부 또는 전부가 출원 당시 공지공용의 것인 경우에는 특허무효의 심결유무에 관계 없이 그 권리범위를 인정할 수 없다 할 것이나, 이는 등록된 특허발명의 일부 또는 전부가 출원 당시 공지공용의 기술에 비추어 새로운 것이 아니어서 소위 신규성이 없는 경우 그렇다는 것이지, 신규성은 있으나 그 분야에서 통상의 지식을 가진 자가 선행기술에 의하여 쉽게 발명할 수 있는 것이어서 소위 진보성이 없는 경우까지 법원이 다른 소송에서 당연히 권리범위를 부정할 수는 없다"(91마540)고 하여 신규성 결여의 특허인 경우에는 무효심결의 유무에 관계 없이 그 권리범위를 인정할 수 없다고 함으로써 사실상 무효항변을 인정하고 있다.

그러므로 소송 실무상으로는 특허무효의 항변을 무턱대고 주장 자체가 이유 없다고 물리칠 것이 아니라 특허의 권리범위 제한 사유에 대한 주장으로 받아들여 입증의 기회를 충분히 줄 것이 요망된다.

● 공지공용기술이용의 항변

발명특허는 신규의 진보적인 유용한 기술에 대하여만 주어지므로 특허발명을 배타적으로 이용하는 특허권자의 이익과 공지공용의 기술을 이용하는 일반 제3자 내지 경업자의 이익이 서로 충돌하는 경우는 이론상 있을 수 없다.

그러나 만약 특허청이 선행의 공지공용의 기술이론에 비추어 특허능력을 갖추지 못한 발명에 대하여 특허를 잘못 부여한 경우에는 이러한 오인특허 때문에 공지기술의 이용에 관한 일반 공중의 자유는 형식적으로 제한을 받게 된다. 따라서 이러한 오인특허의 특허보호를 부정하여 형식적인 법적상태를 실질적인 법적상태에 일치시킬 수 있는 절차규정이 마련되지 않으면 안 된다.

침해소송단계에서 피고는 특허권 그 자체의 무효 여부를 문제삼을 수 없지만 "피고의 실시행위는 그 특허의 기술내용을 사용한 것이 아니고 공지공용 기술을 이용한 것에 불과하므로 그 특허에 터잡아 그것을 금지시킬 수 없다"는 식으로 다툴 수 있을 것이다. 특허침해소송에 있어서 피고의 이와 같은 주장, 즉 자기의 실시형태는 특허권 침해가 아니고 공지공용의 자유기술의 이용에 지나지 아니한다는 주장은 단순한 부인 이상의 의미내용을 가진 사실상의 주장으로서 소송상 의미에 있어서 하나의 항변이라 할 수 있다. 요컨대, 자유로운 기술의 항변은 실질적으로 무권리임에도 불구하고 형식적으로는 유효한 권리로 취급되는 오인특허의 권리발생을 막을 수 있는 대항권이라는 개념으로 발전하여 온 것이다.

대법원은 일찍부터 신규성 결여의 오인특허에 대하여는 권리범위를 부정하여야 한다(81후56)는 원칙을 선언하여 비록 특허권자나 실용신안권자 또는 의장권자로 등록되어 있더라도 그것이 신규성 결여인 것인 이상 권리를 인정할 수 없고 따라서 민사상 특허권 침해를 부정하고 형사상 특허권 침해죄도 성립되지 아니한다(86도1147, 87마45, 90마995)고 판시하고 있다.

한편 특허의 진보성 여부는 법원에서 판단할 사항이 아니라고 명시(97후2095)하여 이 점에서는 특허청과 법원간의 권한분배의 원칙을 관철하고 있다.

3) 예방적 소송제기

지적재산권 침해를 주장하는 자에 대하여 또는 침해를 주장하는 특허, 실용신안침해소송에서 적극적으로 반소로서 또는 침해소송제기 전에 예방적으로 미리 소송을 제기할 수 있다.

● 침해금지청구권 부존재확인의 소

지적재산권자로부터 침해금지청구의 소가 제기된 경우에는 법원에 침해금지청구권부존재확인소송, 즉 지적재산권자에게 침해금지청구권이 존재하지 않음을 확인해 달라는 소를 제기할 수 있다. 또한 지적재산권 침해를 이유로 지적재산권자가 실시자나 그 실시자와 거래하고 있는 업자 등에게 경고장 발송 등의 조치를 취하는 등 소를 제기당할 우려가 있을 경우에는 그를 상대로 그러한 방해배제청구권이 존재하지 아니하는 확인을 구하는 소를 제기할 수 있다. 반소의 형태로도 제기할 수 있다.

● 선사용권 등에 의한 실시권 확인의 소

특허, 실용신안권 침해주장에 대하여 선사용에 의한 통상실시권(특§103, 실§42), 무효심판청구등록 전의 실시에 의한 통상실시권(특§104, 실§42) 등 법정실시권으로 대항할 경우 선사용권 등에 의한 실시권 확인의 소를 미리 독립적으로 제기하거나 반소로서 청구할 수 있다.

● 손해배상채무부존재확인

경고를 받은 자는 지적재산권자로부터 손해배상청구를 당할 우려가 있을 때에는 먼저 손해배상대상인 채무가 없다는 확인의 소를 법원에 청구할 수 있다.

4) 형사사건에 대한 조치

경찰이나 검찰에 지적재산침해를 이유로 형사고소를 당하였을 경우에는 무효심판청구서의 사본, 권리범위확인심판청구서의 사본, 감정서를 각 해당 기관에 제출하고 유리한 참고인이 있으면 이를 신청하여 진술을 받게 한다. 만약 구속영장이 발부될 단계라면 변호인의 도움을 받아 처리하는 것이 좋다.

경찰이나 검찰의 조사가 일단 끝나면 검사에 의해 기소, 불기소처분 결정이 있게 된다. 기소된 후에는 민사사건과 맞물려 사실관계의 정리 및 복잡한 법리문제 등이 대두되므로 변호인을 선임하여 방어하는 것이 유리하다.

제10장 지적재산권은 어떻게 소멸되는가

1. 지적재산권의 소멸원인

지적재산권의 소멸이란 일단 유효하게 발생한 지적재산권이 일정한 사실의 발생으로 인하여 그 후 효력이 소멸하는 경우와 지적재산권의 효력이 처음부터 상실되는 경우를 말한다.

지적재산권은 소유권과 같이 영구히 존속하는 권리가 아니고 일정한 법정기한부로 국가의 설정행위에 의하여 발생하고 그 존속기간의 만료나 기타의 사유로 소멸하는 유한성을 가진 권리이다.

이는 지적재산권제도가 창작자를 보호하는 동시에 산업, 학문, 예술 등의 진보 향상을 기하여 사회와 국가의 발전에 기여케 한다는 양면의 목적을 가지고 있기 때문이다.

모든 지적재산권에 공통적인 소멸사유로는 지적재산권 존속기간의 만료, 권리의 포기, 상속인의 부존재 등이 있다. 이는 지적재산권자 자신의 권리포기나 당연소멸원인에 의해서 소멸하는 경우를 가리키며 협의의 소멸원인이라고 한다.

한편 산업재산권 등의 경우에는 그 권리의 무효나 취소에 의해 소멸되는 경우가 있다. 산업재산권 등의 성립에는 엄격한 요건이 필요하여 권리의 독점배타적 효력이 보다 강하므로 공익과 사익의 조절을 위하여 특별한 소멸원인을 두고 있는 것이다.

  이는 지적재산권자에 기인하는 소멸사유가 아니라 타의에 의해서 지적재산권이 소멸하는 경우로서 광의의 소멸원인이라고 한다. 지적재산권의 무효의 경우에는 다른 소멸사유와는 달리 소급효가 있으므로 이를 가장 넓은 의미의 소멸사유라고도 부를 수 있다.

2. 지적재산권 공통의 소멸원인

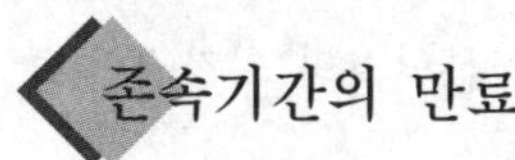 존속기간의 만료

1) 특허권과 실용신안권

특허권의 존속기간은 특허등록이 있는 날부터 출원일 후 20년이 되는 날까지로 한다(특§88①). 실용신안권의 존속기간은 "실용신안의 설정등록이 있는 날부터 실용신안등록출원일 후 10년이 되는 날까지"로 한다(실§36①). 따라서 실제로 특허권 또는 실용신안권이 존속하는 기간은 '설정등록시' 부터 '출원일의 다음날부터 20년 또는 10년이 되는 날' 까지가 된다. 이를 알기 쉽게 도표로 나타내면 다음과 같다.

특허권/실용신안권의 존속기간

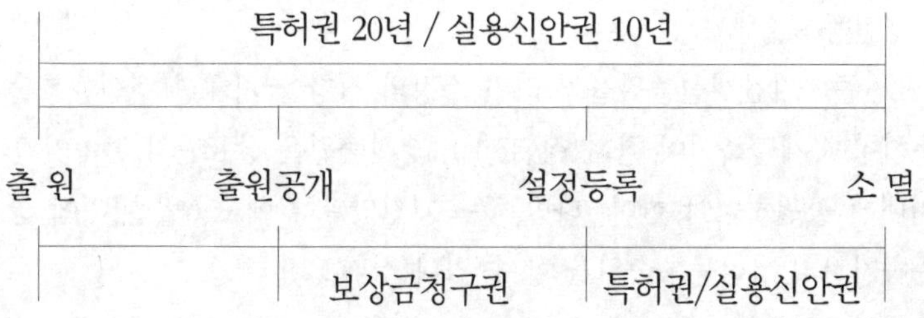

한편, 특허발명을 실시하기 위하여 다른 법령에 의한 허가, 등록을 하여야 하고, 그 허가나 등록을 위하여 필요한 활성, 안전성 등의 시험을 하는데 오랜 기간이 소요되는 대통령령으로 정하는 발명인 경우는 그 실시할 수 없었던 기간에 대하여 5년의 기간 안에서 그 특허권의 존속기간을 연장할 수 있다(특§89①). 실용신안권은 존속기간연장제도가 없다.

2) 의장권

의장권의 존속기간은 의장권의 설정등록이 있는 날부터 15년으로 한다. 다만, 유사의장의 의장권의 존속기간 만료일은 그 기본의장의 의장권의 존속기간 만료일로 한다(의§40①).

3) 상표권

● 상표권의 존속기간

상표권의 존속기간은 상표권의 설정등록이 있는 날부터 10년으로 한다(상 §42①). 상표권의 존속기간은 상표권존속기간갱신등록출원에 의하여 10년간씩 갱신할 수 있다(상§42②). 즉 상표권의 존속기간은 다른 산업재산권과 달리 갱신등록의 출원에 의하여 10년간씩 갱신할 수 있다. 이와 같이 상표권은 존속기간갱신등록제도가 있으므로 영구히 존속시킬 수 있는 권리이다.

● 존속기간갱신등록출원

① 갱신등록출원

상표권존속기간갱신출원을 하려면 소정의 사항을 기재한 갱신등록출원서를 특허청에 제출하여야 한다(상§43①). 갱신출원은 상표권의 존속기간 전 1년 이내에 출원하여야 한다. 다만, 존속기간만료 후에도 6월 이내에 상표권의 존속기간의 갱신등록출원을 할 수 있다(상§42②).

② 갱신출원분할

등록 상표의 지정상품이 2 이상의 상품으로 되어 있는 경우에는 분할하여 상표권의 존속기간갱신등록출원을 할 수 있다(상§43①). 출원분할은 출원의 일부에 대하여 새로운 갱신등록출원을 하는 것을 말한다.

③ 심사 및 등록

심사관은 갱신등록출원을 심사한 결과 소정의 거절이유에 해당할 때에는 거절이유를 통지하고 상당한 기간을 지정하여 의견서제출의 기회를 주어야 한다(상§45). 출원인으로부터 의견서의 제출이 있거나 의견서의 제출이 없다 하더라도 일정기간이 지난 후 재심사한 결과 거절이유를 발견할 수 없을 때에는 출원인에게 갱신등록사정서를 통지하고 출원인은 그 사정서를 받은 날부터 30일 안에 갱신등록료를 납부하면 갱신등록된다.

④ 갱신등록출원의 효과

적법한 존속기간갱신등록출원이 있을 때에는 상표권의 존속기간은 갱신된 것으로 본다. 댜만, 이에 대한 거절사정이 확정된 때에는 그러하지 아니하다. 갱신등록은 원등록의 효력이 끝나는 다음날부터 효력이 발생한다(상§46). 즉 그 때부터 다시 10년 동안 상표권의 존속기간이 진행된다.

4) 부정경쟁방지청구권 등

부정경쟁행위 및 영업비밀침해에 관한 권리자의 권리는 소극적 효력, 즉 금지청구권이나 손해배상청구권 등이 발생할 뿐이므로 적극적 효력에 따른 권리의 존속기간의 개념이 있을 수 없다. 소극적 효력에 따른 권리는 민법의 불법행위 규정에 따라 그 소멸시효기간 또는 제척기간 안에 행사하여야 한다.

예컨대, 영업비밀 침해행위의 금지 또는 예방을 청구할 수 있는 권리는 영업비밀 침해행위가 계속되는 경우에 영업비밀 보유자가 그 침해행위에 의하여 영업상의 이익이 침해되거나 침해될 우려가 있는 사실 및 침해행위자를 안 날부터 3년간 이를 행사하지 아니하면 시효로 소멸된다. 그 침해행위가 시작된 날부터 10년을 경과한 때에도 또한 같다(부§14)라고 하여 민법상 불법행위의 행사기간과 마찬가지의 규정을 두고 있다.

5) 저작권

저작권법상의 권리는 원칙적으로는 저작자가 저작물을 창작한 때부터 권리가 발생하여(저§10②) 사후 50년간으로 하고 있다(저§36). 그러나 다음과 같은 경우에는 예외로 한다.

ⅰ) 저작자 사망 후 40년이 지나고 50년이 되기 전에 공표된 저작물인 경우 저작재산권은 공표된 때부터 10년간만 존속한다.

ⅱ) 공동저작물은 마지막으로 사망한 저작자의 사망 후 50년간 존속한다.

ⅲ) 무명 또는 널리 알려지지 아니한 이명이 표시된 저작물의 저작재산권은 공표된 때부터 50년간 존속한다(저§37①).

'무명'이란 유명하지 않다는 것이 아니라 저작자명이 없다는 것을 말한다. '널리 알려지지 아니한 이명이 표시된 저작물'이란 저작자 본인이라고 일반적으로 인식될 수 없는 이명이 표시된 저작물을 말한다.

무명 또는 이명저작물은 공표 후 50년이지만 그 기간 내에 저작자의 실명 또는 널리 알려진 이명(異名)이 밝혀진 경우에는 제외된다(저§37②).

ⅳ) 단체명의 저작물의 원작재산권은 공표한 때부터 50년간 존속한다. 다만, 창작한 때부터 10년 이내에 공표되지 아니한 경우에는 창작한 때부터 50년간 존속한다(저§38).

ⅴ) 영상저작물의 저작재산권은 공표한 때부터 50년간 존속한다. 다만, 창작한 때부터 50년 이내에 공표되지 아니한 경우에는 창작한 때부터 50년간 존속한다(저§77).

ⅵ) 저작인접권의 보호기간은 실연에서는 실연을 한 때부터, 음반에서는 그 음을 맨 처음 그 음반에 고정한 때부터, 방송에서는 그 방송을 한 때부터 권리가 발생하며, 그 다음해부터 기산하여 50년간 존속한다(저§70).

ⅶ) 신문, 잡지와 같은 정기간행물이나 백과사전과 연속간행물의 공표시기는 매책, 매호 또는 매회의 공표시를, 일부분씩 순차적으로 공표하여 완성하는 저작물에 있어서는 최종부분이 공표된 때를, 계속되어야 할 부분이 3년 이상 중단된 경우에는 공표된 부분의 마지막 부분이 공표된 때를 각 공표시기로 본다(저§39).

상속인의 부존재 및 권리의 포기

1) 상속인의 부존재

일반 소유권의 경우에 상속인이 없으면 그 재산은 국가에 귀속하지만(민법§1058) 지적재산권은 상속인이 없을 때나 권리자인 법인이 소멸하여 그 권리의 승계자가 없을 때에도 소멸된다(특§124, 상§64, 저§46). 다만, 저작인격권은 영구적인 것이므로 소멸하지 않는다.

또한 상속인이 없는 경우에도 지적재산권상에 각종의 실시권이나 질권 등을 가지고 있는 자가 있거나 일반 상속채권자와 유증자, 공유자 등이 있는 경우에는 지적재산권은 이들을 보호하여야 할 범위 내에서 존속한다. 지적재산권의 공유자 중의 1인이 상속인이 없이 사망하면 그 지분은 소멸하지 않고 다른 공유자에게 각 지분의 비율로 귀속하게 된다.

상표권자가 사망한 날부터 3년 이내에 상속인이 그 상표권의 이전등록을 하지 아니한 경우에는 상표권자가 사망한 날부터 3년이 되는 날의 다음날에 상표권이 소멸한다(상§64).

이는 등록기재사항과 권리실제사항을 일치시켜 등록원부의 공신력을 높이기 위한 것이다. 따라서 등록원부 기재사항과 관계 없이 그 날짜에 상표권은 확정, 소멸된다.

2) 지적재산권의 포기

● 지적재산권의 포기 일반

지적재산권자가 지적재산권을 포기한 때에는 그 지적재산권은 소멸된다(특§119, 상§59). 다만, 지적재산권상에 각종의 실시권이나 질권이 설정되어 있거나, 지적재산권이 공장저당법에 의한 재단으로 구성되어 있거나 파산재단에 가입된 경우 등 포기에 의해서 불이익을 받는 자가 있는 경우에는 이들의 승낙 없이 그 지적재산권을 포기하지 못한다. 지적재산권이 공유로 된 경우에 공유자의 1인이 그 지분을 포기하였을 때에는 그 지분은 다른 공유자에 귀속한다.

지적재산권의 포기가 있는 때에는 포기한 때부터 소멸한다(특§120, 상§61). 산업재산권의 포기는 이를 등기하지 아니하면 효력이 발생하지 않는다(특§101① i , 상§56).

● 상표권자의 포기에 관한 특칙

① 상표권의 일부 포기

상표권은 지정상품의 일부에 관한 상표권을 포기할 수 있다.

② 재출원할 수 있는 권리

상표권자는 자기의 상표권을 여하한 이유에 의해 포기하였더라도 포기한 날부터 1년 이내에 다시 상표등록출원할 수 있는 권리가 있다(상§7조①viii).

③ 지정상품추가등록을 받을 수 있는 권리

포기한 상표권자는 별도로 포기한 상표권에 유사한 상표권이 있거나 출원 중에 있는 권리가 존재할 경우에는 지정상품추가등록출원을 하여 권리를 보호할 수 있다.

④ 포기로 인한 상표권자의 재출원할 수 있는 권리의 제한

상표법 소정 사유를 이유로 상표등록취소심판청구를 한 날 이후에 상표권자가 상표권 또는 지정상품의 일부를 포기한 경우, 상표권자 및 그 상표를 사용한 타인은 포기한 날부터 3년이 경과한 후가 아니면 소멸된 등록상표와 동일 또는 유사한 상표를 그 지정상품과 동일 또는 유사한 상품에 대하여 상표등록을 받을 수 없다(상§7⑤).

과거 상표권자는 상표등록취소사유가 있는 상표권의 전부 또는 일부에 대한 취소심판청구 후 심결확정 전에 심판청구를 취하하고 상표권이 소멸한 날부터 1년 이내에는 재출원할 수 있는 권리(상§7①viii)를 이용하기 위해 취하하는 경우가 있었다.

본조는 이런 폐단을 방지하기 위해서 소멸한 날부터 3년 이내에는 재출원할 수 없도록 한 것이다(제4절을 참조한다).

⑤ 상표권의 포기와 무효심판과의 관계

상표권이 포기로 인해 소멸되었더라도 이해관계인은 소멸된 상표를 상대로 무효심판을 청구할 수 있다.

무효심판청구에 상표권이 무효확정되면 소급해서 상표권이 소멸하므로 손해배상청구 등을 할 수 있는 실익이 있다.

3. 산업재산권 특유의 소멸원인

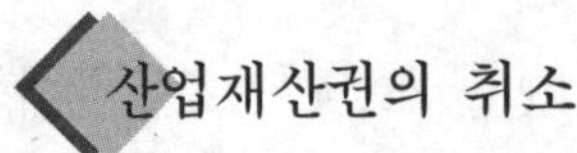 산업재산권의 취소

1) 특허권·실용신안권의 취소

● 특허권·실용신안권의 취소란

특허권의 취소란 특허권의 성립 후 일정한 사유가 발생한 때에 장래에 향하여 그 효력을 소멸시키는 행정처분을 말한다(특§116). 실용신안권에 대해서도 동일하다(실§42).

● 취소사유 및 절차

취소사유는 특허발명불실시의 경우에 한한다.

천재지변, 기타 불가항력 사유 또는 대통령령이 정하는 정당한 이유 없이 계속하여 3년 이상 국내에서 실시되고 있지 아니한 경우 특허청장은 제1단계로 강제실시를 재정하고(특§107), 이러한 재정이 있은 날부터 계속하여 2년 이상 그 특허발명이 국내에서 실시되지 아니하는 경우에는 2단계로 이해관계인의 신청에 의하여 또는 직권으로 그 특허권을 취소할 수 있다(특§116). 이에 대한 불복은 특별히 정함이 없으므로 일반 행정쟁송에 의한다.

특허청장은 취소신청서의 부본을 특허권자, 전용실시권자, 기타 그 특허에 관하여 등록을 한 권리를 가지는 자에게 송달하고 기간을 정하여 답변서를 제출할 수 있는 기회를 주어야 하며(특§116②, §108) 취소를 하고자 할 때는 산업재산권 심의위원회의 의견을 들어야 한다(특§116②, §109).

취소결정은 이유를 명시한 서면으로 하여야 하며(특§116②, §110) 당사자 및 그 특허에 관하여 등록을 한 권리를 가지는 자에게 취소결정등본을 송달하여야 한다(특§116②, §111①).

● 효 과

특허의 취소에 의하여 당초에 유효하게 설정되었던 특허권은 그 취소가 있은 때부터 장래에 향하여 효력이 소멸된다. 이는 행정법상 행정행위의 철회의 효과와 일치한다. 특허권이 취소된 때에는 특허청장은 그의 직권으로 특허권등록을 말소하여야 한다(특등령§14ⅲ).

2) 상표등록의 취소

상표등록의 취소란 일단 유효하게 성립한 상표권이 사후에 일정한 법적사유로 인하여 심판절차에 의해 그 등록의 효력을 장래에 향하여 상실시키는 것을 말한다.

특허권은 당해 발명의 불실시를 이유로 특허청장의 직권이나 이해관계인의 신청에 의해 취소할 수 있음에 비해 상표권은 그러한 절차가 없고 오직 상표등록취소심판의 취소확정에 의해 취소시킬 수 있다(상표등록의 취소심판절차에 관하여 자세한 것은 제11장 제2절을 참조한다).

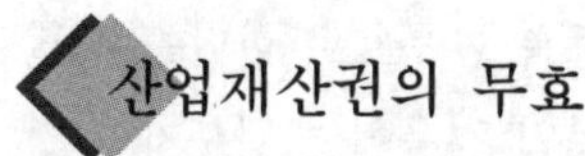

산업재산권의 무효

1) 특허의 무효

특허발명이 무효사유에 해당될 때에는 그 특허권은 무효심결의 확정에 의해 소멸하고 그 특허권은 처음부터 없었던 것으로 된다. 다만, 무효사유가 후발적으로 발생된 것은 그 사유가 발생된 때까지만 소급하여 소멸된다. 실용신안권, 의장권의 무효도 마찬가지이다(특허 등의 무효심판절차에 관하여 자세한 것은 제11장 제2절을 참조한다).

2) 상표등록의 무효

상표권은 설정등록에 의해 발생되는 것이나 처음부터 상표등록요건에 흠결이 있어 설정등록이 되어서는 안 될 상표가 등록이 된 경우는 법정사유(상 §46)에 해당함을 이유로 심판절차에 의하여 등록일로 소급하여 그 효력이 소멸된다. 지정상품추가등록 또는 갱신등록상표권등록의 무효도 마찬가지이다(무효심판절차에 관하여 자세한 것은 제11장 제2절을 참조한다).

등록료 불납

1) 특허권 등

특허권자가 특허료를 소정기간 안에 납부하지 않으면 그 특허권자의 특허권은 포기된 것으로 보아 특허료를 납부할 기간이 경과한 때에 소급하여 소멸한다(특§79, 80, 81). 이미 납부한 특허료는 반환하지 않으나 잘못 납부된 특허료 및 수수료, 특허를 무효로 한다는 심결이 확정된 연도의 다음 연도부터의 특허료 해당분, 특허권의 존속기간의 연장등록을 무효로 한다는 심결이 확정된 연도의 다음 연도부터의 특허료 해당분인 경우에는 납부자의 청구에 의하여 반환한다. 실용신안권자 및 의장권자의 경우는 특허권자의 경우와 같다.

2) 상표권

상표권자는 상표등록사정서를 받은 날부터 30일 이내 또는 30일의 연장기간 내에 10년분 등록료를 일시에 납부해야 한다. 상표권자는 상표등록이나 상표등록의 지정상품의 추가등록 또는 상표권의 존속기간의 갱신등록을 하여야 한다는 사정 또는 심결의 등본을 받은 날부터 30일 안에 등록료를 납부해야 하며 이 기간 내에 납부하지 아니할 경우에는 상표등록출원이나 등록 상표의 지정상품의 추가등록출원 또는 상표권의 존속기간의 갱신등록출원은 포기한 것으로 본다.

 그 밖의 것

1) 특허권의 수용

정부는 특허발명이 전시, 사변 또는 이에 준하는 비상시에 있어서 국방상 필요한 때에는 특허권을 수용할 수 있다(특허§106①). 특허권이 수용되는 때 에는 그 특허발명에 관한 특허권 이외의 권리(예컨대, 질권이나 수용, 실시 권 등)는 소멸되고(특§106②) 특허권은 국유로 된다. 이는 특허권 자체의 절 대적 소멸원인은 아니고 특허권자가 개인으로부터 국가로 바뀐다는 점에서 상대적 소멸원인이다. 이 경우 정당한 보상금을 지급하여야 함은 물론이다 (특§106③). 이를 위하여 특허권의 수용, 실시 등에 관한 규정이 마련되어 있 다.

2) 상표권자의 상속이전등록 불이행

상속의 경우 3년 이내에 상속인이 그 상표권의 이전등록을 하지 아니하였 을 경우에는 상표권자가 사망한 날부터 3년이 되는 날의 다음날에 상표권이 소멸한다(상§64).

4. 지적재산권의 소멸효과

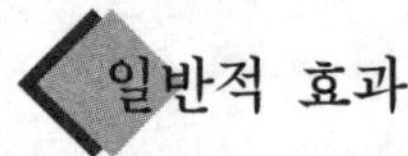 일반적 효과

협의의 소멸원인인 지적재산권 존속기간의 만료, 권리의 포기, 상속인의 부존재 및 광의의 소멸원인인 산업재산권의 취소의 경우에는 소멸원인의 발생일부터 장래를 향해서 그 효력이 소멸된다. 가장 넓은 의미의 소멸원인인 산업재산권의 무효인 경우에는 다른 소멸사유와는 달리 소급효가 있음이 원칙이다.

지적재산권이 소멸하면 그 지적재산권은 물론 그에 부수되는 권리, 즉 실시권, 사용권, 이용권, 질권, 저당권 등도 소멸한다.

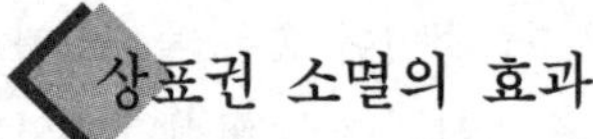 상표권 소멸의 효과

1) 재출원의 허용

상표권자는 자기의 상표권이 소멸되었다고 하더라도 아래 2)의 경우를 제외하고는 포기한 날부터 1년 이내에 다시 상표등록출원할 수 있는 권리가 있다(상§7조①viii).

2) 재출원의 제한

상표권자의 부정사용(상§73①ii), 3년 이상 불사용(상§73①iii), 단체표장을 타인에게 사용케 한 경우(상§73①v), 단체표장을 오인·혼동케 한 경우(상§73①vi), 대리인에 의한 부당등록(상§73①vii), 사용권자의 부정사용(상§73①viii) 및 유사상표 이전에 의한 오인·혼동 초래(상§73①ix)에 해당한다

는 것을 이유로 상표등록의 취소심판이 청구되고 그 청구일 이후에 다음 각
호의 1에 해당하게 된 때에는 상표권자 및 그 상표를 사용한 자는 그 해당하
게 된 날부터 3년이 경과한 후에 상표등록출원을 하지 아니하면 소멸된 등록
상표와 동일 또는 유사한 상품에 대하여 상표등록을 받을 수 없다(상§7⑤).

ⅰ) 존속기간의 만료로 인하여 상표권이 소멸한 경우
ⅱ) 상표권자가 상표권 또는 지정상품의 일부를 포기한 경우
ⅲ) 상표등록 취소의 심결이 확정된 경우

3) 취소심판청구인의 우선출원권

3년 이상 상표의 불사용(상§73①ⅲ)을 이유로 취소심판을 청구한 자는 그
청구일 이후에 ⅰ) 존속기간의 만료로 인하여 상표권이 소멸한 경우, ⅱ) 상
표권자가 상표권 또는 지정상품의 일부를 포기한 경우, ⅲ) 상표등록 취소의
심결이 확정된 경우 중 어느 하나라도 해당하게 된 날부터 3개월간은 소멸된
등록상표와 동일 또는 유사한 상품에 대하여 상표등록을 받을 수 있다(상§8
⑤). 이는 심판청구인으로 하여금 심판과정에 투자한 경제적, 정신적 손실에
대한 보상을 받도록 우선출원의 혜택을 주는 것이다.

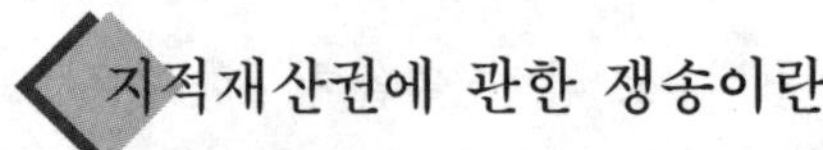제11장 지적재산권에 관한 쟁송은 어떻게 다루어지는가

1. 지적재산권에 관한 쟁송

지적재산권에 관한 쟁송이란

권리의 분쟁에 관한 심판과 소송을 총칭하여 쟁송이라고 부른다.

지적재산권도 권리의 일종이므로 그에 관한 분쟁도 일반적인 소송제기를 통해 해결할 수 있음은 물론이다. 그런데 지적재산 중에서도 특히 산업재산에 관하여는 그 독점배타성이 매우 강하므로 그에 따른 사익과 공익의 조화를 위해 그 권리의 취득에 엄격한 절차를 요구하고 있으며 이러한 권리의 성립이나 효력에 관련된 쟁송에 관하여는 특허청에 설치된 특허심판원에 먼저 제소해야 하며 그 심판에 대한 불복은 특허법원에의 소송제기를 통해 처리되는 절차를 정하고 있다.

심판과 소송

● 지적재산권에 관한 심판

지적재산권의 성립 등에 관한 행정청의 처분에 대한 불복은 일반 행정심판 절차에 따라 제기할 수 있다. 예컨대, 저작권법이나 부정경쟁방지법에 따라 행정청이 부과한 처분에 불복이 있는 경우에는 행정심판법에 따라 그 구제를 청구할 수 있다.

산업재산권의 성립, 효력 등에 관한 특허청장의 처분에 대하여는 특허심판원의 심판절차에 따라 처리된다. 다만, 특허법 등 산업재산법이 심판절차에 특별한 규정을 두고 있지 않은 그 밖의 사항에 관한 쟁송은 일반원칙에 따라 행정심판법에 따라야 한다.

예컨대, 서류의 불수리 처분(특규칙§11), 출원 등의 절차의 무효처분(특§16)에 대한 불복이 그것이다.

● 지적재산권에 관한 소송

지적재산권에 관한 소송이란 산업재산법상의 소송을 포함하여 지적재산권행정소송, 지적재산권민사소송, 지적재산권형사소송 등 지적재산권에 관련된 소송 전부를 말한다.

지적재산권의 행정심판에 대한 불복은 행정소송으로 다툴 수 있다. 지적재산권계약에 관한 소송이나 지적재산권침해에 대한 손해배상, 침해금지, 부당이득반환, 신용회복 등의 청구는 민사소송으로 처리된다. 산업재산법상의 소송, 즉 특허청 심판원의 심결에 대한 불복도 그 성질상 행정소송에 속하나 일반법원이 아닌 특허법원에서 다루고 있다.

2. 특허심판원의 심판

심판의 범위와 종류

● 심판의 범위

특허심판원의 심판이란, 행정기관인 특허청 특허심판원의 심판관의 합의체가 산업재산권(특허, 실용신안권, 의장권, 상표권)의 등록거절 등의 처분에 대한 쟁송을 심리, 판단하는 행정심판을 말한다. 즉 특허청 심사관이 행한 사정에 불복한다든지 이미 부여된 산업재산권의 효력에 대하여 이의가 있는 경우, 특허심판원에 심판을 청구하는 것을 말한다.

법률상의 쟁송을 심판하는 권한은 원래 법원에 속한다(법원조직법§2①). 따라서 행정기관이 최종심으로 재판을 할 수 없지만(헌법§107②) 전심으로서의 심판은 할 수 있다(법원조직법§2②). 산업재산권의 성립, 효력 등에 관한 쟁송의 처리에는 보호객체의 특수성에 의해 전문적 기술지식이 필요하므로 그 심리판단을 특허청 심판관에 의해 심사되도록 하는 것이다. 심판의 성질은 준사법적 행정행위이다.

● 심판의 종류

심판은 독립적 심판과 부수적 심판으로 나눌 수 있으며 독립적 심판은 다시 당사자계 심판과 사정계 심판으로 나뉘어진다.

당사자계 심판이란 일단 산업재산권이 등록설정된 후 당사자간에 분쟁이 발생하여 그 특허내용 자체의 유무효를 다투는 경우에 판단하는 심판으로 당사자간의 대립이 존재하는 심판이다. 산업재산권에 공통된 것으로 거절사정불복심판, 특허(실용신안권, 의장권, 상표권)무효심판, 권리범위확인심판 등이 있고, 특허권에 특유한 것으로 정정심판, 정정무효심판, 특허권 존속기간 연장등록의 무효심판 등이 있으며, 상표권에 특유한 것으로 상표등록취소, 사용권등록의 취소심판 등이 있다.

사정계 심판이란 당사자간의 대립에 의한 것이 아니라 심사관의 사정이나 결정에 대한 불복이 있는 경우 및 명세서 정정 등을 위하여 청구할 수 있는 심판이다. 심사관의 사정에 대한 불복심판으로는 등록출원거절사정 불복심판, 갱신등록거절사정 불복심판 등이 있고, 심사관의 결정에 대한 불복심판으로는 특허이의신청에 의한 취소결정에 대한 불복심판, 보정각하결정에 대한 불복심판 등이 있다.

부수적 심판으로는 기피심판(특§152①), 참가심판(특§156③), 등록보전심판(특§157), 심판비용심판(특§165), 심리, 심결의 병합 또는 분리심판(특§160) 등이 있다.

끝으로 재심제도가 있는데 이는 확정된 심결에 대한 불복을 심판하는 것으로 비상구제절차이다(특§178).

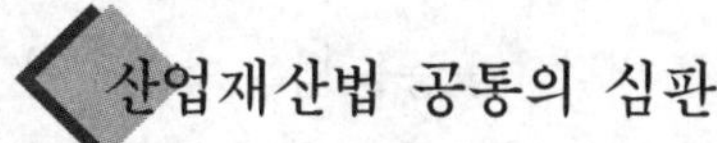

산업재산법 공통의 심판

1) 거절사정 등에 대한 심판

● 의의 및 유형

거절사정 등에 대한 심판이란 거절사정, 취소결정, 보정각하결정을 받은 자가 이에 불복하여 청구하는 심판을 말한다. 심사관의 판단에도 과오가 있을 수 있기 때문에 이를 시정하기 위해 재심사의 길을 부여한 것이다.

● 심판의 종류

① 거절사정에 대한 심판

거절사정을 받은 자가 이에 불복하여 청구하는 심판이다(특§132의 3, 의§72, 상§70의 2). 거절사정의 유형으로는 특허출원, 의장등록출원, 상표등록출원 등에 대한 거절사정이 중요하며(특§62, 의§26, 상§23), 그 밖에 특허연장등록출원, 상표갱신등록출원에 대한 거절사정 등도 포함된다.

② 취소결정에 대한 심판

취소결정을 받은 자가 이에 불복하여 청구하는 심판이다(특§132의 3, 의§72, 실§54). 취소결정의 유형으로는 이의신청이 이유 있음을 이유로 한 특허취소결정(특§74③) 및 무심사등록의장취소결정(의§29의 5③), 기술평가의 결과에 따른 실용신안등록취소결정(실§25①) 등이 있다.

③ 보정각하결정에 대한 심판

보정각하결정을 받은 자가 이에 불복하여 청구하는 심판이다(특§132의 4, 상§70의 3). 보정각하결정의 유형으로는 특허출원의 요지를 변경하는 명세서 또는 도면의 보정각하(특§51①), 상표등록출원의 요지를 변경하는 지정상품 또는 상표의 보정각하(상§17①)가 있다.

◉ 당사자

특허 또는 등록출원 거절사정의 불복심판은 거절사정 등을 받은 자만이 청구할 수 있다. 특허권 또는 상표권의 존속기간 연장등록출원에 대한 불복심판은 특허권자나 상표권자만이 청구할 수 있다. 공동출원 및 공유인 경우는 전원이 공동으로 청구한다. 피청구인은 특허청장이다.

◉ 청구절차 및 기간

거절사정에 대한 심판을 청구하려는 자는 심판청구서(특§140의 2①)를 특허청장에게 제출하여야 한다. 청구기간은 거절사정등본의 송달을 받은 날부터 30일 이내가 원칙이나 부득이한 경우에 대한 예외가 있다(특§15, 17).

◉ 심리 및 심결

① 심 리

3인 또는 5인의 심판관으로 합의체가 구성되며, 그 중 1인은 심판장으로서 심판사무를 총괄하게 된다(특§146, 상§77). 심사절차상의 규정이 심판에도 준용된다(특§170, 상§81).

서면으로 심리가 진행되며 직권심리가 원칙이다. 청구인이 청구하지 않은 이유에 대해서도 심리할 수 있다(특§159). 심사에서 밟은 특허에 관한 절차는 거절사정에 대한 심판에서도 효력이 있다(특§172). 즉 심사를 토대로 하여 심리를 속행하며, 새로운 자료도 보충하여 원사정의 대상인 출원에 대해 거절사정의 유지 여부를 심리한다.

② 심사전치

거절사정에 대한 심판의 청구가 있고 그 날부터 30일 이내에 명세서 또는 도면에 대한 보정(특허, 의장의 경우)이나 지정상품 또는 상표의 보정(상표의 경우)이 있는 경우에 특허청장은 심판을 하기 전에 심사관에게 그 청구를 다시 심사하게 하여야 한다(특§173, 의§72, 상§82).

③ 심 결

ⅰ) 심판관은 심판청구의 이유가 타당하지 않다고 인정한 경우에는 심판청구를 기각하여야 한다. 이에 불복하는 자는 특허법원에 소를 제기할 수 있다(특§186).

ⅱ) 심판관은 심판청구가 이유 있다고 인정한 경우에는 심결로서 거절사정 등을 취소하여야 한다(특§176①).

이 경우 심판관은 자판할 수도 있으며 심사에 붙일 것이라는 심결을 할 수도 있다(특§176②). 심결에 있어서 취소의 기본이 된 이유는 그 사건에 대하여 심사관을 기속한다(특§176③).

2) 특허 등의 무효심판

● 무효심판이란

특허 등의 무효심판이란 일단 유효하게 설정등록된 특허권 등이 법률 소정의 무효사유에 해당할 경우 심판 절차에 의하여 그 효력을 처음부터 상실시키는 심판이다. 각 산업재산법에서는 이의신청제도를 두어 공중으로 하여금 특허 또는 등록사정을 받은 출원에 대하여 이의를 제기할 수 있도록 하고 있다. 그러나 그 이의신청기간이 단기므로 충분한 증거를 제출하지 못함으로써 제대로 특허 또는 등록사정의 오류를 판단할 수 없는 경우가 있으므로 이해관계인 및 심사관을 청구인으로 하여 무효심판 제도를 둔 것이다.

● 성 질

일단 유효하게 발생한 행정처분을 취소하고 새로운 행정처분을 하는 것이다. 즉 특허권 등에 무효사유가 존재하고 있다고 해서 당연히 무효가 되는 것이 아니라 특허청의 심판에 의해서만 무효가 될 수 있으며, 무효가 확정되면 처음부터 효력이 없었던 것이 된다. 무효심판행위는 준사법적, 형성적 행위이다.

● 당사자

무효심판을 청구할 수 있는 자는 이해관계인과 심사관이며(특§133① 등), 피청구인은 특허권자, 실용신안권자, 의장권자 또는 상표권자이다. '이해관계인'이란 특허권 등이 유효하게 존속함으로 인하여 직접 또는 간접적으로 불이익을 받을 염려가 있는 자를 말한다.

● 무효사유

① 통상의 특허권

특허무효의 원인은 특허를 무효로 하는 사유 및 사실이다.

그 사유는 i) 특허가 제25조(외국인의 권리능력), 제29조(특허요건), 제31조(식물발명특허), 제32조(특허를 받을 수 없는 발명), 제33조(특허를 받을 수 있는 자), 제36조(선원) 제1항 내지 제3항, 제42조(공동출원)의 각 규정에 위반하여 특허된 경우, ii) 무권리자에 대하여 특허된 경우, iii) 조약에 위반된 경우, iv) 특허된 후 그 특허권자가 제25조(외국인의 권리능력)의 규정에 의하여 특허권을 소유할 수 없는 자로 되거나 그 특허가 조약에 위반된 경우, ⅴ) 제87조 제2항 단서(이중출원규정)에 위배한 경우 등의 것에 한정된다(특§133①).

② 국제특허출원에 의한 특허권

PCT에 의한 국제특허출원절차에 따라 특허가 부여된 경우에 통상의 국내출원과 다른 특이한 흠이 있는 그대로 부여되었을 때는 이를 무효로 할 수 있다. 즉 국제특허출원의 경우에는 국제출원일에 제출된 국제출원의 명세서, 청구범위 또는 도면(도면 중 설명부분에 한함)과 그 출원번역문에 다같이 기재되어 있는 발명이나 국제출원일에 제출된 국제출원의 도면(도면 중 설명부분을 제외함)에 기재되어 있는 발명 외의 발명에 관하여 특허된 경우를 통상의 특허무효심판의 무효사유에 추가하고 있다(특§213).

③ 실용신안권

특허권의 경우와 거의 동일하다(실§49①, §68)

④ 의장권

통상의 특허권의 경우와 거의 동일하지만, 이중출원이나 국제출원 관계조항은 없다(의§68).

⑤ 상표권

ⅰ) 상표법 제3조 단서(재직중인 특허청직원이 상표등록을 받은 경우), 제6조(상표등록요건을 위반한 경우), 제7조(상표등록을 받을 수 없는 상표가 등록된 경우), 제8조(선원주의에 위반된 경우), 제12조 제2항 후단(출원중 유사한 지정상품과 함께 이전하지 않은 경우), 제12조 제5항(공유인 상표등록출원이 다른 공유자의 동의 없이 지분권을 양도한 경우), 제12조 제7항(업무표장 등록출원이 그 업무와 함께 양도되지 않은 경우), 제12조 제8항(공익단체 등의 상표등록출원이 그 업무와 함께 양도되지 않은 경우), 제12조 제9항(단체표장 등록출원이 특허청장의 허가 없이 이전된 경우), 제5조에서 준용되는 특허법 제25조(권리능력이 없는 외국인에 대하여 상표등록이 된 경우)의 각 규정에 위반된 경우, ⅱ) 상표등록 또는 지정상품의 추가등록이 조약

에 위반된 경우, ⅲ) 상표등록 또는 지정상품의 추가등록이 그 상표등록출원에 의하여 발생한 권리를 승계하지 아니한 자에 의한 경우, ⅳ) 상표등록 후 그 상표권자가 제5조(외국인의 권리능력흠결)의 규정에 의하여 준용하는 특허법 제25조의 규정에 의하여 상표권을 향유할 수 없는 자로 되거나 그 등록상표가 조약에 위반된 경우(상§71①).

● 청구기간

무효심판은 특허권 등이 소멸된 후에도 청구할 수 있다(특§133②, 실§49②, 의§68②, 상§71②). 무효로 되면 특허권 등은 소급하여 소멸하기 때문에(특§133③ 등) 그 존속기간 만료 후에 존속기간 중의 침해행위에 대해서도 손해배상을 청구할 수 있으므로 소멸 후 무효심판을 청구할 실익이 있다.

상표권의 경우 등록의 무효사유가 상표법 제7조 제1항 제6호(저명한 타인의 성명 등), 제7호(선출원에 의한 타인의 등록상표), 제8호(상표권이 소멸한 날부터 1년을 경과하지 아니한 타인의 등록상표), 제9호(주지상표), 제8조(선원), 제72조 제1항 제2호(상표권 존속기간 갱신등록 출원기간 위배)에 해당하는 것을 사유로 하는 상표등록무효심판 및 상표권의 존속기간 갱신등록의 무효심판은 상표등록일 및 상표권의 존속기간 갱신등록일부터 5년이 경과한 후에는 이를 청구할 수 없다(상§76①).

● 청구의 범위

특허 또는 실용신안의 청구범위의 청구항이 2 이상인 때에는 청구항마다 무효심판의 청구를 할 수 있다(특§133①후단, 실§49①후단). 여러 개의 의장등록이 출원된 의장등록에 대해서는 각 의장마다 무효심판의 청구를 할 수 있다(의§68①).

등록상표의 지정상품이 2 이상 있는 경우에는 지정상품마다 무효심판의 청구를 할 수 있다(상§71①).

● 심 리

구두심리를 원칙(특§154① 본문)으로 행해지지만, 공익성 및 절차의 신속성을 고려하여 직권탐지, 직권진행(특§158) 및 직권심리(특§159) 등의 주의를 가미하고 있다. 심리의 공정성을 확보하기 위해 제척(특§149), 기피제도(특§150), 제3자의 이해를 고려한 참가제도(특§155)를 두고 있다.

● 심결의 효과(소급효)

특허를 무효로 한다는 심결이 확정된 때에는 그 특허권은 처음부터 없었던 것으로 본다. 다만, 특허된 후 그 특허권자인 외국인이 권리능력을 상실하거나 조약의 개폐 등으로 인하여 특허가 조약에 위반됨을 이유로 그 등록을 무효로 하는 심결이 확정된 경우에는 그 무효사유에 해당하게 된 때부터 그 특허권의 효력이 없었던 것으로 본다(특§133③).

무효심결이 확정등록되거나 판결이 확정되면 누구든지 같은 사실 및 같은 증거에 의하여 다시 심판을 청구할 수 없다(특§163, 상§77 등).

이상의 설명은 실용신안권, 의장권, 상표권에 대한 무효심결에 대해서도 마찬가지이다(실§49③, §68③, 상§71③ 등)

3) 권리범위확인심판

● 권리범위확인심판이란

권리범위확인심판이란 특허권 등이 미치는 보호범위, 즉 구체적 사실에 대하여 특허권 등의 효력이 미치는지 여부를 확인하는 심판을 말한다(특§135①, 실§50, 의§69, 상§75). 특허 또는 실용신안의 청구범위의 청구항이 2 이상인 때에는 청구항마다 청구를 할 수 있다(특§135②, 실§50). 이 심판은 특허권 등의 유무효와는 관계가 없고 다만, 특허권 침해 등을 이유로 분쟁이 발생하면 분쟁대상물이 그 권리범위에 속하는가 아닌가를 확인하는 심판이다. 이 심판은 특허권, 실용신안권, 의장권, 상표권의 침해관계를 판단하는 제도로서 침해소송과 병행하여 또는 그 전단계에 방어적 수단으로 활용된다.

● 형태 및 청구범위

어떤 분쟁대상물이 자기의 특허권의 권리범위 안에 포함된다고 확인을 구하는 적극적 권리범위 확인심판과 그 분쟁대상물이 특허권자의 특허권의 범위 안에 포함되지 않는다고 확인을 구하는 소극적 권리범위 확인심판이 있다.

● 당사자

권리범위 확인심판을 청구할 수 있는 자는 특허권자 또는 이해관계인이다(특§135①). 적극적 권리범위 확인심판의 경우에는 특허권자가, 소극적 권리범위 확인심판에는 이해관계인이 청구인이 된다. 특허권자도 권리범위에 속하는가 아닌가를 확인받아 둠으로써 특허권을 둘러싼 권리침해 문제 등을 원만히 해결할 실익이 있다.

● 권리범위 확인의 판단기준

특허 또는 실용신안의 경우 당해 발명 또는 고안의 청구범위에 기재된 사항으로 판단한다. 실무상 특허발명 또는 등록실용신안과 분쟁관계에 있는 구체적 사실을 (가)호 발명 또는 고안이라고 표시하며 심판청구서에 첨부된 명세서 및 도면으로 첨부하여 특정한다. 발명 또는 고안의 일부가 공지인 경우 그 부분을 제외하고 권리범위를 판단한다. 발명 또는 고안의 전부가 공지공용의 기술인 경우에는 무효 여부의 판단을 기다릴 것 없이 그 효력을 부인하여야 한다.

실무상 의장 또는 상표의 경우 분쟁관계에 있는 구체적 사실을 (가)호 의장 또는 표장이라고 표시한다.

● 심판청구의 절차적 요건 및 청구범위

심판을 청구하고자 하는 자는 청구기간 내에 심판청구서(특규칙 §57①, 별지 제34호 서식)와 필요한 명세서 및 도면(특§140③)을 첨부하여 특허청장에게 제출하여야 한다(특§140①). 청구권의 존속기간 내에 청구하여야 한다. 특허범위는 발명 전체 또는 청구건마다 청구할 수 있다(특§135②). 서면심리를 원칙으로 하나 구두심리도 가능하다.

● 심결의 형태와 효과

예컨대, (가)호 발명이 각 특허권의 권리범위에 '속한다' 라는 심결이 있으면 특허권의 효력은 (가)호 발명에 미치는 것으로 되어 그의 실시는 특허권을 침해하는 것으로 된다. 반대로 특허권의 권리범위에 '속하지 아니한다' 라는 심결이 있으면 특허권의 효력은 (가)호 발명에 미치지 않는 것으로 된다. 후자는 (가)호 발명이 특허발명과 별개의 발명이거나 특허발명에 비하여 진보성이 있는 경우이다.

권리범위확인심판의 심결이 확정되면 그 결과로서 권리범위가 확인되며 형성적 효력도 가지게 된다. 그러나 이 심판에 의해 권리가 확인되더라도 제3자에게는 구속력이 없다. 심결이 확정등록되거나 판결이 확정되었을 때에는 누구든지 같은 사실, 같은 등록에 의하여 새롭게 심판을 청구할 수 없다.

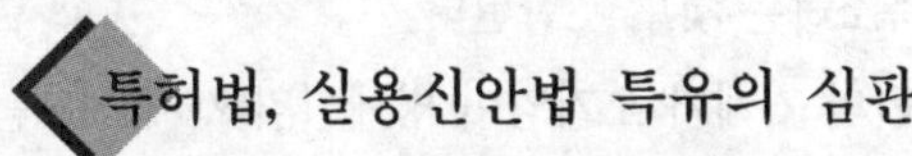

특허법, 실용신안법 특유의 심판

1) 정정심판

● 정정심판이란

정정심판이란 특허권의 명세서나 도면에 오기, 불명확한 기재 등이 있을 때에 권리자가 그 명세서나 도면을 정정하여 줄 것을 청구하는 제도를 말한다(특§136). 실용신안권에 대해서도 거의 동일한 규정을 두고 있다(실§51). 설정등록 후에는 잘못된 명세서도 일종의 권리서이기 때문에 그 내용을 함부로 변경해서는 안 된다. 그러나 그 명세서를 그냥 두면 청구범위가 너무 넓어 무효될 염려가 있거나, 기재의 잘못 또는 명백하지 않은 기재로 인하여 분쟁이 발생할 수 있으므로 이를 방지할 기회를 주려는 취지이다.

정정심판과 보정을 비교하면 명세서 등의 정정을 하는 점은 같으나 보정은 출원단계에서 행하는 것이고, 정정심판은 설정등록 후 이의신청기간이 지난 후에 행하여지는 것이 다르며 정정할 수 있는 내용의 범위도 차이가 있다.

● 심판청구대상

정정심판의 청구대상은 출원서에 첨부한 명세서와 도면이다(특§136①, 특 등령§14). '명세서와 도면'이란 특허권 설정등록시의 것이고, 또 당해 정정 심판의 심결 전에 다른 정정심판의 확정심결이 있을 때에는 그 정정된 명세 서와 도면이다. 정정심판으로 정정할 수 있는 사항은 i) 특허청구범위의 축 소, ii) 오기의 정정, iii) 불명료한 기재의 해석에 한하여 가능하다(특§136① 각호). 이러한 경우에도 청구범위를 실질적으로 확장하거나 변경할 수 없다 (특§136②).

'청구범위의 축소'는 그 축소된 것이 출원시에 특허 또는 실용신안권을 받 을 수 있는 것이어야 한다(특§136③). 청구범위의 축소란 청구범위의 항수를 줄이는 것과 청구의 범위 자체를 축소하는 것도 포함된다.

'오기의 정정'이란 명세서나 도면의 기재가 오기임이 명세서의 기재 전체, 주지의 사항이나 경험칙 등에서 분명한 경우에 이를 본래의 바른 기재로 정 정하는 것이다.

'불명료한 기재의 해명'이란 기재내용 그 자체가 명확하지 않은 경우에 그 뜻을 명확하게 하든가 명세서 및 도면의 기재에 모순이 있는 경우에 어느 하 나로 통일하여 모순을 없애는 것이다.

● 당사자

특허권자 또는 실용신안권자(공유의 경우는 공유자 전원)만이 청구할 수 있다(특§136①, 실§51①). 다만, 전용실시권자, 질권자, 직무발명에 의한 통상실시권자, 전용실시권을 목적으로 한 질권자 또는 통상실시권자, 특허권자가 허락한 통상실시권 등이 설정되어 있으면 이들의 동의를 얻지 않고서는 정정심판을 청구할 수 없다(특§136⑧). 피청구인은 특허청장이다.

● 청구절차 및 기간

정정심판을 청구하고자 하는 자는 심판청구서와 정정한 명세서 및 도면을 첨부하여야 한다(특§140⑤).

정정심판의 청구는 특허권 설정등록 후 존속기간 내에 하여야 하나 청구의 이익이 있는 한 특허권이 소멸된 후에도 청구할 수 있다. 다만, 특허이의신청이 되어 있는 중이거나 취소결정에 의하여 특허가 취소되거나 심결에 의하여 특허가 무효로 된 후에는 그러하지 아니하다(특§136⑦).

● 심 리

서면심리가 원칙이고 구두심리도 가능하다. 청구가 정정요건을 갖춘 경우에는 심판관은 청구공고할 것을 결정하여야 하고(특§136⑤), 제3자는 공고일부터 2개월 이내에 정정이의신청을 할 수 있다(특§136⑥, §70). 청구가 정정요건을 갖추지 않은 경우는, 심판관은 청구인에게 그 이유를 통지하고 기간을 정하여 의견서를 제출할 수 있는 기회를 주어야 한다(특§136④).

● 정정심판의 효과

정정심결이 확정된 경우에는 그 정정의 효과는 출원시까지 소급한다. 즉 그 정정 후의 명세서 또는 도면에 의하여 특허출원, 출원공개, 특허조정 또는 심결 및 특허권의 설정등록이 된 것으로 본다(특§136⑨). 정정심판의 심결이 확정된 때에는 그에 따라 새로운 특허증을 교부하여야 한다(특§86③ iii).

2) 정정무효심판

정정무효심판이란 정정심판에 의하여 정정한 사유(명세서 또는 도면)에 하자가 있는 경우에 그 부분에 대하여 무효를 청구하여 이를 시정하는 제도를 말한다(특§137, 실§52).

특허권자가 출원서에 첨부한 명세서 및 도면을 정정함으로써 그 변동이 특허법 제136조 제1항 내지 제3항의 규정에 위반되어 정정이 될 경우에는 정정 전에는 특허권의 효력이 미치지 아니한 사항에까지 권리가 행사되는 것으로 되어서 당사자나 기타 불특정다수의 일반 제3자에게 여러 가지 불이익한 영향을 주게 된다. 정정무효심판은 이러한 경우에 대비하기 위하여 만든 수단이다. 정정무효심판은 특허권 자체에 대하여 무효를 주장하는 것이 아니라 정정심판에 의하여 정정된 부분에 대해서만 무효를 주장할 수 있다.

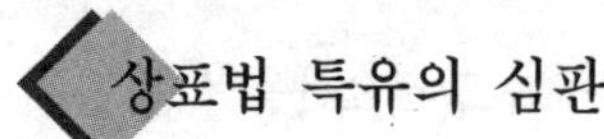

상표법 특유의 심판

1) 상표등록의 취소심판

● 상표등록의 취소란

상표등록의 취소라 함은 일단 유효하게 상표등록이 된 후에 일정한 법정 취소사유에 해당됨을 이유로 등록취소의 심판청구가 있는 경우 심판절차를 거쳐 그 등록의 효력을 장래에 소멸시키는 행정처분을 말한다. 상표의 올바른 사용을 담보하기 위한 상표법만의 특유한 제도이다.

● 상표등록의 취소사유

① 상표권자의 부정사용에 의한 경우(상§73①ii)

상표권자가 고의로 지정상품에 등록상표와 유사한 상표를 사용하거나 지정상품과 유사한 상품에 등록상표 또는 이와 유사한 상표를 사용함으로써 수요자로 하여금 상품품질의 오인 또는 타인의 업무에 관련된 상품과의 혼동을 생기게 한 경우이다. 상표의 부정사용은 고의성이 있어야 한다.

상표권의 이전으로 인하여 유사한 등록상표가 각각 다른 상표권자에게 속하게 되고 그 중 1인이 자기의 등록상표의 지정상품과 동일 또는 유사한 상품에 부정경쟁을 목적으로 자기의 등록상표를 사용함으로써 수요자로 하여금 상품의 품질의 오인 또는 타인의 업무에 관련된 상품과의 혼동을 생기게 한 경우이다(상§73①ix). 이는 등록상표의 부정사용을 방지하기 위한 제재로서 규정된 것이다.

자기의 등록상표와 유사하지는 아니하나 타인의 등록상표와 동일 또는 유사한 경우에는 제73조 제1항 제2호에 의한 등록상표와 동일 또는 유사한 경우에는 제73조 제1항 제2호에 의한 등록상표의 취소사유는 되지 않고 타인의 상표권침해 여부가 문제된다. 부정사용의 경우 상표권자만이 아니고 전용사용권자 또는 통상사용권자에 의한 행위도 규제한다.

② 불사용에 의한 경우(상①73iii)

상표권자, 전용사용권자 또는 통상사용권자 중 어느 누구도 정당한 이유 없이 등록상표를 그 지정상품에 대하여 취소심판청구일 전 계속하여 3년 이상 국내에서 사용하고 있지 아니한 경우이다.

③ 상표권의 이전요건에 위반한 경우(상§73①iv)

상표를 이전함에 있어서 유사한 지정상품과 함께 이전하지 않는 경우(상§54① 후단), 공유인 경우 공유자의 동의를 얻지 아니한 경우(상§54⑤), 업무와 분리하여 업무표장을 양도한 경우(상§54⑦), 국가, 공유기관 등의 표장(상§7①iii 단서)규정에 의하여 등록된 저명한 업무표장과 동일·유사한 상표를 업무와 분리하여 양도한 경우(상§54⑧), 단체표장을 법인의 합병에 의하지 아니하거나 특허청장의 허가를 받지 않고 양도한 경우(상§94⑨)이다.

④ 단체표장을 타인에게 사용케 한 경우(상§73①v)

단체표장에 있어서 소속단체원이 정관의 규정에 위반하여 단체표장을 타인에게 사용하게 한 경우이다.

⑤ 단체표장을 변경하여 수요자를 오인·혼동케 한 경우(상§73①vi)

단체표장설정등록 후 그 정관을 변경함으로써 수요자로 하여금 상품의 품질의 오인 또는 타인의 업무에 관련된 상품과의 혼동이 생기게 할 염려가 있는 경우이다.

⑥ 외국상표권자의 승낙 없이 대리인 등이 상표등록을 받은 경우(상§73vii)

조약 당사국에 등록된 상표 또는 이와 유사한 상표로서 그 상표에 관한 권리를 가진 자의 대리인이나 대표자 또는 상표등록 출원일 전 1년 이내에 대리인이나 대표자이었던 자가 상표에 관한 권리를 가진 자의 동의를 받지 아니하는 등 정당한 이유 없이 그 상표의 지정상품과 동일 또는 유사한 상품을 지정상품으로 상표등록을 받은 경우(상§23①iii)에 그 상표에 관한 권리를 가진 자가 그 상표등록일부터 5년 이내에 취소심판을 청구한 경우이다.

⑦ 사용권자가 상표의 오인·혼동을 일으킨 경우(상§73①viii)

전용사용권자 또는 통상사용권자가 지정상품 또는 이와 유사한 상품에 등록상표 또는 이와 유사한 상표를 사용함으로써 수요자로 하여금 상품의 품질의 오인 또는 타인의 업무에 관련된 상품과의 혼동을 생기게 한 경우이다. 다만, 상표권자가 상당한 주의를 한 경우에는 그러하지 아니하다.

⑧ 유사상표 이전의 결과 오인·혼동을 초래케 한 경우(상§73①ix)

상표권의 이전으로 인하여 유사한 등록상표가 각각 다른 상표권자에게 속하게 되고 그 중 1인이 자기의 등록상표의 지정상품과 동일 또는 유사한 상품에 부정경쟁을 목적으로 자기의 등록상표를 사용함으로써 수요자로 하여금 상품의 품질의 오인 또는 타인의 업무에 관련된 상품과의 혼동을 생기게 한 경우이다.

◉ 취소심판의 청구

① 심판청구인

취소심판은 원칙적으로는 이해관계인만이 청구할 수 있다(상§73⑥본문).

다만, 상표권자의 부정사용으로 인한 등록취소(상§73①ⅱ), 단체표장의 부정사용으로 인한 단체표장의 취소(상§73①ⅵ), 사용권자의 부정사용으로 인한 상표등록의 취소(상§73①ⅷ) 및 유사상표 이전 결과 오인·혼동 초래로 인한 상표등록의 취소(상§73①ⅸ)의 경우에는 누구든지 취소심판을 청구할 수 있다(상§73⑥ 단서). 또 사용권등록취소의 경우에도 누구든지 취소심판을 청구할 수 있다(상§74③).

② 입증책임

취소사유의 입증은 그 취소를 주장하는 자인 이해관계인이 하여야 한다.

그러나 상표의 불사용으로 인한 취소사유(상§73①ⅲ)의 입증책임은 피청구인인 상표권자에게 있다.

다만, 피청구인이 사용하지 아니한 데 대한 정당한 이유를 증명한 때에는 그러하지 아니하다(상§73④).

③ 제척기간

취소심판은 상표권존속기간중에만 청구할 수 있으며 제척기간도 있다.

상표권자의 부정사용(상§73①ⅱ), 단체표장을 타인에게 사용케 한 경우(상§73①ⅴ), 단체표장을 오인·혼동케 한 경우(상§73①ⅵ), 사용권자가 오인·혼동행위를 한 경우(상§73①ⅷ) 및 유사상표 이전에 의한 오인·혼동(상§73①ⅸ)을 사유로 하는 경우에는 취소사유에 해당하는 사실이 없어진 날부터 3년이 경과한 후에는 취소심판을 청구할 수 없다(상§76②).

외국에 등록된 상표에 관한 권리자의 대리인에 의한 부당등록(상§23①ⅲ)의 취소심판의 경우 당해 상표등록일부터 5년이 경과된 후에는 청구할 수 없다(상§73①ⅶ).

상표권의 이전요건에 위반된 경우(상§73ⅳ)는 제척기간이 없으므로 언제든지 취소심판을 청구할 수 있다. 불사용취소의 경우에는 심판청구당시 불사용상태에 있음을 요하므로 제척기간의 적용여지가 없다.

● 상표등록취소의 효과

① 상표권의 소멸

상표등록을 취소한다는 심결이 확정된 때에는 그 상표권은 그 때부터 소멸한다(상§73⑦). 무효심판과는 달리 소급효는 발생하지 않는다.

② 일사부재리의 효력

취소심결이 확정된 때에는 누구든지 같은 사실, 같은 증거에 의하여 그 심판을 다시 청구할 수 없다(상§77, 특§163).

③ 일정기간 재등록출원의 제한

취소심결의 실효를 거두기 위하여 일정기간 동안 상표의 재등록을 금지케 하고 있다(상§7⑤). (자세한 것은 제10장 제4절을 참조한다).

2) 상표사용권등록의 취소심판

● 사용권등록의 취소란

사용권등록의 취소라 함은 상표권자와의 계약에 의하여 설정된 전용 또는 통상사용권이 일정한 법정사유에 해당함을 이유로 장래를 향하여 그 효력이 상실되는 것을 말한다. 즉 사용 또는 통상사용권에 취소사유가 있다고 하더라도 심판에 의하지 아니하고는 그 사용권을 취소시킬 수 없다.

● 사용권등록의 취소사유

전용사용권자 또는 통상사용권자가 지정상품 또는 이와 유사한 상품에 등록상표 또는 이와 유사한 상표를 사용함으로써 운영자로 하여금 상품의 품질의 오인 또는 타인의 업무에 관련된 상품과의 혼동이 생기게 한 경우에 취소 대상이 된다(상§74①).

● 사용권등록의 취소심판의 청구 및 효과

상표등록의 취소심판과 동일하다(상§74).

3. 특허법원소송

특허법원소송이란

특허법원소송이란 특허심판원의 심판의 심결을 받은 자 또는 심판절차에서 보정각하결정을 받은 자가 불복이 있을 때에는 그 심결이나 결정이 법령에 위반된 것을 이유로 하여 그 취소를 요구하는 것을 말한다. 심결취소소송이라고도 한다(특§186~191, 실§56, 의§75, 상§86).

특허 등 산업재산권 사건은 전문적이고 특수하기 때문에 당사자간의 분쟁이 있거나 특허 등 산업재산권의 보정에 불복이 있을 때에는 먼저 행정기관인 1심 특허청 특허심판원에서 사실심 여부를 판단하고, 그 심결의 불복이 있으면 특허법원의 소를 다시 제기하여 판단을 구할 수 있다.

특허법원소송 절차

● 특허법원의 관할

특허법원은 전국을 관할하며 특허법 제186조 제1항, 실용신안법 제35조, 의장법 제75조, 상표법 제86조 제2항이 정하는 제1심 사건과 다른 법률에 의하여 특허법원의 권한에 속하는 사건을 담당한다. 즉 특허법원은 특허심판원의 심결에 대하여 불복하여 소를 제기하는 경우에 이에 대한 사실심과 법률심을 다루며 대법원에서 파기환송되는 사건을 담당한다.

다른 법률에 의한 사건의 예로는 종자산업법에 따라 농림부 품종보호심판위원회의 심결에 대한 불복소송이 있다.

특허법원은 3인의 판사로 구성된 합의부와 기술심리관을 두고 있다. 기술심리관은 소송절차에서 재판장의 허가를 얻어 기술적인 사항에 관하여 소송

관계인에게 질문할 수 있고, 재판의 합의과정에서 의견을 진술할 수 있다.

● 당사자

특허법원 소송은 특허심판원의 심결을 받은 자 또는 보정각하결정을 받은 자(원고적격)만이 소를 제기할 수 있고, 사정계심판은 특허청장을, 당사자계 심판은 청구인 또는 피청구인을 피고(피고적격)로 하여야 한다(특 §187).

● 소제기기간

특허법원에 소를 제기하려는 자는 심판의 심결이나 보정각하결정등본을 송달받은 날부터 30일 이내에 특허법원에 소를 제기해야 한다(특186①).

● 심리 및 판결

특허소송도 일반 소송행위와 같이 소는 일련의 소송상의 요건을 충족시켜야 한다. 이 중 어느 한 가지라도 결여되어 있는 때에는 법원은 본안심리에 들어가 본안판결을 할 수 없으며, 부적법을 이유로 소를 각하하여야 한다.

본안심리결과 원고의 청구가 이유가 없는 경우에는 청구기각, 이유가 있는 경우에는 원심결을 파기하고 사건을 다시 심판하도록 특허청 심판원에 환송하는 판결을 한다. 특허법원판결에서 취소의 기본이 된 이유는 그 사건에 대하여 특허심판원을 기속한다(특§189②).

● 특허법원판결에 대한 상고

특허법원의 판결에 불복이 있을 때에는 대법원에 상고할 수 있다(특§186⑦, 실§35, 의§75, 상§86②). 상고를 제기하려는 자는 특허법원의 판결이 송달된 날부터 2주일 내에 원심법원인 특허법원에 상고장을 제출하여야 한다(민사소송법 §395, §366, §367).

제12장 지적재산은 국제적으로 어떻게 보호되는가

1. 지적재산의 국제적 보호

지적재산은 무체물이므로 장소를 달리하여 이용이 가능하고 전파성이 강하다. 특히 교통 통신의 발달로 산업정보가 신속하게 교환되면 외국에서도 그 모방이나 보급이 손쉽게 이루어진다. A국에 있으면서 B국의 기술을 모방한다든지 C국의 마크를 도용한다든지 하는 것은 쉬운 일이다.

실제로 개발도상국에서는 외국제품의 모조품을 제조하기 쉬우므로 값싼 모조품이 시장에서 유통되고 있으며 진정한 권리자의 제품이 잘 팔리지 않고 있다. 따라서 국내는 물론 국제적으로도 지적재산권이 보호되어야 할 필요가 있다.

지적재산이 국제적 보호를 필요로 한다고 해도 이에 대한 특별한 권리를 부여하는 것은 주권의 일부이므로 현실에 있어서는 각 국가별로 보호를 받지 아니할 수 없다. 다만, 각 국가별로 지적재산제도를 전제로 하면서 어느 정도 조화를 꾀하여 국제간의 협력을 이루어내고 있으며 이러한 성과가 국내법에 반영되고 있다.

예컨대, 지적재산의 외국에서의 권리취득을 용이하게 하는 것 등은 이미 오래 전부터 실시되고 있다.

이하에서는 지적재산에 관한 이해를 돕기 위해 이러한 국제적 협력에 관하여 간단하게 살피기로 한다.

2. 산업재산 관련조약

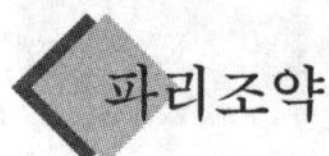 파리조약

1) 파리조약이란

산업재산보호에관한파리협약(Paris Convention for Protection of Industrial Property of March 20, 1883)은 1883년 성립된 산업재산권에 관한 기본적인 국제조약으로 우리나라도 이에 가입하였다. 약칭하여 '파리협약' 또는 '파리조약' 이라고 한다.

2) 조약의 내용

● 내외국인 평등의 원칙

산업재산의 보호에 관하여 보호를 청구한 다른 동맹국의 국민에 대해서 각 동맹국의 영역 내에 주소 또는 영업소가 없더라도 내국민에 과하는 조건 및 절차에 따르는 것을 조건으로 산업재산의 보호에 있어서 자국민과 동등한 이익을 부여하는 원칙을 말하며, 일명 내국민대우의 원칙이라고 한다.

● 우선권

어떤 동맹국에서 가장 먼저 적법한 출원을 한 자 또는 그 승계인이 일정기간 내에 다른 동맹국에 동일목적물에 대하여 출원하는 경우에 주어지는 특별한 이익을 말한다. 특별한 이익이란 제 2국에서의 출원의 순위 및 신규성 판단에 있어 제1국에서의 최선의 출원일을 기준으로 하여 판단한다는 것이다(파리 4조).

예컨대 갑이 1999.1.1. A국에 자기가 한 발명을 특허출원하고 B국에 동일 발명을 1999.11.30. 특허출원하였다고 하더라도 마치 B국에의 출원을

1999.1.1.에 한 것과 같은 취급을 받는다.

우선권의 이익을 향유하는 데는 출원인의 동일성이 요구되며 출원의 목적물이 동일성을 가져야 한다. 목적물이 동일성을 가지는 경우라 함은 동맹 제1국에서의 출원의 목적물이 동맹 제 2국에 있어서의 목적물과 그 실질적인 요지에 있어서 동일성을 가지는 경우라야 한다. 상표등록출원에 대하여는 포장과 지정상품과의 동일성이 있는 것을 의미한다. 따라서 포장의 부분변경은 물론이고 요부가 아니라 할지라도 구성상의 중요한 부분을 변경, 추가, 삭제하는 경우에는 동일성을 상실한다.

우선권을 주장하기 위해서는 제2국에 우선기간내에 출원하여야 한다. 우선기간은 특허, 실용신안은 1년이고 의장, 상표는 6월이다.

● 특허독립의 원칙

특허독립의 원칙이라 함은 산업재산권제도는 각국이 독립된 제도로서 발전시킨 결과 자기나라에서 부여한 권리에 대해서만 보호하며 다른 나라에서 부여된 권리의 효력은 그 나라에서만 미치고 제3국에는 미치지 아니한다는 원칙이다.

따라서 제3국에서 보호를 받으려면 각국마다 새로운 출원을 하여 권리를 얻어야 하며 또한 동일한 발명에 대해 여러 나라에서 부여된 권리는 서로 관계없이 병존하며 다른 나라의 권리에 영향을 미치지 아니한다.

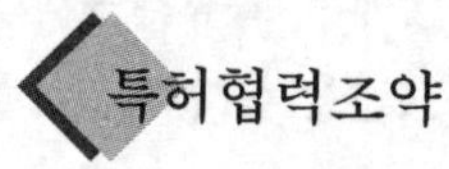

특허협력조약

1) 특허협력조약이란

특허협력조약(Patent Cooperation Treaty : PCT)은 파리조약 제19조에 따른 특별협정의 하나로 1970년 워싱턴 외교회의에서 조인된 조약으로 우리

나라도 가입되어 있다. PCT는 오늘날과 같은 급격한 기술혁신에 따라 특허출원 특히 외국출원이 매년 증가추세에 있고, 약 반수가 우선권주장을 수반하는 외국출원으로서 중복출원 및 중복심사로 야기되는 문제점을 국제적 차원에서 해결하기 위하여 성립되었다.

PCT는 그 외에도 특허문헌을 중심으로 하는 기술정보의 확산과 제공 및 개발도상국의 특허제도 발전을 촉진하기 위한 기술원조를 그 목적으로 한다. PCT에 의한 국제출원에 관해서는 우리 특허법 제10장 '국제협력조약에 의한 특허출원' (제192조~제214조)에서 상세히 규정하고 있다.

2) 조약의 내용

PCT의 주요한 부분은 국제출원제도에 관한 실체규정으로서 그 절차는 국제출원, 국제조사, 국제예비심사의 3단계로 이루어져 있다. 국제출원 및 국제조사에 관한 절차는 모든 국제출원에 대한 필요적 절차이나 국제예비심사에 관한 절차는 출원인의 선택에 의한 임의적 절차로 유보할 수 있다(PCT 제64조 제1항). 국제출원의 발명이 각국에서 특허를 받을 수 있느냐 없느냐의 실체적 요건은 각국의 국내법령에 따라 판단하도록 위임되어 있다(PCT 제27조제5항).

PCT에 의한 국제출원은 수리관청(원칙으로 자국 특허청)에 특정언어(우리 나라는 영어 또는 국어)로 된 출원서에 국제출원임을 명시하여 특허보호를 받고자 하는 나라를 지정(지정국)하여 출원하면 지정국에서 모두 출원한 것으로 본다. 수리관청(원칙으로 자국의 특허청)은 방식요건을 심사하고 국제조사기관에서 신규성인지 아닌지를 조사하여 국제조사보고서를 출원인과 국제사무국에 송부한다. 출원인은 이를 참고하여 출원을 계속할 필요성 여부를 판단할 수 있다.

국제출원을 계속하려고 하면 소정기간 내에 지정국에 번역문을 제출하고 요금을 납부하여야 한다. 각 지정국은 국제조사보고서를 참고하여 자기나라 특허와 같은 국내절차를 밟아 처리한다. 각국 특허의 심사이행 전에 발명의 신규성, 진보성, 산업상 이용가능성에 대하여 보다 자세하고 권위있는 조사를 청구 할 수 있는 국제예비심사 절차가 있다. 출원인으로서는 발명의 종류, 질, 비용 등을 고려하여 파리조약상의 우선권을 주장하여 각 나라 특허청에 출원할 수도 있고 PCT절차를 이용할 수도 있다.

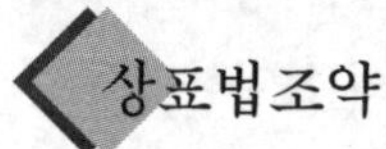

상표법조약

1) 상표법조약이란

1994년 스위스 제네바에서 세계지적소유권기구 외교회의에 의해 채택되고 1996년 발효된 조약으로 우리나라도 가입되어 있다. 상표제도의 국제적인 조화와 통일화를 위해 성립되었다.

2) 조약의 내용

● 조약이 적용되는 표장

색채표장을 포함하여 시각적으로 인식할 수 있는 표지로 구성된 표장에 적용한다. 입체표장의 등록을 허용하는 국가의 경우는 본 조약을 입체표장에도 적용한다. 서비스표에도 적용되나 단체표장, 증명표장 및 보증표장에는 본 조약을 적용하지 아니한다. 연합상표나 방호표장 등에는 적용을 유보할 수 있다(TLT 제2조, 제21조).

● 국제분류의 사용

출원 및 등록에 있어서 상품 및 서비스의 분류로 니스협정에 따른 분류를 사용토록 규정하고 있다(TLT 제3조, 제9조). 우리나라도 현재 니스분류를 채택하였다.

◉ 괄위임장 제도

하나의 위임장이 위임장에 명시된 하나 이상의 출원 및 등록과 관련되거나 하나의 위임장이, 위임자가 표시하는 예외를 제외하고, 위임자의 현재와 장래의 모든 출원 및 등록과 관련될 수 있도록 하고 있다(TLT 제4조).

◉ 다류일등록(일출원다구분) 제도

니스분류상 하나의 류 또는 다류에 속하는가에 관계없이 여러상품이나 서비스가 하나의 동일한 출원에 포함된 경우 그 출원은 하나의 동일한 등록이 된다. 우리나라도 다류일출원이 가능하다.

◉ 서명에 대한 증명요구금지제도

서명에 대한 증명을 요구할 수 없도록 하고 있으며, 다만 체약국법률에 따라 그 서명이 등록포기에 관련한 경우에만 예외로 하고 있다(TLT 제8조). 나라에 따라서는 위임장 등에 공증, 영사인증 등을 요구케 하고 있고, 우리 나라의 경우도 많은 경우에 인감증명서(인감제도가 없는 외국인은 이에 준하는 증명서)의 제출을 의무화하고 있어 이에 대한 검토가 필요하다.

◉ 상표권이전시 절차간소화

상표권 이전시 등록권리자만의 신청으로 가능하고(단독신청주의), 이전공고를 요구할 수 없다. 우리법도 마찬가지이다.

◉ 갱신출원시 견본제출요구 금지 및 실체심사금지제도

표장의 갱신출원시 그 표장의 견본제출요구를 금지하고 있으며, 실체심사를 금지하고 있다(TLT 제13조). 우리법도 그러하다.

그 밖의 것들

산업재산에 관련된 그 밖의 국제조약으로는

ⅰ) 출처허위표시방지에 관한 마드리드협정,

ⅱ) 표장의 국제등록에 관한 마드리드협정,

ⅲ) 의장의 국제기탁에 관한 헤이그협정,

ⅳ) 상품, 서비스의 국제분류에 관한 니스협정,

ⅴ) 의장의 국제분류에 관한 로카르노협정,

ⅵ) 원산지 명칭 보호와 국제등록에 관한 리스본협정,

ⅶ) 국제특허분류에 관한 스트라스부르협정,

ⅷ) 표장의 도형요소의 국제분류에 관한 빈협정,

ⅸ) 상표등록조약(TRT 1973),

ⅹ) 식물의 신품종보호에 관한 국제조약(UPOV Convention),

ⅺ) 올림픽 마크 보호조약(Nairobi Treaty 1981),

ⅻ) type-face 에 관한 빈 협정,

ⅹⅲ) 과학적 발견의 국제기탁에 관한 제네바조약(1978) 등이 있다.

3. 저작물 관련 조약

베른조약

1) 베른조약이란

문학적및예술적저작물의보호에관한베른조약(Berne Convention for the Protection of Literary and Artistic Works)은 1886년에 성립되었는데, 독, 불 중심의 저작자권리체계와 영국중심의 저작권체계의 결합이었다. 수차의 개정을 거쳐 오늘에 이르렀고 우리나라는 1996년 가입하였다.

2) 조약의 기본원칙

● 내국민대우와 동맹국민대우(베른 제5조 제1항)
자국민에게 현재 주어지고 있는 또는 장래 주어질 권리와 동등한 권리 및 조약에서 특히 정한 권리를 동맹국민에게도 주어야 한다는 원칙이다.

● 무방식주의(베른 제5조 제2항 전단)
저작권의 권리 항유에는 등록, 납입, 저작권유보의 표시와 같은 어떠한 방식절차도 필요하지 아니한다는 원칙이다.

● 법정지법(베른 제5조 제2항 후단)
저작권의 보호범위 및 구제방법에 대해서는 조약의 규정에 의하는 외에 보호가 요구된 국가의 법령, 즉 법정지법에 의한다는 원칙이다.

● 조약상 보호해야 할 저작물(베른 제3조 제1항)
동맹국 국민의 저작물과 동맹국에서 최초로 발행된 저작물 및 동맹국 외의 국가와 동맹내의 국가에서 동시에 발행된 저작물은 조약에 의하여 보호되어야 한다. 단, 동맹에 속하지 않는 국가가 어느 동맹국 국민인 저작자의 저작물을 충분히 보호하지 않는 경우는 그 동맹국은 최초의 발행시에 있어서 그 비동맹국의 국민이며 어느 동맹국에도 상시 거소를 가지고 있지 않은 저작물보호를 제한할 수 있다(베른 제6조 제1항).

3) 보호하는 권리

베른조약은 인격권, 복제권, 번역권, 공연권, 낭독권, 번안권, 영화화권, 방송권, 녹음권, 추구권 등을 보호한다. 그 간단한 내용 및 보호의 정도는 아래와 같다.

● 인격권(베른 제6조 제2항)

저작자는 저작물의 재산적 권리와는 별개로, 또 재산적 권리가 이전된 후에 있어서도 저작물의 창작자인 것을 주장할 권리 및 저작물의 변경, 절제 기타의 개변 또는 저작물에 대한 기타의 침해로서 저작자의 명예 또는 성망을 해칠 우려가 있는 행위에 대해서는 이의를 제기할 권리를 갖는다.

● 재산권

〈Group A〉 동맹국이 저작재산권 중 제한없이 무조건 인정해야 하는 권리에는 복제권, 번역권, 공연권, 낭독권, 번안권, 영화화권이 있다.

〈Group B〉 권리행사에 제한을 가할 수 있는 권리로서 강제허락이 가능한 권리에는 방송권과 음악저작물의 녹음권이 있다.

〈Group C〉 인정 여부 자체가 동맹국 법령에 유보된 권리로는 추구권(저작자배당권)이 있다.

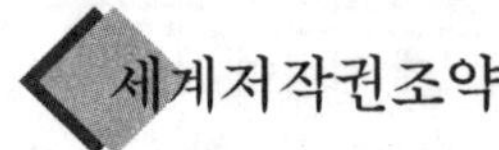
세계저작권조약

1) 세계저작권조약이란

세계저작권조약(Universal Copyright Convention; UCC)은 방식주의와 무방식주의를 가교하기 위한 1952년 체결된 조약으로 베른조약과 비교할 때 보호되는 권리내용이 상세하지 않다.

즉 UCC는 인격권보호규정이 없으며, 재산권도 복제권, 상연권, 연주권, 방송권 등 재산적 이익보호를 확보하는 기본적 권리는 보호(UCC 제4조의 2 제1항)하나 이들 권리에 대해서도 국내법으로 예외인정이 가능하다.

또 번역권도 저작물 발행 후 7년이 지나면 일정한 조건하에서 강제허락이 가능한 점 등 베른조약보다 일반적으로 보호의 정도가 낮다. 우리나라는 1987년 가입하였다.

2) UCC의 기본원칙

◉ 내국민대우(UCC 제2조)

체약국이 외국인의 저작물을 보호하는 경우 자국국민에게 하고 있는 보호와 똑같은 보호를 하지 않으면 안 된다.

◉ 보호해야 할 저작물(UCC 제2조)

UCC는 저작물 보호조건으로서 국적주의 및 제 1발행지주의를 택한다. 국적주의 및 제 1발행지주의란 체약국국민의 저작물이거나 어떤 체약국에서 처음으로 발행된 저작물을 보호한다는 의미이다. 제1발행에는 동시발행은 포함되지 않는 것이 베른조약과 다르다.

◉ 영구히 공유로 된 저작물 및 저작물에 관한 권리에의 부적용(UCC 제7조)

UCC는 보호가 요구되는 당해 체약국에서 조약의 효력발생일에 영구히 공유로 된 저작물 또는 저작물에 관한 권리에는 UCC가 적용되지 않는다는 불소급원칙을 규정하고 있다.

◉ ⓒ 표시(UCC 제3조)

방식주의와 무방식주의를 가교하기 위하여 UCC는 저작물의 모든 복제물에 ⅰ) ⓒ기호, ⅱ) 저작권자의 성명, ⅲ) 최초의 발행연도 등 3개 사항을 표시하면 방식주의 국가에서도 자동적으로 저작권의 보호를 받는다고 규정하고 있다.

◉ 번역에 관한 강제허락제도(UCC 제5조)

번역에 관한 강제허락을 얻기 위해서는, ⅰ) 발행 후 7년이 경과하였을 것, ⅱ) 번역서가 없을 것, ⅲ) 번역권 취득을 위한 노력을 하였으나, 권리자에 의해 거절되었거나, 권리자와의 연락이 불능일 것, ⅳ) 상당한 대가를 저작권자에게 지급할 것의 4개 요건이 필요하다.

◉ 베른조약보다 단기보호(UCC 제4조)

원칙적으로 저작자 생존 기간동안이나 사후 25년 이상 보호하면 족하다.

지적재산권기구 저작권조약과 실연·음반조약

세계지적재산권기구 저작권조약(WIPO Copyright Treaty)과 세계지적재산권기구 실연·음반조약(WIPO Performance and Phonograms Treaty)은 1996 제네바에서 성립하였으며 우리 나라도 같은 해에 최종의정서에 서명하였다.

　두 조약의 목적은 기존의 조약에서 미흡했던 부분을 보완하고 기술발전에 부응하여 조약과 기술간의 공백을 메우자는 것이다.

그 밖의 것들

　저작물에 관한 그 밖의 국제조약으로는 ⅰ) 레코드조약, ⅱ) 브뤼셀 위성 조약, ⅲ) 저작권사용료의 이중과세방지를 위한 다자간조약, ⅳ) 지적소유 권기구 저작권조약 및 실연, 음반 조약이 있다.

4. WTO/TRIPs

1) WTO/TRIPs란

1995년 출범한 WTO(World Trade Organization)는 기존의 GATT(The General Agreement of Tariff and Trade)를 흡수, 통합하여 세계무역질서를 세우고 우루과이라운드협정(UR)의 이행 여부를 감시하는 역할을 하는 국제기구이다. TRIPs협정(Agreement on Trade-Related Aspects of Intellectual Property Rights)은 UR의 타결과 통시에 출범한 WTO 협정의 일부인 부속협정의 하나로서 저작권, 특허권, 컴퓨터프로그램 등의 8개 분야의 지적재산권의 보호기준과 시행절차를 정하고 있다. 지적재산권에 관련된 기존 조약 등의 규정은 최근 보호수준 '국제협정 플러스 방식'으로 채택되어 '세계무역기구설립을 위한 마라케시 협정'의 부속서 I에 규정되었다.

2) 내 용

◉ 기본원칙

내국민 대우의 원칙과 최혜국 대우의 원칙(MFN), 권리소진의 원칙 등이 규정되어 있다. 다만, 권리소진의 원칙은 본 협정하의 분쟁해결절차를 다루기 위해 적용되지 않는다고 규정되어 있을 뿐, 그 외에는 아무런 규정이 없어 각 회원국들이 권리소진 문제를 자유로이 결정할 수 있다.

◉ 구 성

제1장은 일반규정과 기본원칙을, 제2장은 지적재산권의 효력, 범위 및 이용에 대한 기준으로서 주요 내용으로 컴퓨터프로그램의 보호, 대여권의 설정, 색채상표나 등록여부에 관계없이 널리 알려진 유명상표의 보호, 의장 및 실용신안의 보호, 지리적 표시의 보호, 물질특허를 포함한 특허의 보호, IC배

치설계의 보호, 미공개정보(영업비밀)의 보호, 반경쟁적 행위에 대한 조치 등에 대하여 규정하고 있다. 제3장부터 제7장까지는 형식적인 사항들을 규율한다.

● 시행절차

지적재산권의 침해 물품의 처리와 단속절차에는 국내절차와 국경조치가 있다. 국내절차에서는 민, 형사 및 행정절차, 가보호절차 등이 있으며, 국경조치는 수출입 단계에서 세관이 침해물품의 통관을 보류하는 조치로서 상표권과 저작권 침해 물품은 필연적 통관보전절차를 적용하고 기타 지적재산권 물품에 대하여는 임의적 규칙를 적용하되, 이와 별도로 수출입업자를 보호하기 위한 보호장치를 두었다.

● 분쟁예방 및 해결절차

분쟁예방을 위하여 회원국은 자국의 법, 규정, 결정 등에 대한 명료성을 보장하여야 하며 각종 법규 및 결정 등을 공개, 발간하여야 한다(TRIPs 제63조). 분쟁 야기시 해결방법은 GATT 제22조 ~ 제23조에 규정된 분쟁 해결절차를 적용한다.

분쟁해결은 단기적으로는 TRIPs 패널이 담당하고, 장기적으로는 TRIPs 이사회가 내용을 검토하는 책임을 지게 된다. 명확한 의무의 불이행은 아니지만 간접적으로 회원국이 이익을 침해한 경우에 대하여는 5년간의 유예기간이 적용된다(TRIPs 제64조 제2항).

● 경우규칙

내국민 대우와 최혜국 대우 등의 기본원칙을 제외하고는 유예기간으로서 선진국의 경우는 1년, 개발도상국의 경우는 5년을 부여하였다(동협약 제65조). 선진국과 개도국의 결정은 '자기선언' 에 의해 이루어진다.

5. 지적재산에 관한 국제기구

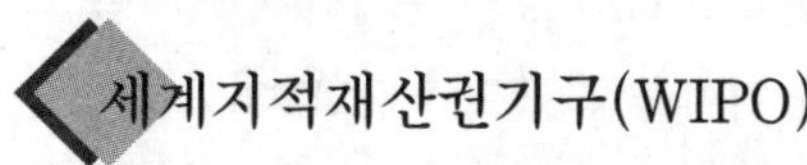

세계지적재산권기구(WIPO)

세계지적재산권기구(World Intellectual Property Organization; WIPO)는 국가간의 협조를 통하여 전세계를 통한 지적재산권의 보호를 촉진함을 목적으로 설립되었으며 국제연합의 전문기구로서 그 국제사무국은 스위스 제네바에 있다. 우리나라는 1979년 그 회원국이 되었다.

동 기구는 그 기본설립취지를 첫째, 전 세계를 통한 지적재산권의 효율적 보호를 촉진시키고, 이 분야에 있어서의 각 국가입법을 조화시킬 목적으로 하는 제반조치의 발전을 증진시키며, 둘째, 파리협약, 동협약과 관련하여 체결된 특별협약 및 베른협약의 행정적 업무를 수행하며, 셋째, 지적재산권보호의 증진을 목적으로 하는 기타 모든 국제협약의 영리를 담당하거나 또는 이에 합의하기로 동의할 수 있으며, 넷째, 지적재산권분야에 있어서 법률적, 기술적 원조를 요청하는 국가에 협조를 제공하며, 여섯째, 지적재산권보호에 관한 정보를 수집, 반포하고 이 분야의 연구를 수행, 촉진하며 동 연구의 결과를 공시하는 한편 일곱째, 지적재산권의 국제적 보호를 촉진하는 업무를 유지하며, 적절한 경우에는 이 분야에 있어서 등록에 관한 결과를 공표하는 데 두고 있다.

이 기구는 현재 특허협력조약(PCT), 상표의 국제등록에 관한 마드리드협정의 사무국 역할까지 하고 있어 지적재산권에 관한 국제적인 종합사무국의 기능을 수행하고 있으며 구체적으로 특허협력과 관련한 각국 특허청간의 업무조정 및 국제출원의 수리, 국제상표등록의 수리, 심사업무와 개발도상국에서의 특허등록제도의 현대화, 위조활동방지를 위한 권고, 세계특허법 조화운동, 저작권 국제모델법 개정 추진 등의 업무를 수행하고 있다.

세계무역기구(WTO)

1948년 성립된 관세및무역에관한일반협정(GATT)은 종래의 무역규범 체제로서 자유무역의 시행에 어느 정도의 기여를 하였으나 GATT의 8차 협상인 우루과이 라운드(UR)의 타결과 함께 세계무역기구(WTO)의 체제로 이행되었다.

1995년 출범한 WTO는 기존의 GATT를 흡수,통합하여 명실공히 세계무역질서를 세우고 UR협정의 이행여부를 감시하는 역할을 하는 국제기구이다. GATT는 정식 국제기구가 아니었고, 권한도 극히 제한되어 있었던 것에 비해 WTO는 국제무역분쟁에 대한 중재권과 세계무역자유화를 위한 각종 권한을 갖고 있는 공식국제기구이다. 단순한 협정형태인 GATT에 비교하여 WTO는 법적 구속력을 가진 국제기구로서, 강제적 보호능력까지도 보유하고 있으며 그 규율범위가 공산품은 물론이고 농산물, 서비스, 지적재산권 등에도 미치고 있다.

이 중 지적재산권은 상품 및 서비스와 함께 WTO의 주요 3분야 중 하나이며, WTO는 상품에 대하여는 GATT를, 서비스에 관하여는 서비스무역에 대한 일반협정(GATS)을, 지적재산권에 관하여는 무역관련 지적재산권협정(TRIPs)을 두고 있다.

국제산업재산권보호협회(AIPPI)

국제산업재산권보호협회(Association Internationale pour la Protection de la Propriete Industrielle; AIPPI)는 1897년 산업재산권의 국제적 보호를 위해 설립된 기구로서 산업재산권의 국제적 보호필요성에 대한 이해 촉진 및 산업재산권 보호제도의 발전, 장려, 각국의 법령의 비교, 검사 및 개선을 위한 권고 등의 목적을 가지고 있다. 동협회는 각종 세미나 등을 통해 산업재산권

과 상품위조방지에 관한 각국이 여론을 수렴하며 WIPO 등에 건의하는 일을
하고 있다.

국제상업협의소(ICC) 및 위조상품정보국(CIB)

국제산업협의소(International Chamber of Commerce ; ICC)는 산업재산
권에 관한 특별위원회를 설치하여 동 협의소 산하의 각 국내위원회와 협조
하여 산업재산권제도와 기술이전 및 상품위조방지문제에 관하여 WIPO,
AIPPI, WTO 등에 건의하거나 이들과 협조하고 있고, 특히 그 산하의 위조상
품정보국(CIB)에서 수집한 정보를 토대로 국제무역에 있어서의 위조상품을
추방하기 위한 범세계적인 활동을 추진하고 있다. CIB는 1985년 ICC내에 설
치되어 위조상품에 관한 정보수집, 관련업계에 대한 정보제공, ICC에 대한
건의활동 등을 하고 있다.

그 밖의 것들

그 밖에도 ⅰ) 국제상품위조방지협회(International Anti-Counterfeiting
Coalition), ⅱ) 국제지적재산권연맹(International Intellectual Property
Alliance), ⅲ) 라이센싱협회(The Licensing Executives Society) 등이 있다.

제 2 편

지적재산 상담사례

제1장 특 허

I. 특허를 받을 수 있는 발명 여부

> **Q** 특허를 받을 수 있는 발명인지를 어떻게 판단할 수 있습니까?
>
> **A** 특허요건을 갖추고 있는지 여부로 판단합니다.

특허를 받기 위해서는 출원된 발명은 첫째, 산업상 이용가능성이 있어야 하고(산업상이용가능성), 둘째, 국내에서 일반인에게 알려졌거나 실시된 것이 아니어야 하고, 국내외의 간행물에 게재된 사실이 없어야 하고(신규성), 셋째, 위 공지된 것으로부터 용이하게 창작할 수 없는 것이어야 하고(진보성), 넷째, 일정한 방식요건에 맞는 출원서류를 제출하여야 하며, 다섯째, 공공의 질서 또는 선량한 풍속을 문란하게 하거나 공중위생을 해할 염려가 있는 발명에 해당하지 않아야 하는 등의 특허요건을 만족시켜야 한다.

위 특허요건을 갖추지 못한 발명은 특허받을 수 없다. 구체적으로 단순한 자연법칙, 자연법칙에 반하는 것, 추상적인 아이디어, 인체를 대상으로 하는 수술, 치료방법, 단순한 정보제공을 위한 Data Base, 단순한 영업방법, 공서양속에 위반되는 발명, 자연법칙을 이용하지 않는 순수한 컴퓨터프로그램, 수식이나 수학적 알고리듬 등을 들 수 있다.

2. S/W나 비즈니스모델의 특허 여부

Q S/W나 비즈니스모델도 특허받을 수 있습니까?

A 특허받을 수 있습니다.

순수한 컴퓨터프로그램 자체는 특허받을 수 없으나, S/W가 기기와 결합하여 특정의 기술적 목적을 달성하는 기능실현수단으로 이용되는 경우 장치발명으로 특허받을 수 있다. 한편, 순수한 컴퓨터프로그램에 대해서는 컴퓨터프로그램보호법에 의해 저작권적으로 보호받을 수 있다.

순수한 영업방법에 관한 것은 자연법칙을 이용한 것이 아니므로 특허받을 수 없지만, 정보시스템(컴퓨터, 인터넷, 통신기술)과 관련된 비즈니스모델은 특허받을 수 있다.

위 비즈니스모델을 포함하는 전자상거래 관련 발명의 출원은 1992년 141건 정도였던 것이 2000년엔 3,000여 건(상반기 추정치)으로 폭발적 증가가 예상된다.

위 비즈니스모델을 포함한 전자상거래 관련 발명은 2000년 7월 1일부터 우선심사의 대상이 되어 15개월 만에 특허받을 수 있게 되었고, 특허청은 2000년 8월 1일자로 전자상거래 관련 발명에 대한 심사지침을 발표하고 전자상거래 관련 발명의 심사에 활용하고 있다.

3. 특허출원시 샘플 필요 여부

> **Q** 특허를 받으려면 반드시 물건에 대한 것이어야 합니까?
> 또 물건에 대한 발명이라면 반드시 샘플이 필요합니까?
>
> **A** 방법의 발명도 가능하며 반드시 물건의 샘플이 필요한 것은 아닙니다.

우리나라 특허법은 물건에 대한 발명뿐만 아니라 발명의 기술적 사상의 창작이 일정한 방법에 구체화된 방법의 발명도 특허의 대상으로 하고 있습니다. 방법의 발명에는 ① 제조(생산)방법의 발명, ② 기타 방법의 발명, ③ 물질을 특정용도에 사용하는 방법발명(용도발명)이 있다.

한편, 물건의 발명에는 ① 제품적인 물(기계, 기구 등), ② 재료적인 것(화학물질, 조성물 등), ③ 특정용도에 사용하는 물건의 발명(용도발명)이 포함된다. 또한 특허법의 발명이란 기술적 사상의 창작이므로 당업자가 용이하게 실시할 수 있을 정도로 목적을 달성할 수 있는 구체적 수단이 명세서에 개시되어 있다면 충분하고 반드시 물건의 샘플이 필요한 것은 아니다.

4. 특허출원의 시기

> **Q** 특허출원은 언제 하는 것이 좋습니까?
>
> **A** 발명이 완성되면 가능한 빨리 출원하는 것이 바람직합니다.

특허권은 새로운 발명을 공개한 자에 대하여 부여되는 독점권이므로, 우리

나라 특허법은 동일한 발명에 대해서는 하나의 특허만을 부여하는 1발명 1
특허원칙을 채용하고 있다. 또한 우리나라 특허법은 동일한 발명에 대한 다
수의 출원이 존재하면 맨 처음에 특허출원을 한 자에게 특허를 부여하는 선
원주의를 채용하고 있다. 따라서 발명자는 발명이 완성되면 가능한 빨리 출
원하는 것이 바람직하다.

위에서 본 바와 같이 특허권은 새로운 발명을 공개한 대가로 부여되는 권
리이므로 출원 전 일반인에게 알려진 발명은 특허받을 수 없는 것이 원칙이
다(특허요건 중 신규성). 이는 발명자가 자신의 발명을 출원 전 일반인에게
공개한 경우도 마찬가지이다. 따라서 발명자는 발명의 발표 및 발명에 관한
제품의 시판 전에 출원해야 한다.

다만, 특허법은 발명자를 보호하기 위해 일정한 사유에 해당하고 신규성이
상실된 후 6개월 이내에 출원을 하면 출원 전에 공개된 발명이라도 일정한
사유에 의해 신규성을 상실하지 않는 것으로 보아준다.

5. 기 출원발명의 검색방법

> **Q** 기 출원발명 및 특허권에 대해서는 어떻게 검색할 수 있습니까?
>
> **A** 인터넷 등을 통해서 검색할 수 있습니다.

발명이 특허를 받기 위해서는 동일한 발명이 출원 전에 공지되었거나 타인
에 의해 출원되지 않았어야 한다. 즉 선행기술이 없어야 한다. 따라서 출원
전에 선행기술을 검색해 보는 것이 바람직하다.

출원발명은 통상 1년 6개월이 지나면 공개되는데, 공개된 출원발명 및 특

허발명은 특허기술정보센터(http://www.kipris.or.kr)에서 인터넷을 통해서 무료로 검색할 수 있다. 또한 전자상거래 관련 발명은 특허청 신지식재산권 연구회(http://www.depthome.kipo.go.kr/~nip21)에서도 검색할 수 있다.

그 외에 국내 및 외국의 무료검색 사이트의 상세한 사용법을 알고 싶으면 특허검색연구회(http://www.patseach.or.kr)를 이용할 수도 있다.

6. 명세서의 구성 및 특허청구범위의 역할

Q 명세서는 어떻게 구성되어 있으며, 특허청구범위의 역할은 무엇입니까?

A 4가지로 구성되며 청구범위는 발명의 기술적 범위를 결정합니다.

특허권은 새로운 발명을 공개한 대가로 부여되는 독점권이므로, 출원시에는 발명의 내용을 상세하게 기재한 명세서를 출원서에 첨부하여야 한다. 출원발명이 명세서를 통해 충분히 공개되지 않았다면 특허를 받을 수 없다.

이러한 명세서는 ① 발명·고안의 명칭, ② 도면의 간단한 설명, ③ 발명의 상세한 설명, ④ 특허청구범위로 구성되어 있다. 이 중에서 발명의 상세한 설명에는 그 발명이 속하는 기술분야에서 통상의 기술지식을 가진 자가 그 발명을 정확하게 이해하고 쉽게 실시할 수 있을 정도로 발명의 목적, 구성, 작용효과를 기재하여야 한다.

특허청구범위는 발명의 기술적 범위를 결정하는 것으로서 보호를 받고자 하는 사항, 그리고 발명의 구성에 없어서는 안 되는 필요한 사항만을 하나 이상의 항으로 기재하여야 하며, 발명의 상세한 설명에 의해 뒷받침되어야 한다. 이러한 특허청구범위는 출원인 입장에서는 권리요구서이며, 특허청

입장에서는 심사의 대상이며, 제3자에게는 권리범위판단대상으로서의 역할을 하므로 명세서의 작성이 가장 유의해야 할 부분이다.

7. 특허출원서류의 보정 가능성

> **Q** 한 번 제출된 특허출원서류는 보정할 수 없습니까?
>
> **A** 요지를 변경하지 아니하는 범위에서 보정할 수 있습니다.

　명세서를 포함하여 특허청에 제출된 서류는 발명의 내용과 관련된 것으로서 출원당초부터 완전하게 작성하는 것이 출원의 처리상, 특허제도의 목적상 가장 바람직하다. 다만, 특허법은 출원인 보호측면에서 일정한 제한하에서 특허출원서류를 바로잡을 수 있는 기회를 마련해 두고 있다.

　특허에 관한 절차가 법령에 정한 방식에 위반되는 경우는 특허청장이 일정기간을 지정하여 내린 보정명령에 응하거나 출원인이 스스로 그 하자를 바로잡을 수 있다.

　명세서 등은 최초로 첨부된 명세서, 도면의 요지를 변경하지 아니하는 범위 안에서 출원 후 1년 3개월을 기준으로 그 전에는 언제나 자유롭게, 그 이후에는 특별한 경우에 보정이 가능하다(특 §47).

8. 특허등록을 빨리 받을 수 있는 방법

> **Q** 출원 후 등록받을 때까지 얼마나 걸립니까? 특허등록을 빨리 받을 수 있는 방법은 없습니까?
>
> **A** 2~3년 정도 걸리며 우선심사청구를 할 수 있습니다.

우리나라 특허법은 출원된 발명들의 목적과 가치가 모두 같은 것은 아니라는 전제하에 심사적체를 해소하기 위해 심사청구된 특허출원만을 심사청구 순서에 따라 심사하는 심사청구제도를 채용하고 있다. 따라서 특허등록을 받을 때까지 걸리는 기간은 출원일을 기산점으로 하지 않고 심사청구일을 기산점으로 하여 2년 내지 3년 정도 걸리는 것이 보통이다.

한편, 특허법은 긴급처리를 요한다고 인정되는 특허출원에 대해서는 다른 특허출원에 우선하여 심사하는, 심사순위의 예외제도인 우선심사제도도 마련하고 있다.

구체적인 우선심사대상에는 ① 출원공개 후 제3자가 업으로 특허출원된 발명을 실시하고 있다고 인정되는 출원, ② 방위산업분야의 출원, 공해방지에 유용한 출원, 수출촉진에 직접 관련된 출원, 국가 또는 지방자치단체의 직무에 관한 출원, 벤처기업육성에관한특별조치법에 의해 벤처기업의 확인을 받은 기업의 출원, 국가의 신기술개발지원사업의 결과물에 관한 출원, 조약에 의한 우선권주장의 기초가 되는 출원, 자기실시 또는 자기실시 준비중인 출원으로서 출원중 출원공개되었거나 조기출원공개의 신청이 있는 출원이 있다.

9. 특허출원 후 타인의 실시를 제지할 수 있는 방법

> **Q** 특허출원 후 타인이 출원된 발명을 실시하는 경우 이를 제지할 수 있는 방법은 없습니까?
>
> **A** 경고 후 보상금 청구를 할 수 있습니다.

특허권은 특허청이 출원된 발명을 심사하고 특허사정과 그에 따른 설정등록을 함으로써 발생한다. 그런데 발명의 완성 후 특허취득시까지는 상당한 시간이 걸리므로, 특허법은 발명의 완성시부터 특허권취득시까지 발명자를 보호하기 위한 제도들을 마련하고 있다.

그 제도 중 하나로서, 특허법은 특허출원 후 특허권 발생시까지 타인의 실시로부터 발명자를 보호하기 위한 보상금청구권에 관한 규정을 두고 있다. 즉 특허출원인은 출원공개 후 그 발명을 업으로서 제3자가 실시하는 경우에 경고한 후부터 특허권의 설정등록시까지의 기간 동안 그 특허발명의 실시에 대하여 통상 받을 수 있는 금액에 상당하는 보상금의 지급을 청구할 수 있다. 이 때, 상대방이 출원공개된 발명임을 아는 경우에는 경고를 요하지 않는다. 보상금청구권은 권리남용으로부터 선의의 제3자를 보호하기 위해 특허권의 설정등록이 있은 후에 행사할 수 있다.

10. 자신의 발명을 타인이 도용한 경우

> **Q** 자신의 발명을 타인이 도용하여 특허출원중이거나 특허 받은 경우 어떤 조치를 취할 수 있습니까?
>
> **A** 이의신청 또는 무효심판을 청구할 수 있습니다.

정당한 권리자가 아닌 무권리자를 보호하는 것은 법의 이상인 정의 관념에 반하므로 특허법은 무권리자의 출원이 특허받는 것을 방지하고 정당한 권리자를 보호하기 위한 규정들을 두고 있다.

따라서 정당한 권리자는 무권리자의 출원이 공개된 경우 정보제공을 할 수 있고, 무권리자의 출원이 등록공고된 경우 이의신청을 할 수 있고, 무권리자의 출원이 특허된 경우 무효심판을 청구할 수 있다. 또한 무권리자의 출원이 정당한 권리자가 아니라는 이유로 특허를 받지 못하거나 취소결정이나 무효심결이 확정된 경우, 정당한 권리자가 일정기간 내에 출원하면 무권리자의 특허출원일에 출원한 것으로 보아준다.

11. 업무상 발명에 대한 종업원의 권리

> **Q** 종업원이 업무상 발명을 한 경우 종업원에게는 어떤 권리가 있습니까?
>
> **A** 직무발명 규정에 의한 권리가 있습니다.

특허법은 종업원 등의 창조적 노력과 발명의 완성에 직·간접으로 기여한 사용자 등의 역할을 고려하여 양자의 이해를 조정하기 위해 직무발명에 관한 규정을 두고 있다.

직무발명이 되기 위해서는 ① 종업원, 법인의 임원, 공무원이 그 직무에 관하여 발명한 것이어야 하고, ② 발명이 성질상 사용자 등의 업무범위에 속하는 것이어야 하고, ③ 발명하게 된 행위가 종업원 등의 직무에 속하여야 한다. 따라서 위 요건을 만족시키지 못하는 종업원 등의 발명은 자유발명으로서 이 발명에 대해서는 사용자 등은 권리를 주장할 수 없다.

직무발명인 경우, 종업원 등은 근무규정이나 계약에 의하여 제약이 없는 한 특허를 받을 수 있는 권리를 가지며, 이를 타인에게 양도할 수도 있다. 그리고 종업원 등이 특허를 받을 수 있는 권리 또는 특허권을 계약이나 근무규정에 의하여 사용자 등으로 하여금 승계하게 하거나 전용실시권을 설정한 경우 정당한 보상을 받을 권리를 가진다.

보상액을 결정함에 있어서는 그 발명에 의하여 사용자 등이 얻을 이익과 그 발명을 완성하는 데 사용자가 공헌한 정도를 고려하여야 하며, 종업원이 정당한 결정방법을 제시하였을 때에는 이를 참작하도록 되어 있다. 한편, 사용자 등은 종업원 등이 특허를 받거나 특허를 받을 수 있는 권리를 승계한 자가 특허를 받았을 때에는 그 특허권에 대하여 통상실시권을 가진다.

12. 의견서 제출통지나 거절사정서를 받은 경우 대처방법

Q 의견서제출통지나 거절사정서를 받은 경우 출원인이 할 수 있는 방법은 없습니까?

A 의견서 또는 보정서를 제출할 수 있습니다.

　심사관은 특허출원을 심사한 결과 거절이유를 발견한 때 기간을 지정하여 출원인에게 거절이유를 통지하고 의견서 또는 보정서를 제출할 기회를 부여한다. 출원인이 심사관의 의견에 승복할 수 없는 때에는, 거절이유의 요점을 기재하고 이에 대한 출원인이 승복할 수 없는 이유를 진술한 의견서를 제출할 수 있다. 특허청구범위에 공지기술이 포함되어 있는 경우 등 명세서의 보정이 필요한 경우 보정서를 제출할 수도 있다. 위 지정기간은 연장신청에 의해 연장받을 수 있다.

　출원인이 위와 같이 의견서 또는 보정서를 제출하면, 심사관은 재심사하게 되는데 제출된 의견서나 보정서에 의해서도 거절이유가 해소되지 않은 경우에는 특허출원이 최종적으로 거절사정된다.

　거절사정에 대해 불복이 있는 경우 출원인은 거절사정서 등본송달일부터 30일 이내에 특허심판원에 거절사정불복심판을 청구할 수 있다. 거절사정불복심판을 청구하는 경우, 출원인은 거절사정불복 심판청구일부터 30일 이내에 명세서를 보정할 수 있다.

13. 타인의 특허공고된 발명이 특허성이 있다고 판단되는 경우의 조치

　특허법은 심사관의 심사를 보완하고 결함 있는 특허권을 조기에 정리하기 위해서 공중이 심사에 참여할 수 있는 이의신청제도를 채용하고 있다.

　따라서 특허공고된 발명이 특허성이 없다고 판단되는 경우 누구든지 등록공고일부터 3개월 이내에 특허청장에게 특허이의신청을 할 수 있다. 특허이의신청이 있는 경우 심사관합의체는 이를 심리하여 이의신청이 이유 있다고 인정되는 때에는 그 특허를 취소한다는 취지의 결정을, 이의신청이 이유 없다고 인정되는 때에는 그 특허를 유지한다는 취지의 결정을 한다.

유지결정에 대하여는 불복할 수 없고, 이해관계인에 한해 특허무효심판을 청구할 수 있다.

14. 타인의 특허가 특허성이 없어 보이는 경우 취할 조치

특허권은 독점배타권이기 때문에 특허처분 자체에 흠이 있다면 제3자의 이익이 부당하게 제한되는 것이고 산업발전이라는 특허법 취지에도 반하게 되므로, 특허법은 흠이 있는 특허권을 소급적으로 소멸시킬 수 있는 특허무효심판제도를 두고 있다.

따라서 타인의 특허권에 흠이 있는 경우(무효사유에 해당하는 경우) 이해관계인이라면 특허무효심판을 청구하여 그 특허권을 소멸시킨 후 그 기술을 실시할 수 있다. 특허무효심판을 청구하기 위해서는 일정한 양식의 특허무효심판청구서를 특허심판원에 제출하여야 하며, 특허권 일부에 무효사유가 있는 경우 그 일부에 대해서만 일부무효심판을 청구할 수 있다.

한편, 타인의 특허의 기술적 내용 전부 또는 일부가 공지, 공용기술인 때는 무효심결의 유무에 관계 없이 그 공지부분에 대해서는 특허권의 권리가 미치지 않기 때문에 제3자는 그 기술을 실시할 수 있다.

15. 외국특허를 취득할 수 있는 방법

> **Q** 국내에서 받은 특허가 외국에서도 효력이 있습니까? 외국에서 효력이 없다면 외국특허를 획득할 수 있는 방법은 어떠한지 알려주십시오.
>
> **A** 외국에서는 효력이 없고 별도 출원을 하여야 합니다.

속지주의 원칙에 따라 국내 특허는 우리나라에서만 효력이 있고, 외국특허는 우리나라에 효력이 미치지 않는다. 그러나 특허권의 국제적 성격 때문에 특허제도의 속지성을 수정하고 특허제도를 통일화하려는 시도가 계속되어 파리조약, 특허협력조약(PCT) 등의 다수의 조약이 발효되었고, 우리나라도 여러 조약에 가입되어 있다.

내국인이 외국특허를 등록받기 위해서는 해당 국가에 직접 출원하는 방법과 특허협력조약(PCT)을 이용하여 출원하는 방법이 있다. PCT를 이용하는 경우 출원인에게는, ① 특허청에 출원함으로써 다수의 지정국에 출원한 것과 같은 효과를 거둘 수 있고, ② 각국 지정국에 번역문을 제출하는 기간을 연장받을 수 있고, ③ 국제조사보고서 또는 국제예비심사보고서를 이용할 수 있어 특허의 가능성을 예측할 수 있는 이점이 있다. 그러나 PCT에 의한 국제출원제도를 이용하는 경우 절차가 복잡하고 비용이 많이 드는 단점도 있어, 소수국에 국제출원을 하는 경우 해당 국가별로 출원하는 경향이 있다.

PCT에 의한 국제출원 절차는 크게 국제출원의 수리, 국제조사, 국제공개,

국제예비심사 등의 국제단계와, 지정국에 번역문을 제출함으로써 시작되는
국내단계로 구분된다. PCT는 국제출원방식의 통일에 관한 조약으로서 일단
국내단계에 진입하면 지정국의 각국 법률에 의해 심사가 이루어진다.

그리고 국내출원을 한 후 1년 이내에 우선권을 주장하면서 파리조약 동맹
국에 출원하는 경우, 일정 특허요건 판단시 국내출원일에 출원한 것으로 보
아주는 우선권혜택을 받을 수 있다.

한편, 1999년 12월 1일부터는 우리나라 특허청이 PCT 국제조사 · 예비심
사업무를 개시하면서 국어로도 출원서류를 작성할 수 있게 되었다.

16. PCT에 의한 국제출원

> **Q** PCT에 의한 국제출원을 하는 경우 국제조사와 국제예
> 비심사를 반드시 청구해야 합니까?
>
> **A** 국제조사는 필수적이나 국제예비심사는 임의적입니다.

국제조사란 국제출원의 특허청구범위에 기재된 발명이 신규성 및 진보성
을 가지는가를 판단하는 것으로서, 국제조사기관은 국제출원에 대해서 관련
선행기술을 조사하고 국제조사보고서를 작성하여 국제사무국과 출원인에게
송부하게 된다. 이러한 국제조사는 모든 국제출원을 대상으로 하는 필수적
인 절차이다.

한편, 국제예비심사는 국제예비심사기관이 일정한 기준에 따라 국제출원
의 청구범위에 기재된 발명이 신규성, 진보성 및 산업상 이용가능성이 있는
가 여부에 대해 예비적이고 비구속적인 판단을 하는 것으로서, 국제예비심
사기관은 국제예비심사보고서를 작성하여 출원인 및 국제사무국에 송부하게

된다. 이러한 국제예비심사는 국제조사와 달리 출원인의 청구에 의해 행해지는 임의적 절차이다. 출원인은 이 보고서를 보고 그 후의 절차의 속행 여부를 결정할 수 있고, 또 선택국은 심사과정에서 유력한 참고자료로서 활용할 수 있다.

제 2 장 실용신안

1. 실용신안선등록제도의 도입취지

> **Q** 실용신안선등록제도의 도입취지는 무엇입니까?
>
> **A** 중소 벤처기업의 사업화 및 기술개발 의욕을 증진시키기 위함입니다.

실용신안법은 제품의 라이프사이클이 점차 단축되어 가고 있는 실용신안의 보호에 능동적으로 대처하고 중소 벤처기업의 사업화 및 기술개발 의욕을 증진시키코자 1999년 7월 1일부터 실용신안선등록제도를 도입하였습니다.

이 실용신안선등록제도는 크게 ① 신규성, 진보성 등 실체적 등록요건에 대한 심사 없이 방식심사 및 간단한 기초적 요건심사만을 거쳐 직권으로 3월 이내에 실용신안권의 설정등록을 하는 협의의 선등록제도(무심사등록제도), ② 실체적 등록요건에 대한 심사 없이 부여된 권리 중 부실권리의 행사로 인한 선의의 피해자 발생을 막기 위해, 권리행사 전에 실체심사를 행하는 기술평가제도, ③ 상대적으로 심사기간이 많이 소요되는 특허출원중인 기술을 조기에 실용신안으로 등록받아 활용할 수 있도록 특허로 출원중인 기술을 실용신안등록출원으로도 출원하는 이중출원제도로 구성되어 있다.

2. 실용신안 기술평가제도

> **Q** 실용신안 기술평가제도란 무엇입니까?
>
> **A** 등록권자가 기술평가를 청구하여 등록유지결정을 받아 이를 제시한 경우에만 제3자에게 권리행사를 할 수 있도록 한 제도입니다.

실용신안 기술평가제도는 무심사등록제도 도입에 따른 부실권리의 행사문제를 해결하기 위해 도입된 것으로, 실용신안 등록권자가 사전에 기술평가를 청구하여 등록유지결정을 받아 이를 제시한 경우에만 제3자에게 권리행사를 할 수 있도록 한 제도이다.

실용신안 기술평가의 청구는 실용신안 등록권자뿐만 아니라 누구나 청구할 수 있으며, 이의신청에 의해 취소되거나 무효심판에 의해 무효된 이후를 제외하고 청구의 이익이 존재하는 한 언제든지 청구할 수 있다.

실용신안 기술평가에서는 ① 신규성, 진보성 등 실체적 등록요건, ② 공서양속에 반하는 여부 등 부등록고안 해당 여부, ③ 무권리자 여부 등 주체적 요건에 대한 심사를 거쳐 위 평가항목에 해당하는 취소사유를 발견할 수 없을 때, 등록유지 결정을 하고, 그렇지 않은 경우에 등록취소 결정을 한다.

등록취소결정에 대해서만, 취소결정등본을 송달받은 날부터 30일 이내에 심판원에 불복심판을 청구할 수 있다.

3. 이중출원제도

> **Q** 이중출원제도란 무엇입니까?
>
> **A** 이중출원제도는 같은 기술내용을 특허출원과 실용신안 등록출원으로 중복출원할 수 있도록 하는 제도입니다.

위 설문 1의 실용신안선등록제도의 취지에서 설명한 바와 같이 특허출원 중 실용신안으로 등록받아 조기에 활용하고자 하는 제도입니다.

이중출원할 수 있는 시기는 ① 실용신안등록출원을 먼저 한 경우 실용신안권의 설정등록일부터 1년이 될 때까지 할 수 있으며, ② 특허출원을 먼저 한 경우 특허사정서 등본을 송달받기 전까지, 또는 그 특허출원에 대하여 최초의 거절사정등본을 송달받은 날부터 30일 이내에 할 수 있다.

이중출원할 수 있는 범위는 먼저 출원된 특허출원서 또는 실용신안등록출원서에 최초로 첨부된 명세서의 특허청구범위 또는 실용신안등록청구범위에 기재된 사항의 범위안에서 이중출원할 수 있다.

이중출원의 대상에 대해서는 법령에 규정된 것은 없으나, 실용신안의 등록대상이 물품의 형상, 구조 또는 조합에 관한 고안으로 한정되므로, 이중출원도 물품의 형상, 구조 또는 조합에 한정될 수 밖에 없다고 보아야 할 것이다.

이중출원제도를 이용할 경우 유의해야 할 점은, 이중등록은 인정되지 않는다는 것이다. 따라서 특허와 실용신안을 이중으로 출원하여 먼저 실용신안등록을 받은 후 나중에 특허사정을 받은 경우, 실용신안등록을 포기하고 특허등록을 받거나 특허등록을 포기하고 그냥 실용신안등록을 유지하는 것 중에서 택일하여야 한다.

4. 기초적 요건심사

> **Q** 기초적 요건심사란 무엇입니까?
>
> **A** 실용신안등록출원의 등록 전에 실용신안등록출원이 구비해야 할 기초적 요건에 대한 심사를 말합니다.

기초적 요건심사는 실용신안등록출원의 등록 전에 방식심사와 함께 행해지는 실용신안등록출원이 구비해야 할 기초적 요건에 대한 심사를 말한다.

실용신안선등록제도 도입에 따라 실용신안등록출원의 경우 실체심사 없이 권리가 부여되는데, 이에 따른 불합리한 요소를 사전에 제거하기 위한 최소한의 심사이다.

기초적 요건심사에서는 ① 출원된 고안이 실용신안법의 보호대상인 고안에 해당하는가 여부, ② 부등록고안에 해당하는가 여부, ③ 청구범위를 비롯한 명세서 및 도면 등이 법적 양식에 적합한지 여부, ④ 단일의 출원인지 여부에 대하여 심사한다.

5. 기초적 요건 위반사항에 대한 보정기간

> **Q** 기초적 요건 위반사항에 대한 보정명령이 있는 경우 지정기간은 어느 정도이며 연장이 가능합니까?
>
> **A** 1개월 이내이고, 1회 1개월에 한하여 연장할 수 있습니다.

실용신안등록제도에 의해 심사관은 실용신안등록출원에 대해 방식심사와 기초적 요건심사만 하여 흠이 없는 경우 직권으로 등록의뢰를 하게 된다. 그런데, 심사관이 방식심사와 기초적 요건심사를 한 결과 흠을 발견한 경우, 기간을 정해서 각각 절차의 보정명령, 기초적 요건의 보정명령을 하게 된다.

기초적 요건의 위반사항에 대한 보정명령시 지정기간은 1개월 이내이고, 지정기간 내에 출원인은 위반사항을 치유하기 위한 보정을 할 수 있다. 이 지정기간을 1회, 1개월에 한하여 연장할 수 있다.

보정으로 흠이 치유되면 직권등록의뢰되지만, 보정을 하지 않거나 보정에 의해서도 흠이 치유되지 않으면 출원은 무효처분된다.

6. 실용신안등록출원 후 출원서류 보정

Q 실용신안등록출원 후 출원서류를 바로잡고 싶은데 어떻게 해야 합니까?

A 출원일로부터 2개월 내에 바로잡을 수 있습니다.

특허법과 마찬가지로 실용신안법도 출원인 보호측면에서 출원 후 출원서류를 자진하여 바로잡을 수 있는 보정제도를 두고 있다.

그러나 신속한 절차의 진행과 제3자의 이익을 해하지 않도록 하기 위해서 시기적, 내용적 제한을 두고 있다. 즉 실용신안등록에 관한 출원을 밟는 자는 출원이 특허청 또는 특허심판원에 계속중에 있는 경우에 한하여 그 보정을 할 수 있다. 다만, 실용신등록출원서에 첨부된 명세서, 도면 또는 요약서에 대해서는 실용신안등록출원일로부터 2개월이 지난 후에는 이를 보정할 수 없다. 이와 같이, 실용신안등록출원에서 명세서 등 출원내용에 대한 보정

을 할 수 있는 기간이 단기인 것은 실용신안등록출원은 실체심사 없이 약 3개월 이내에 등록되기 때문이다. 따라서 실용신안등록의 출원인은 명세서 등의 작성에 보다 유의해야 한다. 그리고 명세서 또는 도면의 보정은 실용신안등록출원서에 최초로 첨부된 명세서 또는 도면의 요지를 변경하지 않는 범위 안에서 하여야 한다.

한편, 실용신안등록출원이 등록된 후에는 기술평가단계에서 취소이유에 대한 의견서를 제출하는 경우와 정정심판을 청구하는 경우에 한해 일정범위 내에서 명세서 또는 도면의 정정을 청구할 수 있다.

7. 99. 6. 30. 이전에 출원된 특허출원의 선등록제도의 적용 여부

실용신안등록출원을 이중출원하기 위해서는 그 기초가 되는 특허출원은 1999년 7월 1일 이후 출원된 것이어야 한다.

특허법 부칙 제2조의 규정에 의하여 1999년 6월 30일 이전 출원된 특허출원은 구법이 적용되는 실용신안등록출원으로 변경출원하는 것은 가능하지만 신법이 적용되는 실용신안등록출원을 이중으로 출원할 수 없다.

8. 비즈니스모델의 실용신안출원의 가능 여부

> **Q** 비즈니스모델도 실용신안으로 출원할 수 있습니까?
>
> **A** 할 수 없습니다.

　실용신안법은 특허법과 달리 그 보호대상을 물품의 형상, 구조 또는 조합에 관한 것으로 한정하고 있다. 따라서 방법은 실용신안법의 보호대상이 아니다. 또한 실용신안법에서의 '물품'에는 동산, 부동산뿐만 아니라 물건의 일부도 포함되지만, 조성물, 합금, 화합물 등의 물질은 제외된다.

　따라서 비즈니스모델 출원은 그 발명내용에 따라서 실용신안의 등록대상이 될 수도 있겠지만, 영업방법 등 방법과 관련된 것이라면 실용신안으로 출원하면 기초적 요건 위반으로 등록받기가 어렵다.

9. 출원하고자 하는 기술과 유사한 기술이 등록되어 있는 경우

> **Q** 출원하고자 하는 기술과 유사한 기술이 등록되어 있는 경우 어떻게 합니까?
>
> **A** 기술의 내용에 따라 등록이 가능합니다.

　특허법의 보호대상인 발명이 '자연법칙을 이용한 기술적 사상의 창작 중 고도한 것'인데 비하여 실용신안법의 보호대상인 고안은 '자연법칙을 이용한 기술적 사상의 창작'이다. 즉 발명은 고도의 창작일 것을 요하나, 고안은 창작이기만 하면 충분하며 고도할 필요는 없다. 이것은 소발명을 보호하여 우리나라 산업발전에 기여하고자 하는 실용신안제도의 존치 이유에서 비롯된 것이다.

따라서 이미 등록된 기술과 출원하고자 하는 기술이 비슷한 점이 있더라도 반드시 등록받을 수 없는 것은 아니다. 결국 당업자가 이미 등록된 기술에서 극히 용이하게 창작할 수 있는 것이 아니라면 실용신안등록출원을 해 보는 것이 바람직하다. 아니면, 공개된 기술과 확연히 구별될 수 있도록 발명을 좀더 개량하여 출원할 수도 있다.

10. 이중출원과 국내우선권 주장

> **Q** 이중출원을 기초로 해서 국내우선권을 주장할 수 있습니까?
>
> **A** 주장할 수 없습니다.

이중출원이나 분할출원을 기초로 한 국내우선권 주장은 허용되지 않는다.

그러나 국내우선권을 주장한 후 출원을 기초로 하여 이중출원을 하는 것은 가능하다.

제3장 의 장

l. 의장과 디자인의 관계

> **Q** 의장이란 무엇이며, 의장과 디자인은 어떻게 다릅니까?
>
> **A** 의장은 의장법상의 '디자인'이라고 할 수 있습니다.

일반적으로 의장을 디자인이라고도 부르나 의장법은 의장을 '물건의 형상, 모양, 색채 또는 이들을 결합한 것으로 시각을 통하여 미감을 일으키게 하는 것'(의§2ii)으로 규정하듯이 양자가 반드시 일치하는 것은 아니다.

의장은 물건의 외관을 통하여 구현되며 인간의 시각을 통하여 심미성을 감지할 수 있는 외관에 관한 고안으로 기술적 효과는 필요로 하지 않는다. 이 점에서 기술적 사상의 창작인 특허나 실용신안과 구별된다.

의장에는 분류기준에 따라 여러 가지 종류가 있는데 독립의장(기본의장), 유사의장, 비밀의장 및 한 벌 물품의 의장의 구별이 중요하다. 또한 그래픽 디자인의 경우와 같은 응용미술저작물이 될 수 있는 것도 물품과 결합하여 의장등록의 대상이 될 수 있다.

응용미술저작물과 관련하여 대법원 판례는 "산업상의 대량생산에의 이용을 목적으로 하여 창작되는 응용미술품에 대하여 의장법 이외에 저작권법에 의한 중첩적인 보호가 일반적으로 인정되면 신규성 요건이나 등록요건 단기의 보호기간 등 의장법의 여러 가지 제한규정의 취지가 몰각되고 기본적으로 의장법의 보호에 익숙한 산업계에 많은 혼란이 우려되는 점 등을 고려하면 이러한 응용미술작품에 대해서는 원칙적으로 의장법에 의한 보호로서 충분하고 예외적으로 저작권법에 의한 보호가 주어진다고 보는 것이 의장법 및 저작권법의 입법취지이므로 산업상의 대량생산에의 이용을 목적으로 하여 창작되는 모든 응용미술작품이 곧바로 저작권법상의 저작물로 보호된다고 할 수 없고 그 중에서도 그 자체가 하나의 독립적인 예술적 특성이나 가치를 가지고 있어 위에서 말하는 예술의 범위에 속하는 창작물에 해당되어야만 저작물로 보호된다고 할 것이다"라고 판시하여 기본적으로 응용미술품은 의장권의 대상이 되는 것으로 보고 있으면서 예외적으로 저작권의 대상이 될 수 있다는 것을 전혀 배제하지 않고 있다.

2. 의장등록출원절차 및 등록의 이점

의장등록을 받고자 하는 자는 의장등록출원서를 특허청장에게 제출하여 심사를 거쳐 등록여부가 결정된다.

출원서에는 ① 출원인의 성명 및 주소(법인인 경우에는 그 명칭, 영업소 및 대표자의 성명), ② 출원인의 대리인이 있는 경우에는 그 대리인의 성명 및 주소나 영업소, ③ 제출연월일, ④ 의장의 대상이 되는 물품, ⑤ 의장을 창작한 자의 성명 및 주소, ⑥ 기본의장의 의장등록번호 또는 의장등록출원 번호(유사의장 등록의 경우에 한한다), ⑦ 조약에 의한 우선권, 국내출원 등에 의한 우선권 주장이 수반인 경우에는 그 우선권 주장 사실을 기재하여야 한다(의§9①).

또한 출원서에는 ① 의장의 대상이 되는 물품, ② 의장의 설명 및 창작내용의 요점, ③ 의장의 도면번호(다의장등록출원의 경우에는 한한다)를 기재한 도면을 첨부하여야 한다(의§9②).

실용신안과 마찬가지로 필수적으로 도면을 첨부하여야 한다. 의장도면은 정투상도법에 의한 6면도를 도시하여야 하며, 필요에 따라 참고도 및 단면도를 첨부해야 될 경우가 있다. 도면에 갈음하여 의장의 사진, 모형, 견본을 제출할 수도 있다.

소정의 물품에 대하여는 무심사등록출원을 할 수 있는데(의§9⑥) 이 경우에는 다의장등록출원 여부 및 의장의 수를 기재하여야 한다(의§4). 그 밖에 의장의 종류, 즉 독립의장, 유사의장, 한 벌 물품의 의장 및 비밀의장의 출원 등에서는 그 절차와 내용이 조금씩 다르다(의§11의 2, §12, §13).

의장등록출원 후 심사를 거쳐 등록사정을 받은 후 소정의 등록료와 함께 특허청에 의장등록을 함으로써 의장권이 발생한다. 의장권은 의장의 설정등록부터 15년이며 의장권자는 의장권의 존속기간 동안 의장법 제41조의 규정에 의하여 업으로서 등록의장 또는 이와 유사한 의장을 실시할 권리를 독점하게 된다.

3. 판매중 물품의 의장등록출원 가능 여부

의장법상의 의장은 신규성을 요건으로 하고 있다. 즉 의장이 다음의 하나에 해당할 경우에는 신규성이 상실되어 의장등록을 받을 수 없다(의§5①).

① 출원 전에 국내 또는 국외에서 공지되었거나 공연히 실시된 것

② 출원 전에 국내 또는 국외에서 반포된 간행물에 기재된 것

③ 제1호 또는 제2호에 해당하는 의장에 유사한 의장

다만, 위의 신규성 상실요건에 해당하여 등록받을 수 없는 경우라 하더라도 의장법 제8조에서 규정하는 규정 상실의 예외규정에 따라 구제받을 수 있다. 즉 공개방법이 무엇이든 묻지 않고 공개일부터 6개월 이내에 출원을 하면 신규성이 있는 것으로 의제한다(의§8①).

따라서 위의 경우 판매일부터 6개월이 경과하지 않았다면 의장등록을 받을 수 있다.

4. 의장출원시 모방이나 도용에 대한 대처방안

의장은 모방이 쉽고 유행성이 강하므로 의장권자가 사업실시의 준비가 완
료되지 않은 상황에서 의장이 공개되는 경우에는 그 의장에 의한 사업상 이
익을 모두 상실할 우려가 있다. 따라서 의장출원시에 출원인의 신청이 있는
경우에 의장권 설정등록일부터 3년 이내의 기간 동안 공고하지 아니하고 비
밀상태로 둘 수 있도록 하는 규정을 두고 있다. 다만, ① 의장권자의 동의를
받은 자의 청구가 있는 경우, ② 심사, 심판, 소송의 당사자나 참가인의 청구
가 있는 경우, ③ 의장권 침해의 경고를 받은 사실을 소명할 자의 청구가 있
는 경우, ④ 법원의 청구가 있는 경우는 열람이 가능하다.

따라서 위의 경우에 의장의 출원시에 비밀의장제도를 이용하여 물품의 판
매시기에 맞추어 공개시기를 늦출 수 있을 것이다.

5. 무심사등록제도

의장의 무심사등록이란 의장은 물품의 외관에 관한 창작이어서 그에 대한 모방이 용이하므로 출원 후 권리설정시까지 오랜 기간이 소요되면 의장의 보호에 만전을 기할 수 없는 경우가 많기 때문에 유행성이 강하고 라이프사이클이 짧은 다지인이나 개발속도가 빠른 디자인의 경우 심사에 시간이 많이 소요되는 실체 심사를 하지 않고 신속한 권리설정과 그 후 다툼이 있는 경우 실체요건의 구비 여부를 판단하는 제도이다.

의장무심사는 통상산업부령이 정하는 물품의 구분에서 지정된 물품의 의장에 한하는데 그 지정된 물품은 시행규칙 별표 4에서 예시한 물품의 구분 중 B1 : 의복류, C1 : 침구, 마루깔개, 커튼 등, F3 : 사무용지제품, 인쇄물 등, F4 : 포장지, 포장용 용기 등, M1 : 직물지, 편물지, 합성수지지 등이다.

또한 현행법상 1의장은 반드시 독립된 1개의 출원서로 출원하여야 하나 의장무심사등록출원에 한하여 20개 이내의 의장을 1출원서로 출원할 수 있게 하여 출원절차를 대폭 간소화하여 출원료 등 비용부담을 경감할 수 있다.

6. 유사의장등록

> **Q** 유사의장등록이란 무엇이며 유사의장등록출원을 하면 어떤 효과가 있나요?
>
> **A** 기본의장에 대한 침해를 미연에 방지하고 침해시 그 권리의 구제를 신속히 할 수 있습니다.

의장법상 유사의장제도란 의장권자 또는 의장등록출원인이 자기의 등록의장 또는 의장등록출원한 의장에만 유사한 의장을 자기의 기본의장의 유사의장으로만 등록받을 수 있는 제도로서 의장법에만 있는 특유한 제도이다.

의장법상 유사범위는 추상적이어서 권리의 침해시 그 범위를 확인하는 것이 쉽지 않기 때문에 미리 유사범위에 대한 확인을 받아 권리의 범위를 명확히 함으로써 침해를 미연에 방지하고 침해시 그 권리의 구제를 신속히 하여 의장의 보호를 강화하기 위한 것이다.

유사의장은 등록되면 기본의장권과 불가분의 일체가 되어 운명을 같이 하게 된다. 즉, 존속기간은 기본의장의 의장권 존속기간의 잔존기간이며 유사의장의 의장권을 단독으로 이전할 수 없다.

7. 한 벌 물품의장

의장법은 하나의 물품은 독립된 하나의 출원이 되어야 한다는 1의장 1출원주의를 취하고 있으나 예외적으로 상관습상 한 벌로 판매되고 한 벌로 사용되는 물품으로서 전체적인 통일성이 있는 경우에는 하나의 출원으로 심사·등록할 수 있도록 한 벌 물품의장제도를 두고 있다. 한 벌 물품의 의장제도란 2종 이상의 물품이 관습상 한 벌의 물품으로 판매되고 사용되는 경우 당해 한 벌 물품의 의장이 한 벌 전체로서 통일성이 있을 때에는 1의장으로 의장등록 출원할 수 있도록 하는 제도를 말한다.

의장법 시행규칙 별표 5에 의한 한 벌 물품의장 대상품목으로는, ① 끽연용구세트, ② 차세트, ③ 화채용세트, ④ 수저세트, ⑤ 나이트, 포크 및 스푼세트, ⑥ 반상기세트가 있다.

한 벌 물품의 의장등록출원은 한 벌 물품의장 전체나 그 구성물품의 의장 중 하나라도 등록요건을 빠뜨리면 거절이유가 되고 일단 한 벌 물품의 의장으로 등록이 되면 하나의 의장권이 발생하며 존속기간도 한 벌 물품의 의장 전체로 진행된다.

8. 비밀의장

비밀의장이란 출원인의 신청에 의하여 의장권의 설정등록일부터 3년 내의 기간 동안 그 의장을 비밀로 하는 것을 말한다(의§13).

의장으로서의 심미성은 외관에 표현되어 쉽게 모방될 가능성이 많으므로 일반에 대한 공개를 하지 않고 권리자에게 신속한 권리설정을 해주는 것이 필요할 때가 있다. 따라서 등록공고제도를 채용하지 않는 반면 권리설정에도 일정기간 동안 그것을 비밀로 하여 권리의 실질적인 보호를 꾀하려는 제도가 비밀의장인 것이다

출원인의 청구에 의하여 3년 이내의 범위 안에서 그 의장을 비밀로 해주는 이 제도는 외관에 나타나는 변화성에 의하여 유행성에 매우 민감하여 타인의 모방에 무력한 약점이 있는 의장을 보호하고 권리자가 사업준비기간을 가질 수 있는 장점이 있다.

비밀의장을 청구하려면 의장등록 출원인은 출원과 동시에 비밀로 할 기간을 기재한 서면을 특허청장에게 제출하여야 한다. 첨부할 출원서, 도면이나 그 밖의 물건 등은 밀봉하여 비밀의장이라고 주서한다.

비밀의장이 등록되면 의장권자 이외의 자는 공표할 수 없을 뿐만 아니라 비밀기간중에는 의장공보 등에 게재되지 않고 일반인이 열람할 수도 없으며 비밀기간이 지나야 비로소 일반인에게 공표된다.

제4장 상 표

1. 상표등록출원 절차

> **Q** 상표등록의 경우 필요한 서류는 무엇이며 상표등록출원은 어떻게 하는가요?
>
> **A** 상표등록은 소정의 사항을 기재한 등록출원서를 특허청장에게 제출하여야 합니다.

상표등록을 받고자 하는 자는 상표등록출원서를 특허청장에게 제출하여야 한다(§상9①). 출원서에는 ① 출원인의 성명 및 주소(법인인 경우에는 그 명칭, 영업소 및 대표자의 성명),② 출원인의 대리인이 있는 경우에는 그 대리인의 성명 및 주소나 영업소, ③ 상표, ④ 지정상품 및 그 류구분, ⑤ 우선권 주장을 하고자 하는 경우에는 그 취지, 최초로 출원한 국명 및 출원의 연월일 그 밖에 상표가 입체적 형상(기호, 문자, 도형 또는 색채와 결합된 것을 포함)으로 된 상표인 경우에는 그 취지를 기재하여야 한다(§9②).

출원서에는 출원서 부본 1통, 상표를 표시하는 견본 10통을 붙인 서면 1통과 상표인판 등을 첨부하여야 한다(상규칙§4①,§5). 상표견본은 출원의 계속 중 요지를 변경하지 않는 범위 내에서 정정할 수도 있다. 상표법 제6조 제2항에 해당하는 경우에는 사용에 의하여 특별현저성을 취득했다는 사실 및 이를 증명하는 서면 및 증거물을 제출하여야 하며(상규칙§4①ⅴ), 타인의 성명이나 명칭 등을 포함하는 상표인 경우에는 그 타인의 승낙을 받은 증명을, 대리출원의 경우에는 대리권을 증명하는 서면을 각각 제출하여야 한다.

이와 같이 소정의 수수료와 출원서를 제출하면 접수 후 10일 이내에 출원인에게 출원번호가 통지되고 출원 후 약 8개월이 지나면 심사를 거쳐 등록 여부를 결정하게 된다.

2. 상표권 취득의 이점

> **Q** 현재 A사는 자사에서 생산하고 있는 제품에 대해 X상표를 상표등록출원을 하지 아니하고 별다른 불편 없이 사용하고 있습니다. 이런 경우 A사가 X상표에 대하여 상표등록출원하여 권리를 취득하여야 할 필요가 있습니까? 상표권을 취득하면 어떤 이점이 있나요?
>
> **A** 상표등록을 하면 상표등록원부에 기재된 지정상품류의 지정상품에 대하여 국내에서 독점배타적인 사용권을 가지는 이점이 있습니다.

상표란 사용에 의해 경제적인 재산가치가 형성되어 하나의 재산권을 이루는 것인데 이러한 재산권의 하나인 상표를 보호하는 입장은 크게 사용주의와 등록주의로 나눌 수 있다. 사용주의는 먼저 상표를 사용한 자를 보호하는 것이고, 등록주의는 상표사용사실과는 관계 없이 출원의 선후원에 의해 판단한 후 등록받은 상표를 보호한다는 입장이다.

우리나라는 등록주의를 원칙으로 하고 사용주의를 가미하고 있는 입법형태이다. 따라서 만일 A사가 X상표를 현재 아무 문제 없이 사용하고 있다하더라도 타인이 무단으로 X상표를 사용하거나 등록을 받은 후 상표권 침해

주장을 해오는 경우에 보호받을 수 없다.

이처럼 등록받지 않은 상표는 타인의 사용으로부터 보호받을 수 없으며, 또한 타인이 먼저 등록을 받은 경우 사용할 수 없게 되므로 현재 사용하고 있는 상표나 앞으로 사용하고자 하는 상표는 등록을 받는 것이 좋다. 상표등록을 하면 상표등록원부에 기재된 지정상품류의 지정상품에 대하여 국내에서 독점배타적인 사용권을 주장할 수 있다.

3. 새로운 상표를 만들 경우 고려할 사항

> **Q** 새로운 상표를 만들려고 할 때 어떤 점을 고려해야 하는지 궁금합니다. 또한 어떠한 상표가 등록을 받을 수 없는 상표에 해당합니까?
>
> **A** 상표는 식별력, 즉 특별현저성이 구비된 것이어야 합니다.

상표는 다른 업자의 상품과 식별하기 위하여 자기 상품의 출처에 오인, 혼동을 가져오거나 기만할 염려가 없을 정도로 특별현저성이 구비된 것이어야 한다. 상표의 식별력은 특별현저성 외에도, 상표의 사용기간, 방법과 사용정도, 광고선전비의 다소, 상품 품질의 우수성, 상표권자의 명성·신용 등에 따라 상대적으로 결정된다

상표는 자타상품을 식별케 하고 업무상의 신용을 표장하는 것을 직접적인 목적으로 하기 때문에 이러한 특별현저성을 구비하지 아니하거나 공익상 또는 타인의 목적을 위하여 상표법에서는 다음과 같이 일정한 경우 상표등록을 배제하고 있다.

상표법은 보통명칭, 관용표장, 기술적 상표, 지리적 명칭, 흔한 명칭. 간단

한 도형, 기타 특별현저성이 없는 상표(상표법§6①i~vii)를 부등록 사유로 규정하고 있다.

① 상품의 보통명칭을 보통으로 사용하는 방법으로 표시한 표장만으로 된 상표(상§6① i).

② 그 상품에 대하여 관용하는 상표(상§6①ii).

③ 기술적 상표(상§6①iii)

④ 현저한 지리적 명칭, 그 약어 또는 지도만으로 된 상표(상§6①iv).

⑤ 흔히 있는 성 또는 명칭을 보통 사용하는 방법으로 표시한 표장만으로 된 상표(상§6①v).

⑥ 간단하고 흔히 있는 표장만으로 된 상표(법 6①vi).

⑦ 그 밖에 수요자가 누구의 업무에 관련된 상품을 표시하는 것인가를 식별할 수 없는 상표(상 6①vii).

그 외에 구체적인 부등록사유 상표법 제7조에서 규정하고 있는 내용은 다음과 같다.

① 국기 등과 동일 · 유사한 상표(상§7①i)

② 저명한 업무표장과 동일 · .유사한 상표(상§7①iii)

③ 박람회의 상패 등과 동일 · 유사한 상표(상§7① v)

④ 등록상표와 동일 · 유사한 상표(상§7① v ii)

⑤ 상표권 소멸 후 1년을 경과하지 아니한 타인의 상표와 동일 · 유사한 상표(상§7①viii)

⑥ 주지상표와 동일 · 유사한 상표(상§7①ix)

⑦ 저명상표와 동일 · 유사한 상표(상§7①xii)

⑧ 상품 또는 그 상품의 표장의 기능을 확보하는데 불가결한 입체적 형상만으로 된 상표(상§7① x iii)

⑨ 세계무역기구 가입국 내의 포도주 및 증류주의 산지에 관한 지리적 표

시로서 구성되거나 동 표시를 포함하는 상표로서 포도주, 증류주 또는 이와
유사한 상품에 사용하고자 하는 상표(상§7①ⅹⅳ)

4. 상표의 동일·유사의 의미

> **Q** 상표의 동일·유사란 무엇이며, 출원상표가 어느 정도
> 유사해야 등록받을 수 없는 상표라고 할 수 있습니까?
>
> **A** 물리적으로 사회통념상으로 동일·유사한 것을 의미합
> 니다.

상표의 동일·유사의 개념은 부등록사유, 선원주의, 무효사유, 취소사유,
상표의 효력, 보호범위, 침해로 보는 행위, 침해죄 등에 있어서 직간접으로
관련되어 있다.

상표의 동일이란 물리적인 동일뿐만 아니라 사회통념상의 동일개념을 포
함하는 것으로 동일성 정도의 개념으로 각 조문의 취지에 따라 합목적적으
로 해석되고 있다.

상표의 유사란 두 개의 상표를 비교관찰하여 볼 때 거래사회에서 동일하다
고 할 수는 없으나 거래경험칙상 외관, 칭호, 관념 중 어느 하나 이상이 유사
하여 이들 상표를 동일 또는 유사한 상품에 사용할 경우 일반 수요자로 하여
금 상품출처의 혼동을 일으킬 우려가 있는 정도로 비슷한 것을 말한다.

따라서 두 개의 상표를 비교하여 그 지정상품의 거래에서 일반적인 수요자
나 거래자가 상표에 대하여 느끼는 직관적 인식을 기준으로 상품의 출처에
대하여 오인, 혼동의 우려가 있는 정도라면 유사한 상표에 해당하여 등록받
을 수 없다.

5. 상품지정시 주의할 점

> **Q** 출원하고자 하는 상표에 대하여 지정할 상품을 지정할 때 유의할 점은 무엇이며 상품류구분표상의 유사상품이란 무엇인가요
>
> **A** 니스분류체계에 따라 통상산업부령이 정하고 있습니다.

1998년 3월 개정상표법의 시행과 더불어 상표법시행규칙의 개정에 의한 니스분류의 채택이 동시에 이루어져 현재 지정상품은 니스분류체계에 따라 통상산업부령이 정하는 지정상품류를 지정하고 세목을 결정하여 출원하게 된다.

자신의 출원하고자 하는 지정상품이 몇 류에 속하는지는 상표법 시행규칙에 의한 니스분류에 따라 상품을 지정하게 되는 것이다. 비록 타인의 선등록상표와 동일·유사하더라도 지정상품이 유사하지 않다면 원칙적으로 등록이 가능한데 이는 상표법 제7조 제1항 제7호 및 선원주의 규정은 상표 및 상품이 동일·유사해야 하기 때문이다.

타인의 선등록 및 선출원상표의 상품과 유사상품 관계에 있는지 여부는 유사상품 및 서비스업 심사기준에 따라 판단할 수 있다. 그러나 이러한 통상산업부령이 정하는 상품류 구분은 상품의 유사범위는 정하는 것은 아니며(상§10), 구체적으로 문제가 된 상품이 유사관계가 있는지 여부는 법원의 최종판단에 맡겨야 할 것이다.

6. 등록상표권 침해를 당한 경우 구제수단

Q 얼마 전 상표등록을 마치고 사업을 실시하던 중 경쟁업자가 무단으로 자사의 등록상표와 유사한 상표를 사용하고 있는 것을 알게 되었습니다. 이와 같이 등록상표권 침해를 당한 경우 구제수단은 어떤 것이 있습니까?

A 민사적, 형사적, 행정적 구제 방법이 있습니다.

상표권의 침해에 대한 구제방안으로는 민사적, 형사적, 행정적 구제 방법이 있다.

민사적 구제는 민법의 불법행위에 관한 규정 등이 기본적인 것이다. 그러나 상표권은 무체재산을 대상으로 하는 권리이므로 민법의 규정만으로는 그 보호가 불충분하므로 상표권에 관한 각 법률은 민법에 대한 보충적 규정을 두고 있다. 구체적으로 침해의 금지 또는 예방청구권, 손해배상청구권, 신용회복청구권의 원칙적 규정이 있고 이를 보강하는 규정으로 침해조성물 폐기 등 청구권, 침해간주, 손해액 추정, 고의의 추정, 손해계산을 위한 문서제출 등의 각 규정이 있다.

형사적 구제로는 침해죄, 허위표시죄 등으로 고소를 통해 형사적 제재를 가함으로써 간접적으로 침해행위를 금지시킬 수 있으며 행정적 구제로는 불공정한 수출입행위 금지, 산업재산권의 무효심판청구, 권리범위확인취소심판청구 등이 있다.

또한 특허청에서 운영하고 있는 조정제도인 '산업재산권분쟁조정위원회'에 조정을 신청하여 당사자간에 원만한 합의를 모색할 수도 있다.

7. 국내 등록상표의 외국에서의 효력

Q A사는 최근에 당사의 제품에 대하여 사용할 상표를 한국 내에 출원하고 난 후 제품의 해외수출이 늘어나고 사업영역이 확대됨에 따라 외국에서도 A사의 상표를 보호받을 필요성을 느끼게 되었습니다. A사가 한국 내에서 등록받은 상표만으로 외국에서도 권리를 주장할 수 있습니까? 특허를 받을 수 있는 발명인지를 어떻게 판단할 수 있습니까?

A 외국에서는 자신의 권리를 주장할 수 없습니다.

오늘날 국가간의 교역이 활발해짐에 따라 상표권자는 자신의 상품이 거래되는 외국에서도 자신의 상표가 보호받기를 원한다. 그러나 각국의 법은 상표의 법적 보호를 위한 등록 등에 있어서 차이가 있고 각 나라마다 보호의 정도에 차이가 있다.

결론적으로 국내에서 등록상표에 대한 상표권을 가지고 외국에서 자신의 권리를 주장할 수 없다. 상표에 대한 독점 배타적인 권리는 한국 내에서만 효력이 미치는 것이고 그 효력이 외국에까지 확장되는 것은 아니기 때문이다.

8. 등록된 상표와 동일한 도메인네임의 충돌문제

> **Q** 등록된 상표와 동일한 도메인네임이 충돌하는 경우 어떻게 대처해야 합니까? 특히, 도메인네임의 등록자는 웹사이트를 통하여 등록상표권자의 제품과 유사한 제품을 판매 및 광고행위를 하고 있습니다.
>
> **A** 상표권의 침해가 성립될 가능성이 높습니다.

특정한 상표가 도메인네임으로 사용된 경우에 이를 상표의 사용으로 볼 것인가의 문제는 해당 도메인네임이 이용되는 홈페이지의 성격에 따라 구체적으로 검토해 보는 것이 타당할 것이다. 왜냐하면 해당 도메인네임의 사용이 상표의 사용이 되기 위해서는 해당 홈페이지가 적극적으로 해당 상품의 광고내용을 포함하고 있거나 혹은 상품자체의 거래가 이루어질 수 있는 경우처럼 상품의 출처표시기능이나 광고선전기능을 가져야 할 것이기 때문이다.

위의 경우처럼 문제된 상표권 침해 여부에 대하여 살펴보면, 도메인네임이 등록상표와 동일하고, 해당 홈페이지에서는 등록상표의 지정상품과 유사한 제품에 대한 광고내용을 포함하고 있으므로 상표권의 침해가 성립될 가능성이 높다.

위와 유사한 판례로 샤넬의 경우가 있는데, 본 대상판결은 타인의 상표를 도메인네임으로 등록하여 웹사이트에서 유사한 상품이나 서비스를 제공한 것에 대해 부정경쟁방지법을 적용해 상표권자를 보호한 최초의 판결이라는 데 매우 의의가 있는 판결이었으나 상표침해 및 부정경쟁에 터잡아 침해금지라는 같은 결과에 도달한다는 것(상§65, 부§4)에 아무 차이가 없으며, 상표법과 부정경쟁방지법이 특별법과 일반법의 관계에 있고 상표를 침해하는 행위는 일반적으로 부정경쟁도 구성하는 점을 고려한다면 역시 큰 차이가 없다.

9. 등록상표의 정당한 사용

> **Q** 등록상표와 반드시 동일한 상표를 사용하여야 합니까?
> 또한 등록상표를 현재 사용하고 있지 않습니다. 이런 경
> 우 문제는 없나요?
>
> **A** 등록상표를 정당하게 사용하지 않으면 불이익이 따르게
> 됩니다.

상표의 동일개념은 물리적인 동일과 사회통념상의 동일개념으로 나눌 수 있다. 상표의 동일개념은 상표법의 각 규정의 취지에 따라 탄력적으로 해석될 수 있을 것이다. 주로 상표의 동일이란 사회통념상의 동일 즉, 동일성이란 말로 지칭되고 있다. 동일성 있는 상표라 함은 상표의 기능에 있어서 물리적으로 완전히 일치하는 동일상표는 아니지만 일반인에게 상표의 오인·혼동을 초래할 우려가 있다고 인정될 정도로 근사하고, 거래의 실제에 있어서 동일 상표로서 사용된다고 할 정도의 것을 말한다.

특히, 상표사용과 관련하여 상표법 제73조 제1항 제3호는 불사용 상표에 대해 취소심판을 청구할 수 있도록 규정하고 있는데 여기서 상표권자는 자신의 등록상표를 정당한 이유없이 국내에서 3년간 사용한 사실이 없으면 취소당하게 된다.

상표의 불사용취소심판의 요건으로서 상표사용은 사회통념상의 상표의 동일로 해석해야 할 것이다. 사회통념상의 동일에 대한 해석에 대하여는 학설의 대립이 있는 바, 문자의 간격을 약간 띄어 놓은 상표, 등록상표 자체를 약간 수정한 상표, 횡서한 상표를 종서한 상표로 사용한 상표에 대해 동일성이 있다고 보는 설이 다수설이다. 그러나 판례(84후117)에서는 한글문자와 로마문자를 2단 병기한 등록상표에 있어서 한글문자만을 사용한 상표에 대해 등록상표의 사용으로 인정하고 있지 않다.

10. 진정상품병행수입

> **Q** 진정상품병행수입이란 무엇이며 허용기준 및 금지기준은 무엇인가요?
>
> **A** 병행수입(Parallel Import)은 상표를 등록한 상표권자나 상표권자로부터 상표 사용권을 얻은 전용사용권자만이 수입하던 품목을 제3자도 외국에서 적법하게 부착되어 유통되는 진정상품인 경우에 국내로 수입할 수 있도록 허용하는 제도입니다.

진정상품병행수입 허용기준은 ① 국내외 상표권자가 동일인이거나 계열회사 관계(주식의 30% 이상 소유하면서 최다 출자자인 경우), 수입 대리점 관계 등 동일인으로 볼 수 있는 관계가 있는 경우, ② 외국의 상표권자와 동일인 관계에 있는 국내 상표권자로부터 전용사용권을 설정받은 자가 국내외 상표권자와 동일인 관계에 있는 경우, ③ 외국 상표권자와 동일인 관계에 있는 국내 상표권자로부터 전용사용권을 설정받은 국내 전용사용권자가 국내외 상표권자와 동일인 관계에 있지 아니하지만 당해 상표가 부착된 물품을 국내에서 제조·판매함은 물론 해외에서 수입도 하는 경우이다.

진정상품병행수입의 금지기준을 살펴보면 ① 국내외 상표권자가 동일인 관계가 아닌 경우, ② 동일인 관계에 있는 국내외 상표권자로부터 전용사용권을 설정받은 전용사용권자가 국내외 상표권자와 동일인 관계에 있지 아니하고 당해 상표 부착물품을 국내에서 전량 제조·판매만 하는 경우(수입도 하는 경우 제외)이다.

제5장 부정경쟁방지법상 보호대상

I. 미등록상표의 보호방법

> **Q** 특허청에 등록되지 아니한 상표도 보호받을 수 있습니까?
>
> **A** 제한적으로 보호받을 수 있습니다.

특허청에 등록되지 아니한 상표도 제한된 경우에 상표법으로 보호되지만 주로 부정경쟁방지법으로 보호된다. 동 법은 "국내에 널리 인식된 성명, 상호, 타인의 상표, 상품의 용기나 포장, 기타 타인의 상표임을 표시한 표지와 동일 또는 유사한 상품을 판매 반포 또는 수입, 수출하여 타인의 상품과 오인 혼동을 일으키게 하는 행위"는 부정경쟁행위로 보아 이들의 사용행위를 금지시킬 수 있도록 하고 있다(부§2i가).

상표 보호의 목적은 기업의 계속적인 노력의 결과, 상표의 지명도를 획득한 경우 상표의 활용주체인 기업을 보호하는 데 있으므로 이러한 목적을 달성하기 위하여 부정경쟁방지법은 상표의 등록 여부에 관계 없이 상표를 보호하고 있다. 다만, 부정경쟁방지법에 의한 보호를 받기 위해서는 국내에 널리 인식된 상표이어야 한다. 따라서 어떤 상표가 상표법상의 등록요건을 구비하고 있지 않더라도 부정경쟁방지법의 요건에 해당되면 보호대상이 된다.

따라서 그 보호요건은 등록된 상표이냐 그렇지 않은 상표이냐가 아니라 수요자간에 얼마나 현저하게 알려져 있는가라는 것이다.

2. 상품의 용기·포장의 보호방법

상품의 출처를 표시하는 것에는 제조자의 성명, 상호, 상표 이외에 상품의 용기나 포장 등도 있다. 이 중에서 상품의 용기나 포장은 본래 내용물을 보호하고 시장성을 높이기 위한 기능을 하는 것이지만 그 형상이나 모양, 인쇄, 색채, 디자인 등을 변화시켜서 동종업계의 다른 회사의 상품과 명확하게 식별할 수 있도록 독자적인 특징을 가질 때 상호나 상표와 마찬가지로 상품 출처표시가 될 수 있다.

따라서 상품의 용기나 포장이 특히 다년간에 걸쳐 특정기업의 상품에 배타적으로 사용됐거나 단기간이라도 강력히 선전, 광고되어서 주지성을 획득했다면 주지상품의 표시로서 부정경쟁방지법상의 보호대상이 된다(부§2i가). 즉 상품의 용기나 포장이 다른 기업의 것과 비교하여 ① 독자적 특징을 가지고 있고, ② 오랜 기간 동안 배타적으로 사용했거나, ③ 단기간이라도 강력한 선전, 광고 등을 하여 특정기업의 2차적 상품표시가 된 경우에는 배타적 권리로서 보호받을 수 있다.

3. 영업비밀의 보호요건

> **Q** 영업비밀은 어떻게 보호될 수 있습니까?
>
> **A** 비밀로 관리되는 등의 요건을 갖추면 보호될 수 있습니다.

영업비밀이란 기업이 비밀로 보유 관리하고 있는 모든 기술상 또는 경영상의 정보를 말한다. 기술정보의 예로는 설계방법, 설계도면, 실험데이터, 성분원료의 배합비율, 공정도 등을 들 수 있고, 경영정보와 상업정보의 예로는 고객리스트, 거래선 루트, 신제품의 생산계획, 판매 매뉴얼, 인사나 조직의 관리기법, 재무나 재산 관리기법 등을 들 수 있다.

영업비밀을 보호받으려면 ① 공공연히 알려지지 않은 것이고, ② 독립적 경영적 가치를 가진 것으로서, ③ 상당한 정도의 보호 노력에 의하여 비밀로 유지되어 온 생산방법, 판매방법, 기타 영업활동에 유용한 기술상 또는 경영상의 정보이어야만 한다(부§2 ii).

영업비밀의 1유형인 노하우(Know-How)는 일반적으로 기술정보라고 하며 특허권 등에 관계되는 부속기술이거나 부속기술을 보완하는 기술인 경우로 생산방법에 관한 정보에 해당한다. 특허출원을 안하고서 다른 기업에 그 아이디어의 힌트마저도 주고 싶지 않은 제조기술이나 실험데이터도 보호의 중심이 된다.

천연향료의 조합방법을 노하우로 보호함으로써 특허출원에서 오는 존속기간의 제한을 받지 않고 거의 영구적으로 이 분야에서 독보적인 위치를 차지하고 있는 코카콜라의 경우가 그 좋은 예이다.

4. 디자인의 보호방법

Q 디자인을 효과적으로 보호하는 방법은 무엇입니까?

A 영업비밀로서 보호하는 방법도 있습니다.

오늘날 상품판매에 디자인의 중요성은 절대적이라고 할 수 있다. 실제로 상품이 판매되는 시장에서는 디자인의 좋고 나쁨이 상품의 판매량을 좌우하는 경우가 대부분이어서 디자인 그 자체가 상품의 가치가 될 수도 있고, 기업의 승패가 달려 있다고 해도 과언이 아니다. 반면 유행의 특징은 그 지속성이 매우 짧으므로 모방으로부터 디자인을 어떻게 보호할 것인가라는 문제가 판매전략상 중요한 문제가 된다.

창작한 디자인이 의장법에 따라서 출원된 후 심사를 거쳐서 독창성을 인정받아 독점배타적인 권리로서 확정될 때까지는 일정기간이 소요된다. 이 경우 유행의 주기에 뒤떨어지거나 모방상품에 의해 판매전략에 차질을 가져오는 수가 있다. 따라서 개발한 디자인을 출원하자마자 상품을 만드는 데 이용하는 것이 필요하다. 물론 모방자에게는 그 디자인이 특허청에 출원된 상태에 있다는 사실을 경고하여 등록 후 손해배상 청구에 대비해야 한다. 이 정도로도 안심할 수 없으면 영업비밀로서 디자인을 보호하는 방법을 강구해야 한다.

판매가 시작되면 비밀은 사라지게 된다. 새로운 디자인의 상품을 상점에 진열하면 당연히 경쟁 상대방의 눈에 띄게 되고 이를 입수하여 모방하는 것이 가능하므로 그 이전 단계인 디자인 개발단계에서의 비밀보호로 승부가 결정된다. 따라서 자기 회사가 판매하기 전에 다른 회사가 자사가 개발중에 있는 디자인과 유사한 것을 판매하는 경우에는 신속히 그 모방 여부를 조사해야 한다.

　조사결과 부정행위가 발견되면 영업비밀 침해를 이유로 사용금지청구권을 행사하거나 경우에 따라 손해배상을 청구할 수 있다. 영업비밀 침해를 주장하려면 자사에서의 비밀관리의 상황이 중요한 의미를 가지게 되고 자사의 비밀관리 상태가 제대로 되어 있지 않으면 나중에 영업비밀 침해를 주장한다 하더라도 이를 인정받기가 힘들다.

　영업비밀을 지키는 구체적 방법으로는 다음의 것을 생각해 볼 수 있다.

　① 기획 및 시작의 단계: 기획사원에게 먼저 비밀유지의 중요성을 인식시키고, 비밀수호의 서약서에 서명하게 하거나 디자인실 등에 입실하는 자를 제한하여 출입을 통제하여야 한다. 회의자료, 색상견본 등의 보관장소를 선정하고 자물쇠의 관리를 철저하게 하여야 한다.

　② 전시회 이후의 대량생산 준비단계: 거래선, 협력공장과 비밀유지의 계약을 체결하고 전시회 등의 방문자에게 비밀수호의 의무를 명기한 장부에 서명을 요구하며, 보도용으로는 특별히 준비한 견본만을 이용하게 한다.

5. 실험데이터의 보호방법

　제품개발시 축적된 실험데이터는 보통 개발된 제품의 판매시 상품설명서에 이용되는 경우가 종종 있다. 타사가 자사의 실험데이터를 이용하는 경우는 이미 공개된 자료를 이용하는 경우도 있으나, 부정한 방법으로 정보를 입

수하여 이용하는 경우도 있을 수 있다.

후자의 경우, 즉 자사의 실험데이터가 영업비밀로 취급되어 간행물이나 논문으로도 공표되지 않은 경우라면 타사제품 설명서에 사용된 데이터가 자사의 것이고, 이를 부정한 방법으로 입수하여 이용하고 있다는 것을 입증하면 영업비밀침해를 이유로 사용금지 및 손해배상 청구가 가능하다.

최근 각 기업간에 정보의 공유화가 진척되어 실험데이터나 기술데이터 등 연구개발에 관한 데이터를 비롯하여 자재조달, 생산, 판매 등 사내정보의 공유화가 진척되어 데이터베이스화되는 추세에 있다. 이에 따라 대외비로 취급, 관리해야 할 정보와 그렇지 않은 정보를 구분하여 이에 따른 적절한 관리를 해야 할 필요성이 높아지고 있다.

6. 기술과 노하우의 보호방법

A사와 B사간에 영업비밀에 대한 비밀유지계약이 사전에 체결되어 있었다면 B사의 행위는 불법행위가 되어 A사는 B사를 상대로 손해배상과 형사고소 등을 할 수 있고 B사의 특허출원에 대해서는 이의신청을 함으로써 이를 무효화시킬 수 있다. 그러나 비밀유지계약이 체결되어 있지 않았다면 A사는

B사에 대하여 아무런 법적 조치를 취할 수 없다.

왜냐하면 영업비밀은 일단 사외로 유출되어 다른 사람에게 공개되면 더 이상 보호받을 수 없기 때문이다. 따라서 자사의 영업비밀을 타사에게 사용하게 하는 경우 비밀유지계약을 통하여 타사가 자사의 영업비밀을 이용하는 범위를 제한해야 할 필요가 있다.

7. 고객명부 유출자의 책임

회사의 고객명부는 그 해당 회사뿐만 아니라 같은 업종에 종사하고 있는 다른 회사에게도 이용가치가 높은 것이다. 모든 고객명부가 법적 보호의 대상이 되는 재산이라고는 할 수 없으나 어느 정도의 수가 정해진 기준에 의해 축적되어 있고 이를 소유한 자가 외부로의 누설방지에 노력했다면 이는 일종의 영업비밀로서 보호될 수 있다.

영업비밀이 서류, 컴퓨터디스켓, 녹음테이프 등으로 유체물화된 경우 그 보관자가 유출시키면 업무상 횡령죄가, 보관자 이외의 자가 유출시키면 절도죄가 된다. 영업비밀을 관리, 이용할 수 있는 입장에 있는 자가 유체물을 유출하지는 않았으나 그 내용을 누설하면 배임죄가 성립된다. 그 외에도 부정경쟁방지법위반죄가 성립된다.

위법하게 영업비밀을 유출한 자나 타인의 영업비밀임을 알면서도 이것을 취득한 자에 대해서는 민법상 불법행위책임을, 종업원들이 유출시킨 경우에는 계약위반에 의한 손해배상 등의 책임을 물을 수 있다.

8. 다른 사람이 자신의 상호와 비슷한 상호를 등록한 경우

Q A사는 오래 전부터 '배달문화사'라는 상호로 출판사를 설립, 운영해 왔는데 타인이 A사의 상호와 비슷한 '도서출판 배달문화사'라는 이름으로 출판등록을 한 경우 대처할 방법은 무엇입니까?

A 상법 및 부정경쟁방지법에 의한 대처방법이 있습니다.

1) 상법에 의한 방법

이 경우, A사는 상대방이 부정한 경쟁목적으로서 '도서출판 배달문화사'라는 상호를 사용하고 있다는 것을 입증해야 한다. 동일한 특별시, 광역시, 시, 군에서 동종영업으로 타인이 등기한 상호를 사용하는 자는 부정한 목적으로 사용하는 것으로 추정된다(상법§23).

2) 부정경쟁방지법에 의한 방법

'도서출판 배달문화사'의 행위는 타인의 영업과 혼동이 생기게 하는 행위에 해당하므로, 부정경쟁방지법에 의한 상호의 사용중지, 상호등기의 말소 및 손해배상 또는 신용회복조치를 청구할 수 있다(부§2i나).

부정경쟁방지법의 경우는 상법의 경우와 달라 '도서출판 배달문화사'의 행위가 객관적으로 '배달문화사'의 영업으로 오인과 혼동을 일으키고 있다면 '도서출판 배달문화사'의 부정경쟁목적을 입증할 필요가 없다. 다만, 이 경우 '배달문화사'의 상호가 널리 알려져 있을 것이 필요하다.

제6장 저작물(컴퓨터프로그램 포함)

I. 캐릭터

> **Q** 캐릭터란 무엇이며 법률상 어떻게 보호됩니까?
>
> **A** 캐릭터란 소설, 영화, 만화, 전자오락게임 등의 인물, 역할을 말하며 경우에 따라 저작권법, 부정경쟁방지법의 보호대상이 될 수 있습니다.

캐릭터는 소설, 만화 등 등장인물의 구체적 표현 그 자체라기보다 이에서 승화시킨 등장인물의 인격이라고 할 수 있고 추상적 개념이므로 표현 그 자체의 도용이어야 저작권 침해가 된다.

예컨대, 소설의 주인공을 추상화한 캐릭터는 표현 그 자체의 도용이 아니므로 저작권 침해가 되지 않지만 만화나 영화의 등장인물에 대한 캐릭터는 그 등장인물과 표현의 동일성이 인정되는 범위 내에서 제3자가 이를 무단 이용하면 저작권 침해가 될 수 있다.

캐릭터를 상품에 이용하는 것을 상품화라고 한다. 이 경우에도 상표처럼 상품의 출처를 표시하는 것을 본질적인 기능으로 하는 것이 아니므로 널리 알려진 캐릭터라 하더라도 상품화된 경우에 곧바로 타인의 상품임을 표시한 표지로 되거나 그러한 표지로서도 널리 알려진 상태에 이르게 되는 것은 아

니다.

　부정경쟁방지법 소정의 '국내에 널리 인식된 타인의 상품임을 표시한 표지'가 되기 위해서는 캐릭터 자체가 국내에 널리 알려져 있는 것만으로는 부족하고 그에 대한 상품화사업이 이루어지고 지속적인 선전, 광고 및 품질관리 등으로 그 캐릭터가 상품화권자의 상품표지이거나 상품화권자와 사용권자 등 그 캐릭터에 관한 상품화사업을 영위하는 집단의 상품표지로서 수요자들에게 널리 인식되어 있을 것을 요한다(96도1727).

2. 아이디어의 법률상 보호 여부

　아이디어나 노하우의 프로그램을 작성하는 데는 코딩을 하는 노력에 비해 아이디어의 비중이 클 때가 있을 것이다. 상세한 설계도나 플로차트를 제시해서 프로그램의 발주를 받기 위한 상담을 진행했으나 결국 상담은 성립되지 않고 상대방이 아이디어를 가져가서 자기 힘으로 프로그램을 만들어버린 경우 이에 대한 법적 구제가 문제된다.

　저작권법은 표현을 보호하는 것이므로 표현이 아닌 아이디어만으로는 보호대상이 되지 않는다. 설계도나 플로차트가 극히 상세한 것이고 이것을 기계적으로 코딩하기만 하면 프로그램이 만들어지는 경우에는 프로그램이 설계도나 플로차트의 2차적 저작물이 되는 것으로 생각할 수 있으나 보통의 상세한 설계도 정도로는 2차적 저작물이 될 수 없다.

  따라서 프로그램은 별개의 저작물로서 설계도나 플로차트 작성자의 권리
가 미치지 못한다. 그러므로 아이디어를 도난당해도 저작권법상 유효한 대
응수단은 없다. 상담시 계약서 작성을 하는 방법 등을 통해 이러한 경우에
대비할 필요가 있다.

3. 게임규칙의 법률상 보호방법

  저작권법은 문학, 학술 또는 예술의 범위에 속하는 창작물을 저작물이라
고 하여 보호대상으로 하고 있다(저§2). 게임의 규칙을 만드는 것은 사상성
과 창작성이 있고 학술범위에 들어간다고도 할 수 있으나 저작물이 되기 위
해서는 외부로 표현된 것이어야만 한다.

  따라서 게임규칙을 서면화한 해설서, 설명도, TV 게임의 프로그램 화면 등
은 그 자체로 저작권이 성립한다.

  컴퓨터게임 화면의 영상 및 게임의 진행에 따른 영상의 변화는 부정경쟁방
지법 제2조 제1호 가목의 '상품의 표시'에 해당되어 주지성을 획득하면 동
법의 보호를 받는다. 그 밖에 게임을 위한 도구, 기구류는 그 내용이나 형상
에 따라 특허법, 실용신안법, 의장법에 의해 보호될 수 있다.

4. 타인의 동물봉제완구 모형의 사용가능 여부

> **Q** 타인의 동물 봉제완구 모형을 포장지에 사용할 수 있습니까?
>
> **A** 저작물의 요건을 갖춘 것이라면 저작권자의 허락을 받아야 합니다.

동물을 단순하게 모방한 것이 아니고, 실제 동물의 생김새를 과장하거나 의인화해서 특이한 개성을 갖춘 봉제완구로서 창작성이 있는 경우에는 저작권법에 의해 보호된다.

저작물을 복제하는 경우에는 원칙적으로는 저작권자의 허락을 받아야 한다. 봉제완구를 그림의 형태로써 이용하면 입체적인 것이 평면적인 것으로 바뀌게 되나 저작권법은 복제의 경우뿐만 아니라 조각을 그림으로 하든지 사진을 그림으로 그리든지 하는 형식을 달리하는 표현으로 변경하는 행위도 변형으로써 저작권자의 허락을 받도록 규정하고 있다. 그러므로 봉제완구의 특징을 거의 원형에 가깝게 그림으로 표현해서 포장용기에 사용하려면 저작권자의 허락을 받아야 한다.

5. 영화사에 의뢰, 제작한 PR영화의 저작권자

> **Q** 영화사에 의뢰, 제작한 PR영화의 저작권은 누구에게 있습니까?
>
> **A** PR영화를 만든 영화사에 있습니다.

  기업이 자사 제품을 선전하기 위해 영화사에 의뢰하여 PR영화를 만든 경우 그 저작권은 그 영화를 만든 영화사에 귀속한다. 의뢰자와 영화제작자간의 계약에 PR영화의 저작권 양도를 하는 경우는 드물다.

  저작권자 이외의 사람은 저작권자로부터 허락을 받지 않고는 복사제작이나 상영을 못 하게 되어 있다. 의뢰자와 영화제작자와의 계약에 있어서 완성된 PR영화의 상영에 대해서는 의뢰자가 자유로이 할 수 있다는 취지의 조항이 있으면 그 영화 자체의 상영은 당연히 할 수 있고 영화의 프린트나 복사의 상영도 아무 문제가 없다. 계약상 명기되지 않은 경우라도 계약의 목적으로 보아 의뢰자가 자유로이 상영할 수 있다고 해석되는 경우에도 마찬가지이다.

6. 광고모델로 찍은 사진을 계약과 다르게 사용한 경우

  개인의 초상이나 성명은 법적으로 보호대상이 되며 그 법적 이익을 성명권 및 초상권이라고 부른다. 배우, 가수, 모델 등은 그 초상이나 성명이 널리 대중에 알려져 있으므로 초상, 성명 자체가 단독으로 경제적 가치를 가진다. 성명, 초상이 독립된 경제적 가치를 가지고 정보전달수단으로 사용되고 비로소 권리로서 상정된 것을 선전의 권리라고 한다.

  이러한 권리의 침해에 대해서는 재산권의 침해로서 손해배상 청구를 할 수 있다. 반면에 이것은 무단사용에 의한 인격적 이익의 침해, 즉 정신적 고통이 줄어드는 것을 의미하기도 한다. 성명, 초상이 대중에게 알려지는 그 자체는 이익이 되기 때문이다.

그러므로 모델의 경우 선전의 권리라고 하는 관점에서 볼 때 상당액의 대가를 이미 받은 것으로 되므로 인격적 이익의 침해에 대한 손해배상액은 감소된다. 다만, 사진을 사용하여 무단으로 광고한 상품이 좋지 않은 것이어서, 그로 인하여 모델이 정신적 고통을 입었을 경우 불법행위에 의한 위자료 청구가 가능하다.

7. 타인의 저작물 이용방법

법률에 의해 허용된 경우를 보면 ① 재판절차 등에서의 복제(저§22), ② 학교교육목적 등에의 이용(저§23), ③ 시사보도를 위한 이용(저§24), ④ 공표된 저작물의 이용(저§25), ⑤ 비영리의 공연, 방송(저§26②), ⑥ 사적 이용을 위한 복제(저§27), ⑦ 도서관 등에서의 복제(저§28), ⑧ 시험문제로서의 복제(저§29), ⑨ 점자에 의한 복제(저§30), ⑩ 방송사업자의 일시적 녹음, 녹화(저§31), ⑪ 미술저작물 등의 전시 또는 복제(저§32),⑫ 번역 등에 의한 이용(저§33)이 있다. 인용(저§25)의 경우 그것이 공정한 관행에 합치되는 것이고 보도, 비평, 연구, 기타 인용의 목적이 정당한 범위 내에서 행해지는 경우에는 저작권의 침해가 되지 않는다.

8. 컴퓨터프로그램 저작권의 취득시기

Q 컴퓨터프로그램의 저작권은 어떻게 취득하며 그 내용에는 어떠한 것이 있습니까?

A 프로그램을 작성하면 바로 저작권을 취득하며 프로그램 저작재산권과 프로그램 저작인격권이 있습니다.

프로그램 저작권은 프로그램이 창작된 때로부터 발생하며 어떠한 절차나 형식의 이행을 필요로 하지 아니한다(컴§7②). 무방식주의 법제를 취한다. 프로그램의 작성자는 프로그램을 작성함과 동시에 그 저작물에 대하여 저작권을 취득하고 저작자가 되기 때문에 저작권을 얻기 위해 어떠한 절차를 거치거나 표시를 할 필요도 없다.

프로그램 저작재산권은 프로그램 저작자가 프로그램을 복제, 개작, 번역, 배포, 발행, 전송, 대여할 권리를 말하며, 프로그램이 공표된 다음 연도부터 50년간 존속한다(컴§7③).

프로그램 저작인격권은 프로그램 저작물의 저작자의 공표권, 성명표시권, 동일성유지권 등을 말한다(컴§8, §9, §10). 저작인격권 중 프로그램 저작물에 있어서 특히 문제가 되는 것은 동일성유지권과의 관계이다.

① 특정한 컴퓨터 외에는 사용할 수 없는 프로그램을 다른 컴퓨터에 사용할 수 있도록 하기 위하여 필요한 범위 안에서의 변경

② 프로그램을 특정한 컴퓨터에 보다 효과적으로 사용할 수 있도록 하기 위하여 필요한 범위 안에서의 변경

③ 프로그램의 성질 또는 그 사용목적에 비추어 부득이 하다고 인정되는 범위 안에서의 변경을 허용함으로써 일정한 범위에서 동일성유지권이 제한된다.

9. 컴퓨터프로그램의 저작재산권 내용

Q 컴퓨터프로그램의 저작재산권에는 구체적으로 어떤 권리가 있습니까?

A 프로그램 저작재산권에는 다음과 같은 내용이 있습니다.

① 복제권 : 프로그램을 유형물에 고정시켜 새로운 창작성을 더하지 아니하고 다시 제작할 권리를 말한다(컴§2ⅲ, §8①). 프로그램의 핵심을 이루는 권리로서, 복제는 그 자체가 아주 용이한 생산의 성격까지도 가지고 있다.

② 사용권 : 저작재산권을 열거하고 있는 컴퓨터프로그램보호법 제7조에 직접적으로 규정하고 있지는 않으나 프로그램 저작권의 제한(컴§12) 또는 사용허가(컴§19) 규정에 의해 이를 인정할 수 있다.

③ 개작권 : 원프로그램의 일련의 지시, 명령의 전부 또는 상당부분을 이용하여 새로운 프로그램을 창작할 권리를 말한다(컴§2ⅳ, §7①). 컴퓨터프로그램보호법에서의 개작은 공동저작 프로그램의 경우와 저작자와 저작권자가 다른 경우에 문제의 여지가 있다. 이 권리는 프로그램의 특성상 꼭 필요한 권리이며 동일성유지권과 일면 배치되는 것이 될 수도 있다.

④ 번역권 : 개작권에서 분리되어 있다(컴§7①). 번역의 범위는, 예컨대, BASIC 언어로 작성된 프로그램을 C언어로 번역하였을 경우나 어셈블리어로 작성된 프로그램을 어셈블 과정을 거쳐 기계어로 번역한 경우를 포함하지 않는다. 그 경우는 복제에 해당한다. 번역은 UNIX용 프로그램을 MS-DOS용 프로그램으로 번역하는 경우와 같이 OS프로그램을 달리하는 경우나, 호환성 없는 정보처리장치 사이의 경우에만 발생한다.

⑤ 발행권 : 공중의 수요에 응하기 위하여 프로그램을 복제·배포할 권리를 말한다(컴§2ⅶ).

⑥ 배포권 : 원프로그램 또는 복제물을 특정인 또는 불특정다수인에게 양도 또는 대여할 권리를 말한다(컴§2ⅷ).

⑦ 대여권 : 배포의 개념 속에 대여까지도 정의하고 있으므로 대여권은 배포권의 일부로 생각될 수 있다(컴§2ⅷ). 그러나 영리를 목적으로 하는 대여권은 별도의 허락이 필요하다(컴§19②).

⑧ 전송권 : 공중이 수신하거나 이용할 수 있도록 하기 위하여 무선이나 유선 통신의 방법에 의하여 프로그램을 송신하거나 이용에 제공할 권리를 말한다(컴§2ⅸ).

⑨ 공연, 방송권 : 저작권법의 제17조, 제18조의 규정을 준용한다.

10. 프로그램저작권의 제한

> **Q** 컴퓨터프로그램저작권은 어떤 경우에 제한됩니까?
>
> **A** 다음과 같은 경우에 제한됩니다.

① 재판을 위하여 필요한 경우, ② 초·중등교육법, 고등교육법에 의한 학교 및 다른 법률의 규정에 의하여 설립된 교육기관(상급학교 입학을 위한 학력이 인정되거나 학위를 수여하는 교육기관에 한한다)에서 교육을 담당하는 자가 당해 프로그램의 종류, 용도, 전체 프로그램에서 복제된 부분이 차지하는 비중, 복제의 부수 및 특성에 비추어 프로그램저작권자의 이익을 부당하게 해하지 아니하는 범위 안에서 수업과정에 제공할 목적으로 하는 경우, ③ 초·중등교육법에 의한 학교 및 이에 준하는 학교의 교육목적을 위하여 필요한 교과용 도서에 게재하는 경우, ④ 가정 및 이에 준하는 한정된 장소에

서의 개인적인 목적(영리를 목적으로 하는 경우를 제외한다)으로 하는 경우, ⑤ 초·중등교육법, 고등교육법에 의한 학교 및 이에 준하는 학교의 입학시험, 그 밖에 학식 및 기능에 관한 시험 또는 검정을 목적(영리를 목적으로 하는 경우를 제외한다)으로 하는 경우, ⑥ 프로그램의 해법, 기타 특정요소를 확인하고 분석, 연구, 교육하기 위하여 필요한 경우에는 그 목적상 필요한 범위 안에서 공표된 프로그램을 복제 또는 사용할 수 있다(컴§12).

II. 기술적 보호조치 및 저작권 관리정보

> **Q** 기술보호조치 및 저작권관리정보란 무엇입니까?
>
> **A** 다음 해설내용과 같습니다.

'기술적 보호조치'라 함은 프로그램에 관한 식별번호, 고유번호 입력, 암호화 등을 통하여 프로그램저작권을 보호하는 조치를 말하며(컴§2ix), '저작권관리정보'"라 함은 원프로그램 또는 그 복제물에 포함되거나 전송과 관련하여 나타나는 것으로서 프로그램, 프로그램저작자의 권리 및 이에 관하여 독점적으로 복제, 배포할 수 있는 배타적 권리와 그 보유자, 프로그램 사용방법 및 조건에 관한 정보 또는 그 정보를 나타내는 숫자나 부호를 말한다(컴§2viii).

컴퓨터프로그램보호법은 이러한 기술적 보호조치나 권리관리정보를 제거하거나 변경하는 것 등을 금지하고 있다(컴§29④iii, §30). 따라서 이를 위반하면 형사처벌을 받게 된다(컴§46).

12. 컴퓨터프로그램의 특허 여부

Q 컴퓨터프로그램도 특허를 받을 수 있습니까?

A 특허요건을 갖추면 특허도 받을 수 있습니다.

"특허법 제2조(정의)에서 발명은 자연법칙을 이용한 '기술적 사상의 창작'으로서 고도한 것이어야 한다고 정의하고 있다. 여기서 '기술'이란 '일정한 목적을 달성하기 위한 구체적 수단이며, 실제로 이용할 수 있는 것'을 말한다. 또 특허법 제29조(특허요건) 제1항 본문에서는 발명을 '산업상 이용할 수 있는 발명'으로 서술하고 있다. 따라서 컴퓨터 관련 발명의 심사에서 그 발명이 '산업상 실제로 이용할 수 있는 구체적 수단'으로 청구되었는지를 판단하는 것이 중요한 포인트이다."

현행 특허청의 기준상 인정되는 컴퓨터 관련 발명의 종류는 다음과 같다.

① 방법발명 : 컴퓨터 관련 발명은 시계열적으로 연결된 일련의 처리 또는 조작, 즉 절차로서 표현할 수 있을 때에는 그 절차를 특정함으로써 '방법' 발명으로서 청구항에 기재할 수 있다.

② 물건발명 : 컴퓨터 관련 발명은 그 발명이 하나 또는 둘 이상의 기능에 의해 표현될 수 있을 때에는 그 기능을 특정함으로써 '물건'의 발명으로서 청구항에 기재할 수 있다.

③ 기록매체 : "프로그램을 기록한 기록매체" 또는 "데이터 구조를 기록한 기록매체"는 '물건'의 발명으로서 청구항에 기재할 수 있다.

13. 하드웨어 제작기술의 보호

Q 하드웨어를 만드는 기술은 어떻게 보호됩니까?

A 특허법, 실용신안법, 반도체집적회로의배치설계에관한 법률에 의해 보호받을 수 있습니다.

　하드웨어는 컴퓨터의 본체로서 그 자체가 하나의 기계이나 소프트웨어가 없으면 기능을 발휘할 수 없는 쓸모 없는 물체에 불과하다. 그렇지만 하드웨어 자체는 여러 가지 기술이나 노하우를 이용하지 않으면 만들어 낼 수가 없는 기술적 산물이다. 컴퓨터의 본체를 사거나 빌리거나 하여 그 하드웨어에 대한 소유권이나 사용권을 얻을 수는 있으나 본체를 소유하고 있다고 해서 그 본체를 생산하는 기술에 대하여도 권리를 갖는 것은 아니다. 따라서 그 본체를 해체해서 그것을 만드는 데 사용된 기술을 이용하여 동일한 하드웨어를 만들어 내면 특허권 등 하드웨어를 만드는 데 사용된 기술을 침해하게 되는 경우가 있다. 하드웨어는 특허법이나 실용신안법에 의하여 1차적으로 보호받고 하드웨어의 구성부분인 반도체칩은 반도체집적회로의배치설계에 관한법률에 의해서도 보호받는다.

14. 업무상 작성한 프로그램 저작권의 소재

Q 업무상 작성한 프로그램의 저작권은 누구에게 있습니까?

A 업무상 작성한 프로그램의 저작권은 법인 등에게 있습니다.

국가, 법인, 단체, 그 밖의 사용자의 기획하에 법인 등의 업무에 종사하는 자가 업무상 창작한 프로그램은 계약이나 근무규칙 등에 달리 정함이 없는 한 그 법인 등을 당해 프로그램의 저작자로 한다(컴§5).

즉 컴퓨터 프로그램을 종업원이 직무상 작성한 것이라는 요건을 충족하는 한 그 법인이 컴퓨터 프로그램의 저작자가 되어 그에 따른 저작권을 갖게 된다. 따라서 이를 작성한 종업원이라 할지라도 직무상 작성한 프로그램을 무단으로 처분하거나 복제물을 작성하는 행위는 금지된다.

15. 공동개발한 프로그램저작권의 소재

> **Q** 공동으로 개발한 프로그램의 저작권은 누구에게 있습니까?
>
> **A** 공동개발에 참가한 자모두의 공유가 됩니다.

프로그램을 여러 사람이 공동개발한 경우에 그 저작권은 공동개발자 모두의 공유가 된다(컴§11). 저작권이 여러 사람에 의해 공유되고 있으므로 공동저작권자 전원의 합의에 의하지 아니하고는 이를 행사할 수 없으며, 다른 공동저작권자의 동의가 없으면 그 지분을 양도하거나 질권의 목적으로 할 수 없다. 이 경우 각 공동저작권자는 신의에 반하여 합의의 성립을 방해하거나 동의를 거부할 수 없다.

공동저작권자가 상속인 없이 사망하거나 그 지분을 포기한 때에는 그 지분은 다른 공동저작권자에게 각 지분비율에 따라 배분된다. 여기서 권리의 행사란 구체적으로 그 저작물의 복제, 개작, 번역, 판매 등을 말한다. 개발당사자간의 사전합의가 없는 한 어느 한쪽이 다른 사람들의 동의를 구하지 않고 무단으로 이 프로그램을 판매하면 개발에 참여한 어느 한사람이 무단으로 저작권을 행사한 것이 되고 나아가 저작권을 침해하는 행위가 된다.

16. 프로그램저작권의 침해 유형

① 직접침해(컴§29①~③)

ⅰ) 정당한 권원 없이 다른 사람의 프로그램저작권을 복제, 개작, 번역, 배포, 발행 및 전송의 방법으로 침해하는 행위

ⅱ) 정당한 권원 없이 프로그램저작자의 실명 또는 이명을 은닉하거나 프로그램의 명칭 또는 제호를 변경하는 행위

ⅲ) 허위로 프로그램의 등록 또는 복제물(컴§24)을 제출하는 행위

② 간접침해(컴§29④) : 다음의 행위는 침해로 본다.

ⅰ) 수입시에 국내에서 만들어졌더라면 프로그램저작권의 침해가 되는 프로그램을 국내에서 배포할 목적으로 수입하는 행위

ⅱ) 프로그램저작권을 침해하는 행위에 의하여 만들어진 그 프로그램의 복제물(제ⅰ호의 수입프로그램을 포함한다)을 그 사정을 알면서 취득한 자가 이를 컴퓨터에 업무상 사용하는 행위

ⅲ) 정당한 권한 없이 고의로 전자적인 저작권관리정보를 제거 또는 변경하거나 그 사실을 알면서 원프로그램 또는 그 복제물을 배포하거나 배포할 목적으로 수입 또는 전송하는 행위

③ 기술적 보호조치의 침해 등의 금지(컴§30)

17. 프로그램저작권의 침해에 대한 구제수단

> **Q** 프로그램저작권의 침해에 대한 구제수단은 어떤 것이 있습니까?
>
> **A** 민사적, 형사적, 행정적 구제수단이 있습니다.

① 민사적 구제

ⅰ) 침해의 정지등 청구권 : 프로그램저작권자는 그의 권리를 침해하는 자 또는 침해할 우려가 있는 자에 대하여 침해의 정지 또는 예방을 청구할 수 있다. 프로그램저작권자가 제1항의 규정에 의한 청구를 하는 경우에는 침해행위에 의하여 만들어진 물건의 폐기와 침해행위에 제공된 도구 등의 폐기나 기타 침해를 예방하는 데 필요한 조치를 할 것을 함께 청구할 수 있다(컴§25).

ⅱ) 손해배상청구권 : 프로그램저작권자는 고의 또는 과실로 그의 권리를 침해한 자에 대하여 손해배상을 청구할 수 있다. 다른 사람의 등록된 프로그램저작권을 침해한 자는 그 침해행위에 있어서 과실이 있는 것으로 추정한다. 프로그램저작권을 침해한 자가 침해행위에 의하여 얻은 이익액은 프로그램저작권자가 입은 손해액으로 추정한다.

프로그램저작권자는 위 손해액 외에 그 권리의 행사로 통상 얻을 수 있는 금액에 상당하는 액을 손해액으로 하여 그 배상을 청구할 수 있다. 법원은 손해가 발생한 사실은 인정되나 위 규정에 의한 손해액을 산정하기 어려운 때에는 변론의 전취지 및 증거조사의 결과를 참작하여 상당한 손해액을 인정할 수 있다(컴§27조).

② 형사적 구제

프로그램저작권을 공표·복제·개작·번역·배포·발행 또는 전송의 방법으로 침해한 자 등은 3년 이하의 징역 또는 5천만원 이하의 벌금에 처하거나 이를 병과할 수 있다(컴§34).

③ 행정적 구제

정보통신부장관은 부정복제물 등의 수거조치를 지시할 수 있다(컴§34).

프로그램저작권에 관한 분쟁의 조정을 받고자 하는 자는 프로그램심의조정위원회에 이를 신청할 수 있다(컴§38).

제 3 편

지적재산 분쟁사례

제1장 특허법

 민사사건

사례 (1)

▌발명의 진보성에 관한 기준

문 '치수복원이 가능한 제품 및 그 제조방법 등'의 발명에 관하여 특허등록이 된 경우에
1) 특허등록된 발명이 공지공용의 기존 기술을 수집, 종합하여 이루어진 경우 발명의 진보성을 인정할 수가 있는지?
2) 발명이 통상의 지식을 가진 자가 알맞게 선택하여 실시할 수 있는 정도의 단순한 수치 한정에 불과하고 특별히 기술적 의의를 지니지 않는 경우 진보성이 있는지?

답 1) 특허등록된 발명의 진보성 유무를 가늠하는 창작의 어렵고 쉬운 정도에 대한 확립된 판단기준은 없으나 적어도 특허등록된 기술의 작용효과가 선행기술의 작용효과에 비하여 뚜렷하게 향상 진보된 것인 때라야만 기술의 진보발전을 도모하고자 하는 특허제도의 목적에 비추어 발명의 진보성을 인정할 수 있다고 보는 것이 타당하다 할 것이므로 특허등록된 발명이 공지공용의 기존 기술을 수집 종합하여 이루어진 경우에 있어서는 이를 종합하는 데 각별한 곤란성이 있다거나 이로 인한 작용효과가 공지된 선행기술로부터 예측되는 효과이상의 새로운 상승효과가 있다고 볼 수 있는 경우가 아니면 그 발명의 진보성은 인정될 수 없다.
2) 특허등록된 발명이 공지된 발명의 구성요건을 이루는 요소들의 수치를 득성함으로써 이를 수량적으로 표현한 것인 경우 그것이 그 기술분야에서 통상의 지식을 가진 자가 알맞게 선택하여 실시할 수 있는 정도의 단순한 수치한정에 불과하고 특별히 기술

적 의의를 지니지 않는 것이라면 공지의 기술을 용으로 한 것으로서 진보성의 요건을 결하여 무효라고 보아야 한다.

참조판례/ 92다40563 특허권침해금지가처분 1993공971
참조조문/ 특허법 제29조 제2항

사례(2)

▌공지사유가 포함된 특허권의 권리범위

문 공지사유가 포함된 특허권의 권리범위는?

답 특허권은 신규발명에 대하여만 부여되고 신규의 발명에 유기적으로 결합된 것으로 볼 수 없는 공지사유에 대해서까지 권리범위를 확장할 수 없다.

참조판례/ 74다1574 특허권침해금지 1978공10554
참조조문/ 구 특허법(1980. 12. 31. 개정 전) 제6조, 제57조

사례(3)

▌'특허물건의 생산에만 사용하는 물건'의 의미 등

문 '토너카트리지'를 권원 없이 생산한 경우
1) '토너카트리지'의 형태가 부정경쟁방지법 제2조 제1호 (가)목 소정의 '기타 타인의 상품임을 표시한 표지'에 해당되기 위한 요건은?
2) 레이저프린터에 사용되는 소모부품인 '토너카트리지'가 '특허물건의 생산에만 사용하는 물건'에 해당하는지?

답 1) 일반적으로 상품의 형태는 상품의 출처를 표시하는 기능을 가진 것은 아니나 다만, 어떤 상품의 형태가 장기간 계속적, 독점적, 배타적으로 사용되거나 지속적인 선전, 광고 등에 의하여 그 형태가 갖는 차별적 특징이 거래자 또는 수요자에게 특정한 품질을 가지는 특정 출처의 상품임을 연상시킬 정도로 개별화되기에 이른 경우에는, 부차적으로 자타 상품의 식별기능을 가지게 되고 이러한 경우에 비로소 부정경쟁방지법 제2조 제호 (가)목에서 정하는 '기타 타인의 상품임을 표시한 표지'에 해당된다. 이 사건의 경우 '카트리지'의 형태는 앞의 표지에 해당되지 않는다.

2) 특허발명의 대상이거나 그와 관련된 물건을 사용함에 따라 마모되거나 소진되어 자주 교체해 주어야 하는 소모부품일지라도, 특허발명의 본질적인 구성요소에 해당하고 다른 용도로는 사용되지 아니하며 일반적으로 널리 쉽게 구할 수 없는 물품으로서 당해 발명에 관한 물건의 구입시에 이미 그러한 교체가 예정되어 있었고 특허권자측에 의하여 그러한 부품을 따로 제조, 판매하고 있다면 그러한 물건은 특허권의 간접침해에서 말하는 '특허 물건의 생산에만 사용하는 물건'에 해당한다.

따라서 레이저 프린터에 사용되는 소모부품인 토너카트리지는 '특허 물건의 생산에만 사용하는 물건'에 해당하며 그 제조는 간접침해에서 말하는 '생산'의 개념에 포함되어 특허권 침해가 된다.

참조판례/ 96마365 특허권등침해금지가처분 1997공72

참조조문/ 특허법 제127조 제1호

사례(4)

▌무효심판절차 아닌 다른 소송절차에서 판단가능한 범위

문 인터페론의 제조방법에 관한 특허에 관하여

1) 특허무효의 사유가 있는 경우 법원이 특허의 무효심판절차 아닌 다른 소송절차에서 그 전제로서 특허가 당연무효라고 판단할 수 있는지?

2) 등록된 특허발명의 일부 또는 전부가 신규성은 있으나 진보성이 없는 경우 법원이 무효심결 없이 다른 소송에서 그 권리범위를 부정할 수 있는가?

3) 무효심결 없이 신규성 자체를 부정할 수 있는 경우는?

답 1) 특허법은 특허가 일정한 사유에 해당하는 경우에 별도로 마련한 특허의 무효심판절차를 거쳐 무효로 할 수 있도록 규정하고 있으므로, 특허는 일단 등록된 이상 이와 같은 심판에 의하여 특허를 무효로 한다는 심결이 확정되지 않는 한 유효한 것이며, 법원은 위와 같은 특허를 무효로 할 수 있는 사유가 있더라도 다른 소송절차에서 그 전제로서 특허가 당연무효라고 판단할 수 없는 것이다.

2) 등록된 특허발명의 일부 또는 전부가 출원 당시 공지공용의 것인 경우에는 특허무효의 심결 유무에 관계 없이 그 권리범위를 인정할 수 없다 할 것이나, 이는 등록된 특허발명의 일부 또는 전부가 출원 당시 공지공용의 기술에 비추어 새로운 것이 아니어서 소위 신규성이 없는 경우 그렇다는 것이지, 신규성은 있으나 그 분야에서 통상의 지식을 가진 자가 선행기술에 의하여 용이하게 발명할 수 있는 것이어서 소위 진보성이 없는 경우까지 법원이 다른 소송에서 당연히 권리범위를 부정할 수는 없다.

3) 특허발명의 진보성은 신규성이 있음을 전제로 하는 것으로서, 어느 발명이 공지기술에 비추어 새로운 것인가의 신규성의 문제와 그것이 공지기술로부터 용이하게 생각해 낼 수 있는 것인가의 진보성의 문제는 구별되어야 하고, 따라서 발명의 진보성을 판단하기 위해서는 먼저 그 발명의 신규성의 판단이 선행되는 것이 순서라고 할 것이나, 발명의 신규성과 진보성은 서로 유기적인 관계에 있는 것으로서 구체적인 사례에서는 그 한계나 영역을 명확하게 구분하기 어려운 경우가 많을 것인 바, 여기에서 발명이 공지공용의 것이라 함은 공지공용의 기술과 동일한 경우에 한정할 필요는 없고, 어느 발명이 선행의 공지공용의 기술로부터 이루어진 것이라고 하여도 이것이 공지공용의 기술에 근사한 것이 명백하여 특별히 새로운 기술이라고 볼 수 없는 경우에는 진보성에 앞서 그 신규성 자체를 부정할 수 있을 것이다.

이 사건의 경우 신규성은 인정되므로 무효심결 없이 다른 소송에서 당연히 그 권리범위를 부정할 수 없다고 할 것이다.

참조판례/ 91마540 특허권침해금지가처분 1992공2109
참조조문/ 1) 특허법 제133조, 제97조, 제132조, 2) 특허법 제29조

사례(5)

▌특허권의 공유

문 1) 특허권의 일부 공유지분에 대해서만 이전청구권 보전을 위한 가처분등록이 경료된 후 특허권이 전부 제3자에게 이전된 상태에서 가처분권자인 지분 양수인이 본안소송에서 승소하여 그 지분에 대한 이전등록이 경료된 경우, 가처분등록분의 이전도 무효로 되는지?
2) 특허권의 공유관계의 법적 성질?

3) 특허권의 일부 지분을 양수하기로 한 자가 그 지분의 이전등록 이전에 다른 지분의 양도에 대한 동의권의 보전을 위한 가처분이나 다른 지분에 대한 처분금지가처분을 구할 수 있는지?

4) 특허권의 일부 지분에 대해서만 처분금지 가처분등록이 경료된 후 제3자 앞으로 당해 특허권에 대한 전용실시권이 설정된 상태에서 가처분권자가 본안소송에서 승소하여 그 일부 지분에 관하여 이전등록이 경료된 경우, 그 전용실시권의 설정은 전부 무효로 되는지?

답 1) 특허권의 일부 공유지분의 이전청구권을 보전하기 위한 처분금지가처분결정에 기하여 가처분등록이 경료된 후 특허권이 전부 제3자에게 이전된 상태에서 가처분권자인 그 지분의 양수인이 본안소송에서 승소하여 그 지분에 대한 이전등록이 이루어졌다면, 위 가처분등록 이후의 특허권 이전은 양수인 앞으로 이전등록된 지분의 범위 내에서만 무효가 된다.

2) 특허권을 공유하는 경우에 각 공유자는 다른 공유자의 동의를 얻지 아니하면 그 지분을 양도하거나 그 지분을 목적으로 하는 질권을 설정할 수 없고, 그 특허권에 대하여 전용실시권을 설정하거나 통상실시권을 허락할 수 없는 등 특허권의 공유관계는 합유에 준하는 성질을 가진다.

3) 특허권의 일부 지분을 양수하기로 한 자는 그 지분의 이전등록이 있기까지는 특허권의 공유자로서 양수의 목적이 되지 아니한 다른 지분의 양도에 대하여 동의권을 행사할 수 없는 것이므로, 다른 지분의 처분을 저지할 수 있는 특약이 존재하는 등의 특별한 사정이 있는 경우가 아니라면 양수의 목적이 된 지분의 이전등록 이전에 그러한 동의권의 보전을 위한 가처분이나 다른 지분에 대한 처분금지의 가처분을 구하는 것은 허용되지 않는다.

4) 특허권의 전용실시권자는 그 설정행위로 정한 범위 안에서 업으로서 그 특허발명을 실시할 권리를 독점하고 그 범위 내에서는 특허권자일지라도 그 특허권을 실시할 수 없는 것이므로, 특허권이 공유인 경우 각 공유자는 다른 공유자의 동의를 얻지 아니하면 그 특허권에 대하여 전용실시권을 설정할 수 없는 것인 바, 공유자의 한 사람이 다른 공유자의 동의를 얻어 전용실시권을 설정하는 경우에도 그 전용실시권의 설정은 특허권의 일부 지분에 국한된 처분이 아니라 특허권 자체에 대한 처분행위에 해당하는 것이며, 전용실시권의 성질상 특허권의 일부 지분에 대한 전용실시권의 설정은 상정할 수 없는 것이므로, 특허권의 일부 지분에 대하여만 처분행위를 금하는 가처분등록이 경료된 후 제3자 앞으로 당해 특허권에 대한 전용실시권이 설정된 경우에, 가처분권자가 본안소송에서 승소하여 그 앞으로 위 일부 지분에 관한 이전등록이 이루어졌다면 그 전용실시권의 설정은 그 전부가 위 가처분의 취지에 반하는 것으로서 무효가 된다고 보아야 할 것이고, 이는 전용실시권 설정 당시 가처분권자가 그 설정에 대하여 동의를 할 지위에 있지 아니하였다고 하더라도 마찬가지이다.

> 참조판례/ 97다41295 특허권이전등록말소 등 1999공764
> 참조조문/ 민사소송법 제714조, 특허법 제99조 제2항, 제4항, 민법 제273조, 특허
> 법 제100조 제2항

사례(6)

▌보전의 필요성에 대한 판단기준

문 '치수복원이 가능한 제품 및 그 제조방법 등'의 발명에 관한 특허권침해금지가처분 신청 당시 채무자가 특허청의 심판절차에 의하여 특허가 무효로 될 개연성이 높다고 인정되는 등의 특별사정이 있는 경우 보전의 필요성이 있는지?

답 민사소송법 제714조 제2항에서 규정하는 임시의 지위를 정하기 위한 가처분을 필요로 하는지 여부는 가처분신청의 인용 여부에 따른 당사자 쌍방의 이해득실관계, 본안소송에 있어서의 장래의 승패의 예상, 기타의 제반 사정을 고려하여 법원의 재량에 따라 합목적적으로 결정하여야 할 것이므로 가처분채권자가 신청 당시에 실체법상의 권리를 가지고 있다 하더라도 그 권리가 가까운 장래에 소멸하여 본안소송에서 패소판결을 받으리라는 점이 현재에 있어 충분히 예상되는 경우에는 필요성이 없다고 풀이하는 것이 상당하다.

더구나 특허권침해의 금지라는 부작위의무를 부담시키는 이른바 만족적가처분일 경우에 있어서는 보전의 필요성 유무를 더욱 신중하게 결정하여야 할 것으로서 만일 가처분신청 당시 채무자가 특허청에 별도로 제기한 심판절차에 의하여 그 특허권이 무효라고 하는 취지의 심결이 있은 경우나, 무효심판이 청구되고 그 청구의 이유나 증거관계로부터 장래 그 특허가 무효로 될 개연성이 높다고 인정되는 등의 특별한 사정이 있는 경우에는 당사자간의 형평을 고려하여 보전의 필요성을 결한 것으로 보는 것이 합리적이라 할 것이다.

> 참조판례/ 92다40563판결 특허권침해금지가처분 1993공971
> 참조조문/ 민사소송법 제714조 제2항, 특허법 제126조, 제133조

사례(7)

▌본안소송에서 패소한 가처분채권자의 책임

문 '디아제핌의 제조방법'에 관하여
1) 본안소송에서 패소한 가처분채권자는 손해배상책임을 지는지?
2) 가처분의 효력이 '제1심 본안판결선고시까지'로 되어 있는데도 그 집행상태가 계속된 경우와 가처분채권자의 책임범위는?

답 1) 가처분 집행채권자가 본안소송에서 패소확정하였다면 그 가처분채권자가 한때 승소한 일이 있다 하여도 그 가처분으로 인하여 채무자가 입은 손해에 대해서는 채권자에게 과실이 없다는 반증이 없는 한 배상할 책임이 있다
2) 제1심 본안판결의 선고시까지 효력이 있는 가처분의 집행상태가 제1심 본안판결 선고 이후까지 계속된 경우 채무자가 집행방법에 관한 이의까지 하였으나 법원이 이를 들어주지 아니하였다면 그 계속된 책임은 채무자에게 있다 할 수 없고 그 기간 동안 전체의 손해를 채권자가 배상하여야 한다.

참조판례/ 79다2138,79다2139판결 손해배상 1980공12655
참조조문/ 민법제750조, 민법 제764조, 민사소송법 제714조

● 심결사건

사례 (1)

▌자연법칙에 어긋나는 발명

문 자연법칙에 어긋나는 발명에 대하여 특허를 받을 수 있는지?

답 양수조로부터 급수조로 낙하하는 물을 이용하여 수력발전기를 돌려 에너지를 얻고, 급수조에 낙하된 물은 다시 제네바 기어장치, 노즐회전관 및 복수의 공기실을 이용한 연속적인 수격작용(水擊作用)에 의하여 폐수되는 물이 없이 전량을 양수조로 끌어 올려서 재순환시킴으로써 계속적인 에너지 추출이 가능하도록 하는 것을 요지로 하는 출원발명은 일정한 위치에너지로 유지되는 수조의 물을 수격작용에 의하여 그 수조의 물의 자유표면보다 일정 높이 위에 위치한 수조로 끌어올리는 공지된 양수펌프에서와 같이 수조로부터 낙하되는 물의 상당 부분을 폐수하고 남는 일부분의 물만을 높은 위치의 수조로 양수하는 것이 아니라, 외부의 에너지 공급 없이 급수조에서 낙하하는 물 전부를 폐수되는 물이 없이 보다 높은 위치의 양수조로 끌어올린다는 것이 되어 에너지 보존법칙에 위배되므로, 출원발명은 자연법칙에 어긋나는 발명으로서 특허법 제29조 제1항 본문에서 규정한 발명의 요건을 충족하지 못한다.

> 참조판례/ 98후744 거절사정(특) 1998공2419
> 참조조문/ 특허법 제2조 제1호, 제29조 제1항

사례 (2)

▌진보성이 인정되지 않은 발명

문 식물성 단백질과 동물성 단백질을 혼합한 식품의 제조방법에 관한 출원발명이 인용발명으로부터 용이하게 발명할 수 있는지?

답 식물성 단백질과 동물성 단백질을 혼합한 식품의 제조방법에 관한 출원발명은 콩단백

질과 동물성 단백질을 이용하는 인용발명에 공연히 실시하고 있는 어묵제조기술을 단순히 결합한 것에 불과하고, 그로 인한 현저한 작용효과가 있는 것도 아니며, 한편 콩가루와 식용유, 물을 혼합하기 위하여 교반을 하면 당연히 에멀션이 형성되므로 이 또한 출원발명의 독특한 기술로는 인정되지 아니하므로 결국 출원발명은 인용발명으로부터 이 발명이 속하는 기술분야에서 통상의 지식을 가진 자가 용이하게 발명할 수 있는 것이다.

참조판례/ 97후341 거절사정(특) 1998공112

참조조문/ 특허법 제29조 제2항, 특허법 제159조 제1항

사례(3)

▎진보성이 인정되는 발명

문 출원발명이 인용발명과 그 목적과 기술적 구성이 상이하고 특히 작용효과에 있어 인용발명이 '약물의 비강투여시의 투과흡수성 개선'에 있음에 비하여 출원발명이 '췌장 베타세포의 자기면역 반응에 의한 파괴의 억제'로서 전혀 별개로서 현저한 차이가 있는 경우 발명의 진보성이 있다고 인정할 수 있는지?

답 특허법 제29조 제2항의 규정은 특허출원된 발명이 선행의 공지기술로부터 용이하게 도출될 수 있는 창작일 때에는 진보성을 결여한 것으로 보고 특허를 받을 수 없도록 하려는 취지인 바, 이와 같은 진보성 유무를 가늠하는 창작의 난이도는 그 기술구성의 차이와 작용효과를 고려하여 판단하여야 하는 것이므로, 출원된 기술의 구성이 선행기술과 차이가 있을 뿐 아니라 그 작용효과에 있어서 선행기술에 비하여 현저하게 향상 진보된 것인 때에는, 기술의 진보발전을 도모하는 특허제도의 목적에 비추어 출원발명의 진보성을 인정하여야 한다.
이 사건 출원발명이 인용발명과 그 목적과 기술적 구성이 상이하고 특히 작용효과에 있어 '약물의 비강투여시의 투과흡수성 개선'에 있음에 비하여 출원발명이 '췌장 베타세포의 자기면역 반응에 의한 파괴의 억제'로서 전혀 별개의 것이므로 발명의 진보성이 있다고 인정할 수 있다.

참조판례/ 97후2033 거절사정(특) 1999공891

참조조문/ 특허법 제29조 제2항 참조

사례(4)

▌진보성이 인정되는 발명

문 종이 웹(Web)의 양면을 연속 건조시키기 위한 장치 및 방법에 있어서 작용효과의 인정여부?

답 종이 웹(Web)의 양면을 연속 건조시키기 위한 장치 및 방법에 관한 출원발명은 인용발명과 그 기술적 구성이 다를 뿐만 아니라 작용효과에 있어서도 인용발명에 비하여 현저하게 향상된 것으로서 진보성이 있다고 할 것임에도, 출원발명의 작용효과에 관해서는 아무런 심리도 아니한 채 출원발명이 그 분야에서 통상의 지식을 가진 자가 인용발명으로부터 용이하게 발명할 수 있는 것이라고 판단한 원심심결을 파기한다.

> 참조판례/ 97후1085 거절사정(특) 1998공1763
>
> 참조조문/구 특허법(1990. 1. 13. 개정 전) 제6조 제2항(현행 제29조 제2항 참조)

사례(5)

▌진보성이 인정되는 발명

문 매실 엑기스 제조에 관한 출원발명의 진보성을 인정할 수 있는지?

답 매실 엑기스 제조에 관한 출원발명과 인용발명은 목적이나, 기술적 구성 및 작용효과가 명백히 서로 다르고, 또한 출원발명은 공지된 선행기술로부터 예측되는 효과 이상의 현저하게 향상·진보된 새로운 작용효과가 있는 것으로 인정되므로 그 발명이 속하는 기술의 분야에서 통상의 지식을 가진 자가 인용발명으로부터 용이하게 도출해 낼 수는 없다 할 것이어서 진보성이 인정된다.

> 참조판례/ 96후2364 거절사정(특) 1998공1500
>
> 참조조문/ 특허법 제29조 제2항

사례(6)

▌일부가 공지기술인 경우

문 1개의 특허청구범위의 항의 일부가 공지기술의 범위에 속하여 특허무효의 사유가 있는 경우 그 항 전부가 무효인지 여부?

답 1개의 특허청구범위의 항의 일부가 공지기술의 범위에 속하여 특허무효의 사유가 있는 경우 그 공지기술이 다른 진보성이 인정되는 부분과 유기적으로 결합된 것이라고 볼 수 없는 한 그 항의 발명은 전부가 무효로 되는 것이다. 사건은 여러 항의 특허청구범위 중 일부 항에 대하여는 진보성을 부인하고, 일부 항에 대하여는 진보성이 인정된다.

> 참조판례/ 96후2395 특허무효 1998공2524
> 참조조문/ 구 특허법(1990. 1. 13. 개정 전) 제69조 제1항 제1호(현행 제133조 제1항 제1호 참조), 제2항(현행 제133조 제1항 본문 참조), 제6조 제2항(현행 제29조 제2항 참조), 제8조 제4항(현행 제42조 제4항 참조)

사례(7)

▌특허출원명세서의 기재 정도

문 '그 발명이 속하는 기술분야에서 통상의 지식을 가진 자가 용이하게 실시할 수 있을 정도'의 의미는?

답 구 특허법 제8조 제3항에 의하면, 특허출원서에 첨부하여 제출하여야 하는 명세서에 기재될 '발명의 상세한 설명'에는 그 발명이 속하는 기술분야에서 통상의 지식을 가진 자가 용이하게 실시할 수 있을 정도로 그 발명의 목적, 구성, 작용 및 효과를 기재하여야 한다고 규정되어 있고, 같은 조 제4항에 의하면, 그 명세서에 기재될 '특허청구의 범위에는 명세서에 기재된 내용을 제3자에게 공개하여 특허권으로 보호받고자 하는 기술적 분야에서 통상의 지식을 가진 자가 용이하게 실시할 수 있을 정도'라 함은 출원에 관한 발명이 속하는 기술분야에서 보통 정도의 기술적 이해력을 가진 자, 평균적 기술자가 당해 발명을 명세서 기재에 의하여 출원시의 기술수준으로 보아 특수한 지식을 부가하지 않고서도 정확하게 이해할 수 있고 동시에 재현할 수 있는 정도를 뜻하는 것이라고 할 것이므로, 특허출원의 명세서가 위와 같은 요건을 구비하지 못한 경우에만 구 특허법 제82조 제1항 제1호에 의하여 특허거절사정의 사유가 된다 할 것이다.

참조판례/ 97후2477 거절사정(특) 1999공1784
참조조문/ 구 특허법(1990.1.13.개정전) 제8조 제3항, 제4항(현행 제42조 제3항, 제4항 참조) 제82조 제1항 제1호(현행 제62조 제4호)

사례(8)

▌특허출원명세서의 기재 정도

문

1) 특허출원명세서의 기재 정도는?

2) 특허출원명세서가 보정되어 특허청구범위가 통합되거나 변경되었으나 발명의 상세한 설명이 보정되지 아니하여 그 명세서만으로는 특허청구범위에 속한 기술구성이나 그 결합 및 작용효과를 일목요연하게 이해할 수 없는 경우, 특허청구범위가 발명의 상세한 설명에 의하여 명확히 뒷받침되고 있다고 할 수 있는지?

3) 특허출원명세서에서 출원서에 첨부된 도면으로 당해 발명의 특정한 기술구성 등을 설명하고 있으나 그 도면에 당해 기술구성이 전혀 표시되지 않아 그 기술구성이나 결합관계를 알 수 없는 오류가 있다면 그 오류가 출원서에 첨부된 여러 도면의 번호를 잘못 기재함으로 인한 것으로서 당해 기술분야에서 통상의 지식을 가진 자가 명세서 전체를 면밀히 검토하였다면 그 기술구성 등을 알 수 있는 경우에도 명세서의 기재불비에 해당하는지?

답

1) 특허법 제42조 제2항 제1호 내지 제3호에서는 특허출원시에는 '발명의 명칭', '도면의 간단한 설명', '발명의 상세한 설명', '특허청구범위'를 기재한 명세서와 필요한 도면 및 요약서를 첨부하여야 한다고 규정하고, 같은 조 제3항에서는 위 '발명의 상세한 설명'에는 그 발명이 속하는 기술분야에서 통상의 지식을 가진 자가 용이하게 실시할 수 있을 정도로 그 발명의 목적, 구성 및 효과를 기재하여야 한다고 규정하였으며, 같은 조 제4항에서는 위 '특허청구범위'에는 보호를 받고자 하는 사항을 기재한

항(청구항)이 1 또는 2 이상 있어야 하고, 그 청구항은 '발명의 상세한 설명'에 의하여 뒷받침될 것, 발명이 명확하고 간결하게 기재될 것, 발명의 구성에 없어서는 아니되는 사항만으로 기재될 것 등의 요건을 갖추어야 한다고 규정하고 있는 바, 이는 특허출원된 발명의 내용을 제3자가 명세서만에 의하여 쉽게 알 수 있도록 공개하여 특허권으로 보호받고자 하는 기술적 내용과 범위를 명확하게 하기 위한 것이라 할 것이므로, 위 '발명의 상세한 설명'은 그 출원발명이 속하는 기술분야에서 보통 정도의 기술적 이해력을 가진 자, 평균적 기술자가 당해 발명을 명세서 기재에 의하여 출원시의 기술수준으로 보아 특수한 지식을 부가하지 않고서도 정확하게 이해할 수 있고 동시에 재현할 수 있는 정도로 기재되어야 할 것이고, 특허출원의 명세서가 위와 같은 요건을 구비하지 못한 경우에도 특허법 제62조 제4호에 의하여 특허거절사정의 사유가 된다.

2) 명세서가 보정되어 특허청구범위가 통합되거나 변경되었음에도 이를 뒷받침하는 발명의 상세한 설명이 이에 맞추어 보정되지 아니함으로써 특허청구범위와 발명의 상세한 설명의 각 내용이 각 청구항별로 일치하지 아니하여 그 명세서만으로는 특허청구범위에 속한 기술구성이나 그 결합 및 작용효과를 일목요연하게 이해할 수 없는 경우에는 특허청구범위가 발명의 상세한 설명에 의하여 명확히 뒷받침되고 있다고 할 수 없다.

3) 명세서에서 출원서에 첨부된 도면을 들어 당해 발명의 특정한 기술구성 등을 설명하고 있는 경우에 그 명세서에서 지적한 도면에 당해 기술구성이 전혀 표시되어 있지 않아 그 기술구성이나 결합관계를 알 수 없다면, 비록 그러한 오류가 출원서에 첨부된 여러 도면의 번호를 잘못 기재함으로 인한 것이고, 당해 기술분야에서 통상의 지식을 가진 자가 명세서 전체를 면밀히 검토하면 출원서에 첨부된 다른 도면을 통하여 그 기술구성 등을 알 수 있다 하더라도 이를 가리켜 명세서의 기재불비가 아니라고 할 수 없다.

참조판례/ 97후2675 거절사정(특) 2000공187
참조조문/ 특허법 제42조 제2항 제1호, 제2호, 제3호, 제3항, 제4항, 제62조 제4호, 제42조 제3항, 제4항

사례(9)

▌명세서에 기재되는 용어의 정의

문 특허발명의 명세서에 기재되는 용어의 의미를 명세서 자체에서 정의하여 사용할 수 있는지?

답 특허의 명세서에 가재되는 용어는 그것이 가지고 있는 보통의 의미로 사용하고 동시에 명세서 전체를 통하여 통일되게 사용하여야 하나, 다만 어떠한 용어를 특정한 의미로 사용하려고 하는 경우에는 그 의미를 정의하여 사용하는 것이 허용되는 것이므로, 용어의 의미가 명세서에서 정의된 경우에는 그에 따라 해석하면 충분하다.

이 사건 특허발명의 명세서 중 상세한 설명에 기재되어 있는 용어의 정의에 의하면 특허청구범위가 발명의 상세한 설명에서 설명되지 아니한 사항을 청구한 것이 아니다.

참조판례/ 97후990 특허무효 1999공229

참조조문/ 구 특허법(1990. 1. 13. 개정 전) 제8조제3항(현행 제42조 제3항 참조), 제4항(현행 제42조 제4항 참조)

사례(10)

█특허청구범위 기재의 불명확성

문 특허청구범위에 발명의 구성을 불명료하게 표현하는 용어나 기능적 표현의 기재가 허용되는지?

답 특허법 제42조 제4항에 의하면, 특허출원서에 첨부되는 명세서의 기재에 있어서 특허청구범위의 청구항은 발명의 상세한 설명에 의하여 뒷받침되고, 발명이 명확하고 간결하게 기재되며 발명의 구성에 없어서는 안 되는 사항만으로 기재되어야 하고, 같은 법 제62조 제4호에 의하면, 그러한 요건을 갖추지 아니한 경우 이는 특허출원에 대한 거절이유가 되도록 되어 있는 바, 이 점에서 특허청구범위에는 발명의 구성을 불명료하게 표현하는 용어는 원칙적으로 허용되지 아니하고, 발명의 기능이나 효과를 기재한 이른바 기능적 표현도 그러한 기재에 의하더라도 발명의 구성이 전체로서 명료하다고 보이는 경우가 아니면 허용될 수 없다. 이 사건은 특허청구범위의 기재가 불명확하여 특허를 받을 수 없다고 한 사례이다.

참조판례/ 97후1337 거절사정(특) 1998공2584

참조조문/ 특허법 제42조 제4항, 제62조 제4호

● ● ● ● ●
사례(11)

▌무효판단의 기관

문 1) 무효심판절차에서 무효심결이 확정되지 아니한 특허를 다른 절차에서 당연무효라고 판단할 수 있는지?
2) 특허권의 권리범위확인심판에서 출원 당시의 기술 수준이 무효심판의 유무에 관계 없이 고려되어야 하는지? 등록된 특허발명 중 출원 당시 공지공용의 부분에도 권리범위가 인정되는지?

답 1) 특허법은 특허가 일정한 사유에 해당하는 경우에 별도로 마련한 특허의 무효심판절차를 거쳐 무효로 할 수 있도록 규정하고 있으므로, 특허는 일단 등록이 된 이상 이와 같은 심판에 의하여 특허를 무효로 한다는 심결이 확정되지 않는 한 유효한 것이며, 다른 절차에서 그 특허가 당연무효라고 판단할 수 없다.
2) 특허권은 신규의 발명에 대하여 부여되는 것으로 특허권 권리범위확인심판청구사건에 있어서 그 권리범위를 정함에 있어서는 출원 당시의 기술수준이 무효심판의 유무에 관계 없이 고려되어야 할 것이므로, 등록된 특허의 일부에 그 발명의 기술적 효과발생에 유기적으로 결합된 것이 아닌 공지사유가 포함되어 있는 경우에는 그 공지부분에까지 권리범위가 확장되는 것이 아니고, 나아가 등록된 특허발명의 전부가 출원 당시 공지공용의 것이었다면 그 권리범위를 인정할 근거가 상실된다.

참조판례/ 97후1016, 1023, 1030 권리범위확인(특) 1999공232
참조조문/ 구 특허법(1980. 12. 31. 개정 전) 제97조 제1항 제1호(현행 제133조 제1항 참조), 제57조(현행 제97조 참조), 제97조 제1항 제2호(현행 제135조 제1항 참조)

● 형사사건

사례(1)

▌기술수단, 작용효과가 상이한 경우 침해 여부

문 '옥수수차의 제조방법'에 관하여, 특허된 제조방법과 목적 및 원리는 동일하나 기술수단 및 작용효과가 상이한 경우 특허권의 침해가 되는지?

답 물품의 제조방법이 비록 특허된 방법과 목적 및 원리에 있어서 동일하다고 할지라도 그 실시하는 수단이 동일성의 것이라고 볼 수 없고 그 기술수단의 상이에서 오는 작용효과도 동일성의 것이라고 볼 수 없다면 그 제조방법은 그 특허의 권리범위에 속하는 것이라고 볼 수 없어 특허권 침해가 아니다.

> 참조판례/ 85도1891 특허법 위반 1986공1329
> 참조조문/ 구 특허법(1986. 12. 31. 개정 전) 제64조, 제158조

사례(2)

▌기술문서 사본의 취거와 절도죄

문 사원이 회사를 퇴사하면서 동 회사 연구실에 보관중이던 수지성분에 관한 미국특허 사본 1부 등 회사의 목적업무상 기술분야에 관한 문서사본을 취거하는 행위가 절도죄에 해당되는지?

답 피고인이 근무하던 회사를 퇴사하면서 가져간 서류가 이미 공개된 기술내용에 관한 것이고 외국회사에서 선전용으로 무료로 배부해 주는 것이며 동 회사연구실 직원들이 사본하여 사물처럼 사용하던 것이라도 위 서류들이 회사의 목적업무 중 기술분야에 관한 문서들로서 국내에서 쉽게 구할 수 있는 것도 아니며 연구실 직원들의 업무수행을 위하여 필요한 경우에만 사용이 허용된 것이라면 위 서류들은 위 회사에 있어서는 소유권의 대상으로 할 수 있는 주관적 가치뿐만 아니라 그 경제적 가치도 있는 것으로

재물에 해당한다 할 것이어서 이를 취거하는 행위는 절도에 해당한다. 비록 그것이 문서의 사본에 불과하고 또 인수인계 품목에 포함되지 아니하였다 하여 그 위법성이 조각되지 아니한다.

참조판례/ 86도1205 절도 1986공2996

참조조문/ 형법 제329

사례(3)

▌타인의 시험성적서로 특허를 취득한 경우

문 타인의 시험성적서로써 특허를 취득한 행위는 사위행위에 해당되는지?

답 타인 명의의 시험성적서를 마치 자기 것인 양 특허청에 제출하는 등 타인이 특허를 받을 수 있는 권리를 피고인 자신이 발명한 것처럼 모인하여 특허를 받았다면 이는 사위행위로써 특허권을 받는 경우에 해당한다.

참조판례/ 82도3238 특허법 위반 1984공280

참조조문/ 특허법 제228조

사례(4)

▌다른 특허방법을 사용하는 것으로 표시한 경우

문 특허된 방법을 사용하면서 다른 특허방법을 사용하는 것으로 표시한 경우 특허침해죄로 되는지?

답 이미 특허된 방법을 사용하여 물건을 제조하면서 광고, 간판 또는 표찰류에 그 특허가 아닌 다른 특허의 방법을 사용하여 제조한 깃처럼 표시한 경우에는 특허권자의 특허권을 침해하는 행위로써 특허법 제158조 제1항의 특허침해죄에 해당하고 특허법 제160조 제5호 (허위표시) 행위에 해당하지 않는다.

참조판례/ 83도1411판결 특허법 위반, 1983공1381
참조조문/ 구 특허법(1986. 12. 31. 개정 전) 제158조 제1항(현행 제225조), 제160
　　　　　조 제5호(현행 제227조)

제2장 실용신안법

● 민사사건

사례(1)

▌실용신안의 동일, 유사 여부 판단기준

문 '생수병용 에어펌프 및 지수장치'에 관하여
1) 등록실용신안과 인용고안의 동일, 유사 여부 판단기준은?
2) 등록실용신안권의 권리범위의 확정방법은?

답 1) 어느 고안이 등록실용신안의 권리와 동일 또는 유사한지 여부를 판단함에 있어서는 각 물품의 형상, 구조 또는 조합 등 물품의 형에 대한 기술적 고안뿐만 아니라 그 고안의 사용가치, 이용목적 등 그 작용효과까지 종합하여 비교, 고찰하여야 한다.
2) 어느 고안이 등록실용신안의 권리범위에 속하는지를 판단하기 위해서는 먼저 등록실용신안의 등록청구범위를 기준으로 그 권리범위를 확정하여야 하고, 그를 확정함에 있어서 공지공용의 기술은 그것이 신규의 기술과 유기적으로 결합된 것이 아니면 권리범위에서 제외되어야 한다.
이 건 '생수병용 에어펌프 및 지수장치'에 관하여 등록실용신안은 공지공용의 고안에 비해 신규성, 진보성이 인정되어 유효한 반면 인용고안은 등록실용신안과 동일하여 그 권리범위에 속한다.

참조판례/ 96다22815 가처분이의 1996공3560
참조조문/ 실용신안법 제4조 제1항, 제23조, 제29조, 제31조, 특허법 제97조, 제
126조

사례(2)

▌실용신안권의 권리범위 판단기준

문 등록된 실용신안의 권리범위 및 그 범위에 속하는 고안인지 여부에 대한 판단 기준은?

답 등록된 실용신안의 기술사상에 관한 권리범위는 실용신안의 등록출원에 있어서 등록청구의 범위를 명시하도록 규정한 실용신안법 제8조 제2항의 규정에 비추어 그 등록청구의 범위를 기준으로 고찰하여야 하고, 나아가 실용신안의 권리범위에 속하는 고안을 가리려면 산업상 이용할 수 있는 물품의 형상, 구조 또는 조합 등 기술적 고안만이 아니라 그 고안의 실용가치, 이용목적 등 그 작용효과의 면까지 이를 종합하여 비교 고찰할 것이다.

> 참조판례/ 91다4744 실용신안권침해금지 등 1991공1607
>
> 참조조문/ 실용신안법 제4조 제1항, 제8조 제2항, 제29조, 특허법 제97조

사례(3)

▌실용신안권 침해 판단 기준

문 실용신안권 침해의 판단기준은?

답 등록된 실용신안과 다른 고안이 그 등록된 청구범위를 기준으로 하여 기술적 목적, 외형적 구성 및 그 고안의 실용가치, 이용목적 등 작용효과의 면에서 고찰하여 동일, 유사성이 인정되면 등록된 실용신안이 공지공용의 것으로서 무효라는 특단의 사정이 없는 한 그 고안은 등록된 실용신안의 권리범위를 침해하였다 할 것이다.

> 참조판례/ 84다카1608 실용신안권침해금지가처분이의 1985공1325
>
> 참조조문/ 실용신안법 제4조 제1항, 제29조, 특허법 제97조

사례(4)

▌신규성 및 진보성 판단기준

문 1) 실용신안권침해금지가처분사건에서의 보전의 필요성 유무에 관한 원심 판단의 당부는?

2) 실용신안법에 있어 고안의 신규성 및 진보성 판단기준은?

3) 공지기술의 단순한 전용이 아니라 물품의 구조, 조합에 의하여 사용가치를 고양하는 기술적 진보성을 지닌 고안으로 볼 수 있는지 여부?

답 1) 실용신안권 침해금지가처분사건에서 피신청인이 제조, 판매하고 있는 국민차에 부착된 파워윈도우가 신청인의 실용신안권을 침해하였다고 하더라도 가처분에 있어 보전의 필요성은 가처분을 발하는 경우와 발하지 아니하는 경우에 있어서 당사자 쌍방의 이해득실, 본안소송의 계속 여부, 그 내용 등 제반 사정을 고려하여야 할 것인 바, 피신청인은 특허청에 신청인의 등록고안인 '모터가 내장된 팔받침'에 관한 실용신안권의 등록무효 심판청구를 하여 현재 그 사건이 특허청에 계속중이고 특허청의 무효심판절차에서 그 등록고안에 관한실용신안권에 대하여 무효심결이 내려질 개연성이 없지 아니하며, 피신청인이 신청인의 등록고안을 사용함으로써 신청인이 입게 되는 손해는 극히 경미하고, 신청인은 현재 등록고안을 이용한 자동차 제품을 생산하지 않고 있으나, 피신청인이 제조, 판매하는 파워윈도우가 부착된 자동차는 현재 국내뿐만 아니라 해외로도 수출되고 있는 점 등 여러 사정을 참작하면, 신청인에게 피신청인이 위 제품을 제조하는 것 등을 금지하지 아니하면 아니 될 현존하는 급박한 위험 내지 현저한 손해가 발생할 개연성이 있다고 보기 어렵다고 하여 그 보전의 필요성을 인정하지 않은 원심결정은 타당하다.

2) 실용신안법에 있어서 고안이라 함은 자연법칙을 이용한 기술적 사상의 창작을 말하는 것으로 특허법에서 말하는 발명과는 달리 창작의 고도성을 요하지 아니하고 그 고안이 물품의 형상, 구조 또는 조합에 의하여 사용가치를 고양하는 기술적 진보가 있으면 신규성이 있다 할 것이므로, 종전의 공지공용의 고안에 유기적으로 부가결합하여 새로운 기술적 고안을 갖출 경우에는 그것이 부가적인 구조라 할지라도 물품에 관한 신규의 공업적 고안이라 할 것이며, 또 공지공용의 기술을 결합한 고안이라 할지라도 결합 전에 각 기술이 가지고 있던 작용효과의 단순한 집합이 아니라 결합 전에 비하여 증진된 작용효과가 인정되고 해당 기술분야에서 통상의 지식을 가진 자가 손쉽게 이를 실시할 수 없는 것일 때에는 이를 신규성 및 진보성이 있는 고안이라고 할 것이다.

3) 등록고안인 '모터가 내장된 팔받침'이 출원 당시 공개된 인용고안인 '자동차 윈도우 글라스 승강장치'에 나타난 공지기술의 단순한 전용이 아니라 물품의 구조조합에

의하여 사용가치를 고양하는 기술적 진보성을 지닌 고안으로 볼 여지가 없지 아니함
에도 등록고안이 인용고안과 별도로 채택하고 있는 새로운 기술적 구성과 그 작용효
과 등에 관하여 더 심리를 하지 아니한 채, 등록고안이 출원 당시 공개된 인용고안과
그 목적, 기술구성, 작용효과의 면에서 동일 내지 유사하여 그 신규성이 없어 그 권리
범위를 인정할 수 없다고 판단한 원심의 조치에는 실용신안권의 신규성 내지 권리범
위에 관한 법리를 오해하였거나 심리를 다하지 아니한 위법이 있다.

참조판례/ 93마2022 실용신안권침해금지가처분 1995공33
참조조문/ 민사소송법 제714조, 실용신안법 제2조 제1호, 제4조 제1항, 제31조,
　　　　　특허법 제97조, 제126조 제1항

사례(5)

▌침해의 경우 그 손해 및 가해자를 안 시기

문 실용신안권이 침해당한 경우 그 손해 및 가해자를 안 시기는?

답 대법원이 이 사건 책상용 명패의 고안이 원고가 양수한 실용신안권의 권리 범위에 속
한다는 이유로 특허청 심결을 파기하고 사건을 특허청 항고심판소에 환송하는 판결을
선고하였을 때, 원고가 피고들이 자신의 실용신안권을 침해한 사실과 그로 인한 손해
및 가해자들을 현실적, 구체적으로 알았다고 볼 것이다.

참조판례/ 93다55845 손해배상(지) 1994공812
참조조문/ 민법 제766조 제1항

사례(6)

▌피용자가 발명한 후의 양도행위

문 구 특허법 제17조 제3항이 피용자가 발명한 이후의 양도행위까지 금지하는 것인
지?

답 특허법 제17조 제3항은 사용자에 대하여 약한 입장에 있는 피용자의 이익을 보호하는 동시에 발명을 장려하고자 하는 점에 그 입법취지가 있다 할 것이고 피용자가 발명한 이후의 양도행위까지 금지한 규정은 아니다.

참조판례/ 76다2822 실용신안등록청구권확인 등 1977공9924
참조조문/ 실용신안법 제11조(구법 제29조), 특허법 제39조 제3항(구법 제17조 제3항)

사례(7)

▌물품의 일부에 대한 실용신안권 실시대금

문 물품의 일부에 대한 실용신안의 경우 그 실용신안권의 존속기간 내에 제작이 끝난 실용신안 대상 부품을 사용하여 완성한 물품을 그 존속기간이 끝난 후에 출고한 경우에도 그 실시료를 지급할 의무가 있는지?

답 실용신안권은 물품의 일부, 즉 물품의 구성부분으로서 독립물품으로 취급되지 않는 것에 대하여도 인정되는 것이므로, 통상실시권자들이 실용신안권자의 실용신안권의 존속기간 내에 실용신안내용에 따라 물품의 일부에 대한 제작행위를 함으로써 통상실시권을 사용한 것이 되며, 따라서 통상실시권자가 그 존속기간 내에 제작이 끝난 실용신안 대상 부품을 사용하여 완성한 물품을 그 존속기간이 끝난 후에 출고한 경우에도 그 실시료를 지급할 의무가 있다.
국군 전투화의 끈결착 방식에 관하여 실용신안권을 획득한 자가 통상실시권자들에 대하여 그 실시료를 구하는 사건에서 그 존속기간 내에 끈결착부에 대한 부품제작행위가 완료된 것인지의 여부를 심리하지 아니한 채 그 기간 내에 제작의 전공정이 끝난 전투화로서 그 후 납품된 수량에 대하여만 그 실시료가 인정된다고 판단한 원심판결을 통상실시권에 관한 법리오해 및 심리미진의 이유로 파기하였다.

참조판례/ 96다50599 실용신안권실시대금 1997공1217
참조조문/ 실용신안법 제29조, 특허법 제102조 제4항

사례(8)

■ 실용신안권 존속기간 만료와 실시료 지급의무

문 실용신안권의 존속기간 내에 제조업자가 그 실용신안의 내용에 따른 물품을 제조하고 실용신안권의 존속기간이 만료된 후 납품하였을 경우에도 실시료를 지급해야 하는지?

답 실용실안에 대한 통상실시권은 실용신안권의 존속을 전제로 하는 권리이므로, 실용신안권이 그 존속기간의 만료로 소멸한다면 이에 따른 통상실시권도 함께 소멸한다.

제조업자가 실용신안권자로부터 납품수량에 따라 그 납품대금의 일정 비율에 해당하는 실시료를 지급하기로 하는 내용의 통상실시권 약정을 체결하고 그 실용신안권 존속기간 내에 실용신안의 내용에 따른 물품을 제조하였으나 그 일부의 납품이 존속기간 이후에 이루어진 사안에서, 통상실시권이란 실용실안 내용을 그대로 실시할 수 있는 권리를 말하는 것으로 그 '실시'라 함은 그 실용신안 내용에 따른 물품을 제조하는 행위 자체를 의미하는 것이므로, 다른 특별한 약정이 없는 한 실용신안권의 존속기간 내에 제조업자가 그 실용신안의 내용에 따른 물품을 제조하였다면 그는 통상실시권을 사용한 것이 되고 그 제조한 물품이 납품된 이상 통상실시권 약정에 따라 실용신안권자에게 그 통상실시권의 사용에 대한 실시료를 지급할 의무가 발생한다.

참조판례/ 95다26735   실용신안권실시대금 1996공1801

참조조문/ 실용신안법 제22조, 제29조, 특허법 제102조 제4항

● 심결사건

사례(1)

▌메뉴얼의 불특정다수인의 인식 시기

문 외국회사의 매뉴얼이 불특정다수인의 인식 상태에 놓여 있었다고 할 수 있는 시기는?

답 배부범위, 비치 장소 등에 관하여 구체적인 증거가 없는 외국회사의 메뉴얼에 대하여 대외비 등 배부 금지의 문구가 기재되어 있지 않은 경우, 그 메뉴얼은 인쇄·제작될 무렵 불특정다수인이 인식할 수 있는 상태에 놓여 있었다고 봄이 상당하다.

> 참조판례/ 97후3685 권리범위확인(실) 2000공704
> 참조조문/ 구 실용신안법(1990.1.13. 개정전) 제4조 제1항 제2호(현행 제5조 제1
> 항 제2호)

사례(2)

▌'국외에서 반포된 간행물'의 국내 입수 요부

문 구 실용신안법 제4조 제1항 제2호 소정의 '국외에서 반포된 간행물'은 반드시 국내에 입수되어 반포되어야 하는지?

답 구 실용신안법 제4조 제1항 제2호 소정의 국외에서 반포된 간행물은 국내에 입수되어 반포되어야 하는 것은 아니므로, 인용고안이 기재된 국외 간행물이 어떠한 경로를 통하여 우리 나라에 입수되었는지 및 그 배부범위 등에 관하여 구체적인 증거가 없다고 하더라도 이를 증거로 채택하여 인용고안으로 판단할 수 있다.

> 참조판례/ 97후3203, 3210 실용신안등록무효 1999공2425
> 참조조문/ 구 실용신안법(1998. 9. 23. 개정 전) 제4조 제1항 제2호(현행 제5조
> 제1항 제2호 참조)

사례(3)

▌간행물 기재의 정도

문 구 실용신안법 제5조 제1항 제2호 소정의 '간행물에 기재된 고안'의 의미?

답 구 실용신안법 제5조 제1항 제2호 소정의 간행물에 기재된 고안이라 함은 그 내용이 간행물에 기재되어 있는 고안, 즉 기재된 내용에 따라 당해 기술분야에서 통상의 지식을 가진 자가 쉽게 실시할 수 있을 정도로 기재되어 있는 고안을 말하므로, 고안이 간행물에 기재되어 있다고 하기 위해서는 적어도 고안이 어떤 구성을 가지고 있는가가 제시되어 있어야 할 것이므로 예컨대 내부에 특징이 있는 고안에 대해 그 외형 사진만이 게재되어 있는 경우에는 그 고안은 기재된 것이 아니다. 이 사건 당해 간행물을 보면 인용고안을 외부에서 촬영한 사진 1장만 게재되어 있을 뿐 그 명칭이나 용도, 구조 및 작용효과에 관한 설명이 전혀 기재되어 있지 않아서 등록고안과 인용고안을 그 목적, 기술적 구성, 작용효과에 있어서 대비하는 것이 불가능하므로, 등록고안은 위 법조 소정의 간행물에 기재된 고안이라고 단정할 수 없으므로 등록고안을 무효로 심결한 것은 위법이다.

참조판례/ 97후433　실용신안등록무효 1998공412
참조조문/ 구 실용신안법(1990. 1. 13. 개정 전) 제5조 제1항 제2호(현행 제4조
　　　　　제1항 제2호 참조)

사례(4)

▌신규성은 있으나 진보성이 없는 경우

문 등록고안이 신규성은 있으나 진보성이 없는 경우, 무효심결의 확정 전에 다른 절차에서 그 권리범위를 부정할 수 있는지?

답 실용신안법은 실용신안등록이 일정한 사유에 해당하는 경우에 별도로 마련한 실용신안등록의 무효심판절차를 거쳐 무효로 할 수 있도록 규정하고 있으므로, 등록실용신안은 일단 등록이 된 이상 이와 같은 심판에 의하여 실용신안등록을 무효로 한다는 심결이 확정되지 않는 한 유효하며, 위와 같은 실용신안등록을 무효로 할 수 있는 사유

가 있더라도 다른 절차에서 그 전제로서 실용신안등록이 당연무효라고 판단할 수 없고, 다만, 등록실용신안의 일부 또는 전부가 출원 당시 공지공용의 것인 경우에는 실용신안등록무효의 심결 유무에 관계 없이 그 권리범위를 인정할 수 없으나, 이는 등록실용신안의 일부 또는 전부가 출원 당시 공지공용의 기술에 비추어 새로운 것이 아니어서 이른바 신규성이 없는 경우 그렇다는 것이지, 신규성은 있으나 그 분야에서 통상의 지식을 가진 자가 선행기술에 의하여 극히 용이하게 발명할 수 있는 것이어서 이른바 진보성이 없는 경우까지 다른 절차에서 당연히 권리범위를 부정할 수는 없다.

참조판례/ 97후2095 권리범위확인(실) 1998공2783

참조조문/ 특허법 제97조, 제135조, 실용신안법 제4조, 제29조, 제35조

사례(5)

▌공지공용의 기술을 결합한 고안

문 1) 고안이 공지공용의 기술을 결합한 것이어서 진보성이 없을 경우, 권리범위 인정 여부?

2) '모터가 내장된 팔받침'에 관한 등록고안이 공지의 기술인 인용고안 (1)과 인용고안 (2)를 단순히 결합한 것에 불과한 것인지?

답 1) 어느 고안이 등록고안의 권리범위에 속하는지를 판단하기 위해서는 먼저 등록고안의 등록청구범위를 기준으로 그 권리범위를 확정하여야 하고, 이를 확정함에 있어서는 공지공용의 기술은 그것이 신규의 기술과 유기적으로 결합된 것이 아니면 권리범위에서 제외하여야 하는 것이므로, 등록고안의 전부가 출원 당시 공지공용의 것인 경우에는 그 권리범위를 인정할 근거가 상실되며, 공지공용의 기술을 결합한 고안이라 할지라도 결합 전에 각 기술이 가지고 있던 작용효과의 단순한 집합이 아니라 결합 전에 비하여 보다 증진된 작용효과가 인정되고 당해 기술 분야에서 통상의 지식을 가진 자가 손쉽게 이를 실시할 수 없는 것일 때에는 신규성 및 진보성이 있는 고안으로서 그 권리범위가 인정된다 할 것이지만, 반면 공지공용의 기술을 결합한 고안이 그 작용효과에 있어서 결합 전에 각 기술이 가지고 있던 작용효과의 단순한 집합에 불과하고 당해 기술 분야에서 통상의 지식을 가진 자가 손쉽게 이를 실시할 수 있는 경우에는 신규성 및 진보성이 없는 고안으로서 그 권리범위가 인정될 수 없다.

2) '모터가 내장된 팔받침'에 관한 등록고안이 공지의 기술인 인용고안 (1)과 인용고안 (2)를 단순히 결합한 고안이고, 인용고안들의 구성과 그로부터 생기는 작용효과에

비추어 보면, 등록고안의 작용효과는 인용고안들의 작용효과의 단순한 집합에 불과하여 그 결합 전에 비하여 보다 증진된 작용효과가 있다고 할 수 없고 당해 기술 분야에서 통상의 지식을 가진 자가 손쉽게 이를 실시할 수 있으므로 위 등록고안은 신규성 및 진보성이 있는 고안이라고 보기 어려워 그 권리범위가 인정될 수 없다.

참조판례/ 97후266 권리범위확인(실) 1998공110
참조조문/ 구 특허법(1990. 1. 13. 개정 전) 제57조(현행 제97조 참조), 구 실용
        신안법(1990. 1. 13. 개정 전) 제5조 제2항(현행 제4조 제2항 참조), 제
        25조 제1항 제2호(현행 제35조 참조), 제29조

사례(6)

■청구범위기재 문언의 해석방법

문 1) 실용신안권의 권리범위의 확정방법과 청구범위기재 문언의 해석방법?
2) 실용신안 등록청구에 있어 등록청구 범위에 관한 청구항을 독립항으로 해석할 수 있는지?

답 1) 실용신안권의 권리범위 내지 실질적 보호범위는 실용신안 등록출원서에 첨부한 명세서의 청구범위에 기재된 사항에 의하여 정하여지는 것이 원칙이고 다만 그 기재만으로 실용신안의 기술적 구성을 알 수 없거나 알 수는 있더라도 기술적 범위를 확정할 수 없는 경우에는 명세서의 다른 기재에 의한 보충을 할 수는 있으나 그 경우에도 명세서의 다른 기재에 의하여 실용신안권 범위의 확장 해석은 허용되지 아니함은 물론 청구범위의 기재만으로 기술적 범위가 명백한 경우에는 명세서의 다른 기재에 의하여 청구범위의 기재를 제한 해석할 수 없지만 그러한 청구범위의 문언을 해석함에 있어서는 당해 기술분야에서 통상적으로 인식되는 용어의 의미에 따라야 할 것이고, 그 의미가 불명확하거나 문언 그대로의 해석이 명세서의 다른 기재에 비추어 보아 명백히 불합리한 경우에는 출원된 기술사상의 내용과 명세서의 다른 기재 및 출원인의 의사와 제3자에 대한 법적 안정성을 두루 참작하여 정의와 형평에 따라 합리적으로 해석하여야 한다.

2) 콘크리트 건조물 벽면의 보강장치에 관한 등록고안의 청구범위 제1항과 제2항은 그 목적이나 작용효과가 명백히 서로 다르고, 그 제2항에서는 '제1항에 있어서' 라는

표현을 사용하고 있기는 하나, 부착시트와는 별개의 장치인 자동약액주입기에 관한 청구범위 제3항과 제4항에서도 '제1항에 있어서'라는 표현을 사용하고 있는 점, 제2항의 '제1항에 있어서'라는 표현은 제1항에서 말하는 절곡된 부착시트를 한정하는 것이 아니라 제1항의 전제 부분인 '… 건조물 벽면의 보강 장치에 있어서'까지를 의미하는 것으로 해석한다면 전체적인 의미가 명확해진다는 점을 고려하여 정의와 형평에 따라 합리적으로 해석한다면 등록고안의 청구범위 제2항은 제1항과는 다른 독립된 권리를 의미하는 독립항이라고 할 수 있다.

참조판례/ 96후1040 권리범위확인(실) 1998공1361
참조조문/ 구 특허법(1990. 1. 13. 개정 전) 제57조(현행 제97조 참조), 구 실용신안법(1990. 1. 13. 개정 전) 제8조 제4항, 제29조

사례(7)

▌출원인 사이의 협의절차

문 1) 실용신안의 등록요건을 판단함에 있어서 같은 날 또는 그 후에 출원된 동일 또는 유사한 고안의 등록 여부를 고려하여야 하는지?
2) 동일한 고안에 대하여 같은 날에 2 이상의 실용신안등록출원이 있으나 그 고안이 신규성이나 진보성을 결여한 경우, 구 실용신안법 제7조 제2항, 제6항 소정의 '출원인간의 협의절차 등'을 거치지 않고 한 거절사정이 부적법한지?

답 1) 실용신안의 신규성과 진보성 등의 등록요건에 관한 판단은 각 출원된 고안에 대하여 개별적으로 판단할 일이지 같은 날 또는 그 후에 출원된 동일 또는 유사한 고안의 등록 여부는 고려할 바가 아니다.
2) 동일한 고안에 대하여 같은 날에 2 이상의 실용신안등록출원이 있는 때에도 그 고안이 신규성이나 진보성의 결여로 어차피 구 실용신안법 제13조 제1호, 제4조에 의하여 등록거절되어야 하는 것인 이상 같은 법 제7조 제2항, 제6항에서 규정한 출원인간의 협의절차 등을 거치지 않았다 하여 그 출원에 대한 신규성이나 진보성 결여를 원인으로 한 거절사정이 부적법하다고 할 수 없다.

참조판례/ 97후2576 거절사정(실)
참조조문/ 구 실용신안법(1993. 12. 10. 개정 전) 제4조(현행 제5조), 제7조 제2항, 제6항(현행 제8조 제2항 참조), 제13조 제1호(현행 제25조 제1항 제1호 참조)

● 형사사건

사례(1)

▌외국간행물 기재와 신규성 판단

문 1) 외국회사 발행의 상품카달로그나 팜플렛 등이 구 실용신안법상의 국외 반포의 간행물이 될 수 있는지?
2) 고안이 국내에서 공지된 것의 의미는?
3) 신규성이 없는 실용신안등록 내용과 동일한 물품의 조작, 판매행위가 실용신안권침해죄를 구성하는지?

답 1) 외국회사가 자기 회사제품을 소개 또는 선전하기 위하여 발행한 상품카탈로그나 팜플렛 등은 그것 자체가 구 실용신안법 제5조 제1항과 동 법 시행령 제2조에서 규정한 국외에서 반포한 간행물에 해당하지 아니한다.
2) 외국회사제품의 카탈로그나 팜플렛이 국내에 반입되어 불특정다수의 일반공중이 인식할 수 있는 상태에 있다면 거기에 게재된 고안은 국내에서 공지된 것으로 보아야 한다.
3) 등록된 실용신안 고안이 등록출원 당시에 공지공용에 속하는 것이어서 신규성이 없는 때에는 그에 대한 등록무효의 심결이 있고 없음에 관계 없이 그 전부에 대한 권리범위를 인정할 수 없고 이와 같이 권리범위가 인정되지 아니하는 실용신안등록에 대하여는 그 등록내용과 동일한 물품을 제작, 판매하였다 하여 실용신안권침해죄를 구성할 수 없다

참조판례/ 86도2670 실용신안법 위반 1987공1264
참조조문/ 실용신안법 제4조 제1항(구 실용신안법 제5조 제1항), 구 실용신안
법(1990. 1. 13. 개정 전) 제30조

사례(2)

▌등록실용신안의 일부가 공지공용인 경우

문 1) 등록고안의 권리범위를 확정함에 있어서 공지공용의 사유를 제외할 수 있는지?

2) 공작용 바이스에 관한 피고인의 고안이 피해자의 등록고안 중 공지공용부분을 제외한 나머지 부분과 그 기술적 구성 및 작용효과가 달라 피고인의 고안이 피해자의 실용신안의 권리범위에 속하지 아니하는 경우 피고인은 피해자의 실용신안권을 침해한 것인지?

답 1) 어느 고안이 등록된 실용신안의 권리와 동일 또는 유사한지의 여부를 판단함에 있어서는 각 물품의 형상, 구조, 또는 조합 등 물품의 형에 대한 기술적 고안뿐만 아니라 그 고안의 사용가치, 이용목적 등 그 작용효과까지 종합하여 비교, 고찰하여야 하고, 실용신안의 등록에 있어서 공지공용의 사유가 포함되어 있는 경우 실용신안권은 신규성이 있는 기술사상에 대하여만 부여되고 신규성이 있는 기술적 효과발생에 유기적으로 결합된 것으로 볼 수 없는 공지사유에 대해서까지 권리범위를 확장할 수는 없는 것이다.

2) 공작용 바이스에 관한 피고인의 고안이 피해자의 등록고안 중 공지공용부분을 제외한 나머지 부분과 그 기술적 구성 및 작용효과가 달라 피고인의 고안이 피해자의 실용신안의 권리범위에 속하지 아니하므로 피고인이 피해자의 실용신안권을 침해한 것으로 볼 수 없다.

> 참조판례/ 91도1012 실용신안법 위반 1991공2589
> 참조조문/ 실용신안법 제2조, 제4조 제1항, 제23조, 특허법 제97조

사례(3)

▌등록실용신안의 전부가 공지공용인 경우

문 등록된 실용신안의 전부가 공지공용의 것인 경우, 무효심판 없이도 권리를 부인할 수 있는지?

답 실용신안권은 신규성 있는 기술적 고안에 대하여 부여되는 것이고 그의 구체적, 기술적 범위를 정함에 있어서는 출원 당시의 기술수준이 무효심판의 유무에 구애됨이 없이 고려되어야 하며 공지공용의 사유까지 포함한 출원이 있고 그 출원에 의한 등록이 있었다 하여도 신규성이 있는 기술적 효과가 인정될 수 없는 공지공용의 부분까지 권리범위가 확장되는 것이 아닌 이상 그 등록된 고안의 전부가 공지공용의 것이었다면 그러한 경우에도 무효심판의 유무에 관계없이 그 권리범위를 인정할 근거가 상실되는 것이고, 따라서 그에 대한 실용신안권의 침해도 있을 수 없다.

참조판례/ 86도1147 실용신안법 위반 1987공181

참조조문/ 실용신안법 제4조, 구 실용신안법(1990. 1. 13. 개정 전) 제11조

사례(4)

▌속눈썹에 관한 실용신안권의 효력

문 1) 공지공용의 선행기술을 포함하는 등록실용신안의 권리범위는?

2) 속눈썹에 관한 실용신안권의 효력이 공지부분인 쌍꺼풀 테이프에까지 미치는지?

3) 피고인이 제조하는 쌍꺼풀 테이프가 공지공용의 기술이지만 등록실용신안의 권리범위에 속한다고 한 판결이 있음을 알면서 이를 제조한 경우 실용신안권침해가 되는지?

답 1) 공지공용의 선행기술을 포함하는 실용신안의 출원이 있고 그 출원에 의한 등록이 있었다고 하더라도 공지의 기술이 신규의 기술과 유기적으로 연결되어 일체가 되어 있지 않는 한 공지부분에까지 그 실용신안권의 권리범위가 확장되는 것은 아니다.

2) 이 사건 등록고안은 속눈썹을 연설한 밴드외연부에 반달형 수지테이프 하단부 내연부를 접착제로 부착한 속눈썹으로서, 수지테이프의 상단이 눈꺼풀의 연부를 삽지상 향시켜 자연스러운 쌍꺼풀이 이루어지도록 함과 동시에 임의의 색채수지 테이프를 사용함으로써 눈에 아이라인화장을 한 것과 같은 미용효과를 얻을 수 있도록 함을 특징으로 한 것인데 수지테이프를 반달형으로 오려서 만든 쌍카풀 테이프를 눈꺼풀에 붙임으로써 쌍꺼풀의 효과를 나타내는 방법이 위 실용신안등록 이전부터 공지공용되어 온 사실을 인정할 수 있는 경우에는 위 실용신안권의 효력은 공지부분인 피고인이 만든 쌍꺼풀 테이프에까지는 미치지 아니한다.

3) 피고인이 그가 제조판매하는 쌍꺼풀 테이프가 공지공용의 것이라는 명백한 증거를 가지고 있으면서 그의 행위가 이 사건 등록실용신안권의 침해가 되지 않는 것이라고 믿고 있었던 사실이 인정된다면 피고인이 제조하는 쌍꺼풀 테이프가 등록실용신안의 권리범위에 속한다고 한, 제3자 사이의 권리관계를 확정한 대법원판결의 내용을 알고 있었다는 사실만으로는 피고인에게 위 실용신안권의 침해에 대한 고의가 있었다고 단정할 수 없다.

> 참조판례/ 82도2834 실용신안법 위반 1984공1215
>
> 참조조문/ 실용신안법 제4조, 제8조 제2항, 민법 제750조

사례(5)

▌확정된 무효심판의 효력

문 실용신안등록이 무효로 확정된 무효심판의 효력은?

답 어떤 실용신안등록이 공지공용의 것이라 하여 무효심판이 확정된 경우에는 허락 없이 그 등록실용신안인 물건과 동일한 물건을 제조, 판매하였다 하더라도 실용신안법 제29조를 적용하여 이를 처벌할 수는 없다.

> 참조판례/ 71도978 실용신안법 위반
>
> 참조조문/ 구 실용신안법(1973. 2. 8. 개정 전) 제29조, 제18조 제4조, 제30조

제3장 의장법

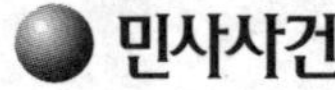 민사사건

사례(1)

■ 신규성 요건

문
1) 의장의 신규성이나 유사 여부의 대비판단 대상이 될 수 있는 인용의장의 표현 정도는?
2) 등록의장이 등록출원일 이전에 공지되었거나 반포된 간행물에 기재된 인용의장과 유사하여 무효라고 할 수 있는지?

답
1) 잡지에 기재된 사진에 소스팬에 관한 인용의장의 형태 전체가 모두 명확히 드러난 것은 아니지만, 그 소스팬과 같은 그릇에 관한 의장의 요부는 눈에 잘 보이는 부분인 윗부분과 옆부분이라 할 것인데 그 사진에 그러한 요부는 모두 드러나 있다고 할 것이고, 사진에 나타나지 아니한 나머지 부분의 형태도 그릇의 일반적인 형태에 관한 경험칙에 비추어 파악이 가능하다고 보이므로 그 인용의장은 대비 판단의 대상이 될 수 있다.
2) 등록의장이 그 등록출원일 이전에 이미 공지되었거나 반포된 잡지에 기재되어 있는 인용의장과 비교하여 보면, 인용의장에는 등록의장과는 달리 몸체 상단의 테두리 일부를 약간 밖으로 튀어나오게 변형시킨 주둥이가 설치되어 있는 점에서 양 의장은 차이가 있으나 이 정도의 차이는 양 의장이 속하는 분야에서 통상의 지식을 가진 자가 손쉽게 할 수 있는 상업적인 변형에 불과하고, 그 밖의 전체적인 형상과 모양에 있어서 양 의장은 극히 유사하여 전체 대 전체의 관계에서 볼 때 양 의장은 동일한 심미감을 주는 유사한 의장이라고 인정될 뿐 신규성 있는 창작이 가미되어 있다고 할 수 없다는 이유로 등록의장이 무효가 될 수 있다.

> 참조판례/ 94다56203판결 손해배상(지) 1996공2615
>
> 참조조문/ 의장법 제5조 제1항 제3호, 제2항, 제64조, 제68조

사례(2)

▎신규성 없는 의장의 무효심판 요부

문 등록된 의장의 전부가 출원 당시 신규성이나 독창성이 없는 경우 무효심판의 유무에 관계 없이 그 권리가 부정될 수 있는지?

답 의장권은 신규성과 독창성이 있는 의장적 고안에 부여되는 것이므로 그 등록된 의장의 전부가 출원 당시 공지공용의 것으로서 신규성이나 독창성이 없는 것이라면 그 권리범위를 인정할 합리적인 근거가 없는 것이라 할 것이어서 무효심판의 유무에 관계 없이 그 권리를 인정할 수 없다.

> 참조판례/ 90마995결정 의장권침해금지가처분 1991공1236
>
> 참조조문/ 의장법 제5조 제68조

사례(3)

▎의장권 전부가 공지공용인 경우

문 등록된 특허권, 의장권에 그 출원 전 무효사유가 있는 경우 무효심결의 유무와 소송상 무효 주장을 할 수 있는지?

답 특허권은 신규의 발명에 대하여 부여되는 것이고 그 권리범위를 정함에 있어서는 출원 당시의 기술수준이 고려되어야 할 것이므로 그 등록된 특허발명의 전부가 출원 당시 공지공용의 것이었다면 그 일부가 공지공용인 경우와 구별할 필요 없이 그 권리범위를 인정할 합리적 근거가 없는 것에 돌아가는 것이니 이 경우에는 그 무효심결의 유무에 관계없이 그 권리를 확정할 수 없는 바 이러한 이론은 의장등록에 관해서도 그대로 적용되어야 한다.

> 참조판례/ 87마15 의장권침해금지가처분 1987공1514
>
> 참조조문/ 구 의장법(1990. 1. 13. 개정 전) 제5조 제1항, 제1호, 제35조, 제49조

사례(4)

▌1물품 1의장의 원칙

문 의장권이 미치는 물품의 범위는?

답 의장권은 1물품 1의장의 원칙상 의장출원시 지정된 특정 물품에 한해서만 인정되는 것이라 할 것인 바 의자와 탁자는 상호 그 용도와 기능이 달라서 동일한 물품이라고 할 수 없으므로 탁자를 지정물품으로 한 의장출원의 범위는 탁자에만 미치고 이와는 별개의 물품인 의자에까지 미치지 아니한다.

> 참조판례/ 78다232 제조판매금지가처분이의 1979공11634
>
> 참조조문/ 구 의장법(1990. 1. 13. 개정 전) 제9조

사례(5)

▌구조와 작용효과가 다른 의장권

문 피신청인의 패류채취구제조가 신청인의 패류채취구에 관한 실용신안권 및 의장권의 권리범위 내에 속하지 아니한다고 하여 제조금지 등 가처분신청을 할 수 있는지?

답 이 사건 가처분신청인과 피신청인이 제조하는 각 패류채취구는 그 구조와 작용효과가 서로 다른 데도 원심이 채증법칙을 위반하여 피신청인의 고안이 신청인의 등록의장

및 실용고안의 권리범위에 속한다고 판단하여 실용신안권 및 의장권에 기한 제품제조 금지 등 가처분판결을 하였다면 이는 잘못이다.

참조판례/ 89다카4724 제품제조금지등가처분 1990공1241
참조조문/ 구 의장법(1990. 1. 13. 개정 전) 제5조, 제32조, 구 실용신안 법(1990. 1. 13. 개정 전) 제5조, 제29조, 구 특허법(1990. 1. 13. 개정 전) 제155조 제1항

사례(6)

▌과실의 추정 등

문 1) 의장권을 침해한 자가 그 의장권의 등록사실을 모르고 단지 제3자의 주문을 받아 생산하여 주문자 상표부착방식으로 제3자에게 전량납품한 경우, 의장권침해행위에 대한 과실추정이 번복될 수 있는지?
2) 의장권을 침해한 자가 도리어 의장권자를 상대로 심판을 청구한 경우, 의장권침해로 인한 손해배상청구권의 소멸시효 기산점은 언제인지?
3) 불법행위에 의하여 재산권이 침해된 경우 그로 인한 정신적 손해에 대한 위자료가 인정되는지?

답 1) 의장법 제65조 본문에서는 "타인의 의장권 또는 전용실시권을 침해한 자는 그 침해행위에 대하여 과실이 있는 것으로 추정한다"라고 규정하고 있는 바, 의장권을 침해한 자가 비록 그 의장권이 등록된 사실을 몰랐고 또한 제3자와의 계약에 의하여 그 제3자가 제공한 설계도면과 장비, 부품으로 물품을 제조한 다음 제3자의 상호와 마크를 부착하여 전량 제3자에게 납품하였다고 하더라도, 그 생산행위 자체가 의장권을 침해한 것으로 추정되는 실시행위로서 그와 같은 사유만으로는 과실이 없다거나 과실의 추정을 번복할 사유가 되지 못한다.
2) 불법행위에 의한 손해배상청구권의 단기소멸시효의 기산점이 되는 민법 제766조 제1항 소정의 '손해 및 가해자를 안 날'이라 함은 현실적으로 손해의 발생과 가해자를 알아야 할 뿐만 아니라 그 가해행위가 불법행위로서 이를 이유로 손해배상을 청구할 수 있다는 것을 안 때라고 할 것인데, 의장권자의 의장권침해물품의 제조, 판매 등의 중지요청에 대하여 침해행위를 한 자가 자신이 제조, 판매하는 물품은 그 의장권을 침해한 것이 아니라고 주장하면서 특허청심판소에 그러한 내용의 소극적 권리범위확인

심판과 그 의장권의 등록무효심판을 청구한 경우, 의장권자는 대법원에서 그 심판이 확정된 때에 비로소 불법행위를 알았다고 봄이 상당하므로 그 날부터 손해배상청구권의 단기소멸시효가 진행한다.

3) 일반적으로 타인의 불법행위로 인하여 재산권이 침해된 경우에는 그 재산적 손해의 배상에 의하여 정신적 고통도 회복된다고 보아야 하지만, 재산상의 손해 이외에 명예나 신용의 훼손 등으로 재산적 손해의 배상만으로는 회복할 수 없는 정신적 손해가 있는 경우에는 그로 인한 정신적 고통에 대하여 위자료를 지급하여야 한다.

참조판례/ 96다36159 손해배상(기) 96다36159

참조조문/ 의장법 제65조, 민법 제766조 제1항, 제751조

사례(7)

▌의장권을 승계할 수 없는 자의 의미

문 갑이 의장에 관한 최초의 개괄적인 형상, 모양과 색채를 제공한 후 을의 상담과 기술적 자문을 받아 의장을 확정한 경우, 구 의장법 제35조 제1항 제3호 소정의 의장등록을 받을 수 있는 권리를 승계할 수 없는 자 또는 그 권리를 모인한 자에 해당한다고 할 수 있는지?

답 구 의장법 제4조 소정의 의장의 정의와 본건 의장의 성립 경위에 비추어 보면 갑은 위 의장에 관한 최초의 개괄적인 형상, 모양과 색채를 제공한 후 을의 상담과 기술적 자문을 받아 위 의장을 확정한 것이므로 위 구 의장법 제35조 제1항 제3호 소정의 의장등록을 받을 수 있는 권리를 승계할 수 없는 자 또는 그 권리를 모인한 자에 해당한다고 할 수 없다.

참조판례/ 91다24113 특허모조품제조판매금지가처분이의 1992공1403

참조조문/ 구 의장법(1990. 1. 13. 개정 전) 제4조, 제35조 제1항, 제12조 제1항

사례(8)

▌가처분취소사유인 특별사정의 유무

문 1) 특별사정에 의한 가처분취소신청과 가처분의 당부의 관계는?
2) 민사소송법 제720조 소정의 '특별사정이 있을 때'의 의미는?

답 1) 특별사정에 의한 가처분취소신청 사건에 있어서는 가처분취소사유인 특별 사정의 유무만이 심판의 대상이 되는 것이고 가처분의 당부는 특별사정의 채부에 관한 자료에 불과하다.

2) 민사소송법 제720조 소정의 '특별사정이 있는 때'라 함은 가처분에 의하여 보전되는 권리가 금전적 보상에 의하여 그 종국의 목적을 달할 수 있거나 가처분집행으로 가처분 채무자가 특히 현저한 손해를 받고 있는 사정이 있는 경우를 가리키는 것이므로 의장권은 무형의 사상으로서 무한정의 이익이 내포되어 있어 그 침해에 대한 손해액의 사정이 어려울 뿐만 아니라 공업소유권이 침해된 경우에 그 권리자의 명예신용의 훼손으로 인한 정신적 손해는 금전적 보상으로만 만족될 수 없으며, 또 가처분 채권자가 스스로 공업소유권을 실시하는 경우에는 타인에게 실시케 하는 경우에 비하여 금전적 보상의 가능성이 적다고 보아야 할 것이므로 이러한 경우에는 특별사정이 있다고 할 수 없다.

참조판례/ 80다1334 가처분취소 1981공13581

참조조문/ 민사소송법 제720조

● 심결사건

사례(1)

▌카탈로그

문 1) 카탈로그의 제작 사실이 인정되면 구체적 증거 없이도 의장법 제5조 제1항 제2호 소정의 반포사실을 인정할 수 있는지?

2) 국외에서 반포된 간행물이 의장법 제5조 제1항 제2호 또는 제3호에 해당하기 위해서는 국내에서도 반포되어야 하는지?

답 1) 카탈로그는 제작되었으면 배부·반포되는 것이 사회통념이고, 제작한 카탈로그를 배부·반포하지 아니하고 사장하고 있다는 것은 경험칙상 수긍할 수 없는 것이므로 카탈로그의 배부범위, 비치장소 등에 관하여 구체적인 증거가 없다고 하더라도 그 카탈로그가 의장법 제5조 제1항 제2호와 관련하여 배부·반포되었음을 부인할 수 없다.

2) 의장법 제5조 제1항 제2호 또는 제3호의 해당 여부를 판단함에 있어서 간행물이 국외에서 반포된 사실이 인정된다면 그것으로 충분하고 별도로 그 간행물이 국내에 반포되었는지 여부를 판단할 필요가 없다.

> 참조판례/ 98후508 의장등록무효 1998공2418
> 참조조문/ 의장법 제5조 제1항 제2호, 제3호

사례(2)

▌의장의 유사 여부 및 창작성 유무 기준

문 의장의 유사 여부 및 창작성 유무의 판단 기준은?

답 의장의 유사 여부는 이를 구성하는 각 요소를 분리하여 개별적으로 대비할 것이 아니라 그 외관을 전체적으로 대비 관찰하여 보는 사람으로 하여금 상이한 심미감을 느끼게 하는지의 여부와 따라 판단하여야 하므로, 그 지배적인 특징이 유사하다면 세부적

인 점에 다소 차이가 있을지라도 유사하다고 보아야 하고, 또한 의장법이 요구하는 객관적 창작성이란 고도의 창작성, 즉 과거 또는 현존의 모든 것과 유사하지 아니한 독특함은 아니므로 과거 및 현존의 것을 기초로 하여 거기에 새로운 미감을 주는 미적 고안이 결합되어 그 전체에서 종전의 의장과는 다른 미감적 가치가 인정되는 정도면 의장법에 의한 의장등록을 받을 수 있으나, 부분적으로는 창작성이 인정된다고 하여도 전체적으로 보아서 과거 및 현재의 의장들과 다른 미감적 가치가 인정되지 아니한다면 그것은 단지 공지된 고안의 상업적, 기능적 변형에 불과하여 창작성을 인정할 수 없으며, 한편 대비되는 의장의 표현된 물품들이 다 같이 그 기능 내지 속성상 사용에 의하여 당연히 형태의 변화가 일어나는 경우, 그 의장의 유사 여부는 형태의 변화 전후에 따라 서로 같은 상태에서 각각 대비한 다음 이를 전체적으로 판단하여야 한다. 이 사건 등록의장과 (가)호 의장이 부분적으로 차이가 있으나 그 차이점들이 당해 분야에서 통상의 지식을 가진 자라면 용이하게 창작할 수 있는 이른바 상업적, 기능적 변형에 불과한 것이어서 전체적인 심미감에 있어 차이가 없으므로 유사하다.

참조판례/ 97후3586 권리범위확인(의) 1999공2332

참조조문/ 구 의장법(1997. 8. 22. 개정 전) 제5조 제1항 제3호, 제2항

사례(3)

▌상업적, 기능적 변형에 불과한 경우

문 등록의장과 (가)호 의장이 상업적, 기능적 변형에 불과한 것인 경우 심미감에 차이가 있는지?

답 등록의장과 (가)호 의장이 부분적으로 차이가 있으나 그 차이점들이 당해 분야에서 통상의 지식을 가진 자라면 용이하게 창작할 수 있는 이른바 상업적, 기능적 변형에 불과한 것이어서 전체적인 심미감에 있어 차이가 없으므로 유사하다.

참조판례/ 97후3586 권리범위확인(의) 1999공2332

참조조문/ 구 의장법(1997.8.22.개정전) 제5조 제1항제3호, 제2항

사례(4)

▌공지형상 부분

문 1) 구성요소 중 공지형상 부분이 있는 의장의 동일·유사 여부의 판단방법?
2) 공지 부분이 포함된 등록의장의 권리범위?

답 1) '식기 보관대'에 관한 등록의장과 '주방기구 수납통'에 관한 (가)호 의장을 대비하면, 두 의장은 그 요부를 이루는 부분의 형상·모양이 상이하고 다만, 두 의장은 모두 상부가 반원형이고 관체로 된 양측 지지틀 사이에 그 하측으로 바닥면에 다수의 배수 구멍이 있는 직사각형의 식기 수납통을 형성하고 있는 점에서 서로 유사하기는 하나, 이는 위 등록의장의 출원 전부터 공지된 고안의 형상·모양과 동일 또는 유사한 것으로서 의장의 특징적인 요부라고 할 수 없는 부분이어서, 두 의장은 전체적으로 대비할 때 일반 수요자들이 느끼는 미감이 다른 비유사한 의장이다.
2) 일반적으로 의장권은 신규성이 있는 의장적 고안에 부여되는 것이므로 공지공용의 사유를 포함한 출원에 의하여 의장등록이 되었다 하더라도 공지공용 부분까지 독점적이고 배타적인 권리를 인정할 수는 없다.

> 참조판례/ 97후1900 권리범위확인(의) 1998공2238
> 참조조문/ 의장법 제5조, 제69조

사례(5)

▌완성품과 부분품의 이용관계

문 완성품이 부분품의 의장을 이용하는 관계에 있는 경우 전자가 후자의 권리범위에 속하는지?

답 완성품인 탁상용 전기 스탠드에 관한 (가)호 의장이 부분품인 탁상용 전기 스탠드 몸체에 관한 등록의장을 이용하는 관계에 있다고 보아지므로 등록의장의 권리범위에 속한다.

참조판례/ 99후888 권리범위확인(의) 1999공1964
참조조문/ 구 의장법(1997. 8. 22. 개정 전) 제5조 제1항 제3호, 제2항, 제41조, 제
        69조

사례(6)

▌특허법원 판결의 성격

문 1) 특허법원이 의장등록을 무효로 하는 형성판결이나 특허심판원으로 하여금 의
장등록을 무효로 할 것을 명하는 이행판결을 할 수 있는지?
2) 물품이 완성된 경우 시각에서 사라져 분해하거나 파괴하여야만 볼 수 있는 것
이 의장등록대상인지?

답 1) 의장법 제75조에 의하여 준용되는 구 특허법 제186조 제5항은 의장법 제68조 등에
의한 의장등록무효심판과 같이 특허심판원에 심판을 청구할 수 있는 사항에 관한 소
는 심결에 대한 것이 아니면 이를 제기할 수 없다고 규정하고 있고, 구 특허법 제186조
제1항, 제189조 제1항이 특허법원에 특허심판원의 심결에 대한 소가 제기된 경우에
그 청구가 이유 있다고 인정한 때에는 판결로써 당해 심결을 취소하여야 한다고 규정
하고 있는 점에 비추어 볼 때, 의장등록의 무효를 구하는 자는 특허심판원에 의장등록
무효심판을 청구한 후 그 심결에 대하여만 특허법원에 소송을 제기할 수 있을 뿐 직접
의장등록무효를 구하는 소를 특허법원에 제기할 수는 없고, 의장등록의 무효심판청구
에 대한 특허심판원의 심결에 대한 소가 제기된 경우에도 특허법원으로서는 그 심결
의 절차적, 실체적 적법 여부를 심리·판단하여 부적법한 경우에 그 심결을 취소하는
형성판결을 할 수 있을 뿐이고, 행정청인 특허심판원을 대신하여 그 의장등록을 무효
로 하는 판결이나 특허심판원으로 하여금 의장등록을 무효로 할 것을 명하는 이행판
결을 할 수는 없다고 할 것이다.
2) 의장법 제2조 제1호에 의하면, 의장법상의 의장은 시각을 통하여 미감을 일으키게
하는 것을 말하므로, 의장은 시각, 즉 육안으로 의장을 파악·식별할 수 있어야 함은
물론 외부로부터 보이는 것이어야 하고, 물건이 완성된 경우 시각에서 사라져 수요자
나 거래자에게 미감을 자아낼 수 없는 부분, 즉 물품을 분해하거나 파괴하여야만 볼
수 있는 것은 의장등록대상에서 제외된다 할 것이다. 이 사건 조명기구용 틀은 완성품
인 기구의 외피를 제거 내지 훼손하지 않는 한 틀 그 자체의 완성된 형상과 모양을 볼
수 없으므로 의장등록의 대상이 아니다.

참조판례/ 98후2689 등록무효(의) 1999공1789
참조조문/ 의장법 제68조, 제75조, 구 특허법(1998. 9. 23. 개정 전) 제186조 제1
　　　　항, 제5항(현행 제186조 제6항 참조), 제189조 제1항, 의장법 제2조 제
　　　　1호

사례(7)

▌이해관계인의 범위

문 특허권, 의장권 등 이른바 산업재산권에 관한 소극적 권리범위 확인심판을 청구할 수 있는 이해관계인의 범위는?

답 특허권이나 의장권 등 이른바 산업재산권에 관한 소극적 권리범위 확인심판에 있어서의 심판을 청구할 수 있는 이해관계인이라 함은 등록권리자 등으로부터 권리의 대항을 받아 업무상 손해를 받고 있거나 손해를 받을 염려가 있는 자를 말하고, 이러한 이해관계인에는 권리범위에 속하는지 여부에 관하여 분쟁이 생길 염려가 있는 대상을 제조, 판매, 사용하는 것을 업으로 하는 자에 한하여 아니하고 그 업무의 성질상 장래에 그러한 물품을 업으로 제조, 판매, 사용하리라고 추측이 갈 수 있는 자도 포함된다.

참조판례/ 97후3241 권리범위확인(의) 2000공1192
참조조문/ 의장법 제69조, 특허법 제135조

● 형사사건

사례(1)

■ 공지부분만으로 구성된 등록의장의 효력

문 등록의장이 공지부분만으로 구성된 경우 그와 유사한 물품의 제조판매는 의장권 침해가 되는지?

답 피해자의 등록의장이 공지 부분만으로 구성된 것이라면 무효이고 그 경우에는 무효심 판의 유무에 관계 없이 그 권리를 인정할 수 없으므로 그와 유사한 물품을 만들어 판 매하였다 하더라도 의장권침해가 될 수 없다.

> 참조판례/ 92도3354 의장법, 실용신안법위반 1994공118
> 참조조문/ 의장법(1990. 1. 13. 개정 전) 제57조 제1항

사례(2)

■ 의장법상 물품의 동일성 판단 기준

문 1) 등록의장을 표현할 물품인 전자레인지용 일체형 조명등이 전구와 전구용 소 켓과 동일 종류의 물품에 해당된다고 볼 수 있는지?
2) 완성품인 전자레인지용 일체형 조명등과 그 부분품의 관계에 있는 전구, 전구 용 소켓에 대하여 의장의 유사 여부를 판단할 수 있는지?
3) 전자레인지용 일체형 조명등에 관한 등록의장이 신규성, 창작성이 결여되었 다고 볼 수 있는지?

답 1) 의장법상의 의장은 물품의 형상, 모양이나 색채 또는 이들의 결합이 시각을 통하여 미감을 일으키게 하는 것으로서 물품을 떠나서는 존재할 수 없고 물품과 일체 불가분 의 관계에 있으므로 물품에 동일성이 없을 때에는 그 물품의 표현인 의장 또한 유사성 이 없다고 보아야 할 것인 바, 물품의 동일성 여부는 물품의 용도, 기능 등에 비추어 거

래통념상 동일종류의 물품으로 인정할 수 있는지의 여부에 따라 결정해야 한다. 이 사건 장타원형의 유리전구체와 그 아래에 연결된 단관 형상의 절연몸체 및 절연몸체 하부의 지지판체 그리고 다시 그 밑에 있는 한 쌍의 단자로 형성되어 있는 형상 모양으로 된 등록의장을 표현한 물품인 전자레인지용 일체형 조명등(또는 일체형 전구)이 그 용도와 기능에 비추어볼 때 전구와 전구용 소켓과 서로 동일종류의 물품에 해당된다

2) 부분품과 완성품의 관계에 있는 것이라 하더라도 부분품의 구성이 완성품에 가까운 경우에는 양 물품을 유사물품으로 보아 의장의 유사 여부를 판단할 수 있는 것인바, 전자레인지용 일체형 조명등을 구성하는 전구, 전구용 소켓은 각각 그 자체가 완성품에 가까운 경우에 해당된다.

3) 전자레인지용 일체형 조명등을 대상 물품으로 한 등록의장이 공지공용의 의장들에 비하여 신규성이 없거나 전자레인지용 조명등의 가전제품업계에 있어서 통상의 지식을 가진 자가 공지공용의의장에 의하여 쉽게 창작할 수 있는 것이어서 창작성이 결여되어 있다.

참조판례/ 91도612 의장법 위반 1992공362

참조조문/ 구 의장법(1990. 1. 13. 개정 전) 제4조, 제9조, 제5조 제1항, 제2항

사례(3)

의장권침해의 범의(犯意)

문 의장권의 지분을 사실상 양수한 자 등이 등록을 하지 않고 의장권을 실시한 경우, 의장권침해의 범의가 있다고 볼 수 있는지?

답 의장권의 지분을 사실상 양수한 자가 등록을 하지 아니한 채 스스로 그 의장권을 실시하거나 또는 의장권 등록명의자의 묵시적인 동의하에 제3자에게 그 전용실시권 또는 통상권을 실시하는 경우라면 그 사법상의 효력 유무와는 관계 없이 사실상의 공유자 또는 제3자에게 의장권침해의 범의가 있다고 볼 수는 없다.

참조판례/ 82도1799 의장법 위반 1985공281

참조조문/ 구 의장법(1990. 1. 13. 개정 전) 제37조, 제57조, 구 특허법(1990. 1. 13. 개정 전) 제54조

사례(4)

▌허위의 기술제휴 표지 해당 여부

문 당국의 인가가 없음에도 기술제휴 표지를 한 것이 부정경쟁방지법 제8조 제1호 허위표지에 해당하는지?

답 실지로 기술자가 내한하여 기술지도를 하였으며 합작투자 계약 및 기술제공 계약도 체결하였으나 실제 투자가 없었고 무상기술제공이기 때문에 당국의 인가를 받지 아니한 채 상품에 기술제휴란 표지를 한 경우 기술제휴에 관한 행정관서의 인가 여부에 불구하고 기술제휴 없는 허위표지라 할 수 없다.

> 참조판례/ 77도3513 의장법 위반 1978공11027
> 참조조문/ 구 의장법(1990. 1. 13. 개정 전) 제59조; 구 부정경쟁방지법(1990. 1.
> 　　　　 13. 개정 전) 제8조 제1호

사례(5)

▌업무방해죄의 구성요건

문 의장권자의 전용실시권자 등에 대한 제조판매 중지 등의 통고 행위가 업무방해죄의 구성요건을 충족하는지?

답 전용실시권 없이 의장권만을 경락취득한 자가 전용실시권에 기하여 물품을 제조판매하는 거래처에 대하여 자기에게만 실시권이 있는 양 주장하면서 물품판매의 중지와 불응시 제재하겠다는 통고문을 내용증명우편으로 발송하였다면 업무방해죄의 구성요건을 충족한 것이라고 보지 못할 바 아니다.

> 참조판례/ 76도2446 업무방해 등 1977공10069
> 참조조문/ 구 형법(1995. 12. 29. 개정 전) 제314조, 구 의장법(1990. 1. 13. 개정
> 　　　　 전) 제22조

제4장 상표법

민사사건

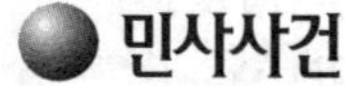

사례(1)

보통명칭 여부

문 등록상표인 ASPIRIN이 보통명칭이 되었는지? ASPORIN이 '아스피린'을 보통으로 사용하는 상표로 되는지?

답 아스피린(ASPIRIN)은 아세릴살리씰산과 동일한 약품 또는 그것을 주제로 한 해열 진통제 약품을 가리키는 보통명칭으로 쓰여지고 있으므로 원고의 등록상표인 ASPIRIN에 관한 상표권의 효력은 보통명칭인 아스피린(ASPIRIN)을 보통으로 사용하는 방법으로 표시하는 상표에는 미치지 아니하며 피고 회사가 사용하는 '아스포린'은 위 보통명칭인 '아스피린'을 중요한 구성자료로 하여 표시한 상표로서 아스피린을 변경시켜 표시한 정도가 특수한 자체나 모양을 사용한 도안으로 표시하는 등 다른 상품과 구별되는 특별현저성을 갖는 정도에 이르지 못하였다면 등록상표라 하더라도 그것이 보통명칭이 된 때에는 기왕의 등록여하에 불구하고 상품식별의 표준으로서 특별현저성이 없어진 것으로 그 상표권의 효력이 피고의 본건 상표 사용에 미칠 수 없다.

참조판례/ 76다1721 상표사용금지 1977공10061

참조조문/ 구 상표법(1990. 1. 13. 개정 전) 제8조 제26조

사례(2)

▌지리적 상표 또는 관용명칭 여부

문 '운주'라는 명칭의 상표가 현저한 지리적 명칭 또는 관용명칭에 해당하는지?

답 피고 사용의 '운주'라는 상표는 일본 시마네 현 일대를 지칭하던 옛 지명인 '운주'를 한글로 표기한 것에 불과한 것으로 위 지방에서는 70~80년 전부터 많은 주판제조업자들이 있어 그들 모두가 자기제품에다 운주주판이란 상표를 붙여서 판매해 온 탓으로 일본국과 우리나라의 주판 판매업계나 주판수요자들 사이에는 운주주판이라 하면 위 운주지방특산품인 주판을 가리키는 것으로 널리 인식되어 있으므로 위 '운주'라는 상표는 상표법 제26조 소정의 현저한 지리적 명칭 내지 상품에 해당하여, 원고의 등록상표인 '운주'는 피고사용의 '운주'라는 상표와의 상호 유사성 여부와 관계 없이 '운주'라는 상표에는 그 효력을 미칠 수 없다.

> 참조판례/ 83다456 상품판매금지 등 1984공578
> 참조조문/ 구 상표법(1990. 1. 13. 개정 전) 제26조, 구 부정경쟁방지(1986. 12. 31. 개정 전) 제2조, 제4조 제1항

사례(3)

▌기술적 상표 판단기준

문 기술적 상표인지 여부에 관한 판단기준은?

답 어떤 상표가 상품의 품질, 원재료, 효능 등을 보통 사용하는 방법으로 표시한 표장만으로 된 상표(기술적 상표)인지 여부는 그 상표가 갖는 관념, 당해 상품이 일반적으로 갖는 공통된 품질, 원재료, 효능, 거래사회의 실정 등을 감안하여 객관적으로 판단하여야 하고, 그 상표가 상품의 품질, 원재료, 효능 등을 암시 또는 강조하는 것으로 보여지더라도 전체적인 상품의 구성으로 볼 때 일반거래자나 수요자들이 상품의 단순한 품질, 원재료, 효능 등을 표시하는 것으로 인식할 수 없는 것은 이에 해당하지 않는다. 피고가 사용하는 상표의 요부인 '정삼' 또는 '정삼'의 '정, 정'은 '바르다', '곧다'의 의미이니, 이는 순수한 인삼을 지칭하는 간접적이고 암시적인 뜻이 있다 할 것이나, 위 상표를 사용하는 상품인 한방보약 팔물탕과 관련지어 볼 때 그 암시의 정도가 일반수요자의 입장에서 그 사용상품의 품질, 원재료, 효능 등을 표시하는 것으로 용이하게 인식할 수 있는 정도는 아니다.

사례(4)

▌등록상표 '재능교육'의 효력

문 1) 등록된 기술적 상표의 경우, 상표권의 효력이 미치지 않는 범위에 관한 판단 방법은?

2) 기술적 상표가 등록 후 사용에 의하여 상표법 제6조 제2항의 특별현저성을 취득한 경우, 그 상표권의 효력이 상표법 제51조 제2호 소정의 상표에도 미치는 지?

3) 부정경쟁방지법 제2조의 '국내에 널리 인식된 상표, 상호'의 의미는?

4) 상표법 등 다른 법률에 의하여 보호되는 권리에 대하여도 부정경쟁방지법을 적용할 수 있는지?

5) '재능교육'이 기술적 상표라는 이유만으로 '꿈을 키우는 재능교육' 제호 사용에 대해 상표권에 터잡은 방해금지예방을 청구할 수 없는지?

답 1) 등록상표인 경우에 상품의 효능, 용도 등을 표시하는 기술적 상표라고 하더라도 그 사정만으로 곧바로 그와 동일, 유사한 상표에 대하여 상표권의 효력이 미치지 않는 것은 아니고, 상품의 효능, 용도 등을 '보통으로 사용하는 방법으로 표시하는' 상표에 대해서만 그 효력이 미칠 수 없다고 보아야 하므로, 등록된 기술적 상표의 상표권이 상표법 제51조 제2호에 따라 효력을 미치지 않는다고 하기 위해서는 그 대상 상표 등이 상품의 효능, 용도 등을 '보통으로 사용하는 방법으로 표시하는' 상표인지가 우선 확정되어야 한다.

2) 기술적 표장이 상표법 제6조 제2항에 의하여 등록이 되었다면 그러한 등록상표는 같은 항에 의하여 특별현저성을 갖추게 된 것이어서 상표권자는 그 등록상표를 배타적으로 사용할 수 있는 권리를 가지게 되었다고 볼 것이며, 그러한 등록상표에 관한 그 상표권은 상표법 제51조 제2호 소정의 상표에도 그 효력을 미칠 수 있다고 보아야 하므로, 그 상표권자는 상표법 제51조 제2호의 규정에 불구하고 타인이 그 등록상표와 동일 또는 유사한 상표를 그 지정상품과 동일 또는 유사한 상품에 상표로서 사용하는 것을 금지시킬 수 있고, 이는 기술적 상표가 등록된 이후에 사용에 의하여 상표법 제6조 제2항에서 규정한 특별현저성을 취득한 경우에도 마찬가지라고 봄이 상당하다.

3) 부정경쟁방지법 제2조의 '국내에 널리 인식된 상표, 상호'라 함은 국내 전역에 걸쳐 모든 사람들에게 주지되어 있음을 요하는 것이 아니고, 국내의 일정한 지역적 범위 안에서 거래자 또는 수요자들 사이에 알려진 정도로써 족하다.

4) 부정경쟁방지법 제15조는 상표법 등에 부정경쟁방지법 제2조 내지 제6조, 제10조 내지 제14조 및 제18조 제1항의 규정과 다른 규정이 있는 경우에는 그 법에 의한다고 규정하고 있는 바, 그 규정의 취지는 상표법 등에 부정경쟁방지법의 위 규정들과 다른 규정이 있는 경우에는 그 법에 의하도록 한 것에 지나지 아니하므로, 상표법 등 다른 법률에 의하여 보호되는 권리일지라도 그 법에 저촉되지 아니하는 범위 안에서는 부정경쟁방지법을 적용할 수 있다.

5) '재능교육'은 기술적 상표라는 사실만을 인정한 채 '꿈을 키우는 재능교육' 제호에 대하여 효력이 없다고 한 것은 상표권의 효력이 미치지 않는 범위에 관한 법리를 오해하여 그에 관한 심리를 다하지 아니한 위법이 있다.

> 참조판례/ 96마217 상표권침해가처분 1996공1828
> 참조조문/ 상표법 제6조 제1항 제3호, 제2항, 제51조 제2호, 부정경쟁방지법 제2조, 제15조

사례(6)

▌등록서비스표 '서울가든'의 효력

문
1) 서비스표의 등록이 무효인지의 여부와 관계 없이 등록서비스표권의 효력이 미치지 않는 경우는?

2) 등록서비스표 '서울가든'이 현저한 지리적 명칭과 관용표장으로 구성되어 서비스표 석촌서울가든에 대하여 등록서비스표권의 효력이 미치지 않는지?

3) 상표법 제51조 제3호 소정의 서비스표는 같은 조 제1호 본문 소정의 서비스표에 해당하더라도 부정경쟁의 목적으로 사용하는지 여부에 관계 없이 등록서비스표권의 효력이 미칠 수 없는지?

답
1) 상표법 제51조는 상표권자가 상표법상 가지는 권리에 대하여 그 각호에 해당하는 경우에는 상표권자에게 그 권리를 독점적으로 부여하는 것이 적절하지 않다고 인정하여 상표권의 효력이 미치지 않도록 규정한 것이므로 그 상표의 등록이 무효인가의 여부에 관계 없이 상표권의 효력이 다른 상표에 미칠 수 없고, 이 법리는 상표법 제2조 제2항에 의하여 서비스표에도 동일하게 적용된다.

2) 도형과 문자로 결합된 등록서비스표의 문자 부분인 '서울가든' 중 '서울'은 대한민국 수도의 명칭으로서 현저한 지리적 명칭이고 '가든'은 현재 일반적, 관용적으로 음식점 특히 갈빗집, 불고기집 등에 사용되고 있는 표장이므로, 이는 상표법 제51조 제3호의 규정에 의하여 타인이 사용하는 '석촌서울가든'이라는 문자로 된 서비스표에 대하여는 그 효력이 미치지 아니한다.

3) 어느 서비스표가 상표법 제51조 제3호 소정의 관용표장, 현저한 지리적 명칭으로 이루어진 경우에는 비록 그 서비스표가 한편으로 제51조 제1호 본문 소정의 자기의 상호를 보통으로 사용하는 방법으로 표시하는 서비스표에 해당 하더라도 부정경쟁의 목적으로 사용하는지 여부에 관계 없이 등록서비스표권의 효력이 이에 미칠 수 없다.

참조판례/ 94다2213 손해배상(기) 1994공2803
참조조문/ 상표법 제2조 제2항, 제51조, 제6조 제1항 제2호

사례(7)

▌상표권의 침해

문 1) 등록상표와 전체적으로 유사한 표장의 포장지를 사용하여 제품을 판매, 반포한 경우 상표권의 침해가 되는지?

2) 등록상표가 원료공급체인 일본회사의 상표를 한글로 표시한 표장과 도안에 터잡은 경우 위 일본회사로부터 그 상표의 표지의 사용을 승낙받았다 하여 상표권 침해행위가 적법하게 될 수 있는지?

3) 상표권자가 상표권 침해자에 대하여 손해배상을 청구하는 경우 상표권 침해자가 취득한 이익 이외에 침해행위와 손해의 발생간의 인과관계에 대하여도 입증할 필요가 있는지?

답 1) 상표권자가 그 등록상표를 사용하여 그 지정상품인 '분와시비' 등을 생산, 판매하는 사실을 알면서 그 등록상표와 전체적으로 유사한 표장의 포장지를 자기가 생산하는 '분와사비' 제품에 사용하여 그 제품을 판매, 반포함으로써 상표권을 침해하였다.

2) 등록상표가 원료공급체인 일본회사의 상표를 한글로 표시한 표장과 도안에 터잡은 경우 위 일본회사와의 사이에 별도로 계약을 체결하여 제품의 표장에 그 상표의 표지를 사용하는 것을 승낙받았다 하더라도 그것만으로는 상표권 침해행위가 적법하게 되는 것은 아니다.

3) 구 상표법 제37조 제2항에 의하면 상표권자가 상표권 침해자에 대하여 손해배상을 청구하는 경우 그 자가 침해행위에 의하여 이익을 받았을 때에는 그 이익의 액은 상표

권자가 받은 손해액으로 추정되므로 상표권자는 상표권 침해자가 취득한 이익을 입증하면 되고 그 밖에 침해행위와 손해의 발생간의 인과관계에 대해서는 이를 입증할 필요가 없다.

참조판례/ 91다23776 손해배상(기) 1992공1124
참조조문/ 상표법 제 66조, 구 상표법(1990.1.13.개정전) 제37조 제2항 민법 제
　　　　763조, 민사소송법 제261조

사례(8)

▌상표권의 침해에 대한 가처분

문
1) '상표권의 침해로 보는 행위'가 있는 경우 민사소송법 제714조 제2항 소정의 임시의 지위를 정하는 가처분을 할 수 있는지?
2) 상표등록의 무효심판이나 취소심판의 계속과 등록상표의 효력은?

답
1) 상표권자 이외의 자가 동일 또는 유사한 상표를 사용하는 경우에는 그로 인하여 상표권자에게 재산상 손해를 입히는 데 그치는 것이 아니라 업무상의 신용을 실추시키는 결과까지도 초래하게 되는 것으로서 이와 같은 신용의 실추는 금전에 의한 보상을 받음으로써 반드시 완전하게 회복되는 것도 아니므로, 구 상표법 제36조 각호 소정의 '상표권의 침해로 보는 행위'가 있는 경우에는 상표권자는 위 법 제35조에 따라서 그 침해의 금지 또는 예방을 청구할 수 있음은 물론, 현저한 손해를 피하거나 급박한 강폭을 방지하기 위하여 또는 기타 필요한 이유가 있는 때에는 민사소송법 제714조 제2항 소정의 임시의 지위를 정하는 가처분도 할 수 있다.
2) 타인이 등록상표에 관하여 상표등록의 무효사유나 취소사유가 있다고 주장하여 상표등록의 무효심판이나 취소심판을 청구하여 사건이 항고심에 계속되어 있다고 하더라고 상표등록을 무효로 한다는 심결이나 취소한다는 심결이 확정되기 전에는 법원도 등록상표의 효력을 부인할 수 없다.

참조판례/ 90마851 상표사용금지가처분 1991공1597
참조조문/ 상표법 제 66조, 구 상표법(1990. 1. 13. 개정 전) 제35조, 제36조, 민사
　　　　소송법 제714조 제2항, 상표법 제71조 제3항, 제73조 제7항(구 상표법
　　　　제48조)

사례(9)

▌저명상표의 효력

문 1) 저명한 상품표지와 동일, 유사한 상품표지를 사용하여 상품을 생산, 판매하는 경우, 그 상품이 저명 상품표지의 상품과 다른 상품이더라도 구 부정경쟁방지법 제2조 제1호 소정의 부정경쟁행위에 해당하는지?
2) 저명 상품표지에 해당하는지 여부의 판단 기준은?
3) 지정상품이 구두인 '비제바노, vigevano'를 요부로 하는 등록상표가 주지, 저명성을 획득하였다고 보아 그와 동일, 유사한 등록상표를 시계 제품에 사용한 경우 구 부정경쟁방지법 제2조 제1호 소정의 부정경쟁행위에 해당하는지?
4) 상표권의 등록이 자신의 상품을 타인의 상품과 식별시킬 목적이 아니고 국내에서 널리 인식되어 사용되고 있는 타인의 상표와 동일, 유사한 상표를 사용하여 타인의 상품과 혼동을 일으키게 하여 이익을 얻을 목적인 경우, 구 부정경쟁방지법 제15조의 적용 여부?
5) 구 상표법 제8조 제1항 제3호가 상품의 산지를 보통으로 사용하는 방법으로 표시한 표장만으로 된 상표를 상표부등록 사유로 규정한 취지?
6) 상표 '비제바노'가 구두의 산지를 보통으로 사용하는 방법으로 표시된 표장만으로 된 상표에 해당하는지?

답 1) 저명한 상품표지와 동일, 유사한 상품표지를 사용하여 상품을 생산, 판매하는 경우 비록 그 상품이 저명 상품표지의 상품과 다른 상품이라 하더라도, 한 기업이 여러 가지 이질적인 산업분야에 걸쳐 여러 가지 다른 상품을 생산, 판매하는 것이 일반화된 현대의 산업구조에 비추어 일반 수요자들로서는 그 상품의 용도 및 판매거래의 상황 등에 따라 저명 상품표지의 소유자나 그와 특수관계에 있는 자에 의하여 그 상품이 생산, 판매되는 것으로 인식하여 상품의 출처에 혼동을 일으킬 수가 있으므로, 구 부정경쟁방지법 제2조 제1호 소정의 부정경쟁행위에 해당한다.
2) 이른바 저명상품표지인가의 여부는 그 표지의 사용, 공급, 영업활동의 기간, 방법, 태양 및 거래범위 등과 그 거래실정 또는 사회통념상 객관적으로 널리 알려져 있느냐의 여부 등이 일응의 기준이 된다.
3) 지정상품이 구두인 '비제바노 vigevano'를 요부로 하는 등록상표가 주지, 저명성을 획득하였으므로 그와 동일, 유사한 등록상표를 시계 제품에 사용하더라도 구 부정경쟁방지법 제2조 제1호 소정의 부정경쟁행위에 해당한다.
4) 구 부정경쟁방지법 제15조는 상표법 등 다른 법률에 부정경쟁방지법과 다른 규정이 있는 경우에는 부정경쟁방지법의 규정을 적용하지 아니하고 다른 법률의 규정을 적용하도록 규정하고 있으나, 상표권의 등록이 자기의 상품을 타인의 상품과 식별시

킬 목적으로 한 것이 아니고 국내에서 널리 인식되어 사용되고 있는 타인의 상표와 동일, 유사한 상표를 사용하여 일반 수요자로 하여금 타인의 상품과 혼동을 일으키게 하여 이익을 얻을 목적으로 형식상 상표권을 취득하는 것이라면 그 상표의 등록출원 자체가 부정경쟁행위를 목적으로 하는 것으로서, 가사 권리행사의 외형을 갖추었다 하더라도 이는 상표법을 악용하거나 남용한 것이 되어 상표법에 의한 적법한 권리의 행사라고 인정할 수 없으므로 이러한 경우에는 구 부정경쟁방지법 제15조의 적용이 배제된다.

5) 구 상표법 제8조 제1항 제3호가 상품의 산지를 보통으로 사용하는 방법으로 표시한 표장만으로 된 상표는 등록을 받을 수 없도록 규정하고 있는 것은 이른바 상품의 산지가 통상 상품의 유통과정에서 필요한 표시이므로 누구라도 이를 사용할 필요가 있고 그 사용을 원하기 때문에 이를 특정인에게 독점배타적으로 사용하게 할 수 없다는 공익상의 요청과 이와 같은 상표를 허용할 경우는 타인의 같은 종류 상품과의 관계에서 식별이 어려우므로 상품의 산지를 이른바 기술적 표장으로 보아 이를 상표로 사용하는 것을 허용할 수 없다는데 그 이유가 있다.

6) 상표 '비제바노'가 구두의 산지를 보통으로 사용하는 방법으로 표시된 표장만으로 된 상표에 해당하지 않는다.

참조판례/ 98다49142 상표사용금지 2000공1373

참조조문/ 구 부정경쟁방지법(1998. 12. 31. 개정 전) 제2조 제1호, 제15조, 구 상표법(1990. 1. 13. 개정 전) 제9조 제1항 제10호, 제12호(현행 제7조 제1항 제10호, 제12호), 구 상표법 제19조(현행 제41조 제1항), 구 상표법 제8조 제1항 제3호(현행 제6조 제1항 제3호)

심결사건

사례(1)

■기술적 상표 여부

문 1) 지정상품이 모발엉킴방지제, 모발보존처리제, 헤어컨디셔너 등인 출원상표 'no more tangles'가 구 상표법 제6조 제1항 제3호의 기술적 상표에 해당하는 지?

2) 출원상표 'no more tangles'와 인용상표 '탱글'이 유사한지?

답 1) 지정상품을 '헤어컨디셔너, 모발보존처리제, 모발엉킴방지제' 등으로 하여 출원된 출원상표 'no more tangles'는 그 구성 중 'no more'는 '더 이상 ~ 하지 않다'라는 의미의 아주 쉬운 관용어이고, 'tangles'를 수식 강조하는 표현으로 사용되고 있으며, 그 'tangles'를 수식 강조하는 표현으로 사용되고 있으며, 그 'tangles'는 여러 의미가 있으나 우리 나라의 영어 보급수준에 비추어 볼 때, 그 주된 의미인 '엉키게 하다, 얽히게 하다, 머리카락 등의 엉킴, 얽힘' 등의 뜻으로 일반 수요자가 쉽게 인식함에 지장이 없다고 보이므로, 출원상표를 그 지정상품과 관련지어 보면, 출원상표는 일반 수요자로 하여금 '더 이상 엉키거나 얽히게 하지 않도록 제조된 모발엉킴방지제, 모발보존처리제, 헤어컨디셔너' 등을 직감케 할 개연성이 농후하여 그 지정상품의 성질(품질, 효능)을 직접적으로 표시한 표장에 해당한다.

2) 출원상표 'no more tangles'는 그 중심적 식별력을 가진 요부가 'tangles'라 할 것이어서 '샴푸, 헤어린스' 등을 지정상품으로 하는 인용상표 '탱글'과는 그 칭호, 관념이 유사하여 양 상표가 동일, 유사한 지정상품에 다 같이 사용될 경우 거래상 상품출처에 대하여 오인, 혼동을 일으킬 우려가 있다.

참조판례/ 98후386 거절사정(상) 2000공1296
참조조문/ 구 상표법(1997. 8. 22. 개정 전) 제6조 제1항 제3호, 상표법 제7조 제
　　　　1항 제7호

사례(2)

▌상표의 유사 여부

문 출원상표 'lostlegend' 와 인용상표 'legend + 레전드' 가 유사한지?

답 출원상표 'lostlegend'는 구성이 비록 외관상 구분되어 있지 아니하고 결합되어 있지만 우리 나라 영어보급 수준을 고려해 볼 때 'lost'와 'lengend'가 결합되어 구성된 상표임을 쉽게 직감할 수 있고, 또 그 결합으로 인하여 새로운 관념을 가지는 것이 아닐 뿐만 아니라 분리하여 관찰하는 것이 부자연스러울 정도로 불가분적으로 결합된 것이라 볼 수 없으므로, 간이신속을 요하는 상거래업계의 관행에 비추어 볼 때 'lost' 또는 'lengend'만으로 간략하게 약칭될 수 있고, 그러한 경우에는 'lengend'와 '레전드'를 2단으로 횡서 표기한 인용상표와 호칭 및 관념이 동일하게 되므로 양 상표가 동일, 유사한 지정상품에 다 같이 사용될 경우 거래자나 일반 수요자로 하여금 상품의 출처에 관하여 오인, 혼동을 일으키게 할 우려가 있다.

참조판례/ 98후-652 거절사정(상) 2000공
참조조문/ 상표법 제7조 제1항 제7항

(사례3)

▌상표의 유사 여부

문 등록상표 '도형(진한 흑색과 옅은 흑색의 두 개의 사각형 내에 각기 백색 별 모양의 도형을 넣어 가로로 나란히 도시한 모양) + tamiya' (가)호 표장 '도형(청색, 적색, 하늘색의 세 개의 사각형 내에 각기 별 모양의 도형을 넣어 가로로 중첩한 모양) + tristar' 가 유사한지?

답 등록상표 '도형(진한 흑색과 옅은 흑색의 두 개의 사각형 내에 각기 백색 별 모양의 도형을 넣어 가로로 나란히 도시한 모양) + tamiya'는 도형 부분과 문자 부분으로 분리, 관찰될 수 있으나, 도형 부분은 진한 흑색과 옅은 흑색인 두 개의 사각형 내에 각기 백색 별 모양의 도형을 넣어 가로로 나란히 도시한 모양으로 그 구성이 간단하고 흔한 표장이라고 하기는 어렵지만 일반 수요자들에게는 등록상표는 문자 부분인 'tamiya'

로 호칭될 것이므로 등록상표의 주된 요부는 'tamiya'라 할 것이고, (가)호 표장 '도형 (청색, 적색, 하늘색의 3개의 사각형 내에 각기 별 모양의 도형을 넣어 가로로 중첩한 모양) + tristar'는 도형 부분과 문자 부분으로 분리 관찰될 수 있지만 일반 수요자들에게는 문자 부분인 'tristar'로 호칭될 것이므로 (가)호 표장의 주된 요부 역시 'tristar'라고 할 것이며, 이러한 양 표장을 대비하여 보면, 외관에 있어서는 도형의 구성이 유사하여 전체적으로 유사한 점이 없지는 아니하나, 호칭 및 관념에서 보면, 양 표장 모두 주된 요부인 문자 부분에 의하여 호칭되고 관념되어, '타미야'로 호칭되는 등록상표의 'tamiya'는 자신의 상호의 약칭으로서 별다른 의미가 없는 조어인 반면에 (가)호 표장의 'tristar'는 '세 개의 별'이라고 직감될 것이므로 관념에 있어서도 상이할 뿐만 아니라 등록상표가 일반 수요자에게 도형 부분으로 인식될 경우에도 등록상표는 '두 개의 별'이라는 의미로, (가)호 표장은 '세 개의 별'이라는 의미로 각 관념되어 역시 동일하지 아니할 것이므로, 이와 같이 양 표장은 그 호칭 및 관념이 서로 상이하여, 비록 외관에 있어 유사한 점이 없지 않다고 하더라도 다 같이 동일, 유사한 지정상품에 사용할 경우 거래자나 일반 수요자로 하여금 상품출처에 관하여 오인, 혼동을 일으키게 할 염려가 있다고 보기 어려워 양 표장은 서로 유사하지 아니한 것으로 보아야 한다.

> 참조판례/ 99후1621 권리범위확인(상) 2000공1298
> 참조조문/ 상표법 제7조 제1항 제7호, 제75호

사례(4)

▌상표의 유사 여부

문 1) 등록상표 'GOLD RICH', '골드 리치'와 인용상표 'RICH', '리치'의 유사 여부?

2) 상표법 제6조 제1항 제3호에 해당하는지의 여부를 판단함에 있어 고려대상이 되는 상표의 의미 내용?

답 1) 등록상표 (1) '골드 리치'와 등록상표 (2) 'GOLD RICH'를 선출원에 의한 타인의 등록상표인 인용상표 (1) '리치', 인용상표 (2) 'RICH'와 대비하면, 등록상표 (1), (2)는 상표의 구성으로 보아 분리하여 관찰하면 부자연스러울 정도로 일련불가분적으로 결합되어 있지 않고 그 결합으로 인하여 새로운 관념을 형성하는 것도 아니어서 간략하게 호칭하고자 하는 상거래사회의 실정을 감안할 때 등록상표 (1)은 '리치'로, 등록상표 (2)는 'RICH'로 간략하게 호칭·관념될 수 있으므로, 그 경우에는 인용상표 (1)·(2)와 그 칭호 및 관념이 동일하여 등록상표들과 인용상표들을 동일, 유사한 지정상품에 함께 사용할 경우 일반 수요자로 하여금 상품 출처에 관하여 오인, 혼동을 일으키게 할 우려가 있다.

2) 상표의 한 부분인 영문자 'RICH'에 사전상 '(술이) 향기롭고 맛좋은'의 뜻이 있지만, 상표의 의미 내용은 일반 수요자가 그 상표를 보고 직관적으로 깨달을 수 있는 것이어야 하고 심사숙고하거나 사전을 찾아보고 비로소 그 뜻을 알 수 있는 것은 고려의 대상이 되지 않는다 할 것이고, 지정상품의 거래계에서 영문자 'RICH'가 반드시 '(술이) 향기롭고 맛좋은'의 뜻으로 인식된다고 보기도 어려워 위 1)항의 등록상표들 중 'RICH', '리치' 부분과 인용상표들이 상품의 성질표시에 해당하여 식별력이 없다고 할 수 없다.

참조판례/ 97후1702   상표등록무효 1998공2236
참조조문/ 상표법 제7조 제1항 제7호, 제71조 제1항 제1호, 제6조 제1항 제3호

(사례5)

▌상표의 유사 여부

 **문** 1) 상표의 유사 여부 판단 기준?
2) 출원상표 'Marie France'와 인용상표 'MARIE-CLAIRE + 마리끌레르'가 유사한지?
3) 상표의 등록적격성 유무의 판단 기준?

 **답** 1) 상표의 유사 여부는 같은 종류의 상품에 사용되는 두 개의 상표를 외관, 호칭, 관념 등의 점에서 전체적, 객관적, 이격적으로 관찰하여 거래상 일반 수요자나 거래자가 상표에 대하여 느끼는 직관적 인식을 기준으로 하여 그 상품의 출처에 대함 오인, 혼동의 우려가 있는지의 여부에 의하여 판별되어야 하고, 문자와 문자 또는 문자와 도형의 각 구성 부분이 결합된 결합상표는 반드시 그 구성 부분 전체에 의하여 호칭, 관념되는 것이 아니라 각 구성 부분이 분리관찰되면 거래상 자연스럽지 못하다고 여겨질 정도로 불가분적으로 결합되어 있는 것이 아닌 한 그 구성 부분 중 일부만에 의하여 간략하게 호칭, 관념될 수도 있는 것이고, 또 하나의 상표에서 두 개의 이상의 칭호나 관념을 생각할 수 있는 경우에 그 중 하나의 칭호, 관념이 타인의 상표와 동일 또는 유사하다고 인정될 때에는 두 상표는 유사하다.

2) 출원상표 'Marie France' 와 인용상표 'MARIE-CLAIRE + 마리끌레르'는 각 구성부분을 분리하여 관찰하면 자연스럽지 못할 정도로 불가분적으로 결합되어 있다고 보기 어렵고, 우리나라의 일반 수요자나 거래자들에게는 'france' 부분이 외국인의 성으로 인식되기보다는 프랑스의 국가명으로 널리 인식되어 있어서 식별력이 부족하다고 보여지므로 출원상표는 'Marie'만에 의하여, 인용상표는 'MARIE' 또는 'CLAIRE'만에 의하여 약칭될 수 있어서 출원상표와 인용상표는 그 외관은 상이하나 인용상표가 'MARIE'로 약칭될 경우 양 상표는 호칭 및 관념이 유사하여 전체적으로 유사한 상표라고 할 것이므로 이들 상표를 동일, 유사한 그 지정상품에 다 같이 사용할 경우 일반 수요자로 하여금 상품의 출처에 관하여 오인·혼동을 일으키게 할 염려가 있다.

3) 상표의 등록적격성의 유무는 지정상품과의 관계에서 각 상표에 따라 개별적으로 판단되어야 한다.

> 참조판례/ 99후2907 거절사정(상) 2000공1300
>
> 참조조문/ 상표법 제7조 제1항 제7호

사례(6)

▌상표의 유사 여부

문 1) 상표법 제73조 제1항 제 2호 소정의 등록상표취소 요건인 실사용상표와 대상상표 상호간의 유사성 유무의 판단 기준?

2) 실사용상표 'TECO'는 주지저명한 대상상표 'LEGO'를 쉽게 연상하게 하여 거래상 상품의 출처의 오인·혼동을 생기게 할 염려가 있는지?

답 1) 상표법 제73조 제1항 제2호에 의하면, 상표권자가 고의로 지정상품에 등록상표와 유사한 상표를 사용하거나 또는 지정상품과 유사한 상품에 등록상표나 이와 유사한 상표를 사용하여 상품의 품질의 오인 또는 타인의 업무에 관련된 상품과의 혼동을 생기게 한 경우에는 그 등록상표를 취소하도록 규정하고 있고, 위 등록상표취소에 관한 요건의 하나인 등록상표와 상표권자가 실제로 사용하는 상표, 오인, 혼동의 대상이 되는 타인의 상표 또는 실사용상표 상호간의 유사성 유무를 판단함에 있어서는 각 상표의 외관, 호칭관념 등을 객관적, 전체적으로 관찰하되, 그 궁극적 판단 기준은 결국 당해 실사용상표의 사용으로 대상상표의 표장상품과의 사이에 상품출처의 오인, 혼동이 야기될 우려가 객관적으로 존재하는가의 여부에 두어져야 한다.

2) 실사용상표 'TECO'는 주지저명한 대상 'LEGO'를 쉽게 연상하게 하여 거래상 상품의 출처의 오인, 혼동을 생기게 할 염려가 있다.

참조판례/ 98후1877 등록취소(상) 2000공1307
참조조문/ 상표법 제73조 제1항 제2호

사례(7)

▌상표 및 상품의 유사 여부

문 1) 출원상표 'KRONOS', '크로노스'와 인용상표 'CHRONODOSE', '크로노도스'의 유사 여부?
2) 출원상표의 지정상품인 '중추신경계용 약제, 감각기관용 약제, 순환기관용 약제, 혈액용제, 세포부활용 약제'와 인용상표의 지정상품인 '알레르기용 약제, 호흡기관용 약제'의 유사 여부?

답 1) 출원상표 '크로노스'와 인용상표 '크로노도스'는 모두 한글로 일련하여 구성되어 있고, 인용상표의 중간에 '도'가 삽입되어 있는 외에는 앞 부분의 3글자와 마지막 글자가 서로 같으며, 출원상표 'KRONOS'는 출원상표 '크로노스'에 대한 영문표기로 불과하여 출원상표 'KRONOS', '크로노스'와 인용상표 'CHRONODOSE', '크로노도스'는 외관이 유사하고, 호칭에 있어서도 앞부분 3음절과 마지막 음절이 동일하며 단지 인용상표들에 '도'라는 음절이 추가되어 있는 정도의 차이밖에 없어 이들 상표는 전체적으로 유사하다.
2) 출원상표의 지정상품인 '중추신경계용 약제, 감각기관용 약제, 순환기관용 약제, 혈액용제, 세포부활용 약제'와 인용상표의 지정상품인 '알레르기용 약제, 호흡기관용 약제'는 모두 구 상표법시행규칙 제6조 제1항의 [별표 1] 상품류 구분 제10류 제4군(약제)에 속하고 모두 인체의 질병을 치료하는 약제로서 그 용도가 유사하고, 그 품질이나 형상을 일반 수요자가 쉽게 구별할 수 없는 것이며 거래의 실정 등에 비추어 볼 때 양 상표의 지정상품들은 일반 거래의 통념상 유사한 상품에 속한다.

참조판례/ 99후1096 거절사정(상) 2000공1311
참조조문/ 상표법 제7조 제1항 제7호, 구 상표법시행규칙(1998. 2. 23. 개정 전)
         제6조 제1항

사례(8)

▌피카소 서명과 동일, 유사한 상표의 효력

문 1) 상표법 제7조 제1항 제4호의 '공공의 질서 또는 선량한 풍속을 문란하게 할 염려가 있는 상표'의 의미는?
2) 미술저작물에 표시한 서명이 주지저명한 화가의 것으로서 널리 알려진 경우 그 서명과 동일, 유사한 상표를 무단으로 출원등록하여 사용하는 것이 상표법 제7조 제1항 제4호에 해당하는지 여부 및 그 저명한 화가의 유족이 상표등록무효심판을 청구할 수 있는 이해관계인에 해당하는지 여부?
3) 피카소의 저명한 서명과 동일한 상표를 등록한 경우 상표등록무효에 해당하는지?

답 1) 상표법 제7조 제1항 제4호에서 규정한 '공공의 질서 또는 선량한 풍속을 문란하게 할 염려가 있는 상표'라 함은 상표의 구성 자체 또는 그 상표가 지정상품에 사용되는 경우 일반 수요자에게 주는 의미나 내용이 사회 공공의 질서에 위반하거나 사회 일반인의 통상적인 도덕관념인 선량한 풍속에 반하는 경우뿐만 아니라, 그 상표를 등록하여 사용하는 행위가 공정한 상품유통질서나 국제적 신의와 상도덕 등 선량한 풍속에 위배되는 경우도 포함된다.
2) 화가가 그의 미술저작물에 표시한 서명은 그 저작물이 자신의 작품임을 표시하는 수단에 불과하여 특별한 사정이 없는 한 그 자체가 예술적 감정이나 사상의 표현을 위한 것이라고는 할 수 없어 저작권법상의 독립된 저작물이라고 보기 어려우나, 이러한 서명은 저작자인 화가가 저작권법 제 12조 제 1항에 의한 성명표시권에 의하여 자기 저작물의 내용에 대한 책임의 귀속을 명백히 함과 동시에 저작물에 대하여 주어지는 사회적 평가를 저작자 자신에게 귀속시키려는 의도로 표시하는 것이므로, 그 서명이 세계적으로 주지저명한 화가의 것으로서 그의 미술저작물에 주로 사용해 왔던 관계로 널리 알려진 경우라면, 그 서명과 동일, 유사한 상표를 무단으로 출원등록하여 사용하는 행위는 저명한 화가로서의 명성을 떨어뜨려 그 화가의 저작물들에 대한 평가는 물론 그 화가의 명예를 훼손하는 것으로서, 그 유족의 고인에 대한 추모경애의 마음을 손상하는 행위에 해당하여 사회 일반의 도덕적인 선량한 풍속에 반할 뿐만 아니라, 이러한 상표는 저명한 고인의 명성에 편승하여 수요자의 구매를 불공정하게 흡인하고자 하는 것으로서 공정하고 신용 있는 상품의 유통질서를 침해할 염려가 있다 할 것이므로 이러한 상표는 상표법 제7조 제1항 제4호에 해당한다고 봄이 상당하고, 이러한 경우에 그 저명한 화가가 생존해 있었더라면 자신의 저작물임을 나타내기 위하여 표시해 오던 서명을 타인이 자신과 전혀 무관한 상품의 상표로 무단 등록하여 공표하고 사용하는 것은 저명한 미술저작자로서의 인격권을 침해하는 불법행위에 해당한다 할 것

이고, 저작권법 제 96조, 제14조 제2항에 의하면 사망한 저작자의 저작인격권을 침해하는 행위에 대하여 그 저작자의 유족이 그 침해행위의 금지를 청구하는 등의 조치를 취할 수 있음에 비추어, 그 저명한 화가의 유족으로서는 고인의 인격권과 유족 자신의 고인에 대한 추모경애의 마음을 침해하는 상표의 사용금지를 청구할 수 있음은 물론 그 등록무효심판을 청구할 이해관계가 있다고 봄이 상당하다.

3) 피카소의 저명한 서명과 동일한 상표를 무단등록한 경우 피카소의 유족이 제기한 상표등록무효심판청구는 적법하다.

참조판례/ 97후860, 877, 884 상표등록무효 2000공1293
참조조문/ 상표법 제7조 제1항 제4호, 제71조 제1항 제1호, 저작권법 제12조 제1항, 제14조 제2항, 제96조

사례(9)

▌상표의 식별력 유무

문
1) 상표 'PLASMAVISION'이 식별력 없는 표장만으로 된 것인지?
2) 상표의 등록가부 판단에 있어서 외국의 등록례에 구애받는지?

답
1) 출원상표 'PLASMAVISION'은 'PLASMA'와 'VISION'이라는 영문자가 단순히 결합된 문자상표인 바, 비록 'PLASMA'라는 용어는 사전을 찾아보거나 관련업계의 전문가만이 인식할 수 있는 전문용어라 할지라도 그 지정상품인 '프라즈마 방식에 의한 전자표시장치, 프라즈마 방식에 의한 TV수신기' 등과의 관계에서 성질표시적 표장에 해당하여 식별력을 인정하기 어렵고, 'VISION'도 중학교 수준 정도의 영어단어에 불과하여 일반 수요자나 소비자들은 '광경, 영상, 환상' 등의 의미로 직감할 수 있으므로 그 지정상품과의 관계에서 식별력이 약하며, 또한 그 결합에 의하여 새로운 관념을 도출하거나 새로운 식별력을 형성하는 것도 아니어서 출원상표는 지정상품과의 관계에서 식별력이 없는 표장만으로 된 것이고, 따라서 상표법 제6조 제1항 제7호 소정의 일반 수요자가 누구의 업무에 관련된 상품을 표시하는가를 식별할 수 없는 상표에 해당한다.

2) 출원상표의 등록 가부는 우리 나라 상표법에 의하여 그 지정상품과 관련하여 독립적으로 판단할 것이지 다른 나라의 등록례에 구애받을 것은 아니다.

참조판례/ 97후310 거절사정(상) 1998공911
참조조문/ 상표법 제6조 제1항 제7호, 제6조, 제7조

사례(10)

▌기술적 서비스 표장 여부

문 1) 지정서비스업이 물리치료법, 카이로프락틱요법 시술업인 경우, 서비스표 'CHUNA'가 기술적 표장에 해당하는지?
2) 서비스표의 등록적격성 유무의 판단 기준?
3) 직권증거조사시 당사자 등에게 의견서 제출 기회를 주도록 규정한 구 특허법 제159조 제6항이 강행규정인지?

답 1) 출원서비스표 'CHUNA'는 '추나'로 호칭되고, 거래업계에서는 출원서비스표를 한 의사가 수기법을 통하여 환자를 시술하는 한의학 외치법의 하나인 '추나(推拿)'요법 을 의미하는 것으로 쉽게 인식된다 할 것이어서 출원서비스표의 지정서비스업인 물리 치료법, 카이로프락틱요법 시술업 등과 관련지어 볼 때 출원서비스표는 지정서비스업 의 치료방법 등을 직접적으로 표시하는 표장에 해당한다.
2) 상표나 서비스표의 등록적격성의 유무는 그 지정상품 또는 지정서비스업과의 관계 에서 각 상표 또는 서비스표에 따라 개별적으로 판단되어야 한다.
3) 구 상표법 제82조 제1항은 "특허법 제139조 내지 제166조·172조·176조 및 동법 제177조의 규정은 항고심판에 관하여 이를 준용한다"고 규정하였고, 구 특허법 제157 조 제6항은 "심판장은 직권으로 증거조사나 증거보전을 한 때에는 그 결과를 당사자, 참가인 또는 이해관계인에게 송달하고 기간을 정하여 의견서를 제출할 수 있는 기회 를 주어야 한다"고 규정하였는 바, 위 규정은 심판의 적정을 기하여 심판제도의 신용 을 유지하기 위하여 준수하지 않으면 안 된다는 공익상의 요구에 기인하는 이른바 강 행규정이라 할 것이다.

참조판례/ 98후1143   거절사정(상) 1999공1415
참조조문/ 구 상표법(1997.8.22. 개정전) 제6조 제1항 제3호, 구 상표법(1995.1.5.
        개정전) 제82조 제1항, 구 특허법(1995.1.5. 개정전) 제157조 제6항(현
        행 제157조 제5항 참조)

사례(11)

■ 수요자 기만 상표 여부

문

1) 인용상표가 수요자나 거래자에게 특정인의 상표로 인식될 수 있는 정도로만 알려져 있는 경우, 다른 상표가 수요자 기만 상표에 해당하기 위한 요건?

2) 상표등록 무효심판이 청구된 2 이상의 지정상품 중 일부에만 무효원인이 있는 경우, 지정상품별로 등록무효 여부를 판단하여야 하는지?

3) 수요자나 거래자에게 특정인의 상표로 인식될 수 있는 정도로만 알려져 있는 인용상표의 지정상품인 탁구용품과 인용상표와 동일, 유사한 등록상표의 지정상품 중 청바지 사이에도 밀접한 경제적 견련관계가 있는지?

답

1) 이미 특정인의 상표라고 인식된 상표를 사용하는 상품의 출처 등에 관한 일반 수요자의 오인, 혼동을 방지하여 이에 대한 신뢰를 보호하고자 하는 상표법 제7조 제1항 제11호 규정의 목적에 비추어 보면, 인용상표가 저명성을 획득할 정도로 일반 수요자 사이에 널리 알려지지 못하고 수요자나 거래자에게 특정인의 상표로 인식될 수 있을 정도로만 알려져 있는 경우라도, 만일 어떤 상표가 인용상표와 동일 또는 유사하고, 인용상표의 구체적인 사용실태나 양 상표가 사용되는 상품 사이의 경제적인 관련의 정도, 기타 일반적인 거래 실정 등에 비추어 그 상표가 인용상표의 사용상품과 동일 또는 유사한 지정상품에 사용된 경우에 못지 않을 정도로 인용상표권자에 의하여 사용되는 것이라고 오인될 만한 특별한 사정이 있다고 보이는 경우라면 비록 그것이 인용상표의 사용상품과 동일 또는 유사한 지정상품에 사용된 경우가 아니라고 할지라도 일반 수요자로 하여금 출처의 오인, 혼동을 일으켜 수요자를 기만할 염려가 있다고 보아야 한다.

2) 어느 상표가 2 이상의 상품을 지정상품으로 하여 등록이 되어 있는 경우에 심판청구인이 상표등록 전부의 무효심판을 청구하는 경우라도 지정상품 중 일부에만 무효원인이 있고 다른 지정상품에는 무효사유가 없음이 명백한 때에는 무효원인이 있는 지정상품에 한하여 등록무효의 심판을 하여 그 부분만 말소하게 함이 상당하므로, 지정상품별로 등록무효 여부에 관한 판단을 하여야 한다.

3) 수요자나 거래자에게 특정인의 상표로 인식될 수 있는 정도로만 알려져 있는 인용상표의 지정상품인 탁구용품과 인용상표와 동일, 유사한 등록상표의 지정상품 중 청바지 사이에 밀접한 경제적 견련관계가 없으므로 청바지에 관하여는 상표법 제7조 제1항 제11호 소정의 등록무효사유가 없다.

참조판례/ 98후1693 등록무효(상) 1999공242

참조조문/ 상표법 제7조 제1항 제11호, 상표법 제71조 제1항

사례(12)

▌상표와 서비스표 사이의 동종·유사성의 판단 기준

문 1) 상품에 사용되는 표장과 동일 또는 유사한 표장을 그 상품과 밀접한 관련이 있는 서비스표로 등록할 수 있는지?

2) 상표와 서비스표 사이의 동종·유사성의 판단 기준?

3) 서비스표등록 무효심판이 청구된 2 이상의 지정서비스업 중 일부에만 무효원인이 있는 경우, 지정서비스별로 등록무효 여부를 판단하여야 하는지?

4) 등록서비스표의 지정서비스업인 물리치료업 및 건강진단업과 인용상표의 지정상품인 의료기기 사이에 유사성이 있는지?

답 1) 서비스 중에서 상품과 관계 있는 서비스에 대해서는 어느 상품에 사용되는 표장과 동일 또는 유사한 표장을 그 상품과 밀접한 관련이 있는 서비스업에 사용할 경우 일반 수요자가 그 서비스의 제공자를 상품의 제조·판매자와 동일인인 것처럼 서비스의 출처에 대하여 혼동을 일으킬 우려가 있다 할 것이고, 특히 거래사회의 실정으로 보아 서비스의 제공과 상품의 제조·판매가 동일 사업자에 의하여 이루어지는 때가 많고 일반인들 또한 그렇게 생각하는 경향이 있는 경우에는 그와 같은 혼동의 우려는 더욱 많아진다 할 것이므로, 그 서비스표의 등록은 구 상표법 제9조 제1항 제7호의 취지에 따라 거절되어야 하고, 일단 등록이 되었다 하더라도 무효로 된다.

2) 상표는 상품 그 자체를, 서비스표는 서비스의 출처를 식별시키기 위한 표장으로서 각자 수행하는 기능이 다르므로 상품과 서비스업 사이의 동종·유사성을 지나치게 광범위하게 판단해서는 아니된다 할 것이고, 따라서 상품과 서비스 사이의 동종·유사성은 서비스와 상품간의 밀접한 관계 유무, 상품의 제조·판매와 서비스의 제공이 동일 사업자에 의하여 이루어지는 것이 일반적인가, 그리고 일반인이 그와 같이 생각하는 것이 당연하다고 인정되는가, 상품과 서비스의 용도가 일치하는가, 상품의 판매장소와 서비스의 제공장소가 일치하는가, 수요자의 범위가 일치하는가, 유사한 표장을 사용할 경우 출처의 혼동을 초래할 우려가 있는가 하는 점 등을 따져 보아 거래사회의 통념에 따라 이를 판단하여야 한다.

3) 어느 서비스표가 2 이상의 서비스업을 지정서비스업으로 하여 등록이 되어 있는 경우에 심판청구인이 서비스표등록 전부의 무효심판을 청구하는 경우라도 지정서비스업 중 일부에만 무효원인이 있고 다른 지정서비스업에는 무효사유가 없음이 명백한 때에는 무효원인이 있는 지정서비스업에 한하여 등록무효의 심판을 하여 그 부분만 말소하게 함이 상당하다 할 것이므로, 각 지정서비스업별로 등록무효 여부에 관한 판단을 하여야 한다.

4) 등록서비스표의 지정서비스업인 물리치료업 및 건강진단업과 인용상표의 지정상품인 의료기기 사이에 유사성이 없다.

<blockquote>
참조판례/ 98후1587 등록무효(상) 1999공561

참조조문/ 구 상표법(1990. 1. 13. 개정 전) 제9조 제1항 제7호(현행 제7조 제1항 제7호 참조), 상표법 제71조 제1항
</blockquote>

사례(13)

▌사용에 의한 식별력 구비

문 1) 서비스표나 상표의 등록 가부의 결정에 있어서 실제의 사용상태가 고려의 대상이 되는지?

2) 서비스표 또는 상표의 등록적격성 유무의 판단 기준?

3) 상표법 제6조 제2항 소정의 사용에 의한 식별력 구비 여부의 입증 정도?

4) 상표법 제6조 제2항 소정의 사용에 의한 식별력 구비 여부의 판단기준시?

답 1) 서비스표나 상표의 등록 가부는 그 등록출원서에 기재된 내용에 의하여 결정되는 것으로서 실제의 사용상태는 고려 대상이 되지 않는다.

2) 서비스표 또는 상표의 등록적격성의 유무는 지정서비스업 또는 지정상품과의 관계에서 개별적으로 판단되어야 한다.

3) 구 상표법 제2조 제2항, 제6조 제2항에서 서비스표를 출원 전에 사용한 결과 수요자간에 그 서비스표가 누구의 서비스표인가를 현저하게 인식되었을 경우 같은 법 제6조 제1항 제3, 5, 6호의 규정에 불구하고 등록받을 수 있도록 규정한 것은, 원래 특정인에게 독점사용시킬 수 없는 표장에 대세적인 권리를 부여하는 것이므로 그 기준은 엄격하게 해석 적용되어야 할 것인 바, 수요자간에 그 서비스표가 누구의 서비스표인지 현저하게 인식되었다는 사실은 그 서비스표가 어느 정도 선전광고된 사실이 있다거나 또는 외국에서 등록된 사실이 있다는 것만으로는 이를 추정할 수 없고 구체적으로 그 서비스표 자체가 수요자간에 현저하게 인식되었다는 것이 증거에 의하여 명확하게 되어야 할 것이다.

4) 상표법 제6조 제2항 소정의 사용에 의한 식별력(특별현저성)의 구비 여부는 등록사정시 또는 거절사정시를 기준으로 하여 판단되어야 할 것이다.

<blockquote>
참조판례/ 99후1645 거절사정(상) 1999공2215

참조조문/ 상표법 제6조 제1항 제6호, 제2항, 상표법 제6조, 구 상표법 (1997. 8. 22. 개정 전) 제2조 제2항(현행 제2조 제3항 참조)
</blockquote>

사례(14)

■ 상표의 사용

문 '광고매체가 되는 물품'에 상표를 표시한 것이 상표의 사용에 해당하는지?

답 상표법상 '상표의 사용'이라고 함은 상품 또는 상품의 포장에 상표를 표시하는 행위 등을 의미하고(상표법 제2조 제6호 각 목 참조), 여기에서 말하는 '상품'은 그 자체가 교환가치를 가지고 독립된 상거래의 목적물이 되는 물품을 의미한다 할 것이므로, 상품의 선전광고나 판매촉진 또는 고객에 대한 서비스 제공 등의 목적으로 그 상품과 함께 또는 이와 별도로 고객에게 무상으로 배부되어 거래시장에서 유통될 가능성이 없는 이른바 '광고매체가 되는 물품'은 비록 그 물품에 상표가 표시되어 있다고 하더라도, 물품에 표시된 상표 이외의 다른 문자나 도형 등에 의하여 광고하고자 하는 상품의 출처표시로 사용된 것으로 인식할 수 있는 등의 특별한 사정이 없는 한, 그 자체가 교환가치를 가지고 독립된 상거래의 목적물이 되는 물품이라고 볼 수 없고, 따라서 이러한 물품에 상표를 표시한 것은 상표의 사용이라고 할 수 없다.

참조판례/ 98후58 상표등록취소 1999공1517

참조조문/ 상표법 제2조 제6호

사례(15)

■ 상표의 사용

문 통상사용권 설정행위가 '상표의 사용'에 해당하는지?

답 상표권자의 통상사용권 설정행위는 상표의 사용을 정의한 상표법 제2조 제1항 제6호 각 목 소정의 어느 행위에도 해당하지 아니한다.

참조판례/ 98후119 상표등록취소 1999공1886

참조조문/ 상표법 제2조 제1항 제6호

사례(16)

▌상표의 사용

문 거래명세표 또는 간판 등에 상표를 표시하는 행위가 '상표의 사용'에 해당하기 위한 요건?

답 구 상표법 제2조 제4항에서 말하는 상표의 사용은 상품 또는 상품의 포장에 상표를 붙이는 행위 등 지정상품에 직접적으로 사용하는 경우(제2조 제4항 제1호, 제2호)뿐만 아니라, 상품에 관한 광고, 거래서류, 간판에 상표를 붙이고 전시 반포하는 행위(제2조 제4항 제3호)를 포함함은 물론이지만, 상표라 함은 상품을 업으로써 생산·제조·가공·증명 또는 판매하는 자가 자기의 상품을 다른 업자의 상품과 식별시키기 위하여 사용하는 기호·문자·도형 또는 이들을 결합한 것을 말하므로(제2조 제1항 제1호), 비록 상품의 판매업자가 거래명세표 또는 간판 등에 상표 또는 이와 동일하게 볼 수 있는 표시를 하였다 하더라도 그것이 상표사용에 해당하려면 지정상품과의 구체적인 관계에 있어서는 그 표시로서 자기의 상품을 다른 업자의 상품과 식별시키기 위하여 특정하는 방법으로 사용되어야 한다.

참조판례/ 98후1594 등록취소(상) 1999공564
참조조문/ 구 상표법(1990. 1. 13. 개정 전) 제2조 제4항 제3호(현행 제2조 제1항
　　　　　제6호 (가)목 참조)

사례(17)

▌'등록상표의 사용'의 의미

문 1) 상표법 제73조 제1항 제3호 소정의 '등록상표의 사용'의 의미?
2) 도형만으로 된 등록상표와 동일한 도형과 함께 그 우측 하단에 별도의 문자상표를 표시한 경우 등록상표의 사용으로 볼 수 있는지?

답 1) 상표법 제73조 제1항 제3호 소정의 '등록상표의 사용'에는 등록된 상표와 동일한 상표를 사용하는 경우는 물론 거래통념상 식별표지로서 상표의 동일성을 해치지 않을 정도로 변형하여 사용하는 경우도 포함되며, 이 경우 등록상표가 반드시 독자적으로

만 사용되어야 할 이유는 없으므로 다른 상표나 표지와 함께 등록상표가 표시되었다고 하더라도 등록상표가 상표로서의 동일성과 독립성을 지니고 있어 다른 표장과 구별되는 식별력이 있는 한 등록상표의 사용이 아니라고 할 수는 없다.

2) 개구리를 주제로 한 도형만으로 이루어진 등록상표의 취소심판에 있어, 등록상표와 동일한 도형과 함께 피심판청구인의 별도의 등록상표인 'AVVENTO'라는 문자 상표를 그 우측 하단에 상대적으로 아주 작게 표시한 표장을 피심판청구인이 사용한 경우, 도형 부분과 문자 부분은 일체불가분적으로 결합되어 있지 아니하고 그 결합으로 인하여 새로운 특정한 관념을 형성하는 것도 아니어서 분리·관찰될 수 있는 것이므로 등록상표인 도형 부분은 문자 부분과는 구별되어 그 동일성과 독립성이 유지되고 있다고 보고 피심판청구인이 심판청구일 전 3년 이내에 국내에서 등록상표와 동일성이 있는 상표를 그 지정상품에 사용하였다고 인정하여, 위 등록상표에는 그 등록을 취소할 사유가 없다.

참조판례/ 997후2118 상표등록취소 1998공1890

참조조문/ 상표법 제73조 제1항 제3호

사례(18)

▌불사용에 대한 '정당한 이유'의 의미

문 1) 등록상표의 이전이 있는 경우 상표법 제73조 제1항 제3호의 등록취소 요건인 상표의 불사용 기간은 이전등록시부터 계산하여야 하는지 및 같은 호 소정의 '정당한 이유'의 의미?

2) 불사용의 상태가 상당기간 계속된 등록상표나 등록서비스표의 이전이 있는 경우, 그 불사용에 대한 '정당한 이유'를 판단함에 있어서 그 이전등록 이전의 계속된 불사용의 사정을 고려하여야 하는지?

답 1) 상표법 제73조 제1항 제3호에 의한 등록취소심판은 등록상표가 계속되어 3년 이상 정당한 이유 없이 사용되지 않음으로써 그 취소의 요건은 충족되고, 상표의 이전이 있는 경우라도 이전등록시부터 불사용의 기간을 계산하여야 하는 것이 아니라 할 것이며, 또 위 규정의 '정당한 이유'라 함은 질병, 기타 천재 등의 불가항력에 의하여 영업을 할 수 없는 경우뿐만 아니라 법률에 의한 규제, 판매금지, 또는 국가의 수입제한조치 등에 의하여 부득이 등록상표의 지정상품이 국내에서 일반적, 정상적으로 거래할 수 없는 경우와 같이 상표권자의 귀책사유로 인하지 아니한 상표 불사용의 경우도 포

함된다.

2) 등록상표나 등록서비스표의 이전이 있는 경우, 그 상표나 서비스표의 양수인은 그 양수 당시 당해 상표나 서비스표의 사용상황 등을 조사하여 예컨대, 불사용의 상태가 상당기간 계속된 경우에는 그 등록이 장차 취소될 가능성이 있다는 점을 예상하고 양수하는 것으로 볼 것이고, 따라서 이러한 경우에 그 불사용에 대한 '정당한 이유'를 판단함에 있어서는 단지 당해 상표나 서비스표의 이전등록 이후의 사정만을 참작할 것이 아니고 그 이전등록 이전의 계속된 불사용의 사정도 함께 고려함이 상당하다.

참조판례/ 97후3920 서비스표등록취소 2000공1304
참조조문/ 상표법 제73조 제1항 제3호

사례(19)

■ '동일한 상품구분 내의 상품'의 의미

문 1) 상표권의 존속기간갱신등록을 통하여 지정상품의 추가·변경이 허용되는 범위인 등록된 지정상품과 상표법시행규칙의 상품구분표상으로 '동일한 상품구분 내의 상품'의 의미?

2) 상표 'ETHOCYN'과 'ETHOCEL'의 유사 여부?

3) 지정상품으로서의 "피부보호용 약제, 피부기색향상용 약제, 피부주름방지용 약제"와 '방취제, 조제용제'의 유사 여부?

답 1) 구 상표법상 상표권의 존속기간갱신등록을 통한 지정상품의 추가, 변경은 등록된 지정상품과 구 상표법시행규칙 제10조 [별표 1] 상품구분표상으로 동일한 상품구분 내의 상품에 관해서만 가능하고, 그 상품구분을 달리하는 상품으로 변경하는 존속기간 갱신등록은 허용되지 않지만, 이 경우에 '동일한 상품구분 내의 상품'이라 함은 위 상품구분표상의 동일한 '상품류'에 속하는 상품을 말하고, '상품류' 뿐만 아니라 그 소속 '상품군'까지 동일할 것을 요하는 것은 아니라 할 것이다.

2) 출원상표 'ETHOCYN'과 인용상표 'ETHOCEL'은 호칭이 유사하여 동종 또는 유사 상품에 사용될 경우 일반 수요자가 상품의 출처에 오인·혼동을 일으킬 우려가 있어 양 상표는 유사하다.

3) 지정상품으로서의 '피부보호용 약제, 피부기색향상용 약제, 피부주름방지용 약제'와 '방취제, 조제용제'는 유사 상품이다.

참조판례/ 99후963 거절사정(상) 1999공1965
참조조문/ 구 상표법(1986. 12. 31. 개정 전) 제10조 제1항 제4호(현행 제9조 제1
          항 제4호 참조), 제11조 제1항(현행 제10조 제1항 참조), 제11조의 2
          제1항(현행 제18조 제1항 참조), 제21조 제1항 제1호(현행 제43조 제
          1항 제1호 참조), 제21조의 2 제1항, 제2항(현행 제44조 제1항, 제2항
          참조), 제22조 제1항 제4호, 구 상표법시행규칙(1987. 7. 7. 개정 전)
          제10조(현행 제6조 참조), 상표법 제7조 제1항 제7호, 상표법시행규
          칙 제6조 제1항

사례(20)

▌유사업종 여부

문 1) '컬러프린터 판매대행업, 스캐너 판매대행업, 화상저장시스템판매대행업'과
'컴퓨터 프로그래밍업, 자료처리업, 오파업"이 유사 업종인지?
2) 서비스표 '주식회사 인포텍'과 '주식회사 인포텍 시스템'이 유사한지?

답 1) 출원서비스표의 지정서비스업은 컬러프린터 판매대행업, 스캐너 판매대행업, 화상
저장시스템 판매대행업(서비스업류 구분 제112류)이고, 선출원에 의하여 등록된 인용
서비스표의 지정서비스업은 컴퓨터 프로그래밍업, 컴퓨터조작 및 프로그램개발업, 자
료처리업, 오파업(서비스업류 구분 제112류) 등으로서 그 서비스의 내용은 모두 컴퓨
터와 밀접한 관련이 있는 것임이 분명하고, 그 서비스제공의 방법, 컴퓨터나 프로그램
의 일반적인 유통구조와 사후관리, 일반 거래자의 인식 및 상품중개와 대행이라는 업
무의 성격과 거래실정 등에 비추어 볼 때 양 서비스업은 동종 또는 유사한 업종이라고
한 사례.
2) 출원서비스표와 인용서비스표의 유사 여부를 보면, 양 서비스표를 전체적으로 관
찰할 경우 사각형 모양의 도형의 유무 및 '시스템, SYSTEMS INC'라는 문자의 존부만
이 서로 다르다 할 것인 바, 위 도형 부분에서 특별한 칭호나 관념이 생성되지 아니하
고 식별력을 인정할 정도로 독특한 형상이 아니며, 한편 '시스템, SYSTEMS'라는 문자
부분은 '장치, 조직, 제도, 계통' 등을 의미하는 용어로서 널리 사용되는 단어인 데다
가 출원서비스표의 서비스 대상인 '사진송수상기, 컬러프린터, 스캐너, 화상저장시스
템' 등과 관련하여 식별력이 있다고 보기 어렵고, 영문자인 'INC' 역시 회사 등을 의

미하는 용어로서 식별력이 없으므로 결국 이러한 식별력이 없는 부분을 제외하면 양 서비스표는 그 요부에 있어서 동일하여 이를 전체적, 객관적, 이격적으로 관찰할 때 서로 유사하다 할 것이고, 따라서 양 서비스표를 동종·유사한 지정서비스업에 함께 사용한다면 일반 수요자들로 하여금 서비스업의 출처에 대한 오인, 혼동을 일으키게 할 염려가 있다.

참조판례/ 97후37   거절사정(상) 1998공105

참조조문/ 상표법 제2조 제2항, 제7조 제1항 제7호

사례(21)

불사용기간의 의미

문 1) 상표법상 상표권자의 의미?

2) 상표등록 취소심판청구시에는 불사용기간이 완성되지 아니하였으나 심리중에 불사용기간이 완성되거나 심판청구시에는 등록상표를 사용하고 있었으나 심판청구 후에 사용하지 아니하여 심리종결 전에 불사용기간이 완성된 경우, 당해 심판에서 그 상표등록을 취소할 수 있는지?

3) '상표권자가 타인에게 상표를 사용하게 한 경우'의 의미?

답 1) 상표법 제41조 및 제56조 제1항 제1호의 규정에 비추어 보면, 상표법상 상표권자라 함은 상표등록원부상에 등록권리자로 기재되어 있는 자를 말한다고 보아야 할 것이고, 상표권을 양도받았으나 아직 그 이전등록을 마치지 아니한 양수인은 상표권자라고 할 수 없고 그 경우에는 상표등록원부상 등록권리자로 남아 있는 양도인이 여전히 상표권자라 할 것이다.

2) 구 상표법 제73조 제1항 제3호는 그 문언상 등록상표를 취소심판청구일 전 계속하여 3년 이상 국내에서 사용하지 아니한 경우에 적용되는 것이고, 피심판청구인은 그 심판청구일 전 3년 이내에 등록상표를 관계되는 지정상품에 사용하였음을 증명하면 그 상표등록의 취소를 면할 수 있는 바(같은 조 제4항), 심판청구시에는 그 불사용의 기간이 완성되지 아니하였으나 심판청구사건의 심리중에 불사용기간이 완성된 경우, 또는 심판청구시에는 등록상표를 사용하고 있었으나 심판청구 후에 사용하지 아니하여 심리종결 전에 불사용기간이 완성되는 경우 그 상표등록은 당해 심판에서는 취소될 수 없다 할 것이다.

3) 구 상표법 제73조 제1항 제1호에서 말하는 '상표권자가 타인에게 상표를 사용하게 한 경우'라 함은 상표권자가 타인으로 하여금 적극적인 행위로서 사용하게 한 경우를 말하고, 소극적 방임 내지 묵인은 이에 포함되지 아니한다고 할 것이다.

참조판례/ 98후881 상표등록취소 1999공2090
참조조문/ 상표법 제41조, 제56조 제1항 제1호, 구 상표법(1997. 8. 22. 개정 전)
　　　　　제73조 제1항 제3호, 제4항, 제73조 제1항 제1호(현행 삭제)

사례(22)

▌이해관계인의 의미

문 상표등록취소심판청구에 있어서 이해관계인의 의미?

답 상표등록취소심판청구에 있어서 이해관계인이라 함은 취소되어야 할 상표등록의 존속으로 인하여 상표권자로부터 상표권의 대항을 받아 그 등록상표와 동일 또는 유사한 상표를 사용할 수 없게 됨으로써 피해를 받을 염려가 있어 그 소멸에 직접적이고도 현실적인 이해관계가 있는 사람을 의미한다.
이 사건의 심판청구인은 이 사건 등록서비스표의 지정서비스업과 동일 또는 유사한 서비스업이나 상품에 이 사건 등록서비스표와 동일 또는 유사한 표장을 사용하고 있다고 볼 자료가 없으며, 또한 이 사건 등록서비스표와 유사한 심판청구인의 상표가 유모차 등에 관하여는 국내에 널리 인식되었다고 볼 여지는 있으나, 그 주지도에 있어서 반드시 저명상표의 단계에까지 이르렀다고 보기는 어려울 뿐만 아니라, 위 상표의 지정상품인 유모차 등과 이 사건 등록서비스표의 지정서비스업인 '레스토랑업, 요식업 등'이 서로 경업관계 내지 경제적 유연관계(類緣關係)가 있다고 할 수도 없으므로, 달리 특별한 사정이 없는 한 이 사건 등록서비스표가 존속하고 있다 하더라도 심판청구인이 이 사건 등록서비스표권의 대항을 받을 염려가 있다고 할 수 없어 심판청구인은 이 사건 등록서비스표의 소멸에 직접적이고도 현실적인 이해관계가 있다고 볼 수는 없다.

참조판례/ 97후1931   서비스표등록취소 1998공2692, 97후1115 상표등록취소
　　　　　1998공1203
참조조문/ 상표법 제73조 제1항, 제6항

사례(23)

▐ 이해관계인의 범위

문

1) 상표등록 무효심판을 청구할 수 있는 이해관계인의 범위?

2) 선출원된 인용상표권자의 지위에 있는 상표등록 무효심판청구인이 종전에 당해 등록상표의 세계 각국 등록에 대한 동의를 한 바 있다는 사정만으로 심판청구인의 이해관계가 소멸하였다고 할 수 있는지?

3) 상표 'HARDY SPICER' 와 'SPICER' 의 유사 여부?

4) '기계동력전달장치, 구성품, 부속품, 구동축' 등과 '자동변속기, 제동장치, 구동축, 클러치' 등의 유사 여부?

답

1) 상표등록의 무효심판을 청구할 수 있는 이해관계인이라 함은 등록상표와 동일 또는 유사한 상표를 사용한 바 있거나 현재 사용하고 있는 자에 한하지 아니하고 그와 같은 상표를 사용한 일이 없더라도 동일 또는 유사상표를 먼저 등록한 자도 포함한다.

2) 선출원된 인용상표권자의 지위에 있는 상표등록 무효심판청구인이 종전에 당해 등록상표의 세계 각국 등록에 대한 동의를 한 바 있다는 사정만으로 심판청구인의 이해관계가 소멸하였다고 할 수는 없어 무효심판청구의 이해관계인에 해당된다.

3) 등록상표 'HARDY SPICER' 와 그보다 선출원에 의하여 등록된 인용상표 'SPICER' 를 대비하여, 등록상표는 그 구성으로 보아 이를 분리하여 관찰하면 거래상 자연스럽지 못하다고 여겨질 정도로 불가분적으로 결합되어 있다고 보기 어려우므로 후반부의 'SPICER' 부분만으로 약칭될 수 있고 그 경우 인용상표와는 호칭에 있어 동일하게 되어 양 상표를 동일 또는 유사한 지정상품에 다 같이 사용할 경우 거래자나 일반 수요자로 하여금 상품의 출처에 관하여 오인, 혼동을 일으키게 할 염려가 있다.

4) 지정상품의 동일, 유사 여부는 상품 자체의 속성인 품질, 형상, 용도와 생산부문, 판매부문, 수요자의 범위 등 거래의 실정 등을 고려하여 일반 거래의 통념에 따라 판단하여야 할 것인 바, 등록상표의 지정상품은 상품구분표상 제38류의 '기계동력 전달장치, 구성품, 부속품, 구동축, 프로펠러축, 연결축' 등이고, 등록상표의 출원 당시 인용상표의 지정상품은 같은 구분표상 제37류의 '자동변속기, 제동장치, 구동축, 클러치' 등인데, 위 상품들은 비록 상품류가 서로 다르고 규격 등은 상이할 수 있으나, 모두 동력을 이용한 기계, 기구의 부품들인 점과 그 생산자와 판매처에서 관련이 있는 등의 거래실정에 비추어 거래통념상 동일·유사한 상품에 속한다.

참조판례/ 97후1450　상표등록무효　1998공1770

참조조문/ 구 상표법(1990. 1. 13. 개정 전) 제43조 제3항(현행 제71조 제1항 참조), 제9조 제1항 제7호(현행 제7조 제1항 제7호 참조)

사례(24)

▋당사자표시변경신청의 허용 여부

문 상표등록취소심판청구사건의 상고인인 피심판청구인이 상고인을 상표권을 이전받은 자로 변경하는 당사자표시변경신청의 허용 여부 및 상고심에서의 승계참가의 허용 여부?

답 당사자표시변경은 원칙적으로 당사자로 표시된 자와 동일성이 인정되는 범위 내에서 그 표시만을 변경하는 경우에 허용되는 것이므로, 상표등록취소심판청구사건의 피심판청구인이 소송기록접수통지서가 그에게 송달된 이후에 상고인을 피심판청구인에서 등록상표에 관한 상표권을 이전받은 자로 변경하는 당사자표시변경신청은 원래 허용될 수 없는 것이고, 설사 피심판청구인의 승계인의 지위에 있는 양수인이 승계참가신청을 한 것으로 본다고 하더라도 이러한 승계참가는 법률심인 상고심에서는 허용되지 아니하는 것이므로 양수인에 의한 승계참가신청 역시 부적법하여 허용될 수 없다.

> 참조판례/ 97후2934 상표등록취소 1999공236
> 참조조문/ 상표법 제5조, 구 특허법(1997. 1. 5. 개정 전) 제18조, 제19조, 민사소
>   송법 제74조, 제227조

사례(25)

▋단체표장

문 1) 귀금속류를 취급하는 소매상이 귀금속 및 보석 디자인업, 감정업 등을 지정서비스업으로 하는 등록단체표장의 무효심판을 청구할 수 있는 이해관계인에 해당하는지?
2) 상품에 사용되는 표장과 동일 또는 유사한 표장을 그 상품과 밀접한 관련이 있는 서비스표로 사용할 수 있는지?

답 1) 서비스표 등록의 무효심판을 청구할 수 있는 이해관계인이라 함은 그 등록서비스표와 동일 또는 유사한 서비스표를 사용한 바 있거나 현재 사용하고 있는 자, 또는 등록된 서비스표가 지정하는 서비스와 같은 종류의 서비스를 제공하고 있음으로써 피심

판청구인의 등록서비스표 소멸에 직접적인 이해관계가 있는 자를 말하는 바, 심판청구인은 금, 은, 시계 등 귀금속류를 취급하는 소매상이고, 무효심판을 구하는 등록단체표장의 지정서비스업이 귀금속 및 보석을 대상으로 하는 디자인업, 감정업 등이라면 심판청구인이 취급하는 금, 은, 시계 등 귀금속류는 위 등록단체표장의 지정서비스업의 취급대상 물품이 된다는 점에서 위 지정서비스업과 밀접한 관련이 있다고 할 것이므로 심판청구인은 위 등록단체표장이 지정하는 서비스와 유사한 서비스를 제공하고 있는 자와 마찬가지로 위 등록단체표장의 소멸에 직접적인 이해관계가 있다.

2) 서비스 중에서 상품과 관계 있는 서비스의 경우에 있어서는 어느 상품에 사용되는 표장과 동일 또는 유사한 표장을 그 상품과 밀접한 관련이 있는 서비스에 사용하면 일반 수요자가 그 서비스의 제공자를 상품의 제조판매자와 동일인인 것처럼 서비스의 출처에 대하여 혼동을 일으킬 우려가 있다 할 것이고, 특히 거래사회의 실정으로 보아 서비스의 제공과 상품의 제조판매가 동일한 업자에 의하여 이루어지는 때가 많고 일반인들 또한 그렇게 생각하는 경향이 있는 경우에는 그와 같은 혼동의 우려는 더욱 많아진다 할 것이므로 그 서비스표의 등록은 상표법 제7조 제1항 제7호의 취지에 따라 거절되어야 하고 일단 등록이 되었다 하더라도 무효로 된다 할 것이며, 이러한 사정은 위와 같은 서비스표뿐만 아니라 서비스업과 관련된 단체표장의 경우에도 마찬가지이다.

> 참조판례/ 97후2309 단체표장등록무효 1999공2239
> 참조조문/ 상표법 제71조 제1항, 상표법 제2조 제1항 제3호, 제2항, 제7조 제1항
> 　　　　　 제7호

사례(26)

▌업무표장

문 1) 상표법 제7조 제1항 제3호의 규정 취지?

2) 상표법 제7조 제1항 제3호가 적용되기 위해서는 출원상표의 지정상품과 인용업무표장으로 표시되는 업무가 유사하거나 견련관계가 있어야 하는지?

답 1) 상표법 제7조 제1항 제3호는 "국가·공공단체 또는 이들의 기관과 공익법인의 영리를 목적으로 하지 아니하는 업무 또는 영리를 목적으로 하지 아니하는 공익사업을 표시하는 표장으로서 저명한 것과 동일 또는 유사한 상표"는 상표등록을 받을 수 없다고 규정하고 있는 바, 위 규정의 취지는 저명한 업무표장을 가진 공익단체의 업무상

다고 규정하고 있는 바, 위 규정의 취지는 저명한 업무표장을 가진 공익단체의 업무상
의 신용과 권위를 보호함과 동시에 그것이 상품에 사용되면 일반 수요자나 거래자에
게 상품의 출처에 관한 혼동을 일으키게 할 염려가 있으므로 일반 공중을 보호하는 데
에 있다.

2) 출원상표의 지정상품과 인용 업무표장에 의하여 표시되는 업무가 유사하지 아니하
거나 견련관계가 없다고 하더라도 그러한 사정만으로 상표법 제7조 제1항 제3호 규정
의 적용이 배제된다고 볼 것은 아니다.

참조판례/ 97후1320   거절사정(상) 1998공1505

참조조문/ 상표법 제7조 제1항 제3호

● 형사사건

사례(1)

▌상표의 유사 여부

문 상표 '샤넬(CHANEL)'과 '샤넬리(Chanel-Lee)'는 유사한지?

답 등록상표인 샤넬(CHANEL)의 지정상품과 동일한 상품(넥타이)에 부착사용한 Chanel-Lee라는 상표가 그 문자 구성의 외관에 있어서는 등록상표의 그것과 다소 상이한 점이 있으나 샤넬이라는 호칭과 관념 면에 있어서는 양자간에 동일 또는 유사성이 있음이 인정된다.

> 참조판례/ 83도2748 상표법위반 1984공209
>
> 참조조문/ 상표법 제93조, 제66조 제7조

사례(2)

▌기술적 표장 여부

문 1) 지정상품을 화분, 물통, 도시락으로 하는 상표 'BIOTANK'가 기술적 표장만으로 된 상표인지?
2) 변리사로부터 자문과 감정을 받아 타인의 등록상표와 유사한 상표를 사용한 경우와 법률의 착오인지?

답 1) 'bio'가 'bio beramrc'의 약자로 사용되는 일이 있다고 하더라도 등록상표 'BIO TANK'의 'bio'가 그러한 뜻만을 가지고 있는 것이 아니므로 이를 상품의 품질이나 원재료를 표시하는 것이라고 보기 어렵고, 'TANK'라는 표장도 이를 단순히 물통만을 의미한다고 볼 수도 없어 등록상표를 그 지정상품인 화분, 물통, 도시락 등과 관련하여 전체적으로 관찰하면 상품의 품질이나 효능, 원재료 등을 보통으로 사용하는 방법으로 표시한 표장만으로 된 상표라고 볼수 없다.

2) 피고인이 변리사로부터 타인의 등록상표가 상품의 품질이나 원재료를 보통으로 표시하는 방법으로 사용하는 상표로서 효력이 없다는 자문과 감정을 받아 자신이 제작한 물통의 의장등록을 하고 그 등록상표와 유사한 상표를 사용한 경우, 설사 피고인이 위와 같은 경위로 자기의 행위가 죄가 되지 아니한다고 믿었다 하더라도 이러한 경우에는 누구에게도 그 위법의 인식을 기대할 수 없다고 단정할 수 없으므로 피고인은 상표법 위반의 죄책을 면할 수 없다.

참조판례/ 95도702 상표법 위반 1995공3030

참조조문/ 상표법 제6조 제1항 제3호, 제51조 제2호, 제93호, 형법 제16조

사례(3)

▌상호의 상표적 사용

문 1) 상호의 상표적 사용과 상표권의 효력이 미치는 범위?

2) '아폴로전자' 라는 상호를 가지고 있는 피고인이 사용한 표장이 자기의 상호를 보통으로 사용하는 방법으로 표시하는 상표라고 볼 수 있는지?

답 1) 자기의 상호를 상품 자체나 상품에 관한 표찰 등에 사용하는 경우에는 상표로서 사용될 수도 있다고 할 것이고, 그 경우 상품거래사회에서 보통 행하여지는 방법으로 이를 사용하는 경우에는 상표법 제51조 제1호 소정의 '자기의 상호를 보통으로 사용하는 방법으로 표시하는 상표' 에 해당하여 상표권의 효력이 미치지 아니하는 것이지만, 그 사용에 있어 일반의 주의를 끌 만한 서체나 도안으로 표시하는 등 보통으로 사용하는 방법이라고 볼 수 없는 상표적 사용의 경우에는 상표권의 효력이 미친다고 보아야 한다.

2) 피고인이 그가 제조하는 보온도시락 통(케이스)의 옆면에 자기의 상호와 같은 '아폴로전자' 라는 문자를 직사각형의 도형 안에 고딕체로 표시한 표장을 부착하고, 그 앞면에는 위 상호를 영문으로 변형시킨 'APOLLO CO' 라는 문자를 그 위에 기재된 '99 DELUXE' 보다 상대적으로 크고 특이한 서체로 부각시켜 표시한 표장을 부착하여 사용하고 있다면, 비록 위 표장들이 피고인의 상호나 그것을 변형시킨 문자라고 하더라도 그 사용 형태에 비추어 볼 때 이는 상표적으로 사용된 것이라 할 것이고, 또한 위 표장들은 일반의 주의를 끌기 위하여 어느 정도 도안화하거나 특이한 서체를 사용한 것으로 보이므로, 피고인이 사용한 위와 같은 표장들이 자기의 상호를 보통으로 사용하는 방법으로 표시하는 상표라고 할 수는 없다.

참조판례/ 98도401 상표법 위반 1998공1834

참조조문/ 상표법 제51조 제1호

사례(4)

▋등록상표의 서비스표로의 사용

문 1) 등록상표를 서비스표로 사용하는 것이 오인, 혼동의 우려가 있는지?
2) '삼성수원도매센터' 서비스표의 사용은 삼성전자 주식회사의 등록상표의 권리범위에 속하는지?

답 1) 서비스업 중에서 상품과 관계 있는 서비스업에 대해서는 어느 상품에 사용되는 표장과 동일 또는 유사한 표장을 그 상품과 밀접한 관련 있는 서비스업에 그 서비스표로 사용할 경우 일반 수요자가 그 서비스업의 제공자를 상품의 제조판매자와 동일인인 것처럼 서비스표의 출처에 대하여 혼동을 일으킬 우려가 있고, 특히 거래사회의 실정으로 보아 서비스업의 제공과 상품의 제조 판매가 동일한 업자에 의하여 이루어지는 때가 많고, 일반인들 또한 그렇게 생각하는 경향이 있는 경우에는 그와 같은 혼동의 우려는 더욱 많아진다.
2) 전기 전자용품의 제조 판매업자가 그 대리점 등을 통하여 유통업이나 판매전략업, 고장수리업 등 관련 서비스업에도 다양하게 진출하고 있는 거래사회의 실정 등에 비추어 보면 피고인이 '삼성수원도매센터'라는 서비스표를 전기 전자용품의 판매 등 관계 서비스업을 영위하는 경우 일반 수요자에게 등록상표권자인 삼성전자 주식회사의 대리점으로 오인케 하여 그 서비스업의 출처나 신용 및 품질 등에 관하여 오인, 혼동을 초래할 가능성이 있다고 보아야 할 것이므로, 위와 같은 경우에는 상표의 서비스표적인 사용도 등록상표의 권리범위에 속한다고 보아 상표법위반죄에 대하여 유죄를 선고할 수 있다.

참조판례/ 95도1770 상표법 위반 1996공2258

참조조문/ 상표법 제66조, 제93조

사례(5)

▌상표등록취소심결의 효력

문 상표등록취소심결의 효력 및 그 심결확정 이전에 이루어진 행위에 대한 상표권침해행위의 범죄가 성립되는지?

답 등록된 상표인 이상 상표법 제73조 제1항 제3호에서 정한 등록취소 사유가 있다 하더라도 심판에 의하여 취소가 확정되기까지는 등록상표로서의 권리를 보유하는 것이고, 상표등록무효심결이 확정된 때와는 달리 상표등록을 취소한다는 심결이 확정된 때에는 그 상표권은 확정된 때로부터 장래를 향해서만 소멸하는 것이므로, 등록상표에 관하여 피고인이 상표등록취소심판을 청구하여 항소심판결선고일 전에 등록취소의 심결까지 받았다고 하더라도, 그와 같은 사정은 그 심결 확정 이전에 이루어진 피고인의 행위에 관한 상표권침해죄의 성립 여부에는 영향을 미치지 못한다.

> 참조판례/ 96도1122 상표법 위반 1996공3495
>
> 참조조문/ 상표법 제93조, 제71조 제3항, 제73조 제1항

사례(6)

▌상표등록무효 심결의 효력

문 상표권을 침해한 행위가 있은 후에 상표등록무효심결이 확정된 경우 그 행위가 상표법 제93조 소정의 상표권침해행위에 해당하는지?

답 타인의 등록상표권을 침해하였다는 행위가 그 등록을 무효로 한다는 심결이 확정되기 이전에 이루어졌다고 하더라도, 그 후 상표등록을 무효로 한다는 심결이 확정되었다면 침해되었다는 상표권은 처음부터 존재하지 아니하였던 것이 되므로, 그와 같은 행위를 상표법 제95조 소정의 상표권 침해행위에 해당한다고 볼 수 없다.

> 참조판례/ 93도839 상표법 위반 1996공1783
>
> 참조조문/ 상표법 제93조, 제71조 제3항

사례(7)

█ 등록업무표장과의 혼동행위

문
1) 등록업무표장의 지정업무와 동일 · 유사한 업무의 수행으로 인정 여부?
2) 상표의 유사 여부 판단기준은?
3) 사용실태 등을 고려하여 등록업무 표장과 유사한 표장으로 볼 수 있는지?

답
1) 귀금속 및 보석제품에 대한 품질보증제도 확립지도업, 귀금속 및 보석가공 상품의 품질향상과 유통질서 확립지도업을 지정업무로 하는 사단법인 한국귀금속보석감정원의 등록업무표장인 태극 마크를 광주직할시 귀금속시계, 판매업감정위원회장 등이 광주직할시 지역의 귀금속 및 시계의 부당한 감정을 막고 감정의 권위를 높이기 위한 감정업무를 행하면서 사용하던 무등산 마크와 함께 귀금속판매 상인들이 가지고 온 금반지 등에 귀금속의 함량을 확인 보증한다는 취지로 각인하여 사용한 행위는 위 등록 업무표장의 지정업무와 동일 유사한 업무를 수행한 것이고, 그러한 각인행위를 행하면서 그 대가로 약간의 감정수수료를 받았다고 하더라도 그 업무의 성질을 달리 볼 수 없다

2) 상표의 유사 여부는 항상 상표 자체의 문자, 도형, 기호만에 의할 것이 아니고 실제로 상표가 부착되는 위치나 크기, 형상 등도 고려하여 거래상 오인 혼동의 우려가 있는지 여부에 의하여 판단하여야 한다.

3) 피고인들이 사용한 무등산 마크와 태극 마크가 혼합된 표장과 '가' 항의 등록 업무표장은 각 그 일 요부를 이루는 태극 마크에 있어서 비록 색상은 다르나 도형 자체는 동일한 것이고, 또한 위 업무표장은 실제 사용시 문자는 생략된 채 태극 마크만을 각인 사용하고 있어 태극 마크를 금반지 등에 각인 사용할 때에는 색상의 차이는 없어지는 점 등 사용의 실태를 고려하면 양 표장은 거래상 오인, 혼동의 우려가 있어 유사하다고 볼 수밖에 없다.

참조판례/ 94도1793 상표법위반 1995공2670
참조조문/ 상표법 제2조 제1항, 제2항, 제66조 제1호, 제93조 제7조 제1항 제7호

사례(8)

▮ 등록취소사유가 있는 상표의 효력

문 등록취소사유가 있는 상표와 동일·유사한 상표를 사용하는 행위가 상표권침해가 되는지?

답 등록된 상표인 이상 비록 구 상표법 제45조 제1항 제3호 본문에 정한 등록취소의 사유가 있다 하더라도 심판에 의하여 취소가 확정되기까지는 등록상표로서의 권리를 보유하고 있는 것이므로 상표권자의 동의 없이 그 상표와 동일·유사한 상표를 그 지정상품과 동일·유사한 상품에 사용하는 행위는 구 상표법 제36조 제1호에 해당되어 같은 법 제60조에 의하여 처벌된다.

> 참조판례/ 90도1534 상표법 위반 1994공1141
> 참조조문/ 구상표법(1990. 1. 13. 개정 전) 제36조, 제45조 제1항 제3호, 제60조

사례(9)

▮ 등록무효사유가 있는 등록서비스표의 효력

문 1) 등록무효사유가 있는 등록서비스표의 효력?
2) '현풍할매집'이라는 서비스표 등록이 부정경쟁방지법상의 부정경쟁에 해당하는지?

답 1) 서비스표가 등록되면 비록 등록무효사유가 있다고 하더라도 심결에 의하여 그 등록이 무효로 선언되어 확정되기까지는 등록서비스표로서의 권리를 그대로 보유한다.
2) '현풍할매집'이라는 내용의 서비스표를 등록할 당시 이미 타인이 '현풍할매집'이라는 상호로 식당을 경영하고 있었다 하더라도 그 서비스표 등록권자의 영업장소와 영업기간, 서비스표 등록의 경위와 그 등록출원 당시의 일반수요자에 의한 '현풍할매집'의 주지 정도 등을 고려하면, 일반 수요자로 하여금 타인의 상호와 혼동을 일으켜 이익을 얻을 목적으로 형식상으로만 서비스표권을 취득한 자라고 할 수 없어 그 서비스표 등록이 부정경쟁방지법상의 부정경쟁에 해당한다고 할 수 없다.

참조판례/ 94도3052 상표법위반 1995공2146

참조조문/ 상표법 제71조 제3항, 부정경쟁방지법 제2조 제1호, 제15조

사례(10)

▌수출품의 상표권 침해행위

문 주문자 상표부착 생산방식(OEM)에 의하여 국외로 수출할 목적으로만 제작된 물품에 우리나라에서 등록된 상표와 유사한 상표를 사용하는 것이 상표권침해행위가 될 수 있는지?

답 우리나라에서 타인의 등록상표와 유사한 상표를 그 지정상품과 동일 또는 유사한 상품에 표시하여 사용하였다면 설사 그 상표가 표시된 상품이 우리 상표권의 효력이 미치지 아니하는 일본으로 수출할 목적으로만 제조된 것이라고 하더라도 등록상표의 상표권을 침해하는 행위가 되는 것으로서, 주문자 상표부착 생산방식(OEM)에 의하여 수출을 한다고 하여 위와 같은 결론이 달라질 것도 아니다.

참조판례/ 93도3227 상표법 위반 1994공1141

참조조문/ 상표법 제93조, 제66조 제1호

사례(11)

▌상표권 침해 부정 사례

문 알루미늄새시 판매상이 타인의 등록상표와 유사한 상표가 인쇄되어 있는 비닐포장지로 위의 알루미늄새시를 포장하여 판매한 것이 타인의 상표권을 침해한 것으로 되는지?

답 피고인이 판매한 상품은 알루미늄새시인데 단지 그 알루미늄새시를 일시 감아주는 비닐포장지에 소외회사의 등록된 상표와 유사한 상표가 인쇄되어 있다 하더라도 거래과정에서 소비자들도 그와 같은 사정을 잘 알고 그 비닐포장지를 건축공사시 문틀공사

과정에 시멘트가 묻지 않도록 일시 감아 씌우는데 사용할 목적으로 구입해 간 것이라면 피고인의 위 행위를 상표법 제36조 제1, 2호의 상표를 그 지정상품과 동일한 상품에 사용하게 할 목적으로 사용하거나 판매한 것으로 볼 수 없다.

참조판례/ 86도1218 상표법 위반 1986공1159

참조조문/ 구 상표법(1990. 1. 13. 개정 전) 제36조

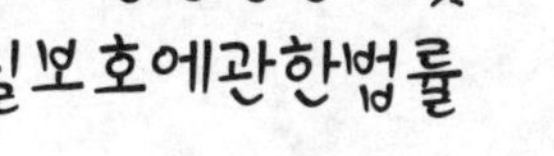

1. 부정경쟁행위

● 민사사건

사례(1)

▌부정경쟁행위 금지청구권자

문 1) 부정경쟁방지법 제2조의 '국내에 널리 인식된 상호, 상표'의 의미는?
2) 부정경쟁방지법상의 부정경쟁행위에 대한 금지청구권자는?

답 1) 부정경쟁방지법 제2조 제1호 (가)목 소정의 '국내에 널리 인식된 타인의 상호, 상표'라 함은 국내 전역 또는 일정한 지역적 범위 안에서 거래자 또는 수요자들 사이에 널리 알려진 정도로써 족하고, 그 상표 등의 등록 여부와는 관계없으며, 널리 알려진 상표 등인지 여부는 그 사용기간, 방법, 태양, 사용량, 거래범위 등과 상품거래의 실정 및 사회통념상 객관적으로 널리 알려졌느냐의 여부가 일응의 기준이 된다.
2) 부정경쟁방지법 제2조 제1호 (가)목 및 (나)목 소정의 국내에 널리 인식된 상품표지 또는 영업표지에 관한 부정경쟁행위로 인하여 자신의 영업상의 이익이 침해되거나 침해될 우려가 있어 같은 법 제4조 제1항에 의하여 그 행위의 금지 또는 예방을 청구할 수 있는 자에는 그러한 표지의 소유자뿐만 아니라 그 사용권자 등 그 표지의 사용에 관하여 고유하고 정당한 이익을 가지고 있는 자도 포함된다.

참조판례/ 96마364 부정경쟁행위중지가처분 1997공859
참조조문/ 부정경쟁방지법 제2조 제1호, 제4조 제1항

사례(2)

▌부정경쟁행위금지청구권의 요건

문 제조판매금지 가처분의 요건
1) 부정경쟁방지법 제2조 소정의 '국내에 널리 인식되었다' 는 의미는?
2) 같은 법조의 '영업상의 이익을 침해할 우려가 있다' 는 의미는?
3) 상표 사용금지가처분의 보전의 필요성의 요건은?

답 1) 부정경쟁방지법 제2조 제1, 2호 소정의 '국내에 널리 인식되었다' 는 의미는 국내전역에 걸쳐 모든 사람에게 알려져 있음을 요하는 것이 아니라 국내의 일정한 지역 범위 안에서 거래자 또는 수요자들 사이에 알려진 정도로써 충분하다.
2) 같은 법 조항 소정의 '영업상의 이익을 침해할 우려가 있다' 고 함은 타인의 상표 및 용기와 유사한 것을 사용함으로써 신용 및 고객흡인력을 실추 또는 희석화시켜 타인에게 영업상의 손실을 가져오게 하는 경우를 포함한다.
3) 상표사용금지 가처분 신청사건의 신청인에게 피보전권리가 있다고 하더라도 신청인이 국내에서 그 상표를 지정상품에 실제 사용하여 영업활동을 한 바가 없고 신청인이 제조한 샴프가 국내에 수입되고 있거나 수입될 전망이 없다면 피신청인의 샴프제조판매를 금지하여야 할 보전의 필요성이 있다고 할 수 없다.

참조판례/ 80다829 상표사용금지가처분 1981공813507
참조조문/ 구 부정경쟁방지법(1986. 12. 31. 개정 전) 제2조, 민사소송법 제714조

사례(3)

■ '부정한 목적'의 상호 사용 여부

문 1) 상법 제23조 제1항의 '타인의 영업으로 오인할 수 있는 상호'의 의미는?
2) 등록상호인 '충주합동레카'를 사용하지 않고 '합동레카'라는 상호를 사용한 것이 '합동공업사' 및 '합동특수레카'라는 등록상호를 사용하는 타인의 영업으로 오인시키려는 '부정한 목적'의 상호 사용인지?
3) 부정경쟁방지법 소정의 '국내에 널리 알려져 인식된 상호'의 의미는?

답 1) 상법 제23조 제1항에서는 누구든지 부정한 목적으로 타인의 영업으로 오인할 수 있는 상호를 사용하지 못한다고 규정하고 있는 바, 이 경우 타인의 영업으로 오인할 수 있는 상호는 그 타인의 영업과 동종 영업에 사용되는 상호만을 한정하는 것은 아니고, 각 영업의 성질이나 내용, 영업 방법, 수요자층 등에서 서로 밀접한 관련을 가지고 있는 경우로서 일반 수요자들이 양 업무의 주체가 서로 관련이 있는 것으로 생각하거나 그 타인의 상호가 현저하게 널리 알려져 있어 일반 수요자들로부터 기업의 명성으로 인하여 절대적인 신뢰를 획득한 경우에는, 영업의 종류와 관계 없이 일반 수요자로 하여금 영업주체에 대하여 오인, 혼동시킬 염려가 있는 것에 해당한다.
2) '합동공업사'라는 등록상호로 자동차정비업을 하던 갑이 '합동특수레카'라는 상호를 추가로 등록하여 자동차견인업을 함께 하고 있는 상황에서 을이 같은 시에서 자동차견인업을 시작하면서 '충주합동레카'라는 상호로 등록하였음에도 실제는 등록상호를 사용하지 않고 '합동레카'라는 상호를 사용한 경우, 자동차정비업과 자동차견인업은 영업의 종류가 서로 다르고 그 영업의 성질과 내용이 서로 달라서 비교적 서비스의 품위에 있어서 관련성이 적은 점, 자동차를 견인할 경우 견인장소를 차량 소유자가 지정할 수 있는 점, 운수관련 업계에서 '합동'이라는 용어가 일반적으로 널리 사용되고 있어 그 식별력이 그다지 크지 아니한 점, 갑과 을측의 신뢰관계, 갑도 자동차정비업과 함께 자동차견인작업을 하면서 별도의 견인업 등록을 한 점, 을이 자동차정비업을 하고 있지 않은 점과 을의 영업방법이나 그 기간 등을 고려할 때, 양 상호 중의 요부인 '합동'이 동일하다 하더라도 을이 상법 제23조 제1항의 '부정한 목적'으로 상호를 사용하였다고 할 수 없다.
3) 부정경쟁방지법 소정의 '국내에 널리 알려져 인식된 상표, 상호'라 함은 국내 전역에 걸쳐 모든 사람들에게 주지되어 있음을 요하는 것이 아니고, 국내의 일정한 지역적 범위 안에서 거래자 또는 수요자들 사이에 알려진 정도로써 족하다.

참조판례/ 96다24637 가처분이의 1996공3393
참조조문/ 상법 제23조 제1항, 부정경쟁방지법 제2조 제1호

사례(4)

▌'영업상의 이익'의 의미

문 1) 부정경쟁방지법 제2조 소정의 '영업상의 이익'이란?
2) 보령제약주식회사와 수원보령약국간에 혼동의 여지가 있는지?
3) '수원보령약국'이라는 상호가 '보령제약주식회사'의 '보령'의 상표권의 침해로 볼 수 있는지?

답 1) 부정경쟁방지법 제2조 소정 '영업상의 이익'이란 그 이익이 법 제2조에 규정된 행위에 의한 침해로부터 보호받을 가치가 인정되어 그 보호를 위하여 그 침해행위의 중지를 구하는 것이 건전한 상거래의 질서 유지의 이념에서 시인될 수 있는 정당한 업무상의 이익이라 할 것이고 약사법상 제약회사는 약국을 개설 경영할 수 없으므로 피고가 수원에서 경영하는 '수원보령약국'이 원고 보령제약주식회사가 서울 종로에서 경영하는 '보령약국'으로 오인, 혼동되어 그 영업상의 이익을 침해당했다고 하여 그 침해행위의 중지를 소구하는 것은 약사법에서 금지되어 있는 영업행위에 관련한 이익의 보호를 구하는 것이 되어 허용될 수 없다.
2) 원고 보령제약주식회사와 피고 경영의 수원보령약국과는 그 영업의 종류, 범위, 시설, 규모 등 그 영업의 양상을 달리함은 물론 그 고객을 서로 달리하므로 원고회사의 일반고객이 피고 경영의 수원보령약국을 원고회사의 영업으로 오인, 혼동한다는 것은 좀처럼 있을 수 없다.
3) 피고가 약국의 아크릴제 간판, 약국 유리창, 극장관람권 및 경기지구 의약품 판매업자 명부에 '수원보령약국'이라는 상호를 표시한 것이 피고의 영업 그것만에 관한 것인지 또는 그 영업에서 취급하는 어느 상품에 관한 것까지 포함하는 것인지 여부를 가리지 않고는 피고의 위 행위가 원고 보령제약주식회사의 '보령'이라는 등록된 상표권을 침해한 것이라고 단정할 수 없다.

참조판례/ 73다1238 등록상표권침해금지 등 1976공9053
참조조문/ 구 부정경쟁방지법(1986. 12. 31. 개정 전) 제2조, 상표법 제1조 제66조, 상법 제23조

사례(5)

▌저명상표와 유사한 상표의 사용

문 1) 'POLO'라는 문자 및 말을 탄 사람의 도형으로 구성된 결합상표 중 문자 및 도형 부분 모두가 상표로서의 식별력이 있는 요부에 해당하는지?
2) 저명상표와 유사한 상표를 저명상표의 지정상품이 아닌 상품에 사용하는 것이 부정경쟁행위에 해당하는지?
3) 저명상표 'POLO'를 지정상품인 의류 제품이 아니라 시계류 제품에 사용한 행위가 부정경쟁행위에 해당하는지?
4) 등록취소심판이 계류중인 등록상표에 기한 금지청구가 권리남용 또는 신의칙 위반이 되는지?

답 1) 등록상표 중 'POLO'라는 문자 부분의 경우 그 사전적 의미가 말을 타고 하는 경기의 일종이기는 하나 그러한 경기는 우리나라에서 아직 열린 일이 없고 그에 관하여 교육하는 곳도 없으며 방송이나 언론을 통하여 중계되거나 소개·해설된 바가 없으므로, 우리나라의 일반 수요자나 거래자들이 'POLO'라는 문자 부분을 위와 같은 경기 자체 혹은 그 경기시에 입는 셔츠를 가리키는 것으로 인식하거나 일반적으로 그러한 것을 지칭하는 것으로 거래계에서 실제로 사용되고 있다고 볼 수 없어, 위 문자 부분을 그러한 경기 혹은 그와 관련된 셔츠의 보통 명칭이라고 할 수 없고, 또 말을 탄 사람의 도형 부분도 그에 의하여 '마상경기를 하는 사람' 또는 '말탄 사람'이라는 칭호와 관념이 생성될 수 있어 이를 단순히 일상적인 경기장면을 표시한 것으로 볼 수가 없으므로, 위와 같은 문자 및 도형 부분은 모두 상표의 식별력이 있는 요부에 해당한다.
2) 한 기업이 여러 산업분야에 걸쳐 여러 종류의 상품을 생산·판매하는 것이 일반화된 현대의 산업구조하에서는 저명상표와 유사한 상표를 저명상표의 지정상품이 아닌 다른 상품에 사용하더라도 수요자들로서는 저명상표권자나 그와 특수관계에 있는 자에 의하여 그 상품이 생산·판매되는 것으로 인식하여 상품의 출처 등에 관하여 혼동을 일으킬 수가 있으므로 그러한 행위는 부정경쟁방지법 제2조 제1호 (가)목 소정의 부정경쟁행위에 해당하고, 다만 상품의 성질, 영업의 형태, 기타 거래사정 등에 비추어 유사상표를 사용하는 상품이 저명상표의 저명도와 그 지정상품 등이 갖는 명성에 편승하여 수요자를 유인할 수 있을 정도로 서로 경업관계 내지 경제적 유연관계(類緣關係)가 있다고 보기 어려운 경우에는 상품의 출처에 대한 혼동을 일으킬 우려가 없다는 점에서 부정경쟁행위가 성립되기가 어렵다.
3) 'POLO'라는 문자 및 도형 부분으로 구성된 등록상표는 의류분야에 있어 국내에 널리 인식되어 있는 상표이고, 최근 의류업계에서는 이른바 토털패션의 경향에 따라 단순히 의류의 생산에만 그치는 것이 아니라 같은 상표를 사용하여 가방, 구두, 액세서

리, 시계 등의 제품을 동시에 생산·판매하는 추세에 있는 실정을 고려하면, 위 저명상표와 유사한 상표를 지정상품이 아닌 시계류 제품에 부착·사용하는 경우에도 일반 거래자나 수요자들은 그 상품의 주체가 저명상표의 상표권자와 일정한 관계에 있는 것이 아닌가 하는 인상을 받게 되어 결국 동일한 출처에서 나온 것으로 혼동하게 될 것이므로 부정경쟁행위에 해당한다.

4) 적법하게 출원·등록된 상표인 이상 비록 등록취소사유가 있다 하더라도 그 등록취소심결 등에 의하여 취소가 확정될 때까지는 여전히 유효한 권리로서 보호받을 수 있으므로, 그 상표권에 기한 금지청구가 권리남용 또는 신의칙 위반에 해당된다고 볼 수 없다.

참조판례/ 97다36262   표장사용중지 1998공1706
참조조문/ 상표법 제6조 제1항 제1호, 제3호, 부정경쟁방지법 제2조 제1호(가)목, 민법 제2조, 상표법 제65조, 제73조

● 형사사건

─────────
사례(1)

▌상품 형태의 보호 요건

문 상품의 형태가 '기타 타인의 상품임을 표시한 표지'로서 보호받을 수 있는지?

답 상품의 형태는 의장권이나 특허권 등에 의하여 보호되지 않는 한 원칙적으로 이를 모방하여 제작하는 것이 허용되고, 다만, 예외적으로 어떤 상품의 형태가 장기간의 계속적, 독점적, 배타적 사용이나 지속적인 선전, 광고 등에 의하여 그 형태가 갖는 차별적 특징이 거래자 또는 수요자에게 특정한 품질을 가지는 특정 출처의 상품임을 연상시킬 정도로 현저하게 개별화된 경우에만 부정경쟁방지법 제2조 제1호 (가)목에서 규정하는 '기타 타인의 상품임을 표시한 표지'에 해당되어 부정경쟁방지법에 의한 보호를 받을 수 있다.

> 참조판례/ 96도2295 부정경쟁방지법 위반 1997공147
>
> 참조조문 / 부정경쟁방지법 제2조 제1호 (가)목

─────────
사례(2)

▌캐릭터의 보호 요건

문 1) 캐릭터가 상품화되어 '국내에 널리 인식된 타인의 상품표지'로서 보호받을 수 있는 요건은?
2) '미키마우스' 캐릭터가 월트디즈니사 등의 상품표지로서 국내에 널리 인식된 타인의 상품임을 표시한 표지가 될 수 있는지?

답 1) 만화, 텔레비전, 영화, 신문, 잡지 등 대중이 접하는 매체를 통하여 등장하는 가공적인 또는 실재하는 인물, 동물 등의 형상과 명칭을 뜻하는 이른바 캐릭터(Character)는 그것이 가지고 있는 고객흡인력 때문에 이를 상품에 이용하는 상품화(이른바 캐릭터

머천다이징, Character Merchandising)가 이루어지게 되는 것이고, 상표처럼 상품의 출처를 표시하는 것을 그 본질적인 기능으로 하는 것은 아니어서, 캐릭터 자체가 널리 알려져 있다고 하더라도 그것이 상품화된 경우에 곧바로 타인의 상품임을 표시한 표지로 되거나 그러한 표지로서도 널리 알려진 상태에 이르게 되는 것은 아니라고 할 것이므로, 캐릭터가 상품화되어 부정경쟁방지법 제2조 제1호 가목에 규정된 국내에 널리 인식된 타인의 상품임을 표시한 표지가 되기 위해서는 캐릭터 자체가 국내에 널리 알려져 있는 것만으로는 부족하고, 그 캐릭터에 대한 상품화 사업이 이루어지고 이에 대한 지속적인 선전, 광고 및 품질관리 등으로 그 캐릭터가 이를 상품화할 수 있는 권리를 가진 자의 상품표지이거나 위 상품화권자와 그로부터 상품화 계약에 따라 캐릭터 사용허락을 받은 사용권자 및 재사용권자 등 그 캐릭터에 관한 상품화 사업을 영위하는 집단(Group)의 상품표지로서 수요자들에게 널리 인식되어 있을 것을 요한다.
2) '미키마우스' 캐릭터가 '월트디즈니사' 또는 그로부터 미키마우스 캐릭터의 사용을 허락받은 사람이 제조, 판매하는 상품의 표지로서 국내에 널리 인식되었다고 인정하기에 부족하고 달리 이를 인정할 만한 증거가 없다는 이유로, 부정경쟁방지법 제2조 제1호 가목에 해당하지 않는다.

참조판례/ 96도139 부정경쟁방지법 위반 1996공3077
참조조문/ 부정경쟁방지법 제2조 제1호 가목

사례(3)

▌부정경쟁행위의 주관적 요건

문 1) 부정경쟁방지법 제2조 제1호 소정의 '부정경쟁행위'에 고의, 과실이 요구되는지?
2) 상표가 등록되어 있다는 사실을 알면서도 그 등록상표와 유사한 상호를 사용한 경우 피해자의 승낙을 받았다면 부정경쟁의 목적이 없었다고 할 수 있는지?

답 1) 부정경쟁방지법 제2조 제1호 소정의 행위는 상표권 침해행위와는 달라서 반드시 등록된 상표와 동일 또는 유사한 상호를 사용하는 것을 요하는 것이 아니고, 등록 여부와 관계 없이 사실상 국내에 널리 인식된 타인의 성명, 상호, 상표, 상품의 용기, 포장, 기타 타인의 상품임을 표시하는 표지와 동일 또는 유사한 것을 사용하거나 이러한 것을 사용한 상품을 판매 등을 하여 타인의 상품과 혼동을 일으키게 하거나 타인의 영업상의 시설 또는 활동과 혼동을 일으키게 하는 행위를 의미하고, 위와 같은 부정경쟁행

위의 성립에는 상법상의 상호권의 침해에서와 같은 부정한 목적이나 부정경쟁행위자의 고의, 과실은 그 요건이 아니다.
2) 상표가 등록되어 있다는 사실을 잘 알면서도 그 등록상표와 유사한 상호를 간판에 표시하고 사용한 것이라면 비록 피해 회사가 상표를 등록하기 전부터 유사한 상호를 사용하여 온 제3자의 승낙을 받아 이를 사용한 것이라고 하더라도 부정경쟁의 목적이 없었다고 볼 수는 없다.

참조판례/ 95도1464 부정경쟁방지법 위반 1996공834
참조조문/ 부정경쟁방지법 제2조 제1호

사례(4)

▌권리남용이 되는 상표의 등록

문 1) 구 부정경쟁방지법에서 고소인의 상표가 국내에서 널리 알려져 있음을 전제로 할 수 있는지?
2) 상표법 등 다른 법률에 의하여 보호되는 권리에 대하여 부정경쟁방지법을 적용할 수 있는지?
3) 상표법상 상표보호의 취지 및 상표 등록이 권리남용으로서 적법한 권리행사라고 인정할 수 없는 경우는?

답 1) 구 부정경쟁방지법 제1조에서는 "이 법은 부정한 수단에 의해 상업상의 경쟁을 방지하여 건전한 상거래의 질서를 유지함을 목적으로 한다"고 규정하고 있고, 그 제2조 제5호에서는 '타인의 상품을 사칭하거나 상품 또는 그 광고에 상품의 품질, 내용, 제조방법, 용도 또는 수량의 오인을 일으키게 하는 선전 또는 표지를 하거나 이러한 방법이나 표지로써 상품을 판매, 반포 또는 수입, 수출하는 행위'를 부정경쟁행위의 한 행위로 규정하고 있을 뿐이고, 타인의 상품 등이 널리 알려져 있어야 함을 전제로 하지 않는다.
2) 구 부정경쟁방지법 제9조의 규정은 그 법률이 시행되기 전의 구 부정경쟁방지법 제7조가 상표법 등에 의하여 권리를 행사하는 행위에 대해서는 부정경쟁방지법의 규정을 적용하지 아니한다고 규정하던 것과는 달리 상표법, 상법 중 상호에 관한 규정 등에 부정경쟁방지법의 규정과 다른 규정이 있는 경우에는 그 법에 의하도록 한 것에 지나지 않으므로, 상표법 등 다른 법률에 의하여 보호되는 권리일지라도 그 법에 저촉되지 아니하는 범위 안에서는 부정경쟁방지법을 적용할 수 있다.

3) 상표는 어느 특정한 영업주체의 상품을 표창하는 것으로서 그 출처의 동일성을 식별하게 함으로써 그 상품의 품위 및 성질을 보증하는 작용을 하며, 상표법이 등록상표권에 대하여 상표 사용의 독점적 권리를 부여하는 것은 제3자에 의한 지정상품 또는 유사상품에 대하여 동일 또는 유사상표의 사용에 의하여 당해 등록상표가 가지는 출처표시작용 및 품질보증작용이 저해되는 것을 방지하려는 것이고, 상표법은 이와 같이 상표의 출처식별 및 품질보증의 각 기능을 보호함으로써 당해 상표의 사용에 의하여 축조된 상표권자의 기업의 신뢰이익을 보호하고 나아가 유동질서를 유지하며 수요자로 하여금 상품의 출처의 동일성을 식별하게 하여 수요자가 요구하는 일정한 품질의 상품구입을 가능하게 함으로써 수요자의 이익을 보호하려고 하는 것이므로, 상표권은 기본적으로는 사적 재산권의 성질을 가지지만 그 보호범위는 필연적으로는 사회적 제약을 받는데, 상표 등록이 자기의 상품을 다른 업자의 상품과 식별시킬 목적으로 한 것이 아니고 일반 수요자로 하여금 타인의 상품과 혼동을 일으키게 하거나 타인의 영업상의 시설이나 활동과 혼동을 일으키게 하여 이익을 얻을 목적으로 형식상 상표권을 취득하는 경우에는 상표의 등록출원자체가 부정경쟁행위를 목적으로 하는 것이 되고, 비록 권리행사의 외형을 갖추었다 하더라도 이는 상표법을 악용하거나 남용한 것이 되어 상표법에 의한 적법한 권리의 행사라고 인정할 수 없다.

참조판례/ 94도3287 부정경쟁방지법 위반 1995공3954
참조조문/ 구 부정경쟁방지법(1991. 12. 31. 개정 전) 제9조

사례(5)

▌'국내에 널리 인식된 타인의 상호, 상표'의 의미

문 '국내에 널리 인식된 타인의 상호, 상표'의 의미는?

답 부정경쟁방지법 제2조 제1호 (가)목 소정의 '국내에 널리 인식된 타인의 상호, 상표'라 함은 국내 전역에 걸쳐 모든 사람들에게 주지되어 있음을 요하는 것이 아니고, 국내의 일정한 지역적 범위 안에서 거래자 또는 수요자들 사이에 알려진 정도로써 족하고 또 그 상표 등의 등록 여부와 관계 없다.

참조판례/ 94도399 부정경쟁방지법 위반 1995공2848
참조조문/ 부정경쟁방지법 제2조 제1호

사례(6)

■ '현풍할매집' 서비스표 등록의 효력

문 '현풍할매집'이라는 서비스표 등록이 부정경쟁방지법상의 부정경쟁에 해당하는지?

답 '현풍할매집'이라는 내용의 서비스표를 등록할 당시 이미 타인이 현풍할매집이라는 상호로 식당을 경영하고 있었다 하더라도 그 서비스표 등록권자의 영업장소와 영업기간, 서비스표 등록의 경위와 그 등록출원 당시의 일반 수요자에 의한 '현풍할매집'의 주지정도 등을 고려하면, 일반 수요자로 하여금 타인의 상호와 혼동을 일으켜 이익을 얻을 목적으로 형식상으로만 서비스표권을 취득한 자라고 할 수 없어 그 서비스표 등록이 부정경쟁방지법상의 부정경쟁에 해당한다고 할 수 없다.

> 참조판례/ 94도3052 상표법 위반 1995공2146
>
> 참조조문/ 상표법 제71조 제3항, 부정경쟁방지법 제2조 제1호, 제15호

사례(7)

■ 부정경쟁행위를 목적으로 한 상표등록 또는 양수의 효력

문 상표의 등록출원이나 상표권의 양수자체가 권리행사의 외형을 갖추었으나 부정경쟁행위를 목적으로 하는 경우 그 효력은?

답 상표의 등록이나 상표권의 양수가 자기의 상품을 다른 업자의 상품과 식별시킬 목적으로 한 것이 아니고, 국내에 널리 인식되어 사용되고 있는 타인의 상표가 상표등록이 되어 있지 아니함을 알고, 그와 동일 또는 유사한 상표나 상호, 표지 등을 사용하여 일반 수요자로 하여금 타인의 상품과 혼동을 일으키게 하거나 타인의 영업상의 시설이나 활동과 혼동을 일으키게 하여 이익을 얻을 목적으로 형식상 상표권을 취득하는 경우에는 상표의 등록출원이나 상표권의 양수 자체가 부정경쟁행위를 목적으로 하는 것으로서, 가사 권리행사의 외형을 갖추었다 하더라도 이는 상표법을 악용하거나 남용한 것이 되어 상표법에 의한 적법한 권리의 행사라고 인정할 수 없으므로, 위 부정경쟁방지법 제9조에 해당하여 같은 법 제2조의 적용이 배제된다고 할 수 없다.

> 참조판례/ 92도2054 상해, 부정경쟁방지법 위반 1993공781
> 참조조문/ 구 부정경쟁방지법(1991. 12. 31. 개정 전) 제9조, 제2조

사례(8)

▌국내에서 널리 인식된 것이라는 점에 대한 판단

문 다른 회사의 상호나 상표 등의 표지가 국내에서 널리 인식된 것이라는 점에 관하여 판시하지도 아니한 채, 자기의 상품에 다른 회사의 영자표기 POWER TRONICS CO., LRD를 붙여 판매한 행위를 부정경쟁방지법 제2조 제1호 소정의 부정경쟁행위로 인정한 것은 위법이 되는지?

답 자기의 상품에 다른 회사의 영자표기를 붙여 판매한 행위를 부정경쟁방지법 제2조 제1호 소정의 부정경쟁행위로 인정하여 처벌하기 위해서는 위 회사의 상품임을 표시하는 상호나 상표 등의 표지가 국내에 널리 인식된 것이라는 점이 먼저 확정되어야 하는 것인데도, 원심이 이에 관하여 판시하지도 아니한 채 위 법을 적용하여 유죄로 인정한 것은 범죄의 구성요건을 오해하였거나 위 법조 소정의 부정경쟁행위의 성립에 관한 법리를 오해한 위법이 있다고 할 수 있다.

> 참조판례/ 91도1333 부정경쟁방지법 위반 1992공550
> 참조조문/ 구 부정경쟁방지법(1991. 12. 31. 개정 전) 제2조, 제11조

사례(9)

▌'상품의 품질, 내용 또는 수량에 오인을 일으키게 하는 선전'의 의미?

문 '상품의 품질, 내용 또는 수량에 오인을 일으키게 하는 선전'의 의미는?

답 구 부정경쟁방지법 제2조 제6호 중단에서 '(상품의) 광고에 상품의 품질, 내용 또는 수량에 오인을 일으키게 하는 선전'을 한다 함은 상품광고를 함에 있어 허위광고나 과대광고 등과 같이 상품의 품질 등에 오인을 일으키는 표시 등을 하는 경우를 말하고

비록 타인의 상품을 자기의 상품인 것처럼 팜플렛으로 인쇄하여 배포하였더라도 자기 상품의 품질 등에 관하여 아무런 표시를 하지 않았다면 이는 같은 호 전단 소정의 '타인의 상품을 사칭'하는 경우에 해당할 뿐 '상품의 품질 등에 오인을 일으키게 하는 선전'을 한 경우에는 해당하지 않는다.

참조판례/ 87도1565 부정경쟁방지법 위반 1989공1191

참조조문/ 구 부정경쟁방지법(1991. 12. 31. 개정 전) 제2조 제6호, 제11조

사례(10)

▌저명상표의 서비스업종에의 사용

문 양복의 주문, 제조 판매업자가 'DIOR'라는 간판을 사용하였다하여 부정경쟁의 목적으로 같은 상표권자의 상품과 오인, 혼동을 일으키게 하였다고 볼 수 있는지?

답 피고인이 양복점을 개설하고 고객의 주문을 받아 양복을 제작·판매하는 영업을 하면서 그 양복점 외부에 'DIOR'이라고 영문으로 표기된 간판 등을 사용하였다 하더라도 위 영업실태에 비추어 피고인과의 상품거래는 피고인 개인점포의 신용과 제작기술을 믿고 이루어지는 것으로 봄이 상당하여 피고인에게 부정경쟁의 목적이 있었다거나 주문자가 피고인의 점포에서 제작하는 양복을 등록상표인 디올(DIOR)의 상표권자가 제작, 공급하는 양복으로 오인, 혼동하여 거래를 하였다고 보기 어렵다.

참조판례/ 83도2085 부정경쟁방지법위반 1985공578

참조조문/ 구 부정경쟁방지법(1991. 12. 31. 개정 전) 제2조, 제8조

사례(11)

▌상품 포장지의 사용

문 때밀이 수건에 타인의 상표인 '이태리 타올'이란 표시를 한 비닐 포장지를 사용한 것이 부정경쟁방지법 제2조 제1호 '부정경쟁행위'에 해당하는지?

답 부정경쟁방지법 제2조 제1호 소정의 행위는 등록 여부와 관계 없이 국내에 널리 인식된 타인의 성명, 상호, 상표, 상품의 용기, 포장, 기타 타인의 상품임을 표시한 표지와 동일 또는 유사한 것을 사용하거나 이러한 것을 사용한 상품을 판매 등을 하여 타인의 상품과 혼동을 일으키게 하는 행위를 의미하고, 따라서 국내에 널리 인식된 타인 사용의 상표 및 상품명이 표시된 비닐포장지(때밀이 수건인 이태리 타올 포장지)와 유사한 상표나 포장지를 사용하여 타인의 상품과 혼동케 한 행위도 이에 포함한다.

참조판례/ 81도649 상표법위반, 부정경쟁방지법 위반 1981공14394

참조조문/ 구 부정경쟁방지법(1986. 12. 31. 개정전) 제2조 제1호

사례(12)

▌잡지 제호의 사용

문 1) '국내에 널리 인식된 타인의 영업임을 표시하는 표지'의 의미는?

2) 부동산 관련 정보를 제공하는 잡지인 '주간 부동산뱅크'의 제호를 부동산소개업소의 상호로 사용하여 '부동산뱅크 공인중개사'라고 표기하고 '체인지정점'이라고 부기한 것이 부정경쟁방지법 제2조 제1호 (나)목에 해당하는지?

답 1) 부정경쟁방지법 제2조 제1호 (나)목은 "국내에 널리 인식된 타인의 성명, 상호, 표장, 기타 타인의 영업임을 표시하는 표지와 동일 또는 유사한 것을 사용하여 타인의 영업상의 시설 또는 활동과 혼동을 일으키게 하는 행위"를 부정경쟁행위의 하나로 규정하고 있는 바, 여기서 국내에 널리 인식된 타인의 영업임을 표시하는 표지는 국내의 전역 또는 일정한 범위 내에서 거래자 또는 수요자들이 그것을 통하여 특정 영업을 다른 영업으로부터 구별하여 널리 인식하는 경우를 말하는 것으로서, 단순히 영업내용을 서술적으로 표현하거나 통상의 의미로 사용하는 일상용어 등은 포함하지 않으나, 그러한 경우라도 그것이 오랫동안 사용됨으로써 거래자 또는 수요자들이 어떤 특정의 영업을 표시하는 것으로 널리 인식하게 된 경우에는 위 법이 보호하는 영업상의 표지에 해당한다고 할 것이며, 또 위 법이 규정하는 혼동의 의미에는 단지 영업의 주체가 동일한 것으로 오인될 경우뿐만 아니라 두 영업자의 시설이나 활동 사이에 영업상·조직상·재정상 또는 계약상 어떤 관계가 있는 것으로 오인될 경우도 포함된다.

2) 부동산 관련 정보를 제공하는 잡지인 '주간 부동산뱅크'의 제호를 부동산소개업소의 상호로 사용하여 '부동산뱅크 공인중개사'라고 표기하고 '체인지정점'이라고 부기한 것이 부정경쟁방지법 제2조 제1호 (나)목에 해당한다.

참조판례/ 96도2650   부정경쟁방지법 위반 1998공355
참조조문/ 부정경쟁방지법 제2조 제1호 (나)목

사례(13)

■ 상품표지의 주지성의 승계

문 1) 부정경쟁방지법 제2조 제1호 소정의 '부정경쟁행위'의 의미는?
2) 주지상품표지의 이전과 함께 관계된 영업의 일체 등이 이전되었다면 원칙적으로 상품표지의 주지성이 새 영업주에게 승계될 수 있는지?

답 1) 부정경쟁방지법 제2조 제1호 소정의 행위는 상표권 침해행위와는 달라서 반드시 등록된 상표와 동일 또는 유사한 상호를 사용하는 것을 요하는 것이 아니고, 등록 여부와 관계 없이 사실상 국내에 널리 인식된 타인의 성명, 상호, 상표, 상품의 용기, 포장 ,기타 타인의 상품임을 표시하는 표지와 동일 또는 유사한 것을 사용하거나 이러한 것을 사용한 상품을 판매 등을 하여 타인의 상품과 혼동을 일으키게 하거나 타인의 영업상의 시설 또는 활동과 혼동을 일으키게 하는 행위를 의미한다.
2) 영업양도 등 상품주체의 인격이 변경되는 경우에 있어서 주지상품표지의 이전과 함께 거기에 관계된 영업의 일체 등이 함께 이전된 경우 원칙적으로 상품표지의 주지성이 새영업주에게 승계되고, 주지표시라고 말할 수 있기 위해서는 타인에게 특정인의 상품을 표시하고 있는 것이 알려져 있는 것을 요하지만 그 특정인이 누구인가까지가 명확히 알려져 있는 것을 요하지는 않는다.

참조판례/ 96도197 부정경쟁방지법 위반 등 1996공2087
참조조문/ 부정경쟁방지법 제2조 제1호, 제18조 제1항 제1호

2. 영업비밀

 민사사건

사례(1)

▌기술정보

문 1) 필기구 제조업체의 잉크 제조관련 기술정보가 부정경쟁방지법 소정의 영업비밀에 해당하는지?

2) 부정경쟁방지법 제2조 제3호 (가)목 소정의 '부정한 수단' 이란?

3) 부정경쟁방지법 제2조 제3호 (라)목 소정의 '계약관계 등에 의하여 영업비밀을 비밀로서 유지할 의무' 의 내용은?

4) 필기구 제조업체의 직원으로서 영업비밀에 해당하는 기술정보를 습득한 자가 타회사에 스카우트되어 그 회사에서 기술정보를 공개하고 이를 사용하여 제품을 만든 행위가 부정경쟁방지법 제2조 제3호 (라)목 소정의 영업비밀 침해행위에 해당하는지?

5) 부정경쟁방지법 시행 전에 영업비밀을 취득한 자가 같은 법 시행 후에 그 영업비밀을 공개하는 경우, 부정경쟁방지법이 적용되는지?

6) 영업비밀침해행위에 대한 금지청구권의 인정취지 및 금지기간은?

7) 영업비밀을 취득한 자가 그 영업비밀을 자신의 노트에 기재한 행위자체는 영업비밀침해행위에 해당하지 아니하나, 그 노트에 기재된 영업비밀을 이용하여 영업비밀침해행위를 하고 있다면 그 노트는 폐기를 명할 수 있는 '침해행위를 조성한 물건' 에 해당하는지?

8) 영업비밀의 '침해행위를 조성한 물건' 에 대한 폐기를 명하기 위한 심리방법은?

답 1) 필기구 제조업체에 있어서 잉크제조의 원료가 되는 10여 가지의 화학약품의 종류, 제품 및 색깔에 따른 약품들의 조성비율과 조성방법에 관한 기술정보는 가장 중요한 경영요소 중의 하나로서, 기술정보가 짧게는 2년, 길게는 32년의 시간과 많은 인적, 물적 시설을 투입하여 연구, 개발한 것이고, 생산 제품 중의 90% 이상의 제품에 사용하는 것으로서 실질적으로 그 기술정보 보유업체의 영업의 핵심적 요소로서 독립한 경

제적 가치가 있으며, 그 내용이 일반적으로 알려져 있지 아니함은 물론 당해 업체의 직원들조차 자신이 연구하거나 관리한 것이 아니면 그 내용을 알기 곤란한 상태에 있어 비밀성이 있고, 당해 업체는 공장 내에 별도의 연구소를 설치하여 관계자 이외에는 그 곳에 출입할 수 없도록 하는 한편 모든 직원들에게는 그 비밀을 유지할 의무를 부과하고, 연구소장을 총책임자로 정하여 그 기술정보를 엄격하게 관리하는 등으로 비법관리를 하여 왔다면, 그 기술정보는 부정경쟁방지법 소정의 영업비밀에 해당하고, 당해 업체가 외국의 잉크제품을 분석하여 이를 토대로 이 사건 기술정보를 보유하게 되었다거나, 역설계가 허용되고 역설계에 의하여 이 사건 기술정보의 획득이 가능하다고 하더라도 그러한 사정만으로는 그 기술정보가 영업비밀이 되는 데 지장이 없다.

2) 부정경쟁방지법 제2조 제3호 (가)목 전단에서 말하는 '부정한 수단'이라 함은 절취, 기망, 협박 등 형법상의 범죄를 구성하는 행위뿐만 아니라 비밀유지의무의 위반 또는 그 위반의 유인 등 건전한 거래질서의 유지 내지 공정한 경쟁의 이념에 비추어 위에 열거된 행위에 준하는 선량한 풍속, 기타 사회질서에 반하는 일체의 행위나 수단을 말한다.

3) 부정경쟁방지법 제2조 제3호 (라)목에서 말하는 '계약관계 등에 의하여 영업비밀을 비밀로서 유지할 의무'라 함은 계약관계 존속중은 물론 종료 후라도 또한 반드시 명시적으로 계약에 의하여 비밀유지의무를 부담하기로 약정한 경우뿐만 아니라 인적 신뢰관계의 특성 등에 비추어 신의칙상 또는 묵시적으로 그러한 의무를 부담하기로 약정하였다고 보아야 할 경우를 포함한다.

4) 필기구 제조업체의 연구실장으로서 영업비밀에 해당하는 기술정보를 습득한 자가 계약관계 및 신의성실의 원칙상 퇴사 후에도 상당 기간 동안 비밀유지의무를 부담함에도 불구하고 타회사로부터 고액의 급여와 상위의 직위를 받는 등의 이익을 취하는 한편 타회사로 하여금 잉크를 제조함에 있어서 그 기술정보를 이용하여 시간적, 경제적인 면에서 이익을 얻게 하기 위하여 타회사로 전직하여 타회사에서 그 기술정보를 공개하고 이를 사용하여 잉크를 생산하거나 생산하려고 한 경우, 그러한 행위는 공정한 경쟁의 이념에 비추어 선량한 풍속, 기타 사회질서에 반하는 부정한 이익을 얻을 목적에서 행하여진 것으로서 부정경쟁방지법 제2조 제3호 (라)목 소정의 영업비밀 유지의무 위반행위에 해당한다.

5) 부정경쟁방지법 시행 이전에 취득한 영업비밀을 같은 법 시행 후에 독자적으로 사용하는 행위는 같은 법 부칙 제2조 후단에 의하여 허용되나, 나아가 그 영업비밀을 공개하는 행위는 허용되지 아니한다.

6) 영업비밀 침해행위를 금지시키는 것은 침해행위자가 그러한 침해행위를 하여 공정한 경쟁자보다 '유리한 출발(Headstart)' 내지 '시간절약(Lead time)'이라는 우월한 위치에서 부당하게 이익을 취하지 못하도록 하고, 영업비밀 보유자로 하여금 그러한 침해가 없었더라면 원래 있었을 위치로 되돌아갈 수 있게 하는 데에 그 목적이 있다 할 것이므로, 영업비밀침해행위의 금지는 이러한 목적을 달성함에 필요한 시간적 범위 내에서 기술의 급속한 발달상황 및 변론에 나타난 침해행위자의 인적, 물적 시설

등을 고려하여 침해행위자나 다른 공정한 경쟁자가 독자적인 개발이나 역설계와 같은 합법적인 방법에 의하여 그 영업비밀을 취득하는 데 필요한 시간에 상당한 기간 동안으로 제한하여야 하고, 영구적인 금지는 제재적인 성격을 가지게 될 뿐만 아니라 자유로운 경쟁을 조장하고 종업원들이 그들의 지식과 능력을 발휘할 수 있게 하려는 공공의 이익과 상치되어 허용될 수 없다.

7) 영업비밀 보유자에게 고용되어 영업비밀을 취득한 자가 그 영업비밀을 자신의 노트에 기재한 행위 자체는 영업비밀의 침해행위에 해당하지 않지만, 타회사에 스카우트되어 그 노트에 기재된 영업비밀을 이용하여 영업비밀침해행위를 하고 있다면 그 노트는 부정경쟁방지법 제10조 제2항 소정의 '침해행위를 조성한 물건'에 해당한다는 이유로, 영업비밀침해행위가 계속될 염려가 있다면 그 노트에 대한 폐기를 명할 수 있다.

8) 영업비밀의 '침해행위를 조성한 물건'에 대한 폐기는 그 현존 여부를 밝힌 다음 그 소유자나 처분권한이 있는 자에게 명하여야 한다.

참조판례/ 96다16605 영업비밀침해금지 등 1997공501

참조조문/ 부정경쟁방지법 제2조 제2호, 제3호, 제10조 제1항, 제2항, 부칙 제2항,

사례(2)

▌영업비밀침해와 위자료

문 영업비밀 침해행위에 의하여 재산권이 침해된 경우 위자료는 인정되는지?

답 일반적으로 타인의 불법행위 등에 의하여 재산권이 침해된 경우에는 그 재산적 손해의 배상에 의하여 정신적 고통도 회복된다고 보아야 할 것이므로, 영업비밀침해행위로 인하여 영업매출액이 감소한 결과 입게 된 정신적 고통을 위자할 의무가 있다고 하기 위해서는 재산적 손해의 배상에 의하여 회복할 수 없는 정신적 손해가 발생하였다는 특별한 사정이 있고 영업비밀 침해자가 그러한 사정을 알았거나 알 수 있었어야 한다.

참조판례/ 96다31574 1997공58 손해배상(기) 1997공58

참조조문/ 구 부정경쟁방지법(1991. 12. 31. 개정) 제11조, 부칙 제2항, 민법 제
750조, 제393조, 제760조

사례(3)

▌영업비밀 침해금지기간

문 1) 영업비밀침해행위 금지의 목적 및 금지기간의 판단 기준은?
2) 영업비밀 보호기간이 사정에 따라 연장될 수 있는지?

답 1) 영업비밀침해행위를 금지시키는 것은 침해행위자가 침해행위에 의하여 공정한 경쟁자보다 유리한 출발 내지 시간절약이라는 우월한 위치에서 부당하게 이익을 취하지 못하도록 하고, 영업비밀 보유자로 하여금 그러한 침해가 없었더라면 원래 있었을 위치로 되돌아갈 수 있게 하는 데에 그 목적이 있으므로 영업비밀침해행위의 금지는 공정하고 자유로운 경쟁의 보장 및 인적 신뢰관계의 보호 등의 목적을 달성함에 필요한 시간적 범위 내로 제한되어야 하고, 그 범위를 정함에 있어서는 영업비밀인 기술정보의 내용과 난이도, 영업비밀 보유자의 기술정보 취득에 소요된 기간과 비용, 영업비밀의 유지에 기울인 노력과 방법, 침해자들이나 다른 공정한 경쟁자가 독자적인 개발이나 역설계와 같은 합법적인 방법에 의하여 그 기술정보를 취득하는 데 필요한 시간, 침해자가 종업원(퇴직한 경우 포함)인 경우에는 사용자와의 관계에서 그에 종속하여 근무하였던 기간, 담당 업무나 직책, 영업비밀에의 접근 정도, 영업비밀보호에 관한 내규나 약정, 종업원이었던 자의 생계활동 및 직업선택의 자유와 영업활동의 자유, 지적재산권의 일종으로서 존속기간이 정해져 있는 특허권 등의 보호기간과의 비교, 기타 변론에 나타난 당사자의 인적·물적 시설 등을 고려하여 합리적으로 결정하여야 한다.
2) 영업비밀이 보호되는 시간적 범위는 당사자 사이에 영업비밀이 비밀로서 존속하는 기간이므로 그 기간의 경과로 영업비밀은 당연히 소멸하여 더 이상 비밀이 아닌 것으로 된다고 보아야 하는 바, 그 기간은 퇴직 후 부정한 목적의 영업비밀침해행위가 없는 평온·공연한 기간만을 가리킨다거나, 그 기산점은 퇴직 후의 새로운 약정이 있는 때 또는 영업비밀침해행위가 마지막으로 이루어진 때라거나, 나아가 영업비밀 침해금지 기간중에 영업비밀을 침해하는 행위를 한 경우에는 침해기간만큼 금지기간이 연장되어야 한다고는 볼 수 없다.

참조판례/ 97다24528 가처분이의 1998공715
참조조문/ 부정경쟁방지법 제10조, 제14조

● 형사사건

사례(1)

▌영업비밀 유출 행위

문 1) 영업비밀을 취득함으로써 얻는 이익액은?

2) 구 부정경쟁방지법 제2조 제2호 소정의 영업비밀의 의미는?

3) 배임죄에 있어서 '그 임무에 위배하는 행위'의 의미 및 기업의 영업비밀을 유출하지 않을 것을 서약한 직원이 대가를 얻기 위하여 경쟁업체에 영업비밀을 유출한 행위가 업무상배임죄에 해당하는지?

답 1) 영업비밀을 취득함으로써 얻는 이익은 그 영업비밀이 가지는 재산가치 상당이고, 그 재산가치는 그 영업비밀을 가지고 경쟁사 등 다른 업체에서 제품을 만들 경우, 그 영업비밀로 인하여 기술개발에 소요되는 비용이 감소되는 경우의 그 감소분 상당과 나아가 그 영업비밀을 이용하여 제품생산에까지 발전시킬 경우 제품판매이익 중 그 영업비밀이 제공되지 않았을 경우의 차액 상당으로서 그러한 가치를 감안하여 시장경제원리에 의하여 형성될 시장교환가격이다.

2) 영업비밀이라 함은 일반적으로 알려져 있지 않고 독립된 경제적 가치를 가지며, 상당한 노력에 의하여 비밀로 유지·관리된 생산방법, 판매방법, 기타 영업활동에 유용한 기술상 또는 경영상의 정보를 말하고, 영업비밀의 보유자인 회사가 직원들에게 비밀유지의 의무를 부과하는 등 기술정보를 엄격하게 관리하는 이상, 역설계가 가능하고 그에 의하여 기술정보의 획득이 가능하더라도, 그러한 사정만으로 그 기술정보를 영업비밀로 보는 데에 지장이 있다고 볼 수 없다.

3) 배임죄는 타인의 사무를 처리하는 자가 그 임무에 위배하는 행위로써 재산상 이익을 취득하거나 제3자로 하여금 이를 취득하게 하여 본인에게 손해를 가함으로써 성립하는 바, 이 경우 그 임무에 위배하는 행위라 함은 사무의 내용, 성질 등 구체적 상황에 비추어 법률의 규정, 계약의 내용 혹은 신의칙상 당연히 할 것으로 기대되는 행위를 하지 않거나 당연히 하지 않아야 할 것으로 기대되는 행위를 함으로써 본인과 사이의 신임관계를 저버리는 일체의 행위를 포함하는 것이므로, 기업의 영업비밀을 사외로 유출하지 않을 것을 서약한 회사의 직원이 경제적인 대가를 얻기 위하여 경쟁업체에 영업비밀을 유출하는 행위는 피해자와의 신임관계를 저버리는 행위로서 업무상배임죄를 구성한다.

참조판례/ 98도4704   특가법 위반(업무상배임), 절도, 부정경쟁방지법 위반
    1999공710
참조조문/ 형법 제355조 제2항, 부정경쟁방지법 제2조 제2호, 형법 제355조 제2
    항, 제356조

제6장 저작권법
(컴퓨터프로그램보호법 포함)

● 민사사건

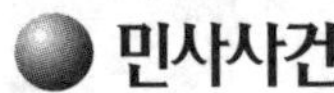

사례(1)

▌저작인격권의 성질

문 저작인격권의 일신전속성 및 그 권한 행사위임의 한계는?

답 저작인격권은 저작재산권과는 달리 일신전속적인 권리로서 이를 양도하거나 이전할 수 없는 것이므로, 비록 그 권한 행사에 있어서는 이를 대리하거나 위임하는 것이 가능하다 할지라도 이는 어디까지나 저작인격권의 본질을 해하지 아니하는 한도 내에서만 가능하고 저작인격권 자체는 저작권자에게 여전히 귀속되어 있으며, 구 저작권법 제14조에 의하면 저작자는 자기의 저작물에 관하여 그 저작자임을 주장할 수 있는 권리(소위 귀속권)가 있으므로 타인이 무단으로 자기의 저작물에 관한 저작자의 성명, 칭호를 변경하거나 은닉하는 것은 고의, 과실을 불문하고 저작인격권의 침해가 된다.

참조판례/ 94마2217 배포금지가처분 1995공3716
참조조문/ 저작권법 제14조 제1항, 구 저작권법(1986. 12. 31. 개정 전) 제14조

사례(2)

▮저작물의 동일성유지권

문 원작수정이 저작자 사망 후의 저작인격권(저작물의 동일성유지권)의 침해가 되는지?

답 망인인 이광수의 허락을 받지 아니하고 그의 소설을 다소 수정한 내용을 실은 도서를 출판, 판매하였으나, 수정한 내용이 주로 해방 후 맞춤법 표기법이 바뀜에 따라 오기를 고치거나 일본식 표현을 우리말 표현으로 고친 것으로서, 망인 스스로 또는 그 작품의 출판권을 가진 출판사에서 원작을 수정한 내용과 별로 다르지 않다면 그 수정행위의 성질 및 정도로 보아 사회통념상 저작자의 명예를 훼손한 것으로 볼 수 없어 저작자 사망 후의 저작인격권(저작물의 동일성유지권) 침해가 되지 아니한다.

> 참조판례/ 94다7980 손해배상(지) 1994공286
>
> 참조조문/ 저작권법 제14조

사례(3)

▮공표된 저작물의 인용

문 1) 저작권법상 보호되는 저작물의 요건은?
2) 대입 본고사 입시문제가 저작권법상 보호되는 저작물에 해당되는지?
3) 저작권법 제25조 소정의 정당한 범위 안에서 공정한 관행에 합치되게 인용한 것인지 여부의 판단 기준은?

답 1) 저작권법에 의하여 보호되는 저작물은 문학 · 학술 또는 예술의 범위에 속하는 창작물이어야 하는 바, 여기에서 창작물이라 함은 저자 자신의 작품으로서 남의 것을 베낀 것이 아니라는 것과 최소한도의 창작성이 있다는 것을 의미하고, 따라서 작품의 수준이 높아야 할 필요는 없지만 저작권법에 의한 보호를 받을 가치가 있는 정도의 최소한의 창작성은 요구되므로, 단편적인 어구나 계약서의 양식 등과 같이 누가 하더라도 같거나 비슷할 수밖에 없는 성질의 것은 최소한도의 창작성을 인정받기가 쉽지 않다

할 것이다. 또한 작품 안에 들어 있는 추상적인 아이디어의 내용이나 과학적인 원리, 역사적인 사실들은 이를 저자가 창작한 것이라 할 수 없으므로, 저작권은 추상적인 아이디어의 내용 그 자체에는 미치지 아니하고 그 내용을 나타내는 상세하고 구체적인 표현에만 미친다.

2) 대입 본고사 입시문제가 역사적인 사실이나 자연과학적인 원리에 대한 인식의 정도나 외국어의 해독능력 등을 묻는 것이고, 또 교과서·참고서, 기타 교재의 일정한 부분을 발췌하거나 변형하여 구성된 측면이 있다고 하더라도 출제위원들이 우수한 인재를 선발하기 위하여 정신적인 노력과 고심 끝에 남의 것을 베끼지 아니하고 문제를 출제하였고 그 출제한 문제의 질문의 표현이나 제시된 여러 개의 답안의 표현에 최소한도의 창작성이 인정된다면, 이를 저작권법에 의하여 보호되는 저작물로 보는 데 아무런 지장이 없다.

3) 저작권법 제25조는 공표된 저작물은 보도·비평·교육·연구 등을 위하여는 정당한 범위 안에서 공정한 관행에 합치되게 이를 인용할 수 있다고 규정하고 있는 바, 정당한 범위 안에서 공정한 관행에 합치되게 인용한 것인가의 여부는 인용 목적, 저작물의 성질, 인용된 내용과 분량, 피인용저작물을 수록한 방법과 형태, 독자의 일반적 관념, 원저작물에 대한 수요를 대체하는지 여부 등을 종합적으로 고려하여 판단하여야 할 것이고, 이 경우 반드시 비영리적인 이용이어야만 교육을 위한 것으로 인정될 수 있는 것은 아니라 할 것이지만, 영리적인 교육목적을 위한 이용은 비영리적 교육목적을 위한 이용의 경우에 비하여 자유이용이 허용되는 범위가 상당히 좁아진다.

참조판례/ 97도2227 저작권법 위반 1998공178

참조조문/ 저작권법 제2조 제1호, 제25조

사례(4)

▌2차적 저작물의 요건

문 '성경전서 개역 한글판'의 개정판에 대하여 저작권을 인정할 수 있는지?

답 대한성서공회가 1952년경 '성경전서 개역한글판'을 발행한 후 31곳의 오역을 바로잡고 200여 곳의 번역을 달리하며 370곳의 문장과 문체를 바꾸고 37곳의 음역을 달리하며 100여 곳을 국어문법과 한글식 표현에 맞게 달리 번역하여 1961년경 개정판을 발행하였다면, 1961년판 성경은 1952년판 성경의 오역을 원문에 맞도록 수정하여 그 의미내용을 바꾸고 표현을 변경한 것으로서 그 범위 내에서 2차적 저작물의 창작성을 논함에 있어 저작자의 정신적 노작의 소산인 사상이나 생각의 독창성이 표현되어 있다고 볼 것이므로, 1961년판 성경은 1952년판 성경과 동일한 것이라고 보기 어렵고 별개로 저작권 보호대상이 된다.

참조판례/ 93다9460 저작권소멸확인 1994공2283
참조조문/ 구 저작권법(1986. 12. 31. 개정 전) 제5조 제1항, 제33조, 저작권법 제38조, 부칙 제3조 제2항

사례(5)

저작물의 유사 여부 대비 부분

문 1) 저작권의 보호 대상과 저작권의 침해 여부를 가리기 위하여 저작물의 유사 여부를 판단함에 있어 대비하여야 할 부분은?
2) 저작권자의 저작물에 저술된 속독법에 관한 기본 원리나 아이디어 중 일부를 이용하여 속독법에 관한 저작물을 저술하였으나 저작권자의 저작물의 창작적 표현 형식까지 무단 이용한 것인지?

답 1) 저작권의 보호 대상은 학문과 예술에 관하여 사람의 정신적 노력에 의하여 얻어진 사상 또는 감정을 말, 문자, 음, 색 등에 의하여 구체적으로 외부에 표현한 창작적 표현 형식이고, 표현되어 있는 내용, 즉 아이디어나 이론 등의 사상 및 감정 그 자체는 설사 그것이 독창성, 신규성이 있다 하더라도 원칙적으로 저작권의 보호 대상이 되지 아니하며, 결국 저작권의 보호 대상은 아이디어가 아닌 표현에 해당하고 저작자의 독창성이 나타난 개인적인 부분에 한하므로 저작권의 침해 여부를 가리기 위하여 두 저작물 사이에 실질적 유사성이 있는가의 여부를 판단함에 있어서도 표현에 해당하는 부분만을 가지고 대비하여야 한다.
2) 신청인 저작의 '4차원 속독법'과 강의록, 피신청인 저작의 '12시간 속독법'을 대비해 보면, 피신청인이 신청인의 '4차원 속독법'과 강의록에 저술된 학술적, 이론적 내용, 즉 신청인이 개발한 독창적인 속독법에 관한 기본 원리나 아이디어 중 일부를 이용하여 '12시간 속독법'을 저술하였음을 엿볼 수 있으나, 피신청인이 '4차원 속독법'과 강의록의 내용 중 속독법의 기본 원리나 아이디어 자체 이외에 창작적인 표현 형식을 무단 이용하여 '12시간 속독법'을 저술하였는지에 관하여 보면, '12시간 속독법'이 '4차원 속독법'의 표현 전부를 그대로 베낀 것으로 인정할 수 없음은 분명하고, 양

저작물 사이에 그 표현 중 일부에 있어서 일응 유사하다고 볼 수 있는 부분이 있기는
하나 유사 부분 중 일부는 '4차원 속독법' 발행 전의 간행물에 거의 동일하거나 매우
유사한 표현이 있어 신청인의 독창적인 표현이라 할 수 없고, 나머지 유사 부분은 양
저작물의 목차가 많이 다르고 '12시간 속독법'의 표현이 '4차원 속독법'의 표현과 상
당히 차이가 나는 이상, 서술의 순서나 용어의 선택 또는 표현 방법 등 문장 표현상의
각 요소가 현저하게 실질적으로 유사하여 '4차원 속독법'의 재제 또는 동일성이 인식
되거나 감지되는 정도에 이르지 아니하므로 피신청인이 신청인의 저작권을 침해하였
다고 볼 수 없다.

참조판례/ 97마330   서적인쇄 등 가처분 1997공3374
참조조문/ 저작권법 제2조, 제10조

· · · · · ·
사례(6)

▌학술 범위에 속하는 저작물의 보호 여부

문 학술 범위에 속하는 저작물이 저작권의 보호대상이 되는지?

답 저작권법에 의하여 보호되는 저작물은 학문과 예술에 관하여 사람의 정신적 노력에
의하여 얻어진 사상 또는 감정의 창작적 표현물이어야 하므로 저작권법이 보호하고
있는 것은 사상, 감정을 말, 문자, 음, 색 등에 의하여 구체적으로 외부에 표현한 창작
적인 표현형식이고 표현되어 있는 내용, 즉 아이디어나 이론 등의 사상 및 감정 그 자
체는 설사 그것이 독창성, 신규성이 있다 하더라도 소설의 스토리 등의 경우를 제외하
고는 원칙적으로 저작물이 될 수 없으며 저작권법에서 정하고 있는 저작인격권, 저작
재산권의 보호대상이 되지 아니하고, 특히 학술 범위에 속하는 저작물의 경우 학술적
인 내용은 만인에게 공통되는 것이고 누구에 대해서도 자유로운 이용이 허용되어야
하는 것이므로 그 저작권의 보호는 창작적인 표현형식에 있지 학술적인 내용에 있는
것은 아니라 할 것이다.

참조판례/ 93다3073, 93다3080 위자료, 손해배상 등 1993공2002
참조조문/ 저작권법 제2조 제93조

사례(7)

■ 번역저작권의 요건

문 구 저작권법 제5조 제1항에 의한 번역저작권의 성립요건은?

답 구 저작권법 제5조 제1항에 의하면 타인의 저작물을 그 창작자의 동의를 얻어 다른 언어로 번역한 자는 원저작자의 권리를 해하지 않는 범위 내에서 그 번역물에 대하여 저작권을 가지는 것으로 규정되어 있는데 위 번역저작권은 그 성질상 특정한 형식이나 절차에 관계 없이 번역저작물의 완성과 동시에 당연히 성립한다고 해석되고, 또한 그 번역내용이 원저작자의 뜻에 맞지 아니한다고 하여 바로 원저작자의 권리를 해하는 것으로 볼 수는 없다.

참조판례/ 89다카4342 손해배상 1990공750

참조조문/ 구 저작권법(1986. 12. 31. 개정 전) 제5조 제1항

사례(8)

■ 악곡의 개작 요건

문 타인의 악곡을 수정한 것은 개작에 해당하는지?

답 구 저작권법 제5조, 제64조 등에 의하면 '개작'이라 함은 원저작물을 기초로 하였으나 사회통념상 새로운 저작물이 될 수 있는 정도의 수정, 증감을 가하거나 같은 법 제5조 제2항 각호의 방법에 의하여 복제하는 것을 말하는 것이므로, 원저작물과 거의 동일하게 복제하는 이른바 도작, 표절 또는 원저작물과 실질적인 유사성이 없는 별개의 독립적인 새로운 저작물을 만드는 창작과는 다르다. 타인에 의하여 작곡된 원곡의 어렵거나 부적절한 부분을 수정함으로써 새로운 변화를 가하면서도 원곡의 특성을 유지함으로써 원곡에다가 개작자의 창의에 의한 부가가치를 덧붙인 것에 대하여 정신적인 노작으로서의 가치를 보호받을 만한 정도의 창작성을 구비하였다고 인정되므로 구 저작권법상의 개작에 해당한다.

참조판례/ 대법원 96다2460 손해배상(저)판결, 1997공1971

참조조문/ 구 저작권법(1986. 12. 31. 개정 전) 제5조, 제64조

사례(9)

▌저작물의 무단복제

문 저작물의 무단복제가 되는 경우는?

답 다른 사람의 저작물을 원저작자의 이름으로 무단 복제하면 복제권의 침해가 되는 것이고 이 경우 저작물을 원형 그대로 복제하지 않고 다소의 수정증감이나 변경을 가하더라도 원저작물의 재제 또는 동일성이 인식되거나 감지되는 정도이면 복제로 보아야 할 것이며 원저작물의 일부분을 재제하는 경우에도 그것이 원저작물의 본질적인 부분의 재제라면 역시 복제에 해당한다.

참조판례/ 89다카12824 위자료 1989공1766

참조조문/ 저작권법 제16조, 제12조, 제95조, 민법 제751조

사례(10)

▌방송국 및 프로그램제작사의 책임

문 연속극 대본집필자가 저작권을 침해하여 극본을 작성하였더라도, 방송국 및 프로그램제작사가 과실 없이 이를 알지 못한 경우 손해배상책임을 지는지?

답 방송국 및 프로그램제작사가 원저자의 저작권을 침해한 사실을 알고 있었다거나 이를 알 수 있었음에도 그 대본을 감독, 심의할 주의의무를 위배하였음을 인정할 증거가 없을 뿐만 아니라, 방송국 및 프로그램제작사와 연속극 대본 집필자 사이에는 사용자 및 피용자의 관계가 존재하지 아니하여 대본 집필자의 저작권 침해행위에 대하여 방송국 및 프로그램제작사가 특별한 주의, 감독을 하여야 할 의무가 있다고 할 수 없고, 달리 방송국 및 프로그램제작사가 원저자의 저작권 침해를 방지하여야 할 의무가 있음에도 불구하고 이를 해태하였다고 인정할 증거가 없으므로 방송국 및 프로그램제작사에 대한 손해배상청구는 성립하지 아니한다.

참조판례/ 95다49639 손해배상(기) 1996공하2121

참조조문/ 저작권법 제93조, 민법 제750조

사례(11)

▌정신적 손해에 대한 배상 청구권

문 명예와 성망을 침해당하지 않았으나 저작물의 변경권을 침해당한 저작자의 정신적 손해에 대해 배상 청구할 수 있는지?

답 구 저작권법 제17조에 의하면 저작자는 그 저작물의 내용, 형식과 제호를 변경할 권리가 있고, 이는 저작자가 그 저작물에 관한 인격적 권리에 터잡아 저작물의 동일성을 유지할 권리가 있다는 뜻이므로 저작자는 특단의 사정이 없는 한 그 저작물을 임의로 변경한 자에 대하여 위 법조 소정의 변경권 내지 동일성 유지권의 침해로 인한 정신적 손해의 배상을 구할 수 있다 할 것이고, 한편 이른바 원상유지권을 규정한 같은 법 제16조가 뜻하는 것은 저작자는 그 저작물에 변경을 가하여 그 명예와 성망을 해한 자에 대해서는 같은 법 제62조, 제63조, 민법 제764조 등의 규정에 따라 손해배상에 갈음하거나 손해배상과 함께 명예회복에 적당한 처분을 구할 수 있다는 것일 뿐, 위 법조 소정의 명예와 성망을 침해당하지 아니한 저작자는 그 저작물의 동일성 유지권 내지 변경권이 침해되더라도 일체 이로 인한 정신적 손해의 배상을 청구할 수 없게 된다는 것으로 풀이할 수는 없다.

> 참조판례/ 88다카29269 손해배상(기) 1989공1759
>
> 참조조문/ 구 저작권법(1986. 12. 31. 개정 전) 제17조, 제16조, 제62조, 제63조, 민법 제764조

사례(12)

▌저작권 이용허락계약의 내용

문 저작권 이용허락계약시 저작권 이용허락을 받은 매체의 범위에 대한 명시적 약정이 없는 경우, 새로운 매체에 관한 이용을 허락한 것으로 볼 수 있는지?

답 저작권에 관한 이용허락계약의 해석에 있어서 저작권 이용허락을 받은 매체의 범위를 결정하는 것은 분쟁 대상이 된 새로운 매체로부터 발생하는 이익을 누구에게 귀속시킬 것인가의 문제라고 할 것이므로, '녹음물 일체'에 관한 이용권을 허락하는 것으로

약정하였을 뿐 새로운 매체에 관한 이용허락에 대한 명시적인 약정이 없는 경우 과연 당사자 사이에 새로운 매체에 관해서도 이용을 허락한 것으로 볼 것인지에 관한 의사해석의 원칙은, ① 계약 당시 새로운 매체가 알려지지 아니한 경우인지 여부, 당사자가 계약의 구체적 의미를 제대로 이해한 경우인지 여부, 포괄적 이용허락에 비하여 현저히 균형을 잃은 대가만을 지급받았다고 보여지는 경우로서 저작자의 보호와 공평의 견지에서 새로운 매체에 대한 예외조항을 명시하지 아니하였다고 하여 그 책임을 저작자에게 돌리는 것이 바람직하지 않은 경우인지 여부 등 당사자의 새로운 매체에 대한 지식, 경험, 경제적 지위, 진정한 의사, 관행 등을 고려하고, ② 이용허락계약 조건이 저작물 이용에 따른 수익과 비교하여 지나치게 적은 대가만을 지급하는 조건으로 되어 있어 중대한 불균형이 있는 경우인지 여부, 이용을 허락받은 자는 계약서에서 기술하고 있는 매체의 범위 내에 들어간다고 봄이 합리적이라고 판단되는 어떠한 사용도 가능하다고 해석할 수 있는 경우인지 여부 등 사회일반의 상식과 거래의 통념에 따른 계약의 합리적이고 공평한 해석의 필요성을 참작하며, ③ 새로운 매체를 통한 저작물의 이용이 기존 매체를 통한 저작물의 이용에 미치는 경제적 영향, 만일 계약 당시 당사자들이 새로운 매체의 등장을 알았더라면 당사자들이 다른 내용의 약정을 하였으리라고 예상되는 경우인지 여부, 새로운 매체가 기존의 매체와 사용, 소비 방법에 있어 유사하여 기존 매체시장을 잠식, 대체하는 측면이 강한 경우이어서 이용자에게 새로운 매체에 대한 이용권이 허락된 것으로 볼 수 있는지 아니면 그와 달리 새로운 매체가 기술혁신을 통해 기존의 매체시장에 별다른 영향을 미치지 않으면서 새로운 시장을 창출하는 측면이 강한 경우이어서 새로운 매체에 대한 이용권이 저작자에게 유보된 것으로 볼 수 있는지 여부 등 새로운 매체로 인한 경제적 이익의 적절한 안배의 필요성 등을 종합적으로 고려하여 사회정의와 형평의 이념에 맞도록 해석하여야 한

참조판례/ 95다29130 손해배상(기)판결, 1996공하2639
참조조문/ 저작권법 제41조, 제42조, 민법 제105조

사례(13)

▌저작권 양도의 대항요건

문 저작재산권을 양도받고도 이를 등록하지 않은 사이에 그 양도사실을 모르는 제3자가 출판권 설정계약 및 등록을 마친 경우에 이에 대항할 수 있는지?

답 타인의 원저작물을 번역한 창작물은 독자적인 저작물(2차적 저작물)로서 보호되고(저

작권법 제5조), 저작물은 그 성질상 어떠한 절차나 형식의 이행을 필요로 하지 아니하고 저작한 때부터 당연히 발생하며(같은 법 제10조 제2항), 저작재산권의 양도는 이를 등록하지 아니하면 제3자에게 대항할 수 없다(같은 법 제52조 제1호). 신청 외 박영창이 중국작가인 김용이 저작한 '鹿鼎記'의 번역을 완성함으로써 2차적 저작물인 이 사건 녹정기에 대한 저작권을 취득하고 이와 같이 원시적으로 취득한 2차적 저작물에 대한 저작재산권을 1987. 3. 31.자 계약에 의하여 신청인에게 양도하였으나 신청인이 이에 대한 등록을 하지 아니한 사이에 위 저작재산권 양도사실을 모르는 피신청인이 1992. 7. 30.경 위 박영창과 위 녹정기를 일부 수정, 가필하여 다시 출판하기로 하는 출판권설정계약을 체결하고 그 등록까지 마쳤으므로 신청인은 위 1987. 3. 31.자 저작권양수로서 피신청인에게 대항할 수 없다.

참조판례/ 95다3381 가처분이의 1995공3520

참조조문/ 저작권법 제5조, 제10조 제2항, 제52조 제1호

사례(14)

▍2차적 저작물에 관한 복제반포권의 양도

문 갑이 계약에 의해 취득한 권리가 원저작물을 번역, 해설한 2차적 저작물에 관한 복제반포권이며, '이 계약에 따라 출판되는 모든 서적의 저작권은 원저작자 을의 이름으로 얻어지고 을에게 귀속된다'는 계약규정 등에 비추어, 갑이 원시적으로 취득한 2차적 저작물에 관한 저작권 중 저작재산권은 을에게 양도되었다고 볼 수 있는지?

답 갑이 계약에 의해 취득한 권리가 원저작물인 '디즈니의 영어세계 시리즈-교재와 테이프'의 원문 그대로의 복제 반포권이 아니라 원저작물을 우리말로 번역하고 해설한 2차적 저작물에 관한 복제 반포권이었다면, 원저작자인 미국회사 을의 원저작물에 관한 저작권은 영향을 받지 않는 것이므로 굳이 위 계약에서 원저작물에 관한 저작권이 계속 을에게 남아 있다는 점은 밝힐 필요가 없는 것이고, 만일 2차적 저작물에 관한 저작재산권이 을에게 양도되지 아니한 채 갑에게 그대로 남아 있다면 위 계약이 종료된 뒤에도 갑으로서는 2차적 저작물의 제작에 소요된 복제재료 등을 을에게 인도해 줄 하등의 필요가 없는 데도 계약종료시 위 복제재료 등을 을에게 인도하도록 의무지우고 있는 점, 을로서도 갑으로부터 2차적 저작물에 관한 저작권을 양도받음으로써 계약 종료 후에도 갑이나 제3자에 의한 2차적 저작물의 무단복제 반포를 저지할 필요성

있었던 점 및 '이 계약에 따라 출판되는 모든 서적의 저작권은 을의 이름으로 얻어지고 을에게 귀속된다'는 계약규정 등에 비추어 볼 때, 갑이 구 저작권법제5조 제1항에 의해 원시적으로 취득한 2차적 저작물에 관한 저작권 중 저작재산권은 을에게 양도되었다고 볼 것이고, 을은 우리나라 사람의 저작권을 양도받은 자로서 보호를 받는다.

참고판례/ 91다39092 손해배상(지) 1992공2957

참조조문/ 구 저작권법(1986. 12. 31. 개정 전) 제5조 제1항, 제46조

사례(15)

▌실제로 제작하지 아니한 자를 저작자로 하는 경우

문 상업성이 강한 응용 미술작품의 경우 당사자 사이의 계약에 의하여 실제로 제작하지 아니한 자를 저작자로 할 수 있는지?

답 저작권법은 저작물을 창작한 자를 저작자로 하고(제2조 제2호), 저작권은 저작한 때로부터 발생하며 어떠한 절차나 형식의 이행을 필요로 하지 아니하고(제10조 제2항), 저작인격권은 이를 양도할 수 없는 일신전속적인 권리로(제14조 제1항) 규정하고 있고, 위 규정들은 당사자 사이의 약정에 의하여 변경할 수 없는 강행규정이라 할 것인 바, 상업성이 강하고 주문자의 의도에 따라 상황에 맞도록 변형되어야 할 필요성이 큰 저작물의 경우 재산적 가치가 중요시되는 반면 인격적 가치는 비교적 가볍게 평가될 수 있지만, 이러한 저작물도 제작자의 인격이 표현된 것이고, 제작자가 저작물에 대하여 상당한 애착을 가질 것임은 다른 순수미술작품의 경우와 다르지 않을 것이며, 위 법규정의 취지 또한 실제로 저작물을 창작한 자에게만 저작인격권을 인정하자는 것이라고 볼 수 있으므로 상업성이 강한 응용미술작품의 경우에도 당사자 사이의 계약에 의하여 실제로 제작하지 아니한 자를 저작자로 할 수는 없다.

참조판례/ 92다31309 가처분이의 1993공598

참조조문/ 저작권법 제2조, 제102조 제2항, 제14조 제1항

사례(16)

▌공동저작자의 권리

문 공동저작물에 대한 저작인격권 침해를 이유로 정신적 손해배상을 구하는 경우, 공동저작자 각자가 단독으로 자신의 손해배상청구를 할 수 있는지?

답 공동저작물에 관한 권리가 침해된 경우에 각 저작자 또는 각 저작재산권자는 다른 저작자 또는 다른 저작재산권자의 동의 없이 저작권법 제91조의 규정에 의한 저작권 등의 침해행위금지청구를 할 수 있고, 같은 법 제93조에 의하여 저작인격권을 제외한 저작재산권의 침해에 관하여 자신의 지분에 관한 손해배상청구를 할 수 있으며, 같은 법 제95조에 의한 저작인격권의 침해에 대한 손해배상이나 명예회복 등 조치청구는 저작인격권의 침해가 저작자 전원의 이해관계와 관련이 있는 경우에는 전원이 행사하여야 하지만, 1인의 인격적 이익이 침해된 경우에는 단독으로 손해배상 및 명예회복조치 등을 청구할 수 있고, 특히 저작인격권 침해를 이유로 한 정신적 손해배상을 구하는 경우에는 공동저작자 각자가 단독으로 자신의 손해배상청구를 할 수 있다.

참조판례/ 98다41216 손해배상(지) 1999공1243

참조조문/ 저작권법 제95조, 제97조

● 형사사건

사례(1)

▌실연자의 녹음 녹화권

문 1) 영상제작자에게 양도된 것으로 간주되는 '실연자의 녹음 녹화권'은 무엇을 말하는지?
2) 영화에 출연한 배우의 가라오케용 LD음반 녹화권이 영상제작자에게 양도되는 권리 범위에 속하는지?

답 1) 구 저작권법 제75조 제3항에서 영상저작물의 제작에 협력할 것을 약정한 실연자의 그 영상저작물의 이용에 관한 제65조의 규정에 의한 녹음, 녹화권 등과 제64조의 규정에 의한 실연방송권은 영상제작자에게 양도된 것으로 본다는 특례규정을 두고 있는 바, 위 규정에 의하여 영상제작자에게 양도된 것으로 간주되는 '그 영상저작물의 이용에 관한 실연자의 녹음 녹화권'이란 그 영상저작물을 본래의 창작물로서 이용하는 데 필요한 녹음, 녹화권을 말한다.
2) 영화상영을 목적으로 제작된 영상저작물 중에서 특정 배우들의 실연장면만을 모아 가라오케용 LD음반을 제작하는 것은 그 영상제작물을 본래의 창작물로서 이용하는 것이 아니라 별개의 새로운 영상저작물을 제작하는 데 이용하는 것에 해당하므로, 영화배우들의 실연을 이와 같은 방법으로 LD음반에 녹화하는 권리는 구 저작권법 제75조 제3항에 의하여 영상제작자에게 양도되는 권리의 범위에 속하지 아니한다.

참조판례/ 96도2856 저작권법 위반 1997공2081
참조조문/ 구 저작권법(1994. 1. 7. 개정 전) 제63조, 제75조 제3항

사례(2)

▐ 녹음 또는 녹화된 음악저작물의 공연권

문 1) 노래방기기 제작업자에 대한 음악저작물 이용 허락의 효력이 그 기기를 구입하여 영업하는 노래방 영업자에게도 미치는지?
2) 저작권법 제2조 제3호 소정의 '공연'의 개념 중 일반공중에게 공개한다는 의미는?
3) 노래방에서 고객들로 하여금 노래방기기에 녹음 또는 녹화된 음악저작물을 이용하게 한 것이 저작물의 '공연'에 해당하는지?

답 1) 음악저작물에 대한 저작권위탁관리업자인 사단법인 한국음악저작권협회가 영상반주기 등 노래방 기기의 제작이나 신곡의 추가입력시에 그 제작업자들로부터 사용료를 받고서 음악저작물의 이용을 허락한 것은 특별한 사정이 없는 한 위 제작업자들이 저작물을 복제하여 노래방기기에 수록하고 노래방기기와 함께 판매, 배포하는 범위에 한정되는 것이고, 그와 같은 허락의 효력이 노래방기기를 구입한 노래방 영업자가 일반공중을 상대로 거기에 수록된 저작물을 재생하여 주는 방식으로 이용하는 데까지 미치는 것은 아니다.
2) 저작권법 제2조 제3호의 규정에 의하면 공연이라 함은 저작물을 상연, 연주, 가창, 연술, 상영, 그 밖의 방법으로 일반 공중에게 공개하는 것을 말하며, 공연, 방송, 실연의 녹음물을 재생하여 일반 공중에게 공개하는 것을 포함하는 것인 바, 여기서 일반 공중에게 공개한다 함은 불특정인 누구에게나 요금을 내는 정도 외에 다른 제한 없이 공개된 장소 또는 통상적인 가족 및 친지의 범위를 넘는 다수인이 모여 있는 장소에서 저작물을 공개하거나, 반드시 같은 시간에 같은 장소에 모여 있지 않더라도 위와 같은 불특정 또는 다수인에게 전자장치 등을 이용하여 저작물을 전파, 통신함으로써 공개하는 것을 의미한다.
3) 노래방의 구분된 각 방실이 4, 5인 가량의 고객을 수용할 수 있는 소규모에 불과하다고 하더라도, 일반 고객 누구나 요금만 내면 제한 없이 이를 이용할 수 있는 공개된 장소인 노래방에서 고객들로 하여금 노래방기기에 녹음 또는 녹화된 음악저작물을 재생하는 방식으로 저작물을 이용하게 한 이상, 일반 공중에게 저작물을 공개하여 공연한 행위에 해당된다.

참조판례/ 95도1288 저작권법 위반
참조조문/ 저작권법 제42조, 제2조 제3호, 제98조 제1호

사례(3)

▌응용미술품의 보호요건

문 응용미술품이 저작물로 보호되기 위해서 필요한 요건은?

답 저작권법에 의하여 보호되는 저작물이기 위해서는 어디까지나 문학, 학술 또는 예술의 범위에 속하는 창작물이어야 하고, 본래 산업상의 대량생산에의 이용을 목적으로 하여 창작되는 응용미술품 등에 대하여 의장법 외에 저작권법에 의한 중첩적 보호가 일반적으로 인정되게 되면 신규성 요건이나 등록요건, 단기의 존속기간 등 의장법의 여러 가지 제한 규정의 취지가 몰각되고 기본적으로 의장법에 의한 보호에 익숙한 산업계에 많은 혼란이 우려되는 점 등을 고려하면, 이러한 응용미술작품에 대해서는 원칙적으로 의장법에 의한 보호로써 충분하고 예외적으로 저작권법에 의한 보호가 중첩적으로 주어진다고 보는 것이 의장법 및 저작권법의 입법취지라 할 것이므로 산업상의 대량생산에의 이용을 목적으로 하여 창작되는 모든 응용미술작품이 곧바로 저작권법상의 저작물로 보호된다고 할 수는 없고, 그 중에서도 그 자체가 하나의 독립적인 예술적 특성이나 가치를 가지고 있어 위에서 말하는 예술의 범위에 속하는 창작물에 해당하여야만 저작물로서 보호된다.

참조판례/ 94도3266 저작권법 위반

참조조문/ 저작권법 제2조 제1호

사례(4)

▌2차적 저작물의 요건

문 1) 저작권법에 의하여 보호되는 저작물이기 위한 요건은?
2) 2차적 저작물이 저작권법 소정의 저작물로 될 수 있는가?

답 1) 저작권법에 의하여 보호되는 저작물이기 위해서는 문학, 학술 또는 예술의 범위에 속하는 창작물이어야 하므로 그 요건으로서 창작성이 요구되나 여기서 말하는 창작성이란 완전한 의미의 독창성을 말하는 것은 아니며 단지 어떠한 작품이 남의 것을 단순히 모방한 것이 아니고 작자 자신의 독자적인 사상 또는 감정의 표현을 담고 있음을

의미할 뿐이어서 이러한 요건을 충족하기 위해서는 단지 저작물에 그 저작자 나름대로의 정신적 노력의 소산으로서의 특성이 부여되어 있고 다른 저작자의 기존 작품과 구별할 수 있을 정도이면 충분하다.

2) 피해자의 저작이 원저작물과의 관계에서 이것을 토대로 하였다는 의미에서의 종속성을 인정할 수 있어 소위 2차적 저작물에 해당한다 할지라도 원저작자에 대한 관계에서 저작권 침해로 되는 것은 별문제로 하고 저작권법상 2차적 저작물로서 보호된

참조판례/ 94도2238 저작권법 위반 1996공117

참조조문/ 저작권법 제2조, 제5조

사례(5)

▌무단복제 여부에 대한 판단기준

문 1) 저작권의 보호 대상은?

2) 저작권법 제98조 제1호 소정의 저작물의 무단복제 여부에 대한 판단기준은?

답 1) 저작권법상 저작물은 문학·학술 또는 예술과 같은 문화의 영역에서 사람의 정신적 노력에 의하여 얻어진 아이디어나 사상 또는 감정의 창작적 표현물을 가리키므로 그에 대한 저작권은 아이디어 등을 말·문자·음(音)·색(色) 등에 의하여 구체적으로 외부에 표현한 창작적인 표현 형식만을 보호대상으로 하는 것이어서 표현의 내용이 된 아이디어나 그 기초 이론 등은 설사 독창성·신규성이 있는 것이라 하더라도 저작권의 보호대상이 될 수 없을 뿐만 아니라, 표현 형식에 해당하는 부분에 있어서도 다른 저작물과 구분될 정도로 저작자의 개성이 나타나 있지 아니하여 창작성이 인정되지 않는 경우에는 이 역시 저작권의 보호대상이 될 수가 없다.

2) 저작권법 제98조 제1호에서 형사처벌의 대상이 되는 저작권 침해행위로 규정하고 있는 저작물의 무단복제 여부도 어디까지나 저작물의 표현 형식에 해당하고 또 창작성이 있는 부분만을 대비하여 볼 때 상호간에 실질적 유사성이 있다고 인정할 수 있는지 여부에 의하여 결정되는 것이어서, 원칙적으로 표현 내용이 되는 아이디어나 그 기초 이론 등에 있어서의 유사성은 그에 아무런 영향을 미칠 수 없을 뿐만 아니라 표현 형식에 해당하는 부분이라 하여도 창작성이 인정되지 아니하는 부분은 이를 고려할 여지가 없다.

참조판례/ 98도112 저작권법 위반 1999공2449

참조조문/ 저작권법 제2조 제1호, 제98조 제1호

사례(6)

▌편집저작물의 요건

문 논문저작자가 자신의 논문 1편만을 게재하여 만든 이른바 별쇄본 형식의 논문집 표지에 다른 저작자를 표시하여 공표한 행위가 저작권법 제99조 제1호 소정의 죄에 해당하는지?

답 편집물이 편집저작물로서 보호를 받으려면 일정한 방침 혹은 목적을 가지고 소재를 수집, 분류, 선택하고 배열하여 편집물을 작성하는 행위에 창작성이 있어야 한다. 피고인이 낸 논문집은 피고인 자신의 1편의 논문만이 단순하게 게재된 이른바 별쇄본의 형식으로 되어 있고 그 표지에 '동서언론부정기간행집'이라는 표시와 '한국외국어대학교 부설 국제커뮤니케이션연구소'라는 표시가 있어 마치 한국외국어대학교 부설 국제커뮤니케이션연구소가 언론에 관한 학술논문을 선별, 게재하여 부정기적으로 발행하여 온 학술논문집에 피고인의 논문이 일정한 기준에 의하여 선별되어 게재된 것으로 보이는 외관을 가지고 있으므로, 피고인이 편집한 위 논문집은 소재의 선택에 있어서 창작성이 있어 편집저작물이라고 할 수 있고, 따라서 그 표지에 피고인이 아닌 한국외국어대학교 부설 국제커뮤니케이션연구소라고 표시하여 공표한 행위는 저작권법 제99조 제1호 소정의 죄(부정발행 등의 죄)에 해당한다.

> 참조판례/ 92도569 저작권법 위반 1992공3050
> 참조조문/구 저작권법(1994. 1. 17. 개정 전) 제99조 제1호, 저작권법 제6조 제1
> 항

사례(7)

▌편집저작물의 예

문 '한국입찰경매정보' 지가 저작권법의 보호를 받는 편집저작물에 해당하는지?

답 '한국입찰경매정보' 지는 그 소재의 선택이나 배열에 창작성이 있는 것이어서 독자적인 저작물로서 보호되는 편집저작물에 해당하므로, 이를 가리켜 저작권법 제7조 소정의 보호받지 못하는 저작물이라고 할 수 없다.

> 참조판례/ 96도2440　저작권법 위반 1997공278
>
> 참조조문/ 저작권법 제6조 제1항, 제7조

사례(8)

▌편집저작물이 아닌 예

문　성서주해보감이 편집저작물에 해당하는지?

답　편집저작물인 성서주해보감이 한글 개역 성경에 있는 주제성구 중의 일부를 단순히 기계적으로 인용한 데에 불과하고 그 부분이 차지하는 비중이 극히 적어 독자적 저작물로 보호될 정도의 창작성이 있다고 인정되지 아니한다.

> 참조판례/ 92도2963　저작권법 위반 1993공2059
>
> 참조조문/ 저작권법 제6조, 제98조 제1호

사례(9)

▌민속도감이나 도록에 수록된 도형

문　1) 개인의 편저 또는 수집작인 민속도감이나 도록에 수록된 도형이 저작물이 될 수 있는지?
2) 대학응용 미술관계의 교재가 저작권 침해가 되지 않는 교과용 도서에 해당하는지?

답　1) 저작물의 표현 방법 또는 형식의 여하를 막론하고 학문과 예술에 관한 일체의 물건으로서 사람의 정신적 노력에 의하여 얻어진 사상 또는 감정에 관한 창작적 표현물이다. 개인의 편저 또는 수집작인 민속도감이나 도록에 수록된 도형들은 비록 그 대상이 옛날부터 존재하던 우리나라 고유의 민속화나 전통문양이라 하더라도 그 소재의 선택 및 배열과 표현기법에 있어서 개인의 정신적 노력을 바탕으로 한 창작물이라 할 것이다.

2) 저작권 침해가 되지 않는 경우에 관한 저작권법 제64조 제3호 소정의 교과용 도서라 함은 교과용도서에관한규정 제1조, 제2조에 의하여 대학·사범대학·교육대학·실업고등전문학교·전문학교를 제외한 각 학교의 교과서, 지도서, 인정도서를 말하므로 대학 응용미술관계의 교재를 겸하는 저서는 교과용 도서에 해당되지 아니한다.

> 참조판례/ 79도1482 저작권법 위반 1980공12505
>
> 참조조문/ 구 저작권법(1986. 12. 31. 개정 전) 제2조, 제64조, 교과용도서에관
> 한규정 제1조, 제2조

사례(10)

▌부도덕하거나 위법한 부분이 포함된 저작물

문 저작물의 내용 중에 부도덕하거나 위법한 부분이 포함되어 있는 경우라도 저작권법상 저작물로서 보호되는지?

답 저작권법의 보호대상인 저작물이라 함은 사상 또는 감정을 창작적으로 표현한 것으로서 문학, 학술 또는 예술의 범위에 속하는 것이면 되고 윤리성 여하는 문제되지 아니하므로 설사 그 내용 중에 부도덕하거나 위법한 부분이 포함되어 있다 하더라도 저작권법상 저작물로 보호된다 할 것이다.

> 참조판례/ 90다카8845 손해배상(기) 1990공2382, 지재판집2443
>
> 참조조문/ 저작권법 제2조, 제24조, 제25조, 제13조, 민법 제750조

사례(11)

▌제작허가와 다르게 시력표를 제작한 경우

문 1) 5m 시력표 품목 제작허가를 받은 자가 3m 시력표를 제작할 경우 별도로 약사법 제26조 제1항의 변경허가를 받아야 하는지?
2) 시력표가 저작권법상 저작물에 해당하고 그 시력표를 실질적으로 모방한 다른 시력표가 그 저작재산권을 침해하였다고 볼 수 있는지?

답 1) 피고인은 시력표 품목제조허가를 받기는 하였으나 그 제조허가는 용법에 있어 시력표와의 거리 5m, 조도 500럭스에서 한 눈을 가리고 시력검사하게 되어 있는 바, 3m 시력표는 3m 거리에서의 시력검사를 위한 것으로서 허가를 받은 3m 시력표와 용법이 다르다고 할 것이므로 피고인이 위 3m 시력표를 제조하려면 약사법 제26조 제1항의 변경허가를 받아야 하며, 3m 시력표가 비록 허가를 받은 5m용 시력표를 축소한 것에 불과한 것일지라도 마찬가지이다

2) 피고인이 시력표를 제작함에 있어서 저작물에 해당하는 타인의 시력표를 실질적으로 모방하였다면 저작재산권을 침해한 것이고 피고인의 시력표에 타인의 시력표와 다소 다른 점이 있다고 하더라도 달리 볼 수 없다.

참조판례/ 91도2101 약사법, 저작권법 위반 판결 1992공2315

참조조문/ 저작권법 제98조

사례(12)

▌저작물의 무단편집, 출판행위

문 1) 타인이 저작권을 가지는 저작물의 무단편집, 출판행위가 저작물의 정당한 이용행위가 되기 위한 요건은?

2) 부정출판공연죄에 있어서의 고의의 내용는?

3) 노동자들에 의해 새로운 가사가 붙여진 가요 등을 수집하여 원작곡자나 작사자의 성명을 밝히지 아니한 채 그 승낙 없이 악보와 가사를 편집하여 100부를 출판배포한 경우 비침해행위를 규정한 구 저작권법 제64조 제1항 각호의 어느 것에도 해당되는지?

4) 피고인이 수집한 노래들을 연구 목적으로 편집하여 출판한 경우 부정출판공연죄에 대한 범의가 없었다고 할 수 있는지?

답 1) 타인이 저작권을 가지는 저작물의 무단편집, 출판행위가 구 저작권법 제64조의 비침해행위에 해당하거나 또는 이에 준하여 사적으로 극히 제한된 범위의 사람이 이용하기 위하여 소량의 부수를 복제하는 경우가 아니라면 저작물의 정당한 이용행위라고 할 수 없다.

2) 구 저작권법 제71조 제1항의 부정출판공연죄에 있어서의 고의의 내용은 저작권을 침해하여 출판공연하는 행위에 해당하는 객관적 사실에 대한 인식이 있으면 족하고 그것이 저작권이라고 하는 권리를 침해하고 있다는 것에 대한 인식이나 그 결과를 의

욕할 필요까지는 없다.

3) 피고인이 노동자들에 의해 새로운 가사가 붙여진 가요 등을 수집하여 원작곡자나 작사자의 승낙 없이 원곡의 악보를 전사하고 그 곡조에 따라 근로자들에 의해 불리어지는 곡명 및 가사와 원곡의 곡명을 적어 넣고 서문과 분류 목차를 첨가 편집하여 원작곡자나 작사자의 성명은 밝히지 아니한 채 인쇄업자에게 의뢰하여 100부를 출판하여 배포한 것이라면, 비침해행위를 규정한 구 저작권법 제64조 제1항 각호의 어느 것에도 해당하지 아니한다.

4) 피고인이 위 3)과 같이 그가 수집한 노래들의 가사와 곡명이 노동자들에 의해 변경된 것을 알면서도 원저작자의 성명표시 없이 이를 편집하여 출판한 이상 부정출판행위에 해당하는 객관적 사실에 대한 인식은 있었다고 할 것이고 교육운동 등에 관한 연구 목적으로 출판한 것이라고 하여 범의가 없었다고 할 수는 없다.

참조판례/ 89도702 저작권법 위반 1991공2461

참조조문/ 구 저작권법(1986. 12. 31. 개정 전) 제71조 제1항, 제64조 제1항

사례(13)

▌'불특정 다수인이 시청할 수 있는 장소'의 의미

문 '불특정 다수인이 시청할 수 있는 장소'에서 사용할 수 없다는 규정의 의미는?

답 음반에관한법률 제10조 후단의 규정 중 불특정 다수인이라 함은 그 개성 또는 특성이나 상호간의 관계 등을 묻지 않은 2인 이상의 사람들을 말하며 불특정 다수인이 시청할 수 있는 장소에서 사용할 수 없다는 것은 위 법률의 입법취지나 목적 등에 비추어 볼 때 은밀한 곳이라도 불특정 다수인을 모이게 하여 사용한 경우는 처벌의 필요성이 있는 것이므로 이는 불특정 다수인이 있는 곳에서 사용하는 것을 규제하는 취지로 풀이하여야 할 것이다.

참조판례/ 85도109 음반에관한법률 위반 1985공661

참조조문/ 음반에관한법률 제10조

사례(14)

▌캐릭터의 요건

문

1) 지정상품으로서의 '목욕수건, 비치타월, 모자, 장갑, 양말, 넥타이'와 '티셔츠'는 유사한지?

2) 세계저작권협약의 국내발효일 이전에 발행된 외국인의 저작물을 바탕으로 그 발효일 이후에 창작된 연속저작물이 구 저작권법상의 보호대상이 되는지?

3) 연속만화영상저작물의 캐릭터가 어느 시점을 기준으로 새로운 저작물로 인정될 수 있는지?

4) '톰앤제리' 캐릭터가 '국내에 널리 인식된 타인의 상품표지'에 해당하는지?

답

1) 상품의 동일, 유사 여부는 상품의 속성인 품질, 형상, 용도와 생산 부분, 판매 부분, 수요자의 범위 등 거래 실정 등을 고려하여 일반거래의 통념에 따라 판단하여야 하므로, 등록상표의 지정상품인 '목욕수건, 비치타월, 모자, 장갑, 양말, 넥타이' 등과 피고인 제조 상품인 티셔츠는 그 소재가 대부분 직물이라는 점 이외에는 그 용도나 형상, 거래실정이 상이하여 유사상품이라고 볼 수 없다.

2) 외국법인에 의하여 창작된 만화영상저작물인 톰앤제리 캐릭터는 세계저작권협약(U.C.C.)의 대한민국 내 발효일인 1987. 10. 1.이전에 창작된 저작물로서 구 저작권법 제3조 제1항 단서에 의하여 저작물로서의 보호대상이 되지 아니할 뿐만 아니라, 위 톰앤제리의 연속저작물 중 위 협약의 발효일 이후에 새로 창작된 부분이 있다고 하더라도 이는 이미 공표된 종전의 저작물을 바탕으로 하여 창작되어 사용된 것이므로, 내국인이 임의로 이를 사용하였다고 하더라도 위 협약의 발효일 이후에 새로이 창작된 톰앤제리의 저작권을 침해한 것이라고 볼 수 없으므로 저작권법위반의 점에 대하여 무죄이다.

3) 일련의 연속된 특정 만화영상저작물의 캐릭터가 어느 시점을 기준으로 하여 새로운 저작물로서 인정되기 위해서는 종전의 캐릭터와는 동일성이 인정되지 아니할 정도의 전혀 새로운 창작물이어야 한다.

4) '톰앤제리' 캐릭터가 그 권리자인 미국 '터너 홈 엔터테인먼트사' 또는 그로부터 그 캐릭터의 사용을 허락받은 사람이 제조, 판매하는 상품의 표지로서 국내에 널리 인식되었다고 인정할 만한 증거가 없으므로 부정경쟁방지법 제2조 제1호 (가)목에 해당하지 않는다.

참조판례/ 96도1727 상표법위반, 저작권법 위반(예비적죄명 : 부정경쟁방지법 위반) 1997공1697

참조조문/ 상표법 제66조 제1호, 제93조, 구 저작권법(1995. 12. 6. 개정 전) 제3조 제1항, 부정경쟁방지법 제2조 제1호 가목, 제18조 제1항 제1호

사례(15)

▌양벌규정에 따른 별도 고소의 필요성 유무

문 친고죄의 경우 양벌규정에 의하여 처벌받는 자에 대하여 별도의 고소를 하여야 하는지?

답 고소는 범죄의 피해자 또는 그와 일정한 관계가 있는 고소권자가 수사기관에 대하여 범죄사실을 신고하여 범인의 처벌을 구하는 의사표시이므로, 고소인은 범죄사실을 특정하여 신고하면 충분하고 범인이 누구인지 나아가 범인 중 처벌을 구하는 자가 누구인지를 적시할 필요도 없는 바, 저작권법 제103조의 양벌규정은 직접 위법행위를 한 자 이외에 아무런 조건이나 면책조항 없이 그 업무의 주체 등을 당연하게 처벌하도록 되어 있는 규정으로서 당해 위법행위와 별개의 범죄를 규정한 것이라고는 할 수 없으므로, 친고죄의 경우에 있어서도 행위자의 범죄에 대한 고소가 있으면 충분하고, 나아가 양벌규정에 의하여 처벌받는 자에 대하여 별도의 고소를 요한다고 할 수는 없다.

> 참조판례/ 94도2423 저작권법 위반 1996공1321
>
> 참조조문/ 저작권법 제102조, 제103조, 형사소송법 제237조

사례(16)

▌음반 및 비디오물의 복제허가기간

문 1) 음반 및 비디오물의 복제허가가 저작물 도입계약상 허용된 복제허용기간의 만료와 동시에 실효되는지?
2) 외국인의 저작물을 도입계약상 복제허용기간이 만료된 이후에도 계속 복제하는 것을 음반및비디오물에관한법률에 의하여 규율할 수 있는지?

답 1) 음반및비디오물에관한법률은 음반 및 비디오물의 질적 향상과 음반 및 비디오 산업의 건전한 육성 발전을 목적으로 하는 법이지 그 저작권을 보호하고자 하는 법이 아니므로, 그 저작권 사용기간이 만료되었다고 하더라도 계약상 저작물 복제허용기간을 음반및비디오물에관한법률 제13조 제1항 소정의 복제허가상의 복제허가기간으로 간주하는 명시적인 규정이 없고 그 복제허가에 허가기간에 관한 아무런 부관도 없다면, 행정법상의 허가임이 분명한 음반 및비디오물의 복제허가가 저작물 도입계약상 허용

된 복제허용기간의 만료와 동시에 실효된다고 볼 수 없다.

2) 음반및비디오물에관한법률이 규율하는 음반 및 비디오물도 저작권법의 규정에 의하여 보호되는 저작물이고 외국인의 저작물도 같은 법 제3조의 규정에 따라 보호되는 저작물이므로, 저작물 도입계약상 복제허용기간이 만료된 후에도 계속 복제하는 것을 저작권법에 의하여 규율하는 것은 몰라도 음반및비디오물에관한법률에 의하여 규율할 수는 없다.

참조판례/ 94도2174 음반및비디오물에관한법률 위반 판결, 1995공2688
참조조문/ 음반및비디오물에관한법률 제13조 제1항

사례(17)

▮고소기간

문 저작권자가 그의 동의 없이 발행된 책자가 판매되고 있다는 사실을 안 날로부터는 6개월이 경과하였으나 그 이후의 복제행위에 관한 공소사실의 범행일시로부터 6개월 이내에 고소를 제기한 경우, 위 고소가 고소기간이 경과된 후에 제기된 것인지?

답 저작권자가 그의 동의 없이 발행된 책자가 판매되고 있다는 사실을 안 날로부터는 6개월이 경과한 후 고소를 제기하였으나 위 고소가 공소사실의 범행일시로부터 6개월 이내에 제기된 경우, 저작권자가 안 것은 그 이전의 복제행위에 관한 것일 뿐이므로 위 판매사실을 안 시점이 그 이전의 복제행위로 인한 죄에 대한 고소기간의 기산점이 될 수 있는 것은 별론으로 하고, 그 이후의 복제행위에 관한 공소사실에 대한 고소기간도 그 때부터 진행된다고 할 수는 없으므로 고소가 공소사실의 범행일시로부터 6월 이내에 이루어진 이상 고소기간이 경과한 후에 제기된 것이라고 할 수는 없다.

> 참조판례/　97도1769　저작권법 위반 1999공815
>
> 참조조문/　형사소송법 제223조, 제230조, 저작권법 제98조 제1호

사례(18)

▮프로그램의 의미 및 프로그램저작권의 발생시기

문 컴퓨터프로그램보호법상 프로그램의 의미 및 프로그램저작권의 발생시기는?

답 컴퓨터프로그램보호법상 프로그램이라 함은 특정한 결과를 얻기 위하여 컴퓨터 등 정보처리능력을 가진 장치 내에서 직접 또는 간접으로 사용되는 일련의 지시, 명령으로 표현된 것을 말하고, 프로그램저작권은 프로그램이 창작된 때로부터 발생한다.

> 참조판례/ 95도2785 컴퓨터프로그램보호법 위반 1996공하2934
>
> 참조조문/ 컴퓨터프로그램보호법 제2조 제1호, 제8조 제2항

사례(19)

▮ 서체프로그램의 복제, 사용판매권

문 갑은 그가 개발한 서체프로그램을, 을은 자본을 투자하여 동업으로 회사를 설립, 운영하던 중 갑이 회사의 영업일부를 인수받는 식으로 분리, 독립하기로 약정하면서 서체프로그램에 대한 권리의 귀속에 관하여 명시적인 약정을 하지 않은 경우, 갑에게도 서체프로그램의 복제, 사용판매권이 있는지?

답 피고인 갑은 그가 개발한 서체프로그램을, 공소 외 을은 자본을 투자하여 동업으로 회사를 설립하여 운영하던 중 갑과 을이 동업관계를 종료하고 갑이 회사의 영업 일부를 인수받는 식으로 서로 분리, 독립하기로 약정하면서 그 약정서에 위 서체프로그램의 귀속에 관하여 명시적인 규정을 하지 않은 사안에서, 제반 사정에 비추어 갑이 회사와 별도로 서체프로그램을 복제, 사용, 판매하는 것에 대한 묵시적 합의가 있었다고 보여지므로 갑에게도 그 서체프로그램의 복제, 사용판매권이 있다.

참조판례/ 96도1935 컴퓨터프로그램보호법 위반 1997공825
참조조문/ 컴퓨터프로그램보호법 제34조 제1항 제1호

대한법률연구회가 만드는 생활법률의 기본지식 06

일·반·인·을·위·한

지적재산 생활법률의 기본지식

지은이/이상도 · 조의제
펴낸이/강선희
펴낸곳/가림M&B

기획 · 편집/장연수 · 이선희 · 김진호 · 민경진 · 이정아 · 홍경숙
인쇄 · 제본/삼덕정판사

등록/1999. 1. 18. 제5-89호
주소/서울 광진구 구의동 57-71 부원빌딩 4층
대표전화/458-6451   팩스/458-6450
인터넷 http://www.galim.co.kr
e-mail galim@galim.co.kr
천리안 ID galimmb

© GARIM M&B, 2000

ISBN 89-89107-07-5 14360